清末民初四明八子文存

卞梁 唐燮軍／編著

尚永琪／審定

上海古籍出版社

中央高校雙一流引導專項資金資助出版
中央高校基本科研業務費資助出版
2024 年上海財經大學學術著作出版資助項目
上海財經大學馬克思主義學院資助出版

前　言

　　就文史研究而言，系統化的理論建構固然不可或缺，但在現有理論尚不足以合理詮釋中國歷史發展多樣性的當下，整理出版那些尚未被充分利用的地方文獻以期嘉惠學林的這種治學取向，似乎更值得嘉許。我們也曾在這一思潮的影響下，投身這項事業，并相繼纂成《寧波辨志文會文獻整理與研究》《〈天嬰室叢稿〉整理與研究》兩書，由此深切感受到文獻整理的意義和價值所在。

　　近來，我們在編輯《馮君木集校注》《馮君木年譜》的過程中，又深度接觸到陳康瑞《睫巢詩鈔》、葉同春《霓仙遺稿》、應啓墀《悔復堂詩》、虞輝祖《寒莊文編》及其《寒莊文外編》、姚貞伯《寥陽館詩草》、張原煒《蕲里賸稿》、袁孟純《雪野堂文稿》、馮昭適《飛鳧山館筆記》等珍貴資料。① 這些人既是與馮君木保持密切交往的親友或弟子，更是無論思想觀念抑或治學路徑皆新舊雜陳的文人學者。譬如鎮海人虞輝祖（1865—1921），字含章，號桐峰，別署寒莊，晚清諸生。甲午戰後，虞氏既目擊時艱，遂慨然以振興實業爲己任，努力鑽研並積極傳播科學文化知識，始則與鍾觀光、虞和欽在上海創辦中國第一所科學儀器館，繼又創刊中國最早的科技雜誌《科學世界》。中年以後，虞氏轉而論文談藝，其爲文墨守桐城家法。晚居北京，與王樹枏、馬其昶等名流相過從。又如鄞縣人張原煒（1880—1950），這位與章炳麟、馮君木並稱爲國學大師的前清舉人，既是當時最著名的書法家之一，亦當積極參與民初浙江議會政治建設，更爲近代寧波地方教育的蓬勃

----

　　① 馮昭適的《飛鳧山館筆記》，原本刊於《華國月刊》與《寧波旅滬同鄉會月刊》，兹彙而總之。

發展貢獻了近二十年的心力,培養出童第德、羅惠僑、吳澤等衆多名噪一時的人物。同時,近世以降的四明文人,亦多長於鄞州而行於上海,爲中國之現代化奔走呼號。藉由書稿文獻,得以一窺江南文脈從"桐城學派"到"浙東學派",再到"上海學派"的遞進轉變。

在晚清民國時期的寧波歷史場域中,虞輝祖、張原煒等人曾經在那個時代、那方土地,從事著並不那麼風光卻又著實推動寧波歷史發展進程的工作。若能結合其傳世文獻而稽考其生前行迹,探討他們在社會轉型和個人角色轉換過程中的言行取捨,進而梳理、總結這些寧波鄉賢的學術遺產,不僅有助於深化對這類新舊雜陳的知識分子的認識,甚至有可能因此部分顛覆今人對近代晚期寧波地方史的既有認知。但遺憾的是,這些文人學者,或由於英年早逝,或因爲選編標準過於嚴苛,亦或兩者兼而有之,故其傳世詩文比較稀少,慈谿人應叔申(1872—1914)便是其中的典型代表,此則馮君木《悔復堂詩序》亦有所揭示:

> 《悔復堂集》二卷,慈谿應啓墀叔申撰。叔申天才閎俊,勁出横貫,不可羈勒。年未三十,漸趨斂,厭薄少作,十九捐棄,夙昔雅自矜尚,凡所撰屬,不輕貽人。病亟,余往省視……且鋭以編香自任,則曰:"第慎之!嚴繩勇削,寧苛毋恕。吾今以没世之名累君木矣。"叔申既逝,余蒐其遺篋,得稿寸許,亟思删次,用踐宿諾……病間深居,發篋鯀理,汰之又汰,十存二三。……寫定,得詩若干首,文若干首,合爲二卷,俟付殺青。……雖單弦孑唱,聲響寂寥,而特珠片玉,光氣自越。平生久要,期無曠負,後死有責,所盡止是,掩卷喟然,可以傷心矣。民國四年乙卯八月,馮開。①

---

① 《馮君木集校注》,唐燮軍、崔雨、李學功校注,上海古籍出版社2023年版,第249頁。

部分也正因爲部帙短小，上列九種文獻除張原煒《葑里賸稿》曾被臺灣文海出版社於1972年影印出版之外，餘皆散藏於各地圖書館而從未被整理。

作者	書名	版本、收藏機構與索書號
陳康瑞	《睫巢詩鈔》	1924年鉛印本，復旦大學圖書館，915518
葉同春	《霓仙遺稿》	1921年稿本，寧波圖書館，M40534
應啓塽	《悔復堂詩》	1942年餘姚黄立鈞刊本，寧波圖書館，M40927
虞輝祖	《寒莊文編》	1921年鉛印本，復旦大學圖書館，916240
虞輝祖	《寒莊文外編》	1923年鉛印本，復旦大學圖書館，916240
姚貞伯	《寥陽館詩草》	1942年餘姚黄立鈞刊本，寧波圖書館，M40927
張原煒	《葑里賸稿》	1945年鉛印本，寧波圖書館，M40844
袁孟純	《雪野堂文稿》	1945年鉛印本，寧波圖書館，M40914

但事實上，這些未經整理的寧波鄉賢文獻，具有較高的史料價值。譬如《葑里賸稿·説織》對寧波草席生産工藝及其對外銷售情況的記載，無疑有助於今人更加全面地瞭解民國早期寧波區域經濟的發展；而《寒莊文編·跋澹初孝廉〈卻嫁殤書〉》對鎮海"遷葬之風盛行"的批評，也利於今人瞭解民國中葉以前浙東的風俗民情及其變遷。也正有鑑於這些文獻既具較高史料價值且短期內又不可能單獨出版，我們有意加以點校，同時勉力推考這九種文獻所録詩文的寫作時間，進而在此基礎上，編列《虞輝祖行迹簡編（附七子生平）》。

晚清民國時期無疑是中國學術史上的重要轉型期。這一轉型，既是當時文人學者反思傳統學術的産物，也與西學的長期衝擊密不可分。事實上，即便是同處甬上且聲氣相通的人物，譬如虞輝祖和張原煒，也因爲個人際遇的不同，使得他們在近代晚期的學術轉型，不

但存在著時間上的先後之別、程度上的深淺之分,且其轉型後的治學方向也不盡相同。對此,沙孟海《僧孚日錄》有所述及:

> 郡中諸公,虞含章先生輝祖專主桐城,洪佛矢先生允祥痛詆桐城,張于相先生爲桐城而兼好桐城以外文字,陳天嬰先生訓正亦與桐城殊,吾師爲漢魏文而並不輕眂方、姚。楊遜齋先生敏曾于諸公爲前輩,其爲文不喜桐城,並不喜漢魏文字,乃服膺于侯、魏、湛園諸人;師語余,以爲可異也。①

我們期盼《清末民初四明八子文存》的整理與出版,不但能爲有志於研討該時期寧波地方史的學者提供鮮爲人知的新文本、新材料,更能展現出近代晚期中國學術轉型過程中,寧波文人所遭遇的困境及其不同選擇,以及緣此而來的寧波區域文化的千姿百態。

---

① 《沙孟海全集·日記卷》,洪廷彥主編,西泠印社 2010 年版,第 12 頁。

總　　目

前言 1

睫巢詩鈔 .... 陳康瑞　撰　1
霓仙遺稿 .... 葉同春　撰　71
悔復堂詩 .... 應啓墀　撰　105
寒莊文編 .... 虞輝祖　撰　135
寒莊文外編 .... 虞輝祖　撰　189
寥陽館詩草 .... 姚貞伯　撰　263
蔚里賸稿 .... 張原煒　撰　297
雪野堂文稿 .... 袁孟純　撰　399
飛鳧山館筆記 .... 馮昭遹　撰　475

虞輝祖行迹簡編（附七子生平） 535
參考文獻 553
後記 557

睫巢詩鈔

陳康瑞 撰

目　　錄

陳君雪樵傳 .... 馮　开　9

讀書慈湖書院，梅友竹學博調鼎見過，留詩次韻 11
登岳陽樓二首 11
舟行二首 11
松鶴圖 并序 12
滕王閣二首 12
裘魯常比部鴻勳改官知縣，謁選得江西廣豐之任後，追寄二首 12
龔仁舫家尚、王建侯治中、周華護志中招飲南河泡，即席口占
　　二首 13
次韻江亭芙比部仁徵感懷二首 13
族兄晉陽同轉汾，作詩有贈，次韻和之 并序 13
王竹孫孝廉錫璋有自畫《夜雨送別圖》。孝廉歿後，余於都中友
　　人處得之，爲題三絕句，以遺其子來官 15
次韻梅友竹古意 15
采石磯弔李供奉，用東坡書丹元子所示李太白真韻 16
過龍駒寨，代和雲間女史題驛壁句 16
長安雜詩十首 16
西赴行在，過驪山有感三首 17
商山 18
次韻潘問樓太守江律學館示叙雪同人之作。太守由比部郎出
　　領廣西南寧郡，解組歸來，主講律席，余適承乏館職，喜而賦
　　此 18

次韻問樓見示	18
懊儂曲 泰西説部《紅淚影》題詞	19
次韻梁廉夫駕部入都感懷二首	21
檢讀族兄晉陽《閩江紀游》遺詩,次韻追和	21
乞巧詞和韻四首	22
再和前韻並請廉夫同作	23
廉夫以詩見示,仍用前韻嘲之	23
《半圓圖歌》爲費瑚卿廣文尊翁曼書老人作	24
次韻楊康侯部郎履晉贈崇秋浦侍御 芳	24
聞秋浦未預入闈監試,復次前韻	24
梁長明比部廣照以所著《鉢中蓮詞》並其夫人黎淑婉女士《乞巧》絶句見示,余既再和《乞巧》詩,復次前韻以贈長明	25
誚易仙城比部國榦,仍次前韻	25
次前韻和劉又辰比部道龍,兼示楊康侯曹長	26
贈吉石笙同年同鈞,仍用前韻	26
仍用前韻和善芝樵參議 佺	26
戲答梁廉夫,仍用前韻,時廉夫迎姬人北上未至	26
次韻善芝樵考試法官闈中即事	27
次韻秋浦正月二日即景	27
李又觓副郎步沆見示近作,頗涉悽感,次韻以廣其意二首	27
曹福三孝廉位康見和,仍次前韻	28
次韻楊德孫翰撰家驥,即事柬梁廉夫	28
金臺篇 并序	28
擬吴梅村戲題士女圖	29
《瑶臺篇》示歐評朔户部 仁衡	31
落花	32
讀東坡《和梵天僧守詮詩》戲擬	32
辛亥冬日讀惲薇孫學士毓鼎《東坡生日詩》次韻	32

卜居	33
費氏小滄桑館	33
友竹有詩見招，還山未及東。余遽悲物化，次韻追和二首	34
次韻楊季眉明府顯瑞見贈	34
錢筱村鉅安餽蕈	34
次韻倦翁何倧卿學博其枚見和《餽蕈》	35
次韻倦翁感懷	35
過倦翁一席廬，倦翁有詩次韻	35
倦翁用長句見和《卜居》，仍次前韻奉答	36
族姪輔丞翊清遺真二首	36
友竹《釣魚詩》云：「不逐衆所逐，無利亦無害。君看鉤上魚，芳餌含猶在。」意識超卓，含毫邈然，諷詠數過，愛不能置。次韻，引伸其意二首	37
戲答	37
馮樵琴廣文紹勤六十生辰，耄叟張茂藻直刺敬效畫墨梅，題詩爲壽。樵琴以此畫徵詩，爲友人代作四首	37
寄張耄叟用樵琴與倦翁唱和元韻	38
甲寅春日，王吟甫、仲邕、幼度昆季招飲坦園	38
王穉園治計然書於滬上，曾以光學留真。辛亥中秋，倩工改作，值武昌之警，列肆蕭索，題詩志感，戲和三首	38
記夢	39
倦翁移贈石榴兩本，次苴莊元韻爲謝四首	39
耄叟得藤杖於海上，銘之曰撥雲，作詩索和，歌以紀之	39
題僧指西墨畫二首	40
壽蟄翁胡苴莊學博炳藻六十	40
王芹生學博清源見示《新月》《秋風》二詩，均有美人遲暮之感，反其其意而和之	41
劉沚芬曹長一桂招飲龍山清道觀，王君硯雲有詩，同作俱用	

此韻 ………………………………………………… 41
和鄭藥舫六十生輓二首 …………………………… 42
戲和倦翁仍用前韻 ………………………………… 42
壽洪仰蘇大令日洵六十 …………………………… 42
葉爾康司訓廷枚畫墨竹題詩見贈，次韻答謝 …… 43
西宮詞 ……………………………………………… 43
夜遊 ………………………………………………… 44
次韻耄叟赴龍江太平溝，途次有懷，養閒藤杖 … 44
讀倦翁與其從弟璇卿曹搽其樞唱和詩次韻 ……… 45
聞耄叟自太平溝回抵津門寄懷 …………………… 45
題洪念祖六十小影三首 …………………………… 45
讀王友萊《續刻詩》寄懷二首 …………………… 46
戲和俞穆卿鴻楸《客中感懷》二首 ……………… 46
次韻友萊臥病 ……………………………………… 46
次韻王硯雲《乙卯十二月初三日，老友沈劼安七十四生辰，同
　　人置酒文溪西方寺爲壽》，即席賦詩二首 … 47
輓劉泚芬十韻 ……………………………………… 47
題耄叟畫梅 并序 …………………………………… 47
小九嶷山石爲張耄叟題 …………………………… 48
次韻夏博言邑侯仁溥留別八首 代作 ……………… 48
耄叟以小九嶷山石攝影見示，仍用前韻奉答 …… 49
爾康因居室失火，六十唱和壽詩俱付焚如，重徵編次，以及於
　　余，既如言錄呈，爲賦此詩 ………………… 50
題翁賦蕊確百鳥詠二首 …………………………… 50
賀穆卿六十一生子，次倦翁韻 …………………… 51
和耄叟《喜孫女字學銳進》，次韻二首 ………… 51
題李香真二首 ……………………………………… 51
題《平湖葉氏三世古稀圖》四首 ………………… 52

次韻耄叟《客遊淮南寄懷養閒藤杖》 52
和倦翁《寄耄叟》，仍用前韻 52
丁巳秋日次韻倦翁《桃杏李再花》 53
倦翁以園梅八月見花，有詩索和，次韻 53
代小九嶷山石寄懷耄叟，仍用前韻 并序 53
耄叟由淮南歸，出示《懷小九嶷山石詩》，仍用前韻，爲石志喜 54
讀王仲邕和之《和耄叟藤杖詩》次韻 54
題璇卿《甘茶集》四首 55
次韻林霱卿邑侯觀光《留別》四首 代作 55
次韻龜山老人王苇莊德馨六十自述二首 56
次韻耄叟答謝 耄叟孫婦歸，甫二月而逝，曾經作書慰藉。 56
《錦江春悼詞》爲洪鼎三姬人劉氏作并引六首 56
用元韻和廉夫《述懷》八首 58
生日，耄叟以詩見貺，疊韻奉訓 59
夷叔隱首陽 60
贈洪益三 代作 60
題沈約園廣文廉《冷香館詩集》四首 60
題胡蟄翁《得萱圖》 61
壽何苇卿其棠六十 61
次韻耄叟以在皖所得山石載歸，與小九嶷合置一庭，紀之以詩 62
輓俞季圭孝廉斯珺三首 62
次韻耄叟還家寫梅即事 62
次韻張鎮峰薩喬《五世稀古詠》二首 63
次韻耄叟答倦翁憶餐菊 63
答耄叟謝雞冠花疊前韻 63
次韻耄叟晚香室菊畫 64

次韻龜山老人赴耄叟餐菊,即席賦詩四首 64
戲和龜山老人留鬚並次原韻 65
輓洪仰蘇四首 65
闕題三首 66
題張母戴孺人《旌節錄》 66
次韻仰峰《小憩山房讌集》 66
哭董生承欽 67
次韻耄叟《晚香室繡菊》二首 67
和耄叟《餐菊》 68
湖南鍾耐成偕其妻陳妙貞,因賕選,同赴錢江死之。鄭立凡學博豫有詩索和,率成四首,時癸亥冬至後十日也 68

跋 ...... 胡炳藻 69

陳君雪樵傳

馮　开

　　陳君康瑞，字玉如，一字雪樵。元初有紹者，始自揚州遷慈谿，營別業城東隅，曰幽遠堂。十八傳至釗，有清德，鄉里目爲長者。生二子，君其仲也。以廩膳生員中式光緒十一年舉人，十六年成進士，歷官刑部主事、法部員外郎、法部編置司掌印郎中，兼充法律館提調官。處京曹二十年，循流平進，澹乎若無所與，遇事不爲可疢，要於取適本懷，絕不以氣矜自著異。遜國後，遂棄官歸，杜門隱約，無復與時流通聲息。中年病重聽，夙寡言論，至是接對彌簡，或咨以州閭政要，即揚手指其耳，嘿然清坐，久之，客逡巡自去。天性仁慈，居鄉日，鄉之嫠孀孤獨窮老可念者有所匄，輒不忍以拒，必多方爲之處理，必得濟乃已。尤篤內行，與兄康壽友愛天至，終身無間言。晚歲葺次家乘，手自著錄，端楷好寫，日盡十許紙，無一字茍者，未汔稿，殁。臨殁，猶惓惓以爲恨。殁年六十有九。子景禧，前卒，以兄子元禧之子後焉。

　　馮开曰：君爲諸生時，集同縣馮紹勤、何其枚、林元址、錢保清、陳翊清、胡炳藻、俞鴻懋爲文會，稱"勵社八子"。其人大率澤於雅故，用孝友自約敕，踐履恂恂，所由與詭時夸世以爲名高者殊乎。君矢詩數百篇，冲和平實，無偏宕之音，雖造詣非絕，性分所至，蓋闇然可思矣。①

---

　　① 馮君木《回風堂文》卷二亦收錄此文，題作《陳君康瑞傳》，兩者文字稍有不同。

讀書慈湖書院，梅友竹學博調鼎見過，留詩次韻

馳神八極外，漱芳六籍中。大雅久消歇，斯文誰稱雄。俗儒務穿鑿，異説競爲功。君識老逾卓，根柢自髫童。讀書有真解，皎如日在東。析疑更辨難，匡談座生風。幽蹊闢康莊，多士靡然從。昨日北門外，忽焉枉高蹤。湖山雖寂寂，應解爲君容。天空鳥自飛，本不受樊籠。會我聽廣樂，樂奏曲未終。去去遊五獄，採藥逢仙翁。歸來欲問道，試以筳撞鐘。

登岳陽樓二首

乾坤一氣自彌綸，浩浩湯湯吐納勻。楚尾吳頭分象緯，天心水面共星辰。長風捲浪蛟龍怒，新霽舒波鷗鷺馴。等是岳陽樓上望，後先憂樂更何人。

洞庭八月接天平，湖上高樓鎮石城。積水空涵傾地軸，澄波倒映没軒楹。日光滉蕩黄金闕，月色通明白玉京。便與仙人同一醉，蒼梧碧落共游程。

舟行二首

帆脚轉西風，蒼茫煙水空。衝波一棹去，誰唱大江東。

漁舟發清唱，自在中流漾。紅樹倒涵江，泛作桃花浪。

松鶴圖 并序

外叔舅馮厚齋先生客燕山四十餘年,歲丁亥,束裝歸里,年已周甲矣。出《松鶴圖》索詩,爲題一絶。

薊苑風高舞遠天,修翎丹頂自翩翩。而今倦羽歸來後,好伴長松守歲年。

滕王閣二首

宏詞與閣共無窮,四子名高唐代中。文本天成君偶得,故應神助馬當風。

落霞秋水壓東床,未許才名炫子章。惟有尹邢知避面,千秋笑殺段文昌。

裘魯常比部鴻勳改官知縣,謁選得江西廣豐之任後,追寄二首

祖帳都門別酒斟,萬人如海覺蕭森。當年虎榜已陳迹,此日牛刀初中音。春到毫端看判牘,風來花下聽鳴琴。衹憑萬斛西江水,照徹下車陶令心。

深紅閱盡到黄花,秋色平分一院賒。我自西曹傲風雪,君今南土課桑麻。記隨仙丈迎清曉,捧出天章焕紫霞。寂寂衙齋人意倦,定知魂夢繞京華。

龔仁舫家尚、王建侯治中、周華謖志中招飲南河泡，即席口占二首

日月車驅裏，紅塵似海深。與君尋勝地，爲我滌煩襟。几席延朝爽，軒窗納午陰。高隄堪望遠，乘醉一登臨。

繞屋扶疏樹，迴環一徑微。松風凉解帶，荷雨細沾衣。水淺潛鱗見，堂空乳燕飛。時寓主人作古。西山明霽色，催趁夕陽歸。

次韻江亭芙比部仁徵感懷二首

年年悵望白雲高，游子懷歸敢憚勞。千里舟車仍北上，一天風雪又西曹。不疑儘有平反具，王吉難爲叱馭豪。莽莽海途回首處，更堪虜勢倚天驕。

倉卒東瀛起陣雲，九重日旰自憂勤。似傳幕府籌邊策，誰建樓船横海勳。關塞一家猶擾擾，梯航萬國正紛紛。小臣更有平吳慮，捷奏甘泉况未聞。

族兄晉陽同轉汾，作詩有贈，次韻和之 并序

丁酉秋九月，晉陽寓書京師，以詩索和爲言。先是歲庚午，客游閩江，主同鄉周巨連寓廬有娗女金桂者，遣雛女碧嬌、杏花朝夕隨侍，觴詠流連，不及於亂。已而金桂與巨連定情，巨連歿，金桂誓不改適。

今年得書,以鮮龍眼見投,報以巾素,附詩五章。金桂與同庚,年已六十有六,而碧嬌、杏花亦均傷老大云。

　　四座名花照眼鮮,繡幃深鎖蘸龍涎。詩人老去風情在,回首當年月幾圓。

　　學織迴文錦不成,明珠十斛寄深情。報將舊日鮫綃淚,尺幅瓊瑤意未輕。

　　綠暗紅稀幾度秋,三生杜牧夢揚州。朱顏不與春常駐,卻為尋春感舊遊。

　　門巷而今尚姓周,當年宋玉此悲秋。空留銅雀吹笙妓,斷送春光十二樓。

　　幾人訪艷過棲霞,寄語樽前小女娃。莫把流光輕擲去,等閒開到殿春花。

〔附原作〕
　　六月閩江龍眼鮮,遠思風味正垂涎。開緘忽報雙籠至,擘出珍珠顆顆圓。

　　尺布山妻手製成,臨風聊以答深情。須知十幅沾巾淚,不共鮫綃一樣輕。

　　一紙書傳一雁秋,可將清夢落明州。重洋不是橫塘路,莫涉風波事遠遊。

儒雅風流憶老周，人琴寥落幾經秋。梅花道上天香觀，猶是關家燕子樓。

當年曾訪赤城霞，溪畔相逢嬌小娃。二十八年如夢過，春風吹老碧桃花。

王竹孫孝廉_{錫璋}有自畫《夜雨送別圖》。孝廉歿後，余於都中友人處得之，爲題三絕句，以遺其子來官

客唱驪駒天灑塵，荆關妙筆此傳神。如何小別成長別，惆悵當年聽雨人。

登樓王粲客天涯，賦筆清新夙自誇。遺藁祇今誰點定，建安七子本名家。

蒼蒼丁固夢中字，濯濯王恭老去姿。爲問梁園舊栽植，幾人蔭到子孫枝。_{孝廉客于某邸，極蒙優待。孝廉歿後，爲撫養一子。}

次韻梅友竹古意

刺舟荷花蕩，四面皆荷花。盈盈不能採，悒悒空還家。蕩子久別離，春去可奈何。窗外櫻桃樹，五見落花多。花落空留實，顆顆打鴛鴦。鴛鴦莫輕打，打去各分翔。昨夜東風好，吹夢到遼西。夢中平生歡，與子兩心齊。妾夢有時覺，妾心不可移。

采石磯弔李供奉，用東坡書丹元子所示李太白真韻

雪浪飛沫作浮漚，錦袍玉帶曾此游。才名淩轢動九州，俯視一世誰唱酬。塵寰擾擾春復秋，謫仙暫謫不終留。帝遣波臣出江求，江水導源西自岷。浪淘古今幾才人，靈武推戴乃真君。天恩爲收夜郎身，龍種自合將六軍。争梨奪棗孰敢嗔，嗟爾小臣聞不聞。

過龍駒寨，代和雲間女史題驛壁句

細馬輕馱疊嶂間，征塵點點上雲鬟。曉風殘月關山路，魂夢當年幾往還。

長安雜詩十首

漢代黃巾禍，因成廟社憂。海氛侵大陸，蜃氣失重樓。京雒繁華盡，民生杼柚愁。乃知形勝地，自古帝王州。

庶彙含恩澤，名山望幸來。魚龍初變服，猨鳥有餘哀。旗纛千林導，笙鐘萬壑迴。秦關懸落日，回首憶蓬萊。

戰國爭雄地，游人挾策經。縱橫餘變幻，捭闔破關扃。儒術竟何用，高談空自腥。我來尋舊蹟，説客久無靈。

出師傳兩表，曾此耀軍容。諸葛今安在，荒煙故道封。山川餘戰鬬，魚水想遭逢。欲振中興業，何年起卧龍。

不與秦灰刼，空山歲月長。蒲輪徵隱逸，瓊館集琳瑯。四壁龍蛇動，千秋翰墨香。殘碑遺屻嶁，夜夜吐光芒。

九城雙鳳闕，春日麗蓬壺。朔漠風塵暗，西秦草木蘇。旌旂仍宿衛，車馬亦通衢。有客閒憑眺，驚心景物殊。

羈靮從何事，千官散晚衙。似聞調寶瑟，聊與答悲笳。清渭流娟月，荒山隱斷霞。姬姜漫憔悴，遊宦半無家。

同舍張公子，蕭條旅病中。刀圭初誤用，倉扁竟收功。敝策難追電，神斤巧運風。不逢醫國手，感歎恨何窮。

吾邦蘇學博，仗義賦西征。泛粟由江漢，賙饑起死生。即今秦歲歉，反使越人驚。仁者原無外，區區畛域爭。

聞道乘槎使，將尋織女梭。乾坤回日月，玉帛定干戈。父老懷思切，兒童鼓舞多。七盤山上路，策馬歷嵯峨。

西赴行在，過驪山有感三首

華清宮殿蜀山材，萬馬千牛去復回。待得工成好行樂，緣何反向蜀山來。

靈湫湫底動潛蚪，曲奏霓裳大地秋。祇怪玉奴心手敏，四弦彈得到無愁。

高閣朝元建上都，賽他方丈與蓬壺。千年鼻祖騎牛去，猶有函關紫氣無。

商　山

商山有四皓，云是採芝翁。一朝來漢廷，侍從安東宮。龍準輕儒常蔑視，九州可折鞭箠使。鳥盡弓藏歌大風，宮中一丈騰雌雉。拔劍誅白帝，豪氣今消磨。爾爲我楚舞，吾爲若楚歌。鴻鵠高飛竟何慕，峨冠博帶森金戈。森金戈，爲誰衞，啄去王孫慘人虺。嗚呼，疇實階之厲，至今白露泫紫芝，亦若爲人笑破涕。

次韻潘問樓太守<small>江</small>律學館示敘雪同人之作。太守由比部郎出領廣西南寧郡，解組歸來，主講律席，余適承乏館職，喜而賦此

攀轅臥轍戀春暉，借寇情殷願望非。南服今猶歌五袴，西山此已遂初衣。白雲舊夢冰心在，<small>法部有白雲亭。</small>化雨新霏玉屑微。我亦法曹須讀律，月明莫笑衆星稀。

次韻問樓見示

日暮柴門自倚筇，已知直道世難容。紅塵滾滾君應笑，

黄髮番番我竟逢。經國遠猷同抱璞,利民大計在興農。君官粵西,上《墾荒十二策》。而今收入歸裝裏,曝背南榮且過冬。

懊儂曲 泰西説部《紅淚影》題詞

邂逅仙郎來問津,三生石上話前因。書中果有黃金屋,祇恐黃金易化塵。

紫藤花裏會場開,士女如雲鬭茗來。妾意郎情深契合,兩行紅粉惹疑猜。

榮戟牙幢甲第高,通侯家世屬兒曹。白蘋江上鴛盟在,未敢公然御雉皋。

貴家内則郎休笑,妾爲情癡降意求。生小不知羅綺貴,天衣一領廣寒秋。

冷淡爲歡歡奈何,春風吹緑到絲羅。東皇支起蒙天帳,十萬鶯花草草過。

長途扣扣結同心,如許恩情海樣深。絕域縱非偕老計,寧知世有白頭吟。

海上雕梁雙燕棲,郵筒遥遞賽金泥。無端忽繞黃粱夢,夢裏天高月向西。

可憐臨別唱楊枝，跪地柔情綠萬絲。欲綰郎心郎不住，傍人解作送行詞。

山下蘼蕪貢上都，好風誰送到天衢。織縑先已能盈丈，自歎年來尺素無。

蕭郎陌路妾侯門，自古相思兩地論。海外新翻《金縷曲》，登樓少婦獨銷魂。

容光減盡事堪哀，愁對當年玉鏡臺。聞道漢宮人背面，郎君轉幸不重回。

鴛鴦未必竟雙飛，天上人間是也非。撒手紅塵應一笑，甸宮花鳥好歸依。

玉簫聲歇客還家，淚灑西風泣暮霞。怪底斷腸花有種，偏留遺乳燕啁啾。月墮梁攜將，弱女拜乾孃。祇因別譜求凰曲，未許牽衣錦瑟傍。

珠還合浦太離奇，一例嬋娟絕世姿。接木移花施妙手，不知誰是寄生枝。

承家公子自翩翩，同命相依私誓堅。力卻情魔三萬丈，羨他兒女好姻緣。

次韻梁廉夫駕部入都感懷二首

光陰如水去還留,幾度人間春復秋。千里鄉關仍小別,十年京國此重遊。趨朝且作山公啓,退直應登庾亮樓。儘有黃封新熟酒,待君一醉散千愁。

羲和叱馭不停鞭,馳逐歡場讓少年。九陌紅塵金勒馬,一川晴日錦帆船。得錢買醉春無價,選伎徵歌玉有緣。屈子傷時新詠在,臨風把誦劇堪憐。

檢讀族兄晉陽《閩江紀游》遺詩,次韻追和

猶記聯牀夜,從君話舊游。人琴悲此日,鄰笛起清秋。重訪元龍宅,兼無百尺樓。達觀聊自遣,或已悟虛舟。

[附原作]

萬壽橋邊路,曾爲汗漫游。三山一夜雨,五月滿城秋。雲氣全迷嶂,江聲欲撼樓。主人知我悶,催上木蘭舟。

早年聲譽滿江濱,騏驥追風已絕塵。絲竹頻經中歲感,鶯花猶及上林春。希文憂樂規天下,司馬安危繫此身。不是太平煩潤色,古來勳業出詞臣。

使節曾傳主鎖闈,崎嶇九折一鞭揮。岷峨路記蠶叢闢,楨幹材從蜀道歸。天語春溫驚寵渥,臣躬色養久心違。導江

便許浮東去,就爾南陔愛日暉。

倚閭果得望中還,喜極翻教感涕潸。戲綵不知朱紱貴,買山願伴白雲閒。寢門歲月欣難老,海國風潮達故關。回首觚棱魂夢繞,高堂敦促覲天顏。

記得同舟話素心,抗懷時事感難禁。行蹤絕似雙飛鳥,勵志當爭一寸陰。墨守詩書空泥古,學探瀛海侈談今。嗣皇繼聖開新運,待漏東華鐘鼓沈。

乞巧詞和韻四首

銀漢迢迢耿碧天,人間佳會自年年。分明一片如鈎月,照向雙星作鏡圓。

綺羅著體透新凉,露似明珠月似霜。瓜果巧排還乞巧,幾多兒女爲秋忙。

光陰容易換朝昏,記得當時鬬草繁。一樣閨中行樂事,春花秋□□□。

試憑幻想問黃姑,上界滄桑事有無。劃卻銀河一條水,應教終古不分隅。

再和前韻並請廉夫同作

仙緣同締大羅天，休認大年作小年。三百六旬纔一瞬，雙星何夕不團圓。

庭陳瓜果夜生涼，新月輝輝一抹霜。牛女祇因人乞巧，停梭弛輾看人忙。

熏香煮茗過黃昏，習習風生露已繁。女伴相邀共清興，良宵佳會費評論。

攜手中庭問小姑，小姑底事一言無。含情欲吐頻凝睇，笑指銀河月向隅。

廉夫以詩見示，仍用前韻嘲之

試從柳宿望南天，春到楊枝感歲年。得伴香山老居士，一回相見一回圓。

冰簟銀牀作晚涼，春風沈醉不知霜。四時佳景無人共，卻笑封侯爲底忙。

客窗無計破晨昏，鳥自能歌花自繁。便欲狂傾千斛酒，拚將一醉更何論。

如爬癢處倩麻姑，詩筆除君世更無。燈炧吟成人悄悄，一輪明月下庭隅。

《半圃圖歌》爲費瑚卿廣文尊翁曼書老人作

江雲濛濛露涵濡，抱甕灌水如醍醐。結茅開徑蓻山蔬，瀟然清風生座隅。縱橫卷軸紛墨朱，支離穿鑿陋俗儒。薄視軒冕恐泥淤，餘事付與渥洼駒。儀徵相國推經郛，風流文采驚百夫。時爲人作擘窠書，尺素寶貴等璠璵。君偶得之顏其廬，丹青繪作《半圃圖》。古來名實兩相須，此關清境彼則虛。或取而有乃適符，我官西曹久守株。軟紅塵土煩洗除，願就君家乞半餘。種棗如瓜斸松腴，藥苗苔點清可娛。早韭晚菘供盤盂，此樂何極仙弗如。遑問瓊岅與霞裾，北窗一枕羲皇初。不待秋風颯起思蓴鱸。

次韻楊康侯部郎<small>履晉</small>贈崇秋浦侍御 <small>芳</small>

感時筆底寫陽春，<small>原詩有"秋曹化作四時春"之句。</small>散作天葩爛漫真。地自東傾百川注，斗惟西揭萬家貧。新成法典群知貴，徒鶩名高我豈賓。<small>名者，實之賓也。見《莊子》。</small>除是吟詩相唱和，更無可語有心人。

聞秋浦未預入闈監試，復次前韻

欲將巴里博陽春，歌向疏狂賀季真。校士未邀驄馬駐，梯牆奚避黑貂貧。南金東箭知誰美，雪藕冰桃且款賓。鎖院深沈風不透，定教羨此一閒人。

梁長明比部廣照以所著《鉢中蓮詞》並其夫人黎淑婉女士《乞巧》絕句見示，余既再和《乞巧》詩，復次前韻以贈長明

千里征輪尺五天，相攜梁桉共華年。如何一樣中霄月，照向君家分外圓。

從來作法必於涼，春氣能噓筆底霜。讀律仍須書萬卷，牙籤玉軸坐排忙。

一枝清供玩朝昏，鉢內紅蓮花放繁。俛首維摩應有悟，蓮心雖苦不須論。君詞有"誰識蓮心苦"之句，因爲下一轉語。

仙壇問字到麻姑，豔福如君絕世無。五管才人雙管詠，娟娟明月下庭隅。

訓易仙城比部國幹，仍次前韻

清言霏玉座生春，寫出蠻箋字字真。鸞鳳嘯空都中節，珠璣入袖未嫌貧。羨君獨擅燦花筆，愧我難邀投轄賓。自古郢中傳白雪，不應還聽續歌人。

次前韻和劉又辰比部道龍，兼示楊康侯曹長

榕樹陰濃駐好春，石門看奕遇仙真。都緣黑白難消刼，化作琳琅用饋貧。不是蠲苛兼疏網，時減輕刑律。那能嘲客復戲賓。漁洋餘韻未消歇，試問誰爲提唱人。漁洋山人官部曹日，公餘輒與朋輩酬唱。今康侯偶以詩見示，遂使諸君子紛紛屬和，是後先有同揆也。

贈吉石笙同年同鈞，仍用前韻

霜雪難欺筆底春，著書傳寫雜行真。君著《現行律講義》，一時紙貴。十眉環列誇才富，萬卷編摩餉世貧。差等鈞金修令典，君參訂《現行律》，改定罰鍰。激揚寸鐵舞莚賓。馬融絳帳羅絲竹，誰是升堂伏案人。

仍用前韻和善芝樵參議 佺

槐廳判牘筆生春，退食委蛇寫性真。刑律改修猶未措，罰鍰輕減亦憐貧。金貂照座推門第，玉軸儲珍互主賓。君曾先余監督律學館，設藏書處。異日詔書念勳舊，不教鄧禹笑餘人。

戲答梁廉夫，仍用前韻，時廉夫迎姬人北上未至

千里故應共此天，驪歌一曲又今年。望君恰似初三月，魄漸生明缺復圓。

別來氣候變炎涼，離緒縈懷鬢欲霜。博得窮多鬭險句，

愁魔且遣暫奔忙。

　　鼓輪跋浪轉朝昏，無數樓船銜尾繁。何日遣迎滄海使，黃衫俠客漫同論。

　　太白仙才詠鼠姑，清平絕調後人無。秋花更比春花艷，江水盈盈宛在隅。

次韻善芝樵考試法官闈中即事

　　火冷燈青夜漏沈，棘闈閒坐共談心。成規儘許隨蕭相，直道何曾黜魯禽。不向鈞天聽廣樂，那從海島學仙琴。即今珍重儲材意，桃李應成異日陰。

次韻秋浦正月二日即景

　　瓊瑤猶綴去年枝，晴日催成快雪詩。驄馬西來行且住，恩波瀲灩漲新池。

李又匏副郎步沆見示近作，頗涉悽感，次韻以廣其意二首

　　盈盈積雪尚庭除，日御逡巡已碧虛。現出光明新世界，蕭齋有客夢回初。

　　人生天地本蘧廬，歲月滔滔未肯居。我與蜉蝣同一夢，

此身亦贅況其餘。

曹福三孝廉_{位康}見和，仍次前韻

　　聽殘臘鼓響沈沈，馳驟名場競此心。君以應試留京度歲。北冀空群誇駿馬，東瀛獵艷獲珍禽。君曾游學日本。冲天射斗千金劍，流水高山一曲琴。指日彤廷頒紫誥，看君翔步踏槐陰。

次韻楊德孫翰撰_{家驤}，即事柬梁廉夫

　　夢魂無夕不家鄉，鎮日相思願未償。大海柔情輪宛轉，良宵佳會月中央。春來喜見花枝艷，醉後應聞蘭麝芳。贏得賓朋齊額手，好因平視博壺觴。

金臺篇 并序

　　辛亥春，楊德孫以《即事柬梁廉夫》律句見示。余既次韻奉和，意猶有未盡也，爰長歌以紀之。

　　燕京自古擅名勝，臺築黃金誇市駿。試將名馬賽名姬，爭道鞭絲耀雲鬟。行人躑躅不能前，心驚南國花枝韻。花枝舊植甬江濱，燕語鶯啼幾度春。金縷才華歌艷冶，迴文錦字出清新。櫻桃窗下傷離別，楊柳樓頭望遠人。憶昔藍田玉初種，明珠十斛恩情重。花晨月夕不知愁，結帶流蘇承眷寵。夫壻長楊執戟郎，廉夫改官戎部。明光殿裏班聯奉。一年一度一懷歸，雪滿關山雲路壅。相思不相見，彩雲忽飛來。金屋渺何許，乃上黃金臺。金臺旅館神工斧，曲室洞房不知數。女

伴相邀共息棲，與郎仍隔重城堵。過江學士闢幽居，百折迴廊畫不如。東道留賓花列幄，春光得主錦圍廬。珠簾下押風窗靜，寶鏡開匣月殿虛。壺漏晝沈鴛戲水，簫聲夜引鳳棲梧。長安本是繁華地，司戎況乃干城寄。十萬囊贏納粟金，三千隊肅羽林騎。郎今富貴勝青年，不羨金貂照門第。割肉東方遺細君，一臠嘗鼎從知味。由來兒女與英雄，多少悲歡離合中。桃葉有情迎舊寵，苞桑無計植豐功。千秋粉黛才人詠，一代江山霸業空。君不見駿骨有時嗟速朽，蛾眉日日笑春風。

擬吳梅村戲題士女圖

一舸

都道傾城實沼吳，西施也欲善身圖。逃名畢竟名隨我，浪迹空從泛五湖。又一首：越女如花列舞衣，吳王宮殿鷓鴣飛。功成心感進身始，一棹鴟夷共落暉。

虞兮

軍中子弟八千盡，帳下美人鳴咽聲。兒女英雄歎雙絕，烏江終古不平鳴。

出塞

悔把蛾眉鬥尹邢，琵琶馬上答駝鈴。昭陽豔質空黃土，不及胡塞草自青。又一首：宮中閒殺翠雲翹，塞上妖氛胡虜驕。手把琵琶卻鳴鏑，將軍不用霍嫖姚。

歸 國

歸來巾幗傲鬚眉，爲有家傳幼婦辭。多少乘槎天漢使，枉從織女問機絲。

當 爐

記向瑤琴曲裏求，蕭蕭風雨茂陵秋。可將別鵠離鸞引，換取新吟到白頭。

墮 樓

擊碎珊瑚石季倫，明珠一斛總成塵。綺羅從此輸荆布，長向汀洲採白蘋。

奔 拂

宰相堂中解語花，紫衣絳襪去誰家。笑他春滿東宮殿，苦向軍前問麗華。

盜 綃

團圓三五湧銀盆，榮戟春深閉院門。富貴榮華膺壽考，彩雲重與別天孫。

取 盒

漳水涵虛夜氣清，釵光鬢影御風行。無端失卻牀頭盒，空擁連營十萬兵。

夢 鞔

黃衫何事强相尋，紫玉傳釵音信沈。薄倖尚爲生死別，可憐癡絕美人心。

驪宮

他年靈武收京日，飲博歡娛夜帳營。一曲霓裳一回顧，佳人未必果傾城。

蒲東

先教消息遞紅娘，蓮漏初傳夜正長。帷帳半垂簾半捲，玉人和月下西廂。

《瑤臺篇》示歐評朔戶部 仁衡

漢皇坐寶殿，王母降瑤臺。笑指東方朔，謂自仙班來。游戲偶下謫，待詔金門開。攀髯嗟莫及，茂陵風雨哀。詞臣纂實錄，校對需群材。文史誰足用，朔也唯其才。勞苦感夙因，夢想見瑤闕。中有天仙人，神光四座溢。如非董雙成，孰與相倫匹。狡獪歲星精，竊試偷桃術。攜手乘天風，天風何融融。雲鬟覆兩額，朝霞映靨紅。何以致眷好，玉珮雙玲瓏。何以致繾綣，斗帳垂芙蓉。言傾中婦艷，毋乃洛妃逢。命彼青鳥使，護置錦屏中。鶴鳴在東廂，屬和聲低昂。烏鵲填成橋，牛女猶相望。仰望見白雲，遊子懷故鄉。一夜西風起，吹我上高堂。回思千里草，道路阻且長。旋附輪舶還，輪轉九迴腸。入門無百步，別緒從頭訴。春風海上回，柳暗花明路。為君舞且歌，歡樂朝復暮。歌聲遏行雲，舞袖籠輕霧。地小難迴旋，別搆藏嬌處。青葱鬱階墀，芝蘭間玉樹。文鸞對月吟，彩鳳迎風翥。會待鳳將雛，與爾同歸去。四明香象峰，王母離宮駐。

落　花

碧紗窗外暮煙籠，帀地芳菲點翠叢。孤負鶯鶯兼燕燕，摧殘紫紫與紅紅。斜陽小院人誰問，流水前溪路未通。怪底東皇太無主，不須更怨夜來風。

讀東坡《和梵天僧守詮詩》戲擬

峰巒千百轉，轉折向蕭寺。雲外一聲鐘，月下雙行屨。鳥棲未安枝，飛入深林去。

辛亥冬日讀憚薇孫學士毓鼎《東坡生日詩》次韻

公生在有宋，抱學思匡時。處存不忘亡，居安不忘危。深謀大計百不用，迹雖暫合神終離。遂令卒召靖康禍，至今論説有餘悲。菽粟療飢布帛暖，經世文章垂詞館。後人悵望著新詩，因公生日致誠款。詩人系出陽湖子，感歎銅駝心久死。顧兹時局已淪胥，遑從往代徵文史。獨有千秋尚友心，乾坤日月同照臨。風雲變幻山河在，何處長承明德歆。吁嗟乎！終古傷心歌玉樹，天爲變色雲爲住。河流浥浥汴梁城，胡騎啾啾燕山路。富貴從付春夢婆，人生別有斷腸處。紫裘腰笛倘重來，吹裂蒼蒼山色暮。

卜 居

我家孝溪上，傍茲溪石幽。兵燹一洗蕩，溪水自悠悠。遷徙無定止，十稔九綢繆。游宦廿年歸，計拙同林鳩。親朋喜我至，迎我甬江頭。江花對我笑，江水向我流。僦居得此地，塵鞅始一收。平疇蔭桑柘，野景豁覊愁。堆盤雜蔬薤，土物佐膳饈。津梁自通達，百貨供取求。輪舶日夜馳，吹管驚龍虯。鐵軌行可接，汽車在道周。都將萬里勢，并入庭戶陬。我無壯往志，對此內自羞。還鄉仍爲客，樂土反成憂。逝將自兹去，沿溪弄扁舟。雖無田可耕，庶幾返故邱。

費氏小滄桑館

天運有乘除，炎蒸代寒肅。曉起棹扁舟，沿江得幽躅。繚垣達四周，入門快瞻矚。青紅茁階墀，陰陰蔚夏木。清風自北來，搖動千竿竹。東西敞軒檻，中有層構畫。後舍比櫛連，何人立家塾。費氏有先疇，豪家資興築。旋完趙璧歸，平蕪變華屋。主人出延賓，登樓豁遠目。葦塘蔽佳城，鬱鬱氣充足。云是昔先人，此地實埋玉。南望馬鞍山，岡巒互隱伏。問此鞍空留，驊騮竟何逐。往者蒼梧野，龍鬭震陵谷。虞舜去不還，湘靈猶慟哭。寰宇今底定，或歸華山麓。世事本何常，得失相尋復。憑眺浩茫茫，臨風一感觸。樓中何所有，牙籤森玉軸。多文斯爲富，搜羅及異族。樂育此多材，登進歌棫樸。先靈神爲怡，月夜聞仙樂。

友竹有詩見招,還山未及東。余遽悲物化,次韻追和二首

四明山色催歸客,要共幽人闢徑由。鱸膾蓴羹空託興,知機并不待高秋。

出處窮通皆幻迹,悲歡離合有因由。歸來欲與同參證,可奈西風鄰笛秋。

次韻楊季眉明府_{顯瑞}見贈

劍氣寒冲牛斗過,腰間猶似出新磨。雀環家世詒謀遠,龍闢郊原歷劫多。漫向名場尋舊夢,且拈詩句遣愁魔。鳳毛指日翀霄起,九萬鵬搏奈爾何。

錢筏村_{鉅安}餽蕈

鄉味遠相憶,北山秋雨零。故人附書至,啓幂滿罌餅。擎出紫雲朵,尚帶甘露馨。藜藿終澹泊,魚蝦亦羶腥。香秔堪飽送,一飯謝箯鉶。君家金沙嶴,萬个竹青青。春來龍雛茁,起蟄鞭雷霆。倘得分餉我,醫俗妙無形。勝此散巖谷,搜採或杳冥。

次韻倦翁何條卿學博其枚見和《餒蕈》

享禄過千鍾，列鼎調五味。會宴皆金貂，引杯騰劍氣。百年能幾何，目前取快意。下箸日萬錢，殽核侈珍異。貢物羅四方，苞苴鑽權貴。坐令黄虞民，生世丁叔季。物極必反正，萬夫同一志。而我厠其間，粒米太倉寄。寒蕈與春筍，澹泊無殊致。適口斯已矣，多求毋乃恣。古來明達人，進難退則易。守黑老氏箴，黯淡勝華麗。

次韻倦翁感懷

自笑腐儒生計疏，蕭齋日手一編書。路難插脚應須爾，法可安心敢問餘。白社交游幾輩在，青山意興共君舒。旛然鬢髮蒼崖上，二老風流孰簡如。

過倦翁一席廬，倦翁有詩次韻

雲霞絢晚景，花木明高樓。羨此城市境，而得山林幽。幽人不出户，鎮日樓上頭。好鳥時一鳴，相對如朋儔。嘉君磊落士，神動與天游。高談座生春，風發未肯休。不知六合内，何者爲窮愁。有酒且邀月，或爲太白酬。無弦安用琴，不與淵明謀。君玄超平叔，我拙愧太邱。得意兩忘言，俗論總謬悠。但能契禪寂，遑計亡人牛。

倦翁用長句見和《卜居》，仍次前韻奉答

君不見季倫豪侈營金谷，珊瑚錦障輝叢幽。霧帳銀屏歌管嫋，青春白日若爲悠。又不見陶令歸來開三徑，柴桑卜築煩綢繆。種秫釀酒謀一醉，但聞屋角鳴桑鳩。朱門詄蕩春如海，隱居逼側屋打頭。茫茫貧富難等量，涇渭清濁原分流。我生本來如旒贅，散材不爲天所收。春日行吟聊自得，秋蟲啾唧爾何愁。青鞵布襪真法服，龍隨鳳脯亦常饈。但令方寸得真契，中有所主外無求。山峻隱藏同霧豹，水深下潛逐淵虯。蘧廬可宿不可久，此論吾聞之莊周。羨君築室孝溪側，美哉溪水在庭陬。顧我漂零不足數，求田問舍滋可羞。洗兵誰挽銀河水，豈暇近爲一室憂。寓形宇内會有盡，求劍自古笑刻舟。安期羨門若我待，世間何處無丹邱。

族姪輔丞_{翊清}遺真二首

春風扇微和，庭樹抽新枝。永懷素心人，悽惻令我悲。平生託肺腑，執手相與期。忽忽已隔世，此意誰復知。對茲不能語，唯有淚如絲。

一別三十年，而子竟無恙。精采溢眉間，顏色逾少壯。誰謂已物化，人言直虛妄。有酒爲子歡，有食爲子餉。子胡不一言，默默空相向？乃知是丹青，狡獪作此狀。臨風再三歎，使我意惆悵。猶喜渥洼駒，千里神俱王。

友竹《釣魚詩》云："不逐衆所逐,無利亦無害。君看鉤上魚,芳餌含猶在。"意識超卓,含毫邈然,諷詠數過,愛不能置。次韻,引伸其意二首

逐逐爲口忙,輕出斯遭害。水底抱珠眠,驪龍何自在。

短竿颭輕絲,吞舟不受害。若遇任公子,反遺鹿角在。

戲　答

瑤臺仙子董雙成,高會群真白玉京。笙管嗷嘈天上奏,不應下界許聞聲。

馮樵琴廣文紹勤**六十生辰,耄叟張茂藻直刺**敬效**畫墨梅,題詩爲壽。樵琴以此畫徵詩,爲友人代作四首**

東風入律報春回,客子歸心驛使催。明月自應千里共,卻將消息寄寒梅。

寫出風流絕世姿,一枝畫筆一篇詩。孤山合讓香山老,聽唱樽前樊素詞。

竹林曾與話平生,舊雨尋常亦有情。一枕羅浮清夢在,也應共訂歲寒盟。

華堂此日會群仙,蘭玉森森列綺筵。廿四番風到紅杏,君以二月十三日生。瑤池桃熟幾千年。君母周太夫人時年八十有七。

寄張耄叟用樵琴與倦翁唱和元韻

我從甬水言旋候,君向津門訂去期。恰似秋鴻迎社燕,纔經聚首又臨歧。杏林日暖開春宴,梅信風寒繫客思。欲與香山尋舊約,周南留滯已多時。

甲寅春日,王吟甫、仲邕、幼度昆季招飲坦園

無端歲月付悠悠,薄宦歸來已白頭。一餞幸嘗金谷酒,廿年重到習池遊。承家喜見三珠樹,妙手新成《五鳳樓》。仲邕出示詩文。我是園林舊賓客,梅花著意為人留。

王穉園治計然書於滬上,曾以光學留真。辛亥中秋,倩工改作,值武昌之警,列肆蕭索,題詩志感,戲和三首

中原物產數東南,消息盈虛海上參。一枕滄桑驚客夢,酒酣揮塵止清談。

君今兩度留真影,又對中秋一酒杯。祇怪春申江上月,緣何不照寶山來。

莫問小東與大東,人間杼柚付西風。嫦娥自在清虛裏,

玉宇瓊樓駕碧空。

記　夢

海上忽傳青鳥使，如瓜仙棗餉安期。漫疑弱水因風解，猶恐神山阻路歧。臺擁金銀君見否，月明城郭我來思。龍吟虎嘯鸞翔舞，正是鈞天樂奏時。

倦翁移贈石榴兩本，次苴莊元韻爲謝四首

榴花蹙紅巾，此語傳蘇氏。紅巾誰之貽，多謝何夫子。

小本初移植，枝頭葉未叢。綠陰徐布濩，點點綻猩紅。

此果云多子，纍纍已滿枝。但看齲齒笑，熊夢或徵之。

君有宜男草，生機早盎然。沾濡均雨露，發育理無偏。

耄叟得藤杖於海上，銘之曰撥雲，作詩索和，歌以紀之

仙人騎龍朝玉京，龍性夭矯不能馴。雷轟電掣龍入地，冉冉化作蒼藤升。樵者過之顧而笑，以手捫搎若有棱。斬斫作杖形模古，徙倚海上歷幾春。張子年逾六十化，周遊健步誇精神。竭來歇浦逢老友，攜歸座右相與親。製銘超卓有深意，妙手篆刻比貞珉。作詩索和遠將寄，清詞麗句簇簇新。

爲言他日倦遊後，與之登陟共昏晨。從知是翁眞夔鑠，據鞍顧盼方超騰。且復置彼閒散地，倚壁蛟螭夜自驚。吾聞少室女子手持九節杖，啓閉兩目食日精。又聞壺公杖送長房歸，葛陂蜿蜒詫神靈。仙家作用不可測，夜光靈壽未足稱。君身想亦有仙骨，得此乃似影隨形。會待丹成九轉後，勝跨與爾上青冥。古來神物皆如此，君不見雙劍龍化延平津。

題僧指西墨畫二首

旭日當牕净几橫，茶鑪經卷有餘清。等閒會得無言旨，信手拈毫爲寫生。

妙法故應空色相，小詩不用落言詮。須知動植皆生意，物理由來自得天。

壽蟄翁胡苴莊學博炳藻六十

蟄翁蟄居孝谿濱，孝谿曖曖多白雲。上有蘐草揚清芬，芝蘭玉樹郁菁菁，飛鳥委羽魚戢鱗。朝鉛夕槧肆典墳，摩挲金石讀碑銘。師承荻畫筆縱橫，怒蜺渴驥無定形。餘緒活人一囊青，草木佐使分君臣。陰陽風雨晦明淫，二豎卻避驚術神。晚以詩學寫性靈，抗禮欲分香山庭。蚌珠沈水彩霏昇，雉翬朝扇耀日晶，大呂之呂葭吹辰。甲子初周弧矢陳，軒車闐咽連轔轔。冠裳綷縩萃嘉賓，摘華掞藻頌鴻文。左揖鄒叟右枚生，灩泛天禄進醇醽，溶溶瀉出頗黎盆。如船之藕齒欲冰，如瓜之棗口生津。太和至樂本無聲，簣箎協奏琴瑟平。

翠幘銀牓閃熒熒，樺燭照耀琉璃屏。誰排閶闔叩帝閽，天風縹緲降仙真。青鸞朱鳳駕雲軿，或策獅象騎麒麟。又疑武夷宴幔亭，彩幄設褥紫霞蒸。空中仙奏動彭鏗，金盤行炙何紛綸。遺以丹書襲縹綾，相期海上採黃精。王母一笑天回溫，詔君令前受道籙。瑤池桃熟三千春，我欲錫汝制頹齡。東風淑氣轉鴻鈞，玉杯瓊漿甘流馨。駐光吸景問無垠，始信人間有靈椿。

王芹生學博清源見示《新月》《秋風》二詩，均有美人遲暮之感，反其其意而和之

佳人理晚妝，登樓見新月。誰將一彎眉，倒印入天闕。眉樣纖纖恰相映，嫦娥也試明妝靚。三五團圓與爾期，拂拭蘭膏還對鏡。右《新月詞》。

嘉樹自成陰，百卉何蔥蘢。秋風一夜起，坐使枝頭空。入我故園林，奪我錦繡叢。我欲隨風去天末，揮魯陽戈挽落日。落日移向東馳，皇天平分成四時。春陽一敷回華滋，宋玉悲秋猶費辭。右《秋風引》。

劉沚芬曹長—桂招飲龍山清道觀，王君硯雲有詩，同作俱用此韻

交情如水淡彌真，薑桂年深味轉辛。鶴髮散仙攜道侶，龍山高會賞餘春。好憑酩酊消光景，誰唱詩歌動鬼神。莫倚酒酣談世事，樽前多是白頭人。

和鄭藥舫六十生輓二首

谷口子真舊隱淪，康成書帶草抽新。籯金家計遺孫子，憂玉詩篇動輩倫。六十光陰嗟逝水，百年身世等浮塵。盈虛消息循環運，靜會天機亦暢神。

陽春白雪郢中賡，卓識如君了死生。桃葉成陰滿枝子，_{原詩自注："納籤室，生子四。"}榴花似火照人明。伯倫荷鍤猶多事，子敬亡琴空復情。桂酒椒漿身後奠，直須先向壽筵傾。

戲和倦翁仍用前韻

笑君書裏喚真真，九轉迴腸茹苦辛。縱使他生曾有約，_{君喪偶有年。}其如大地盡回春。癡情欲問吳姬酒，_{原詩有"問君可有吳姬酒"之句。}綺語徒傷荀令神。為報碧桃開處處，東風留待賞花人。

壽洪仰蘇大令_{日洵}六十

孝溪水東注，瀠洄入洪塘。洪塘有佳士，蘅杜與齊芳。十五弄柔翰，二十工文章。秋風一戰捷，騄耳馳康莊。逐隊笑同侶，流汗走且僵。行空冀北群，顧視動九方。攬轡忽容與，鳧飛水雲鄉。捧檄泝章江，印綬何煌煌。催科政自拙，江流浣我腸。道路歌去思，世事感滄桑。泉明歸栗里，鬢髮倏已蒼。我有一樽酒，為君祝壽康。從頭數甲子，甲子今方將。

葉爾康司訓廷枚**畫墨竹題詩見贈，次韻答謝**

　　先生三絕鄭廣文，君子六千自成軍。興來揮灑一兩竿，欲化筆墨為煙雲。雪溪歸來抱芳烈，聊借此君況特節。寫成尺幅遠寄將，坐使炎天生冰雪。

西宮詞

　　淮南春色返皇州，十二珠簾盡上鉤。選伎徵歌隨鳳輦，圓明園裏侍宸遊。園中樓閣連雲起，恰住桐陰深處裏。艷歌一曲媚君王，不詠《關雎》詠《麟趾》。廟算猶難靖寇氛，寄情聲色紓憂勤。同心扣扣諧鴛侶，飲血朝朝仰鹿群。津門夜報西風惡，離宮別館頓蕭索。木蘭秋獮避煙塵，鼎湖雲黯沈沙漠。前星光耀久無徵，側室子應大統承。長樂徽音能下逮，昭陽體制許同升。垂簾母后稱堯舜，負扆周公誅黨朋。日理萬幾兩慈聖，西宮明慧東宮正。掃除遺蘗息狼烽，方召聯翩拜恩命。食稅衣租同太平，耕田鑿井萬民慶。宮闈置酒上徽稱，沖齡天子中興盛。盛衰倚伏道何由，長信宮箴付水流。謠諑頻興涎燕尾，功名真到爛羊頭。羨餘內府崇高積，技巧中官絡繹求。蔎草春暉娛晚景，楊華落日下長秋。章皇子孫類英武，撤簾歸政還守府。惜哉祚短不能延，特簡宗支承列祖。國步艱難賴長君，詔宣師傅作元勳。元勳明哲保身久，圭玷不為苟息守。一誤再誤朝委裘，大權又落深宮手。尸諫誰為大義陳，漫言忠直竟無人。空留一疏藏金匱，慚愧當時顧命臣。紫軿重蒞蓬萊島，風景不殊人易老。唯有丹墀青瑣間,春花秋月年年好。年年花月恨何窮,無奈天驕互市通。豈有神兵殲醜類,漫將幻術試兇鋒。淒涼烽火城闉外,倉猝宮車道路中。晉國山河宵度月,秦關草木曉吟風。詔書許進和戎策,載戢干戈酬玉帛。宗社無驚陵寢安,金繒億萬吾奚惜。使星持節問浮槎,織女停梭歎永夕。蹕路塵清念舊都,行宮星駕還馳驛。治忽惟爭理與私,由來得失寸心知。旌旂日麗歸來候,鞞鼓風淒出走時。宮殿君臣分召對,郊圻父老慰懷思。人間轉眼滄桑感,欲向瑤池訂夙期。瑤池一別瓊宮閉,桃花已滿三千歲。青鳥殷勤催向人,何時擺脫江山麗。江山待付與兒曹,玉檢金繩顧慮勞。準備龍輿隨鳳馭,鈞天廣樂醉葡萄。定陵風雨聲淒咽,子規夜夜應啼血。一代紅妝十倍才,野花蔓草傷淪滅。開國雄圖溯入關,計降明將飾雙鬟。明眸皓齒俱何有,王氣全消長白山。

夜　遊

自鞚花驄作夜遊,天街月朗廣寒秋。霓裳一闋姮娥下,來就人間百尺樓。

次韻耄叟赴龍江太平溝,途次有懷,養閒藤杖

不甘牖下困英雄,直去遼陽東復東。愧我燕安懷井里,羨君鵬怒控天風。迢迢山水登臨際,寂寂蛟龍偃臥中。扶杖會看圖九老,歡然握手慰離衷。

讀倦翁與其從弟璇卿曹掾其樞唱和詩次韻

積雨兼旬忽放晴，探梅東閣小窗明。吟成康樂新詩好，夢到惠連春草生。耀日旌旗朝列陣，燭天光燄夜鏖兵。騷壇自有軍中樂，聽取壎篪一再行。

聞耄叟自太平溝回抵津門寄懷

垂老怕經年矢催，臨歧惜別首重回。龍江空背桃花去，驛騎應隨梅信來。金穴已徵堅白操，君在太平溝佐理金礦局。冰心肯惹雪霜猜。杜陵奔走輕千里，會有嚴公解愛才。

題洪念祖六十小影三首

記得登堂徂暑天，滬濱客尚滯歸鞭。壁間奕弈丰神在，依樣留真又十年。今年秋訪令兄仰峰廣文，曾見君五十小影。

伯氏元方吾友生，溯從總角已知名。雙丁二陸空前古，難弟人推海上英。

陶朱事業付滄桑，家世簪金澤轉長。不有出群麟鳳表，那將毛角與諸郎。

讀王友萊《續刻詩》寄懷二首

二百八十峰環列，四明閒氣出璠璵。連居比邑不相見，憶別題詩郘寄無。潮打蛟門三夜急，月明豀上一輪孤。廿年燕市曾高會，記共驅車訪狗屠。

琳琅一卷客攜過，直使輝光照薜蘿。聞道故人事編輯，上徵耆舊廣搜羅。_{君近曾編輯《蛟川耆舊詩》。}杜門卻掃交游寡，隱几著書歲月多。寂寞杜陵天寶後，滿腔忠愛見詩歌。

戲和俞穆卿_{鴻楸}《客中感懷》二首

黃姑隔水黯情傷，織女停梭雲錦裳。莫怪人間離別感，頻因其雨怨朝陽。

風動竹林韻珮璜，勝游時亦擬山王。如何作客姑蘇去，獨聽鐘聲到夜長。

次韻友萊臥病

大名長不死，蟬蛻此閒身。陶詠思追晉，雄文薄美新。天真常保我，客感任侵人。薑桂猶存性，年多味自辛。

次韻王硯雲《乙卯十二月初三日，老友沈劼安七十四生辰，同人置酒文溪西方寺爲壽》，即席賦詩二首

滄海橫流大地同，茫茫何處著閒翁。攜將挂杖雲山侶，博得尋碑野寺功。歸去陶潛謀飲醉，猖狂阮籍哭途窮。中郎已逝知音少，任爾燒殘爨下桐。

浪翁抔飲豈論杯，等是稀年兩許陪。君今年亦七十。大老故應間世出，深山本有不凡材。禪房敲火烹新茗，巖谷尋梅踏古苔。留得詩篇堪壽世，文昌照耀斗南來。

輓劉沚芬十韻

先帝初臨御，唯君早擢科。錦袍誇馬氏，玉律守蕭何。歸養黃眉古，爲郎白首多。狎鷗閒歲月，失鹿舊山河。夙忝推襟誼，頻興式飲歌。分曹同職掌，退處各煙蘿。酒憶龍山會，情猶燕市過。杖鳩齊致祝，賦鵬竟成魔。南極驚沈耀，東流歎逝波。春來風慘烈，天亦斂陽和。

題耄叟畫梅 并序

歲乙未，耄叟因其妻兄馮夢香孝廉一梅，自營生壙於東懸嶺上，邀往觀成，小憩永福庵，畫梅以遺住僧梅亭。丙辰春，重遊經此，梅亭出示舊畫，手筆如新，而夢香已作古人矣。

東懸嶺上寒梅樹，歲歲春風花無數。樹下幽人睡不醒，

花開花落誰爲顧。風流京兆善寫生,蕭寺拈毫拂絹素。忽驚春在畫圖中,廿年不見長如故。大道色相故應空,遺貌取神足天趣。古今上下同一塵,來本無門去無路。但令道念無由渾,日月燈明開甘露。請君試問梅亭老,應對梅花發妙悟。

小九嶷山石爲張耄叟題

我聞九嶷山,九峰疑相類。彼此固無殊,小大亦等例。磊磊此山石,各具岡巒勢。張子昔曾游,豫爲臥游計。量取一石歸,庭户相位置。山靈色然驚,五丁何多事。風雨晦四明,此峰忽飛至。天質既玲瓏,人力工點綴。一拳本無多,而有廣大意。主人顧而笑,濡筆爲之記。陋彼東坡翁,仇池徒矜異。

次韻夏博言邑侯_{仁溥}留別八首 代作

謳歌已遍四郊人,祇爲公堂煦育頻。民物方資廊廟器,烟波遽引鈞游身。道心與化爲消息,天運相乘有屈伸。留得湖山遺愛在,醉翁一去更誰親。

旌麾東指下車餘,晝日簾垂閉閣居。小隊亦曾咨隱逸,粗才并未棄迂疏。廣筵揮麈清談後,窮巷停輪識面初。不是使君存問及,空山應有雪埋廬。

閭閻難得長官清,雀鼠争消治理平。人在山中稱吏隱,時從花下譜琴聲。勸耕有酒杯同壽,示辱無鞭蒲亦輕。誰道高秋風雨後，陽和猶是滿重城。

　　報書未滿三年最，善政猶能遍四鄉。秉耒農夫歌主德，專科髦士列分行。仁心及物雉桑集，判筆完姻鴻柈莊。餘韻流風未消歇，百年父老總能詳。

　　潛敷惠澤到編氓，坐鎮危疑保障成。<small>今年夏，滇黔民軍起，浙江應之，慈邑安堵不驚。</small>任爾洪流同泛濫，不教疆理失縱橫。本來龍性難諧俗，漫笑牛刀亦大烹。潘令種花陶令柳，委心付與後人評。

　　歸棹潛移碧水皴，送春還有再來春。道傍扶杖人懷舊，花下提壺鳥噪晨。終仗鹽梅調鼎鼐，暫攜書劍避囂塵。匹夫與有存亡責，一代河山屬國民。

　　過江人物古來多，虎踞龍蟠竟若何。但使鴻毛欣遇順，故應鳳羽頌卷阿。民貧亦恐脂膏竭，財阜能舒供億苛。定有魁儒醫國手，調和元氣續賡歌。

　　老來百事不關心，忽聽驪歌惜別深。大呂黃鐘誰嗣響，陽春白雪少知音。季鷹鄉思縈鱸菜，清獻歸裝伴鶴琴。後會重逢定何日，夕陽猶照遠山岑。

耄叟以小九嶷山石攝影見示，仍用前韻奉答

　　君文若元氣，胚胎到物類。流傳將無窮，金石非所例。

金鎔石就磨,速壞亦其勢。有託斯長存,貴爲深遠計。古來盤鼎銘,不隨物廢置。説理已備矣,摹形苟不事。揆之愛物心,用意豈云至。右史左列圖,二者相連綴。山石有攝影,亦或會此意。取象及毫芒,妙筆不能記。從兹丈人峰,<small>攝影者爲其館甥朱焕文。</small>永永示瑰異。

爾康因居室失火,六十唱和壽詩俱付焚如,重徵編次,以及於余,既如言錄呈,爲賦此詩

前年壽君六十詩,畫堂譁客侑酒卮。今君海上傳使至,爲言祝融入室搜文辭。俚句重繕與君補,因更就君質所疑。吾聞柳州作書賀失火,亦謂積貨足妨進取基。老人於世本無求,何用天之盪滌爲意者。君昔醫名滿吳下,活人方術無虛施。黄童白叟苦思不得見,天假一炬强起之。又或因君潛心究内典,九根清净未嘗掛一絲。燔燒髮膚將不惜,身外遑計有盈虧。朅來浮海赴滬瀆,金繩寶筏光陸離。解除衆生疾厄苦,如同甘露灑楊枝。黔驢赭垣何足道,唯有新詩綺語繫我思。再徵篇章到朋輩,結習未盡乃如斯。竊恐散花天女來相試,花飛著身不復落紛披。

題翁賦蓴<small>確</small>百鳥詠二首

幽懷託香草,世變慨白雲。何如百鳥咏,梟鸞由此分。

少陵杜鵑篇,昌黎鸑鷟著。兩俱不自存,瑣瑣爾何與。

賀穆卿六十一生子，次倦翁韻

獲茲英物最憐君，試使啼聲徹戶聞。誕得阿奴誇絡秀，勝他坡老事朝雲。酒漿邀客三朝會，甲子與翁一例分。尚有徐卿雛第二，異時新婦倍欣欣。

和耄叟《喜孫女字學銳進》，次韻二首

娉娉嫋嫋髮垂肩，恰好春風荳蔻年。繡縷停鍼舒皓腕，絳紗課學到華顛。臨池舞鶴盤空起，落筆驚鴻取勢妍。多少簪花美人格，枉拋千幅露桃箋。

娟娟明月傍長庚，問字重闈慧業成。千古才名歸淑媛，一枝綵筆愧書生。毫端不信花枝弱，紙背猶餘墨瀋橫。取法魯公家學在，通神欲起杜陵評。

題李香真二首

渡口桃花依舊紅，繁華事散綺羅空。唯餘家國興亡感，併入佳人血淚中。

六朝金粉付東流，玉樹歌殘恨未休。知否秦淮樓上月，十分圓滿照中州。

題《平湖葉氏三世古稀圖》四首

高義如公孰與儔，功名薄視富民侯。庭前曳杖逍遥際，香滿芝蘭一室幽。葉牧者封翁慎。

早歲賢書貢上都，晚膺講席到慈湖。種成桃李知多少，我亦門牆濫厠竽。葉勤詵孝廉廉鍔。

秉鐸稠州旋掛冠，九天綸綍錫芝鸞。國恩家慶人爭羨，爲侑先生苜蓿盤。葉湛持廣文存養。

一門各有千秋業，三世同登大老年。自是當湖清淑氣，葱葱鬱鬱得來先。

次韻耄叟《客遊淮南寄懷養閒藤杖》

老翁脚方尚稱雄，作客又臨淮水東。不用支筇探勝境，任他倚壁卧高風。無窮歲月優閒裏，有興湖山想像中。異日歸來尋舊契，從頭重與叙歡衷。

和倦翁《寄耄叟》，仍用前韻

蘭臺分别論雌雄，江漢西來入海東。快意漫爲豪士賦，披襟如遇大王風。濠梁有客游觀際，廣武何人感歎中。寄語稽留淮上者，還歸應共細談衷。

丁巳秋日次韻倦翁《桃杏李再花》

花事因春發，春風直到秋。園中桃杏李，延賞又樓頭。

倦翁以園梅八月見花，有詩索和，次韻

嶺梅十月猶非早，八月今開何遽家。天遣春光娛壽母，_{君母葉太夫人今年八十有二。}園林得氣共無涯。

代小九嶷山石寄懷耄叟，仍用前韻 并序

耄叟舊有小九嶷山石，曾爲作記、攝影、分徵題咏。今者由淮南貽書，爲言續獲山石數架，各誌以詩，並以《懷藤杖詩》索和而不及此石，①戲筆成此，以博一笑。時則丁巳秋日也。

從來仁人心，泛愛本無類。萬物歸我懷，而不分等例。山石貢靈奇，亦各因地勢。幸得賞鑒者，一一勞心計。陋質產九嶷，荷君弗棄置。遂令庭宇間，歌咏增韻事。君今客淮南，別有搜羅至。繫之以詩篇，斐如珠玉綴。得新而忘故，亮非君子意。《藤杖》獨見懷，情愫從頭記。豈敢怨別離，自傷歲月異。

---

① 《四明清詩略續稿》卷六錄有張敬效所作《戊午春日懷小嶷九山石》及《詠藤杖》（錄一）。

耄叟由淮南歸，出示《懷小九嶷山石詩》，[①] 仍用前韻，爲石志喜

大氣鬱磅礴，布濩無遺類。仁人愛物心，準此以爲例。化工鍾靈秀，岡巒列體勢。山石各東西，難以道里計。物色風塵中，搜採供布置。天然縐瘦透，美備徵三事。君子敦夙好，情誼尤周至。故歡既弗忘，新契復連綴。石雖不能言，默默感深意。我披《石緣集》，君編詠石唱和詩爲《石緣集》。還讀石頭記。君有《小九嶷山石記》列入集中。五嶽羅户庭，應有出雲異。

讀王仲邕和之《和耄叟藤杖詩》次韻

張子首唱藤杖詩，紛紛屬和誰之爲。引宮激徵有遠韻，淡妝濃抹皆淑姿。就中作歌孰最勝，王郎繼起騁雄詞。四座傳觀爲擊節，相顧咋舌避席辭。天宇何蕩蕩，所向浩無涯。筆端如挾風雨至，元氣鼓盪真淋漓。神山可望不可到，旭日照耀珊瑚枝。憶昔坦園老，人映紅樓中主壇坫。尊甫縵雲老友著有《映紅樓詩稿》。一時英俊篇章投贈使交馳。將門出將原有種，鐵騎列陣森戈鈹。昨獲郵筒披佳什，生氣遠出句尤奇。張子攜此作客蒞淮右，足令海内騷雅有維持。

[①] 《四明清詩略續稿》卷六《戊午春日懷小嶷九山石》云："愛石想非非，遥知草色肥。寄書問消息，入夢認依稀。秋去成離恨，春來動遠祈。岩間松與柏，應亦暢生機。"

題璇卿《甘荼集》四首

振鞭一笑出門去，雪窖冰天事遠遊。詩筆清新何水部，春光猶勝在揚州。

十年連襼共京都，照乘爭誇徑寸珠。東海即今水清淺，遑將往事問麻姑。

大隱由來溷市塵，平沙浩浩赴長春。桃花馬後知多少，何處仙源許問津。

還家未易遏雄心，寶劍隨身值萬金。不放光芒射牛斗，時聞匣裏作龍吟。

次韻林靄卿邑侯觀光《留別》四首 代作

兩年幸蒞使君車，甘雨流膏碧漲渠。燈火萬家勤夜課，桑麻十畝蔭春餘。勞心撫字恩波普，略分交遊禮法疏。吏散庭空公事暇，時煩屏從訪州閭。

百里侯封君作師，簿書叢裏日遲遲。河陽花信紅千樹，官舍楊枝綠萬絲。和氣薰蒸春滿縣，清光照徹水平池。冰弦對月瑤琴譜，如此風流孰箇知。

慈湖菱芷郁生香，浮碧山光蔚遠望。難得名流冠蓋駐，本來仙吏水雲鄉。仁風煦物休休暖，才器匡時種種長。卧轍攀轅留不得，道傍空使往來忙。

琴鶴裝成一例輕，車如電掣迅兼程。翻疑鳧化雙飛影，忍聽驪歌夾道聲。此日競傳《歸去》咏，何時重慰別離情。兒童竹馬迎來後，還與君侯訂舊盟。

次韻龜山老人王苐莊_{德馨}六十自述二首

誰云服食可延年，漢武求仙亦枉然。不用黃精驅白髮，還從清夜養丹田。高談儘許對風月，雅集何妨中聖賢。冷眼看他塵世裏，魚蝦擾擾等腥羶。

北海樽開亦可娛，一時英俊聚枌榆。_{君充縣議員，常住會所。}救時誰實持公道，決策要當破衆愚。關隴烽煙猶迭警，江淮秔稻自均輸。即今君是杖鄉老，領袖羣才貢上都。

次韻耄叟答謝 _{耄叟孫婦歸，甫二月而逝，曾經作書慰藉。}

客裏光陰如水流，一年消息換從頭。剛聯美璧雙圓喜，誰道珍珠萬斛愁。明月自應隨夜永，好花未必共春留。寒風料峭陽和斂，莫爲思家獨上樓。

《錦江春悼詞》爲洪鼎三姬人劉氏作_{并引}六首

夫遠山眉樣，傳巴蜀之名姝。對鏡啼妝，紀洪塘之長恨。則有仙家苗裔,神鳳騶人,命繡幰以迎來,列錦屏而位置。爾迺咄咄逼人之事,竟成青鳥催歸;朝朝飲恨之身,欲效綠珠墜地,花枝憔悴,病骨支離,是不可以已乎!請先驅狐狸於地下;夫有所受之也,乃見嘖燕雀於枝頭。塵夢易醒,舊盟猶在,抒茲遺憾,發我浩歌。

　　蜀山天下秀,錦江萬古春。鬱鬱清淑氣,鍾此巾幗人。卯金本貴胄,零落乃市塵。有女何窈窕,容華桃李新。盈盈年十五,艷艷無等倫。蓬華沈淪地,鶯花寂寞辰。媒氏未通問,展幣竟無因。

　　無因忽邂逅,琴客諧仙奏。採藥三山來,揀取到紅豆。錦障珠斛傾,雲鬟花鈿秀。瓊漿灩玉杯,沈檀爇金獸。新月上峨嵋,光明照列岫。常恐陰雲霾,良夜景難又。娟娟度簾櫳,沈沈滴蓮漏。感君眷戀情,願君千萬壽。

　　君壽無終極,羈旅難久留。八月理歸楫,隨君下巴州。我有姊妹枝,留種故山頭。歲時上先塋,紓我遠去憂。猨啼巫峽岸,魚躍菫豀流。入門參大婦,顏色何溫柔。庭樹碧雲合,鶴子立夷猶。鸚鵡解罵人,學舌弄輈輖。巾帨謹護持,庶以免愆尤。

　　愆尤勿復言,君又遠行早。丈夫志四方,家食豈常保。唯念當別離,使妾心如擣。君泝瞿塘秋,妾夢洪塘曉。瞿塘雖急瀧,穩度若飛鳥。洪塘雖安流,憂思縈懷抱。將軍醉尉訶,丞相獄吏擾。矧此閨中賤,曷敢辭煩惱。險絕灧澦堆,出險有時了。駭浪復驚波,人心長蜀道。

蜀道客還家，肝膈庶一吐。生小歷坎坷，幸蒙君子顧。自知愚直性，與物動多忤。惓惓結中腸，欲訴何由訴。以此日纏綿，膏肓頓沈痼。昨夢入琳宮，云是蓉城署。湘簾十二欄，粉黛相迴互。見我歡然迎，謂當充侍御。主者滯紅塵，汝其導先路。覺來失靈境，歷歷記所遇。青鳥縱殷勤，豈久人間住。

人間烏兔追，過眼風花瞥。辛苦五六年，厠妾衾裯列。自分長相守，孰料中道別。回思夢遊仙，仙山許弭節。整備排隊迎，亦豈成永訣。玉案翡翠屏，長侍閒歲月。所嗟女兒花，薄命根先折。拋卻掌上珠，無母誰提挈。悲風動地來，空使肝腸裂。倘化杜鵑啼，啼斷聲聲血。

用元韻和廉夫《述懷》八首

已將廊廟換山林，陽氣潛藏朔氣森。絕域烽煙傳警報，積旬風雨靄重陰。鵬摶空想垂雲翼，驥老猶雄伏櫪心。莽莽關河行不得，枉教秋士感秋砧。

回首觚稜日未斜，軟紅塵土共東華。石鯨近接昆池水，銀漢遙通博望槎。閶闔曉開看委珮，羽林夜靜聽鳴笳。風薰彩仗移西苑，瑞氣猶籠菡萏花。

羨君報答戀春暉，謝棄朝簪返翠微。幽草還期朱草實，閒雲祇逐白雲飛。十年豹隱文猶蔚，五夜雞鳴願未違。移孝作忠慈母綫，故山行遯不終肥。

衙署紛更一局棋，得無可喜失寧悲。金章何遜參戎日，玉律蕭侯執法時。時改訂官制，君由工部改兵部，旋轉法部。鷹隼逢秋看奮擊，驊騮有路任交馳。忘機鷗鳥還相狎，顯晦升沈兩不思。

閒曹官況似名山，鎮日流連詩酒間。握管生花花入詠，開樽邀月月臨關。狂歌對客原多興，醉靨生春若駐顏。君是九霄鸞鶴侶，不應也就爽鳩班。

紫綬牙章列上頭，輸邊主計適逢秋。援例捐納者須同鄉官出具印結，君綜理其事。萬金寶劍酬雷煥，千里樓船迓莫愁。君迎姬人北上。北望山河方逐鹿，東歸歲月且盟鷗。不堪灑到新亭淚，擾擾塵氛遍九州。

毀冠裂服竟何功，高士由來市隱中。時共故交東閣酒，忍欺兒輩北窗風。甬江派衍人文起，耆舊詩編蠟炬紅。喜得孫枝供繕寫，定將難字問衰翁。原詩自注："現方校讎《續甬上耆舊詩》。"

世事不須論得失，人心何處見平陂。爇餘蒼藋仍芳烈，網到珊瑚豈斷枝。精衛可能填海滿，愚公直自信山移。漫言花落難成實，猶有霜高橘柚垂。

生日，耄叟以詩見貽，叠韻奉詶

壽星照耀客星來，恰值文昌躔度開。好把郵筒千里寄，憑傳梅信一春該。山中歲月空添算，江上詩篇有別裁。自是曲高成絕唱,思爲屬和更無才。

夷叔隱首陽

夷叔隱首陽,堅貞矢懷抱。當其扣馬諫,義動鷹揚老。日月不停留,榮名常可寶。升降殊世運,消息參大造。發榮資春溫,肅殺行秋昊。嚴霜彫林木,和風噓枯槁。薇蕨誰復甘,歲久變芳草。聯鑣策怒馬,馳騁關河道。

贈洪益三 代作

海上精華聚,舟航萬國通。金銀權子母,籌策仗英雄。舊業恢兒輩,奇才有父風。婆娑閒歲月,歸去問田翁。

題沈約園廣文廉《冷香館詩集》四首

阮籍詠懷別有情,都緣身世不平鳴。冷香館裏詩千首,祇是騷人血淚成。

荷署紛更到冷官,誤身畢竟是儒冠。如何朝日團團上,不照先生首蓿盤。

翁洲往事涙霑裳,秋雨梧桐宮井傍。三百年來論興廢,不堪回首又斜陽。

斷句零篇費討尋,直從爨下製名琴。好將流水高山曲,付與千秋訂賞音。

題胡蟄翁《得萱圖》

採芝入深山，服食期延齡。山中多白雲，神物終杳冥。君家白雲在戶牖，玉立亭亭但垂手。種得金萱勝紫芝，上壽高堂千日酒。

壽何芾卿其棠六十

王母逍遙閬風晨，琪葩瑤草漫山春。中有桂樹高千尺，杈枒雙幹拔地升。一株吟嘯來天風，枝柯盤曲根輪囷。一株分栽曾遠道，結實爲丸餉仙真。函關峨峨西入秦，路經商山訪隱淪。黃公綺里不可作，千載紫芝空流馨。峨嵋山頂太古雪，披雲直上探青冥。瞿塘怪石立如馬，風波險惡愁殺人。子規啼樹聲聲急，烏鳥棲樹夜夜驚。吐納日月飽霜露，翻然歸植離囂塵。九華之館敞金銀，靈氣煦育萬象新。玉露灌溉榮萱草，仙風噓拂開紫荆。人間凡艷不到此，芝蘭玉樹周阿生。丹楓建旍松結蓋，掃壇修竹風動鳴。黃鐘吹管陽始復，交梨火棗壽方平。君不見廣寒清虛傍宮殿，婆娑弄影凌無垠。霓裳一闋音繚繞，惜哉俗耳難爲聽。似聞昨者三山客，相約海上採藥行。平生久無飛動意，但愛北窗看白雲。勸君且盡杯中物，呼僮置酒共君傾。醉倒三萬六千日，不信掃除白髮須黃精。

次韻耄叟以在皖所得山石載歸，與小九嶷合置一庭，紀之以詩

我欲與君浮大白，日日江頭望歸舶。西風一夜湧潮來，未得歸人先歸石。此石產自九華山，五丁開鑿施鞭策。一一位置庭戶間，合與九嶷分主客。何事出門去五嶽，列座頭奇峰叠嶂。更無儔憑君賞玩，春復秋行人歸來。應心喜對此，長吟不能已。君不見豪門狎客求自容，挾技紛紛進雜擬。不如此石雅足供品題，翕然時有五雲起。

輓俞季圭孝廉斯珺三首

壯歲才名達計車，長楊奏罷日初斜。京華舊夢猶堪憶，十里春風處處花。

樽前一曲荔支香，閩海歸來意興長。廿載小園高隱後，桃花何處訪劉郎。

即今碩望著鄉評，多少英才教育成。何事西風動鞭策，驂鸞駕鶴赴蓬瀛。

次韻耄叟還家寫梅即事

不是香山圖九老，久客歸來意興好。吮毫伸紙寫梅花，著手先驚回春早。植根鞏固花發繁，善畫有神通於道。西湖

處士太多情，著詩不屬封禪稿。孫枝高出兆和羹，應歷中書廿四考。陋他萬紫與千紅，直使群情都傾倒。

次韻張鎮峰薩喬《五世稀古詠》二首

世外乾坤夢裏身，桃花何處訪秦人。疇知閒氣鍾黃髮，長得春光轉綠蘋。故國山河已陳迹，累朝培養自深仁。追思祖德成歌詠，扶杖優游獨暢神。

五世祥開共壽康，誰云天道總微茫。薰香摘艷生花筆，晴日秋風打稻場。耕讀累承先澤永，經綸留待後賢長。國恩家慶由來合，佳話應增史乘光。

次韻耄叟答倦翁憶餐菊

一琴一鶴宦情寄，一邱一壑高風寄。君獨上追張季鷹，鱸膾蓴羹有同氣。晚香室內晚芳妍，要與秋風矜奇異。菊花排出金銀臺，臺前山石工布置。頗訝花自遠道移，飛渡重洋若生翅。想君彭澤是前身，除卻東籬更無二。人本看花花媚人，天降佳種有深意。世人但知愛梅花，不知此花可與聯。昆季置酒會客餐，落英佳色還應有佳味。笑殺揚州何水部，空把暗香聞以鼻。直待千百年後繼起之遠孫，解向陶家適口問成例。

答耄叟謝雞冠花疊前韻

送別曾經折柳寄，憶別曾經折梅寄。轉瞬秋色又爛斑，客子歸來聯聲氣。荒庭舊種雞冠花,花時顏色爭鬪異。紅者丹砂點綴妍,黃者碎金錯雜置。中有一枝兩色兼,艷如孔雀張雙翅。頗疑此花得秋多,三分直欲占其二。冒雨折送晚香室,冀與主人添畫意。晚香室內饒珍品,伯仲之間此猶季。乃蒙佳什報瓊瑤,諷詠自有味外味。攤箋濡筆一效顰,興來不顧人掩鼻。請君得此勿笑譁,自古續貂有成例。

次韻耄叟晚香室菊畫

菊花開處占秋多,秋光九十亦無何。安得一年長對此,人與菊花相婆娑。晚香主人列畫圖,直使花開無時無。幾枝畫筆供延賞,如聞花下勸提壺。秋花不競春花紅,盆栽瓶插點綴工。請君試問三語掾,真菊畫菊將無同。陶家縱有東籬菊,未曾摹寫入條幅。淵明千載本神交,韻事還應讓君獨。壁上庭前相對妍,餐英雅集勝常年。獨憐何遜不可作,謂倦翁。接席銜杯句空聯。

次韻龜山老人赴耄叟餐菊,即席賦詩四首

餐菊才人筆一枝,滌腸浣腑出新詩。木蘭墜露清同調,祗有當年屈子知。

晚香室內醉流霞,賓主唱酬戀物華。難得群仙共延賞,一樽端不負秋花。

四壁花光駐歲年,小春天氣似春天。但教留得春常在,

脱帽吟詩意灑然。

漫言秋色已斕斑，酒入歡腸可駐顏。玉液杯邀瓊島客，仙家原亦住人間。

戲和龜山老人留鬚並次原韻

老來何以助吟思，仗有微髭手撚之。但得好詩清到骨，不嫌窺鏡白於眉。護同晉相垂囊待，採入吳宮鬪草宜。莫遣山陰公主誚，鬚髯空負丈夫爲。

輓洪仰蘇四首

早年聲譽走雷霆，馳驟名場守一經。世事從教陵谷改，秋風桂子尚留馨。

咸安一席課天潢，江右分符師道昌。解組歸來陶靖節，山中甲子自羲皇。

病莫能興已再春，爲因瘡痏損精神。傷心耆舊彫零後，洛社筵開少一人。

籯金家世澤留餘，一卷龍門貨殖書。庾嶺梅花燕市酒，二難競爽更誰如。

闕題三首

鄭虔痛飲襟期遠，安定傳經教澤長。矯矯先生能拔俗，彬彬弟子列分行。力除害馬群無擾，君秉鐸稠州，有賄令攘地淩其同學者，爲達上游易，令斷平之。價重登龍服有章。陵谷雖更遺愛在，皎如初日出扶桑。

栗里歸來春復秋，閒居歲月儘優游。香山老友多黃髮，樊素新吟證白頭。蔭合竹林方競爽，花開棠棣並添籌。令弟念祖今年六十有七。爲因習靜通禪理，好把三生慧業修。原詩自注："近喜參禪。"

保赤誠求有歲年，三千善果證人天。君曾集資育嬰。栴檀爇火留香久，梨棗延齡帶露鮮。此日古稀同介祉，後來上壽更增川。看他變幻風雲裏，孰是鞭爭祖逖先。

題張母戴孺人《旌節錄》

松柏秉堅貞，冰雪礪懷抱。矢志四十年，榮華酬枯槁。譬彼登山者，仰視出雲表。當其初陟途，巉巖歷夭矯。山頂落飛泉，步步荊棘擾。一徑羊腸通，豁然履坦道。羅列皆兒孫，衆山相迴繞。天風吹我衣，朱霞明初曉。照耀金銀臺，紅日臨皎皎。

次韻仰峰《小憩山房讌集》

去年歲在壬戌年，東風一轉歲華遷。高會攝影紀弧懸，畫筆不用倩龍眠。陽春小住十月天，介弟爲兄敵壽筵。湖山高處意翛然，群賢列坐序後先。把酒共祝地行仙，一十六人各比肩。惟君高才老而傳，首唱讌集詩就編。君家耆舊如珠聯，龍頭有屬壽增川。謂洪君月舫。郎君詩學過庭篇，十齡殿最何其妍。良辰美景自無邊，主人雅意況殷拳。兩湖之水清且漣，屬而和者驥奔泉。漫言過眼如雲煙，四圍山色在眼前。疊石煮酒佐豆籩，左宜右有兩團圓。雅韻鏗鏘真可弦，新詩恰稱肴饌鮮。一堂上壽壽萬千，不數當年有商籤。我讀此詩喜欲顛，諸君才調泂翩翩。試將俚句寫蕉箋，冀附名山文字緣。

哭董生承欽

早歲從予日，聰明似爾稀。書中尋妙悟，静裏得天機。逝水年華改，浮雲世事非。吾衰歎已甚，老淚那堪揮。

次韻耄叟《晚香室繡菊》二首

點綴秋光簇簇新，芟除畫本別摹真。花陪陶令壺觴醉，絲繡平原几席親。南極星明中酒聖，東籬景好仗鍼神。請看四壁頻翻樣，不負年年延賞辰。

無窮意緒出清新，製出秋容逼肖真。繡閣工夫窺鏡得，芳園品物入簾親。黃花就我絲絲扣，彩綫傳他奕奕神。任爾西風吹不覺，金樽快倒及良辰。

和耄叟《餐菊》

衰年嗟多病，世事更何求。雷霆不聞聲，仰見白雲浮。知己兩三人，耽吟百無憂。此唱彼則和，不計紐與優。就中張子野，筆底珠玉收。遣興晚香室，愛菊淵明儔。示我詩篇二，一一讀從頭。韻事稱家慶，朋輩讓風流。爲言瑤臺品，遠寄由孫謀。落英況可餐，相與賞高秋。賓主兩忘言，樽酒任自由。陶然一席上，果腹媲莊周。閒中得佳趣，歲月爲我留。不知天地間，誰有此樂不。身外復何事，未擬問前修。

湖南鍾耐成偕其妻陳妙貞，因賄選，同赴錢江死之。鄭立凡學博豫有詩索和，率成四首，時癸亥冬至後十日也

天生國民爲國死，政體從教識共和。風馬雲旗所到處，日車應避魯陽戈。

女媧豈有補天石，精衛還將大海填。我與卿卿同一笑，回頭猶是有情天。

四萬萬人同日死，鴛鴦水底兩人生。首陽薇蕨猶塵土，不及錢江亙古清。

與妾結縭三十日，隨君赴義億千春。環球立國知多少，應識中華大有人。

跋

胡炳藻

　　《睫巢詩鈔》，慈谿陳康瑞雪樵著。君性恬澹，好寂静，耽吟詠，然不苟作，故詩亦不多。是鈔乃君所手輯，不拘體裁，以得詩先後爲次，都古今體詩二百七十一首。睫巢之詩，温柔淡遠，詩人之詩也。雖寫景詠物之微，無不有所寄託，而《過驪山》《西宫詞》《鍾陳夫婦赴義》諸篇，其性情益流露於楮墨間矣。嗚呼！雪樵云亡，雪樵詩鈔必行世無疑，雪樵其不亡歟！甲子秋，胡炳藻識。

霓仙遺稿

葉同春 撰

目　　錄

序 .... 馮　开　77
題辭 .... 　　　　79
葉君碑陰記 .... 陳訓正　85

詩 87
　都門書感 87
　晚步 87
　寄陳肖竹同年榕恩天台 87
　題板橋雜記 88
　行路難 88
　題《吴梅邨集》 89
　春明聞雁 90
　過車廐張尚書九德墓 90
　送葉秋笙同年之官安徽 90
　芳江渡歸途口占 91
　游車廐禪悦寺 91
　春暮有感 91

詞 92
　十六字令　秋夜舟中 92
　調笑令　對菊 92
　青玉案　丙戌客春明作 92
　金縷曲　錄別 92
　如夢令 93

搗練子	丙戌秋日送友南歸	93
憶秦娥	春明思歸	93
行香子		94
玉胡蝶	丁亥重九夜	94
滿江紅	曉發天津	94
滿江紅	題《東山攜妓圖》	95
滿江紅	送楊鞠孫表兄之官江蘇	95
賀新涼	辛卯秋日偕洪月舫同年、楊繩孫表兄登吳山望江	95
長相思		96
醉花陰	贈尹子威彥鉞。子威,光緒十一年拔貢,杏農侍御耕雲之子	96
虞美人	柳絮	96
一剪梅	江山船	96
蝶戀花	庚寅春闈報罷,偶至廠肆,得紈扇一柄。扇頭畫文竹甚佳,感題其上	97
憶秦娥	題大某山民畫梅	97
賣花聲	曉泊甬江口占	97
賣花聲	吊甬上校書玉兒	97
浪淘沙	落花	98
怨東風		98
壺中天	壽秦君梅仙六十初度。秦氏始祖本葉氏,從外家改姓	98
買陂塘	落葉	98
摸魚兒	贈王體君	99
踏莎行	題友人別業	99
蘇幕遮	二闋‧螢	99
水龍吟	龍舟競渡	100
清平樂	贈伶雲郎	100
浣溪紗	柳	100
菩薩蠻	游鳳凰山有感	101

點絳唇　送沈劫安先生 ………………………………………… 101

跋 ……………………………………………………………… 葉秉成　103

序

馮 开

　　葉君霓仙,憯定醞藉,不鶩紛華,數上春官,汔于不遇,泊然而已。生平微尚雅擅填詞,取徑姜、張,分刌悉協。雖所存無多,而單絲子軫,歸于雅適,尋其意旨,要越常倫。余與君年輩差懸,戊戌客京師,逆旅槃停,朝夕奉手,文字密合,遂結忘年之契。余嘗語君:"詞之爲道,意内言外。介存有云:以有寄託入,以無寄託出。入于意内,出于言外,匪直達詁,實爲縣解。"君恒嗟歎,以爲知言。南旋而後,罕與人事,端居杜門,惟以矢詩自遣,逡遁數歲,遽謝賓客。二十年來,世變膠擾,風流歇絶,嗣音寂寥。追惟疇曩晤語,清言微笑,惝怳在眼,日月棄我,冉冉老至,死生契闊,永隔天壤。徘回今昔之思,蓋不徒爲君傷已。屬伯子秉成、叔子秉良刊君遺著訖,輒書卷耑,用發歎喟。馮开。

題　　辭

詩

七言二首
同縣馮毓孹汲蒙

　　語語瓏瓏字字都，自然越艷勝吳歈。無多煙月酬歡子，如此江山唱念奴。琴雅平分樊榭席，霜花翦得夢窗腴。此才薶沒真堪惜，袛向遺編索淚珠。

　　迢迢北去又南旋，歷歷前游夢不圓。懷刺自書湖海士，挂颿人識孝廉船。五陵裘馬稱同學，十畝桑麻誤後緣。苦憶京華舊風味，夜臺握手定何年。君與余同出楊理闇太史之門。

七言二首
同縣陳訓正無邪

　　夢窗老矣西麓逝，法曲飄零不可聞。一夕玉參差忽起，月殘風曉望夫君。

　　黃茅白葦呼可嗤，章句雖多奚以爲。才人咳唾原矜貴，兩字應題片玉詞。

七言一首

同縣洪允祥佛矢

石林餘韻振文溪,聖對遺編發歎悽。豈謂壯夫刪少作,由來深愛託無題。危闌徙倚人何在,玉宇高寒夢易迷。地下蘇辛呼不起,那能唱和作提携。

五言一首

同縣應啓墀叔申

境迫愁無極,才高命總妨。含恩作悽婉,點華到蒼茫。綺語償東澤,悲歌弔北邙。傷心天福靳,何處問陳芳。

七言二首

同縣楊魯曾省齋

回首春明感夢華,亦曾點拍到紅牙。微雲政爾慚淮海,翻得詞人作親家。君伯子秉成爲吾女壻。

紫色鼃聲太不祥,詞林隊緒賴張皇。孤吟獨笑無人會,殘笛虛煩譜弁陽。

七言二首

同縣胡良箴君誨

諸子英英都絶倫,十年懷抱識芳芬。西山落日餘蒼翠,恨不論交遍紀群。

南渡衣冠感黍離，中仙風調重當時。江湖可惜才人死，莫聽蒼凉麥秀詞。

七言一首
同縣錢罕太希

文字崢嶸舊有名，微吟低唱遣浮生。迷離煙柳斜陽感，浩蕩瓊樓玉宇情。自倚小詞排積憤，翻從禿筆出春聲。遺音疏越誰能解，應嘆方回作老兵。

五言一首
同縣王和之仲邕

回首連山館，清言共夕晨。平原十日酒，滄海廿年人。意氣埋黃土，文章隊劫塵。餘芬宜愛惜，不獨爲先民。

五言一首
鄞蔡同常君默

石林吾舊交，通家忽三世。余生恨太晚，未識子葉子。叔子叔眉父，幸與結姻契。意度何淵醇，先德彌類似。昨者手遺著，鄭重相付視。一披再三讀，灑落得佳致。泠泠珠玉詞，皎皎見光氣。韞櫝不可藏，流傳賴賢嗣。繁余祖若父，遺詩在篋笥。校刊苦無暇，其顙實有泚。便當謝塵鞅，一竟未竟志。賦詩勖吾爻,亦用發深愧。先王父季白公有《二百八十峰草堂集》,先君月笙公有《餐霞仙館集》,皆未付梨。

七言四首

定海湯銘篆璞盦

一編什襲蘊青箱,歷劫猶留寶墨香。文字滄桑無變易,始知呵護有靈長。

公車十上困春官,太息長安行路難。底怪文章憎命達,華年慘綠儘摧殘。

吉光片羽亦堪珍,紙色如新迹已陳。卻喜鳳毛能繼美,風流文采有傳人。

石林派衍石龍邨,家學相承通德門。他日子雲亭下過,欲將奇字總評論。

七言二首

定海湯濬遯盦

下筆千秋自有神,一編猶許挹清塵。半生書劍長安道,滿地江湖落拓身。紅豆春深恩故國,白蘋秋老送才人。傷心南渡詞流盡,不許頭銜署老民。

懷抱年年鬱不開,子遺詩卷亦悲哉。春明舊夢迷金闕,樂府新聲譜玉臺。綺膩風懷多寄託，飄零身世有餘哀。窮愁著作尋常事，我爲蒼生惜此才。

詞

玲瓏四犯 題《葉霓仙遺詞》並寄琴仙同年

同縣馮开君木

篁孔引悽，桐絲流恨，秋聲綿眇無際。吹花彈淚澀，滴粉搓愁細。沈吟酒邊心事。甚華年、祇成憔悴。玉笥雲霾，石床月冷，寂莫舊風味。

天涯杜陵兄弟。念京華冠蓋，飄泊非計。微官歸不得，息影車塵底。俊游轉眼餘蕭瑟，怕低唱、淺斟都廢。空雪涕。斜陽外、暮鴉啼起。

蝶戀花 題葉丈《霓仙遺詞》并示伯允、叔眉、季純

鄞張原煒于相

噫氣刁刁號萬竅。鳳泣鸞啼，自製蒼凉調。天籟不如人籟好，山阿窈窕留清嘯。　　隔世餘音猶嫋嫋，孑輊單弦，誰把遺琴抱。樂府流傳須趁早，白雲飛出山中稿。

葉君碑陰記

陳訓正

　　君諱同春，霓仙其字也。父諱森，字筠潭，歲貢生，内閣中書。生五子，君居次，出後於叔父諱金齡。金齡聘楊氏，未娶，金齡殁，楊誓志來歸，撫君爲子，全貞四年殁，蓺翁家隩。同治元年，以貞孝旌。君以咸豐五年乙卯二月初四日生，光緒二十八年壬寅六月十八日卒，得年四十有八。烏虖！以君之才望而卒不永年，傷哉！

　　君爲文淵淹，中光緒五年舉人，以資當官景山官學教習、國子監學正，中書公曰："不願女違鄉弃親而宦也。"遂不受，居家課子弟讀書。著有《霓仙詩詞稿》。余於輩稍晚，未獲交君，於友人許得讀君詞，淵厚悱惻，宋人之遺也，心識之。又數年，知君，君已寢病矣。娶王氏，少君二歲。生子男六：秉成、秉常、秉良、秉孚、秉祥、秉賢。女二，長適同縣應周規，次適鄞縣李翊然。孫九人。君之卒也，家多故，不克葬。後十五年，爲共和之六年，秉成以母命葬君於獨山。既葬，秉成請銘於余，失時不及窆，遂題其碑陰如此。

詩

都門書感

　　退朝日擁八驄行，華轂朱輪出禁城。絕口不談溫室樹，無災無難到公卿。

　　法曲霓裳奏八璈，春明絲管遏雲高。那知傀儡登場者，卻是衣冠孫叔敖。

晚　步

　　江鄉暑退晚涼生，白袷衫輕稱意行。軋軋老烏啼不斷，柳橋西去水車聲。

寄陳肖竹同年榕恩天台

　　俊絕陳無已，風流是我師。猗蘭騷客詠，香草美人詞。筆底春無限，尊前酒不辭。長安歌舞地，裙屐幾追隨。_{肖竹善畫蘭。}

　　尊酒作佳辰，風塵意氣真。那堪千里別，又是一年春。冀北關山远，江南草木新。相思似明月，長照素心人。

題板橋雜記

　　臨春結綺鬥穠華，十四樓頭噪暮鴉。淡粉輕煙空想像，西風一片玉鈎斜。

　　長板橋頭雨似塵，畫船寂莫不成春。桃根桃葉都零落，何況桃花扇底人。

　　閒話零星憶水天，教坊舊夢泣鷗弦。南朝無限傷心事，都付春燈燕子箋。

　　過江名士劇風流，閱盡煙花也白頭。欲問釣魚舊門巷，斷鴉殘照秣陵秋。

　　青溪往事不堪論，頓老琵琶有淚痕。紅豆飄零芳草歇，更誰天末憶王孫。

　　臺城垂柳碧離離，只恨遲生杜牧之。歷歷瑣言溫北夢，冷金和淚寫烏絲。

行路難

　　奉君以犀楨象管之不律，龍賓十二之客卿。端谿潛璞長不凍，海苔側理生光晶。願君射策金門下，萬言磊落開精誠。或乃草檄騁飛辯，燕然勒石垂其名。不然著書埋石室，風雷呵護煩六丁。身後文章驚晚出，通都大邑流芳馨。奈何淹留無所成，雕蟲繡悅徒紛營。年華一逝不可挽，坐看兩鬢霜星星。

太行高高黃河深，世間叵測惟人心。人心不同甚於面，覆雨翻雲千百變。酒杯談笑伏刀箭，相背何如不相見。君看耳餘刎頸交，末路兵戎起爭戰。何況浮萍偶然合，乘車戴笠盟誰踐。我有雙寶劍，得自延平津。神光燭肝膽，叱咤回風雲。龍泉太阿汝知我，莫贈尋常行路人。

精衛欲填海，鼴鼠惟飲河。飲河但果腹，海深當奈何。丈夫志願豈有極，仰首看天空太息。黃金高似終南山，一寸光陰買不得。嗚呼少壯能幾時，有酒不醉寧非癡。莫逐鯤鵬爭萬里，且與鷦鷯守一枝。

人聞長安樂，出門向西笑。我來長安遊，寂莫寡同調。王侯第宅臨大道，朱閥雕題相照耀。誰家結客俠少年，軟裘快馬珊胡鞭。車後金釵姝十二，門前珠履賓三千。黃金散盡忽無色，破帽籠頭面深墨。道逢知己多不識，日暮窮途聞太息。況我嶔奇歷落人，十年袞氏長吟呻。懷中有刺不敢謁，單車空蹋京華塵。佩玉瓊琚不利走，回車斷靮夫何有。孺人在左稚子右，何不歸來日鼓缶。

題《吳梅邨集》

哀時詞客獨憐君，江左淒涼日暮雲。滿目山河新祭酒，側身壇坫舊將軍。秋風南內悲團扇,衰草西陵怨畫裙。自是蘭成感搖落,不關春恨惱司勳。

鄧尉山頭噪晚鴉,玉梅如雪點袈裟。春歸故國花無主,生負才名玉有瑕。一代新聲傳樂府,十年老淚灑琵琶。琴河愛種章臺柳,紅豆相思是那家。

春明聞雁

孤雁爾何恨,哀鳴達五更。今宵一為聽,遊子不勝情。燕市風塵滿,鴒原宿草生。失群憐隻影,鍛羽倦南征。

過車廠張尚書九德墓

高冢勢傾欹,寒林落照時。榮名長已矣,逝者盡如斯。石馬埋荒草,山羊臥斷碑。今宵華表月,應唱鮑家詩。

興亡三百載,誰識故尚書。樵牧無人禁,狸狌有穴居。中涓傷比匪,惟傳愧終譽。我慕張忠烈,馨香報不虛。

送葉秋笙同年之官安徽

酒尊離思日滔滔,高館張燈意氣豪。出手琵琶真絕世,何年重聽《鬱輪袍》。

百里牽絲未可輕,折腰原不屈書生。故人贈策關心切,莫忘江南一葉清。

芳江渡歸途口占

梅天頃刻變陰晴，眼底林巒畫不成。薄霧每添空翠活，斷虹時作晚霞明。雨餘峰自雲中出，潮漲船如岸上行。消受家山好光景，可能一舸了浮生。

游車厩禪悅寺

水繞峰迴路不窮，蒼松翠竹鬱葱葱。暫拋塵俗來人外，且逐雲煙入畫中。一經蒼苔斜照冷，數聲清磬暮山空。禪家緣法吾無分，蓮社何時伴遠公？

春暮有感

玉佩瓊琚礙走趨，寥寥山澤寄清癯。綠陰三徑夢胡蝶，紅雨一簾啼鷓鴣。眼底好春渾黯澹，醉中孤笑衹須臾。芳華轉瞬都消歇，坐對斜陽發欸吁。

詞

十六字令 秋夜舟中

秋。月色盈盈在上頭。空江外,漁火帶星流。　舟。小小蘭橈盪客愁。殘夢醒,孤雁落沙洲。

調笑令 對菊

黃菊,黃菊,消受露嚴霜酷。捲簾誰與溫存,獨對吟秋瘦人。人瘦,人瘦,嫋嫋西風羅袖。

青玉案 丙戌客春明作

情天許懺情緣未。總彈盡、相思淚。斷夢零歡收拾易。三更沈醉,六更沈睡,算箇排愁計。　好花能解游人意。恨一霎、相逢又拋棄。屋似郵亭人似寄。黃梔庭院,綠梅闌榭,都是銷魂地。

金縷曲 錄別

濁酒澆愁未?儘徘徊、舞衫歌扇,軟紅塵裏。一覺薔騰京華夢,消受鶯嬌燕媚。卻總是、排愁無地。名刺生毛投不得,歎文章骯髒人顦顇。羞對汝,話歸計。　迷藏捉搦聊遊戲。算喁喁，碧紗私語，閒情差慰。道我近來腰圍減，總爲浮名牽累。只値得、朝酣夕醉。蠟燭有心纏一寸，拚今宵滴盡相思淚。珍重語，要牢記。

如夢令

宛孌照春殘夢，妥貼桐花么鳳。一曲《鷓鴣天》，急管繁弦催送。催送，催送，眼角淚紅人懂。

搗練子 丙戌秋日送友南歸

車轆轆，馬騑騑，塵影鞭絲去若飛。珍重淚珠無處寄，灑君衣袂逐君歸。

憶秦娥 春明思歸

何時了，飄零書劍長安道。長安道，紅塵如海，醉吟潦倒。　月明鄉思添多少，銀箏又把離愁攪。離愁攪，江南芳訊，白蘋秋老。

空煩惱，客心已逐南飛鳥。南飛鳥，錦箋珠字，寄將愁抱。　車塵馬足催人老，回頭祇覺家山好。家山好，一瓢一笠，拂衣歸了。

行香子

一點犀靈，一段鴛盟。酒尊前眉語分明。相逢未嫁，雛燕嬌鶯。奈信遲遲，愁脈脈，盼盈盈。　　花也飄零，月也銷沈，算人間小謫飛瓊。青天碧海，休問三生。是鏡中緣，曲中恨，夢中情。

玉胡蝶 丁亥重九夜

夢覺被，池微冷，階蟲淒切，似報霜寒。猛憶去年，重九人在長安。對金樽、花嫣月媚，聽玉笛、酒醒燈闌。念家山。西風無恙？一雁南還。　　堪歎。別來幾許，淚痕塵涴，怕檢征衫。依舊零箋斷筆，落拓江關。便江南、紅衣吟盡，奈洛下、青鬢彫殘。起盤桓。星斜漢轉，拍遍闌干。

滿江紅 曉發天津

氍毹春明，歎覓醉、尋芳都倦。算樂度、牀頭金盡，買添騷怨。馬足匆匆隨夢繞，車塵漠漠和煙亂。正曉風，殘月出津門，征途遠。　　愁百結，湯同湉。腸九曲，輪同轉。猛回頭酒醒，六街弦管。綺語難償東澤債，同心枉發西陵願。問京華、重到是何年，流光換。

滿江紅 題《東山攜妓圖》

謝傅東山，是典午、風流人物。渾不數、烏衣佳話，渡頭桃葉。老子林泉朝局繫，兒曹旗鼓神州捷。祇蒼生，憂樂盡難傅、陽秋筆。　　過別墅，棋聲寂。尋賜第，苔痕蝕。甚江山無恙，幾雙遊屐。明月堂空迴舊夢，薔薇洞古留春色。算中年、絲竹感懷多，今猶昔。

滿江紅 送楊鞠孫表兄之官江蘇

兀兀窮年，笑我輩、生平何補。須料理、在山泉水，出山霖雨。史筆丹青循吏傳，家聲清白神君譽。莫等閒，忘卻古人師，龔黃杜。　　琴一闋，堂中譜。冰一片，壺中句。看江南萬戶，蒼生望汝。紙帳梅花官閣夢，錦帆柳色吳江渡。待宦成、好好賦《歸來》，圖歡聚。

賀新涼 辛卯秋日偕洪月舫同年、楊繩孫表兄登吳山望江

天塹長江好。敞清尊、樓臺高處，倚闌凝眺。洗眼冰匳空明界，隔岸雲峰縹渺。有幾點、航帆影小。我別青山今八載，奈重來、短鬢星星老。禁不起，暮山笑。　　臨安霸業銷沈了。再休提、三千犀弩，潮頭射倒。卅里橫塘猶錢姓，只賸寒煙殘照。看飛渡、數行沙鳥。對此蒼茫端百集，唱銅琶，鐵板吳儂調。聊一洗、舊煩惱。

長相思

吳山青，越山青。吳越青山江上橫，煙雲無限情。晨潮生，夕潮生。晨夕江潮相送迎，郎舟何處行？

醉花陰 贈尹子威彥鉞。子威，光緒十一年拔貢，杏農侍御耕雲之子

烏帽单衫騎馬走，風軟槐街候。一曲望江南，分付雙鬟，賭取旗亭酒。　柏臺風節流芬久，雛鳳才名驟。好好惜芳華，燭底琴邊，休被春傢僽。

虞美人 柳絮

綠陰陰地春如夢，翻惱鶯聲弄。章臺深處繡簾垂，只怕愁煙吹到惹相思。　離人淚灑桃花渡，流向天涯去。天涯遊子久飄零，央及東風莫遣化浮萍。

一剪梅 江山船

畫舫笙歌越艷誇。道是良家，不是倡家。煙波飄泊便生涯，春夢楊花，秋夢蘆花。　爭似蓮舟泛若耶。洗盡鉛華，占盡韶華。宵分檀板按紅牙，別調箏琶，別淚琵琶。

蝶戀花 庚寅春闈報罷，偶至廠肆，得紈扇一柄。扇頭畫文竹甚佳，感題其上

露粉風香何婉孌。怕讀《離騷》，派做湘娥怨。試問三生靈石畔，綠鬟憔悴人腸斷。　　莫說春城風景暖。一種淒涼，深鎖吟秋館。暮雨瀟瀟簾不捲，竹枝和淚題紈扇。

憶秦娥 題大某山民畫梅

花時節，乘鸞夢蹋瑤臺月。瑤臺月，步虛聲裏，暗香清絕。　　玲瓏十指生冰雪，墨痕一灑春飄瞥。春飄瞥，先生去也，天寥地泬。

賣花聲 曉泊甬江口占

曉市郡城東。煙水迷濛。浮橋鐵索纜江中。橋外帆檣無數影，橋上闌紅。　　楊柳道頭風。吹散萍蹤。輕輕艇子小烏篷。歸信可如潮信準？試問飛鴻。

賣花聲 弔甬上校書玉兒

新水碧迢迢。好艤蘭橈。桃花渡口月兒高。記得紅簾春鏡底，坐聽吹簫。　　回首總無聊。紫玉煙消。枇杷門巷燕空巢。飛絮落花無限恨，分付江潮。

浪淘沙 落花

昨夜小樓中。簷溜丁東。曉來劃地委殘紅。一瞥濃春烟景盡,雨雨風風。　綺夢太匆匆。香徑苔封。綠陰和霧作冥濛。芳草天涯殘醉醒,莫捲簾櫳。

怨東風

冉冉清明近。芳訊無憑準。憔花悴柳不成春,悶,悶,悶。劃地香塵,彌天殘絮,飄零金粉。　雨橫風成陣。何計消愁恨。負他燕曉與鶯昏,忍,忍,忍。有限穠華,無邊煙景,一時都盡。

壺中天 壽秦君梅仙六十初度。秦氏始祖本葉氏,從外家改姓

雲晴風爽,是杖鄉耆宿,称觥佳日。憶昔乘槎遊汗漫,多少雪泥鴻迹。群玉山頭,百花洲裏,隨意聯裙屐。朅來高臥,林泉如許清逸。　我亦派衍苕溪,石林家學,慚愧清芬挹。忽聽瑤天笙鶴奏,來祝閒居秦七。桃印黏紅,蒲觴泛綠,也算傳花席。散仙行樂,清樽長對華月。

買陂塘 落葉

怨清霜、幾番寒信,催成鶂頷如許。天涯芳草都衰歇,何況綠陰庭宇。遊冶處。指波面樓頭,頻寄相思句。愁心日

暮。只一曲哀蟬,紅殘黃褪,秋恨嚮誰訴？　平原望,斜照亂鴉無數。吳江潮冷誰渡？庾郎已自悲搖落,更奈茂陵風雨。休歸去。怕辭卻高枝,易化塵和土。繁華無據。看水驛山程,荒臺廢苑,簫槭甚情緒。

摸魚兒 贈王體君

記當時、石林精舍,燈窗形影相並。年華慘綠東流水,回首惱人方寸。君莫恨。便得意、槐黃難挽秋風緊。春婆夢醒。笑我亦連番,名場掉鞅,搔首減青鬢。　東南望,山翠過江邨近。離懷何事常軫。柳煙梅雨閒庭院,怕聽鷓鴣啼瞑。吟未穩。只幾日、扶頭容易韶光盡。殷勤借問。問萬綠軒中,詩筒酒琖,可似舊清與？萬綠軒,君家家塾。

踏莎行 題友人別業

笠澤溪山,輞川煙雨。碧雲依約蘭皋暮。世間何地有紅塵？柳陰自築藏春塢。

飲啄生涯,登臨佳處。東風綠到門前樹。捲簾花影夕陽低,酒醒好聽黃鸝語。

蘇幕遮 二闋·螢

小庭空,良夜靜,閃爍依稀,幾度穿芳徑。飛近墻陰還細認,零露花梢,風颭星初定。　月將沈,香乍爇。記得紅閨,簾捲釵鬟冷。團扇輕紈涼掩映,點上銀屏,微見蟬娟影。

敞琱闌,開繡户,坐到黃昏,秋色涼如許。卻下晶簾勞覆護,的的明珠,莫被風吹去。　趁飛星,輝玉露。燈火樓臺,當日繁華處。隋苑蕭條空弔古,衰草寒燐,依約雷塘路。

水龍吟 龍舟競渡

本來憑弔忠魂,那知翻作魚龍戲。懷沙人去,蚪驂何在?望穿湘水。角黍爭投,《石榴》傳唱,競渡歌有《石榴》《花葉兒青》諸曲。反騷餘意。看浪花飛處,鳴鉦疊鼓,應驚起,潛蛟睡。　莫話靈均故事,把荊門,歲時重記。蘭湯浴罷,江干樓上,畫闌同倚。紅袖搊箏,黃頭鼓櫂,恁般豪致。驀迴帆,奪得標歸,盡咤道,真龍似。

清平樂 贈伶雲郎

清歌宛轉,不厭金尊滿。唱罷回波燈影顫,惆悵錦屏人遠。　酒闌側帽登場,花枝掩映容光。咫尺紅氍毹上,著人無限思量。

浣溪紗 柳

金縷新翻鶯語調,尋春何處最魂銷。宵娘隄畔泰娘橋。　冶葉倡條無限恨,疏煙淡月可憐宵。天然情態眼眉腰。

菩薩蠻 游鳳凰山有感

鳳皇山下蘼蕪路,廿年重到銷魂處。不是玉鈎斜,棠梨開野花。　子規啼夜月,有淚都成血。把酒祝春風,鏡中花再紅。

點絳唇 送沈劼安先生

慘綠華年,被春儜僽將春誤。美人遲暮。誰識秋心苦。　連理枝頭,莫寫相思句。江城路,片颿歸去,猶帶西陵雨。

跋

葉秉成

　　先君子生平著述不自愛惜，每有所作，隨手散落，留存甚尠。自壬寅棄養，迄今廿年，秉成兄弟衣食奔走，卒卒少暇，先人遺緒，未由觸理。去歲，叔弟秉良自奉天歸，始謀棗印，發篋蒐討，寫成一册，凡得詩二十五首、詞三十六首，合爲一卷。援林佶寫《漁洋精華錄》例，屬錢君伯留書而刊之。辛酉十月，長男秉成謹識。

悔復堂詩

應啓墀 撰

目　　錄

序 .... 馮 开　111

《相逢行》贈馮君木 开　戊子 113
秋柳 己丑 113
席上有贈 113
咫尺 庚寅 113
清明登大寶山憶弟季審 啓藩 113
自甬江歸慈谿舟中念馮君木，賦詩寄松江，兼示其兄蓮青
　　鴻薫 114
贈馮蓮青 辛卯 114
種蓮 114
阻風候濤山下 癸巳 114
夜泊歇浦 114
湖上晚行 115
七夕 115
登高遲，君木不至 甲午 115
秋日寓居 115
寄君木上海 乙未 116
消寒第一集，集醉經閣 己亥 116
君木歸自處州，過宿余齋，夜闌賦詩 庚子 116
明季甬上四君子詠 辛丑 117
清晨攬鏡始見華髮 甲辰 118
秋夜示妙子 乙巳 118

《惜將離》七章 118
陳天嬰訓正過宿齋中，明日即赴郡，別後賦寄 戊申 119
酬天嬰見懷 119
姚貞伯壽祁聞余咯血，自海上馳書君木問狀，危言苦語多可涕者。余病小間，君木出書見視，余感其意，輒力疾成此一首，付君木寄去 120
甬上晤洪佛矢 允祥 120
席上謝佛矢 120
讀《消寒集》，追悼鄭念若 光祖 120
游坦園賦贈主人王二秀才 和之 121
除日同君木、楊石蠶睿曾游西郊，至橫黛庵小憩，次君木《東山》詩韻 121
暮行東山，忽見梅花，疊前韻 己酉 121
徐園 121
閒情 庚戌 122
航海歸訪君木，中途遇風舟幾覆，賦詩紀之 辛亥 123
自海上歸，宿君木齋中，夜話賦此 124
七夕 124
聞石蠶喪耦 124
天嬰自杭州寄示近作，即次其舟次安慶韻 124
天嬰招飲市樓 124
戚戚 125
秋至 125
爲君木題其亡婦俞因女士《婦學齋遺稿》 壬子 125
題葉霓仙同春遺詞 125
題太虛和尚詩後 126
醫院秋夜示君木 甲寅 126

詞（附） 126

蝶戀花 戊戌八月和君木 126

外錄 129
　應君墓誌銘 .... 馮　开 129
　《悔復堂詩》序 .... 陳訓正 130
　《悔復堂詩》題辭 .... 洪允祥 131
　回風堂朘記 .... 馮　开 132

序

馮 开

《悔復堂集》二卷，慈谿應啓墀叔申著。叔申天才閎俊，勁出橫貫，不可羈勒。年未三十，漸趨斂戢，厭薄少作，十九捐棄，夙昔雅自矜尚，凡所撰屬，不輕眂人。病革，余往省視，叔申泫然曰："吾生平文字造詣，自信宜不止此。零蘊奇緒，流落人間，甚無謂也。不如毀之，毋俾遺憾！"余流涕尉薦，且銳以編耆自任，則曰："第慎之！嚴繩勇削，寧苛毋恕。吾今以没世之名累君木矣。"叔申既逝，余蒐其遺篋，得稿寸許，亟思刪次，用踐宿諾。逡遁半年，大病俄作，宛轉牀笫，屢瀕于殆。病中都不挂念，獨念故人付託，負荷綦重，脱有不幸，九原之下，胡顔相向！一念忍死，病以無害，將非長逝者魂魄陰實相之歟？病間深居，發篋齱理，汰之又汰，十存二三。所以體臨絶之意，成自好之志，如是而已。寫定，得詩六十九首，詞四首，合爲一卷，俟付殺青。昔元結撰《篋中集》，厘錄沈千運等七人詩二十二首；劉眘虛高眂唐世，其詩流傳到今者，止十餘首，傳不在多也。叔申冥搜孤造，窮極微茫，中年夭閼，壽不酬志，要其成就已超常均，雖單弦孑唱，聲響寂寥，而特珠片玉，光氣自越。平生久要，期無曠負，後死有責，所盡止是，掩卷喟然，可以傷心矣。民國四年乙卯八月，馮开。

[校注]

《僧孚日録》辛酉十月二十日（1921年11月19日）條云："夜侍師

坐,師以應悔復先生遺文見示。應先生文,不由八家畦徑,委宛曲折,發于性靈,其才氣固邁往無倫也。文所遺僅十餘篇,師將爲之編次,合其遺詩刻之。"①時至民國四年(1915)八月間,馮君木終將應叔申遺作整理成《悔復堂集》二卷。今所見1942年餘姚黃立鈞刊本,不但題曰《悔復堂詩》,且僅有一卷,內收詩69首、詞4首,顯係刊印時調整所致。而本文開篇"《悔復堂集》二卷"云云,則因付刊時未及悉數改寫之所致。

---

① 《沙孟海全集·日記卷》,第257頁。

《相逢行》贈馮君木 开 戊子

煙埃匝地風蓬蓬，山城犖确無人蹤。孤斟獨嘯悲填胸，朝擊燕市筑，夕鼓龍門桐。荆卿已瘖中郎聾，少年歌哭疇能同，眼前，乃與君相逢。

秋柳 己丑

咫尺橋闌賸慘紅，大隄落莫舊游同。依稀門巷重來日，莽蒼山河夕照中。別後故人雙鬢雪，天涯秋思一蟬風。離亭薄晚停車地，那有心情問玉驄。

席上有贈

急管哀弦不可聽，畫樓日暮采雲停。相逢無甚閑言語，逼近春燈幾尺屏。

咫尺 庚寅

畫簾幽夢淡如煙，咫尺琴心隔眇綿。十日層樓九風雨，略無消息又殘年。

清明登大寶山憶弟季審 啓藩

蒼茫寶山頂，四望感飄零。吾弟今安在，斯游昔所經。天高雲浩浩，地闊草青青。寄與歸風曲，知君不忍聽。

自甬江歸慈谿舟中念馮君木，賦詩寄松江，兼示其兄蓮青 鴻薰

歸帆直下白雲間，念子長征且未還。楊柳別離今雨雪，弟兄詞賦尚江關。新愁白紵城頭月，舊約明州馬上山。一片夢中芳草闊，苦吟誰與慰孤孱。

贈馮蓮青 辛卯

令弟頻頻道子賢，新詩亦有百千篇。十年湖海今相見，風雨明州短燭前。

種　蓮

展拓蕉陰一角天，藕絲十丈種纏綿。最宜紅藥珊闌外，大好黃梅細雨前。指顧秋風還采采，眼看新葉漸田田。含情不待花開日，纔著柔根已可憐。

阻風候濤山下 癸巳

黏天濤浪走驚雷，斑駁雲容黯不開。日暮舵樓看風色，水花如掌打頭來。

夜泊歇浦

短枕橫床燭一條，淒然來候海門潮。故園今夜遙相憶，

知泊江南第幾橋。

湖上晚行

昏煙已失白沙隄,隄上垂楊望欲迷。三兩畫船移不近,夕陽紅過斷橋西。

天水沈沈映落霞,沿隄萍漲欲平沙。洞橋不隔秋風住,香出裏湖紅藕花。

七夕

畫燭燒殘一翦銀,煙香吹氣細如塵。雙星渡否夜將半,橫白天河愁殺人。

登高遲,君木不至 甲午

江清兼野曠,孤眺一徘徊。舊雨遲不至,秋風如許哀。千山木末出,一雁天邊來。廓落悲覊旅,清尊誰與開。

秋日寓居

黃茅白葦秋結廬,半城半郭人外居。一雙鶴鶴白灕鵝,三尺亭亭紅夫渠。終日無事獨攜酒,故人不來還讀書。如今世境日遷變,獨喜吾意猶皇初。

寄君木上海 乙未

巾子山頭白日低，黃流浩蕩接雲齊。東南戰事無消息，日夕荒江有鼓鼙。世變難謀千日醉，詩篇併作萬行啼。草薰風暖春申浦，可有閒情唱大隄。

消寒第一集，集醉經閣 己亥

無計排愁強自寬，興高今日暫成歡。吾曹猶幸當年少，來日無多況歲闌。江上陣雲寒漠漠，天邊積雪浩漫漫。清尊一夕同酬唱，此會尋常亦大難。

君木歸自處州，過宿余齋，夜闌賦詩 庚子

睥睨青天百不平，少年肝肺鬱崢嶸。卻攜十載江湖夢，來聽空山舊雨聲。

一官君自説飄零，顧我何心倚酒聽。亦欲高歌望吾子，醉中淚眼不能青。

半生風雨各漂搖，歲月駸駸壯志消。今日相逢初不道，酒尊歌哭益無憀。

卅年白日去堂堂，華髮蕭疏漸有霜。更欲與君相慰藉，可堪此語亦尋常。

明季甬上四君子詠 辛丑

馮簟溪

挾策走兩都，兩都烽火無時無。掉頭歸四明，四明無處無甲兵。瀹洲尺土不可守，乞師遠向東溟走。東溟荒島三十六，我公朝服拜且哭。可憐七日秦庭淚，博得東人錢一斛。明年有僧來告語，云是東師肯見與。束裝載經隨之行，國主以僧復見拒。歸來轉戰回風中，大帥怒公急捕公。捕公亦不畏，榜公亦不跪。厲聲怒目罵不止，五十餘人同日死。

沈彤庵

烈士不畏死，畏死非烈士。忠臣不顧身，顧身非忠臣。扁舟出沒波濤裏，從亡海上復幾人。海上杳眇多風雨，英魂恍惚常來去。安得夢中來告語，指與當年埋骨處。

王篤庵

野雞鳴喔喔，野外父老吞聲哭。大星落前營，營前將士哭失聲。雄師一夕擣大蘭，大蘭洞主跳出山。出山將安往，乞師向天台。行行北豀上，道逢團兵來。重囚纍桎執之去，天乎天乎復何語。成敗利鈍真有數，吾身可矢頭可斧。斧錚錚，矢簇簇，前一主，後二僕，夷然就戮。

魏白衣

鰲足忽斷地柱傾，白衣書生起談兵。麻鞵躑躅江湖行，江湖何浩浩，白衣白日能為盜。閉關十日索不得，跳身西走山陰道。朝出梅里園,夕死會城市。丈夫慷慨豈畏死,殺身報國意中事,惜哉孤負祁公子。

清晨攬鏡始見華髮 甲辰

到鬢新霜漸作秋,爛斑非復少年頭。相看明鏡悲無極,不待蕭蕭始欲愁。

秋夜示妙子 乙巳

秋至人間百事哀,剪燈相對重徘徊。蕭蕭絡緯吟初斷,刀尺聲中雨又來。

《惜將離》七章

同行獸,狙與狼。同命鳥,夗與央。同心人,妾與郎。郎爲衣,妾爲裳。郎作珂,妾作瑲。花花對,葉葉當。連環玉,百結囊。郎欲行,斷妾腸。

闌有花,庭有莎。並肩立,踢臂過。招燕子,調鸚哥。戲秋千,賭陀螺。郎跳舞,妾唱歌。歌宛轉,舞婆娑。白日短,青春矬。郎今行,妾奈何。

夫渠水,鷺鷥天。雙雙浴,對對眠。浪如雪,柳似煙。芳草外,落日邊。桃花馬,木蘭船。解錦纜,整玉鞭。心惻惻,意綿綿。郎欲行,妾可憐。

天上風,何括括。江上波,何叠叠。風中萍,離還合。波際鷗,出復没。江水深,江天闊。闊無幅,深無尺。沙石黃,濤浪黑。郎欲行,行不得。

候館夕,驛樓春。飛鷓鴣,叫蜀魂。舵尾雨,馬頭雲。草將離,花合昏。思少婦,怨王孫。空菀結,長苦辛。老顏色,減腰身。郎欲行,愁殺人。

恨迢迢,天半樓。情脈脈,遥夜愁。倚蕭局,抱箜篌。明星曙,銀河秋。惜勞燕,傷女牛。杳杳帆,泛泛舟。呪馬當,祝石尤。安得郎,爲妾留。

泉唐江,在何許。西子湖,知何處。空江上,多風露。愁今夜,那能住。重重雲,深深樹。遮望眼,迷去路。相見難,相望苦。莫好郎,攜妾去。

陳天嬰訓正過宿齋中,明日即赴郡,別後賦寄 戊申

肯來就余宿,寂寞對蓬蒿。話病苦無健,吟詩猶作豪。何驅塵土走,爲夢雨風勞。轉憶明燈夜,餘生定幾遭。

酬天嬰見懷

經亂吾曹生事微,山城伏處意多違。吟詩白日堂堂去,攬鬢秋霜稍稍飛。厭世寧愁衰獨早,能閒轉喜病相依。凝塵寂歷生齋閣,別後何因足迹稀。

姚貞伯壽祁聞余咯血，自海上馳書君木問狀，
危言苦語多可涕者。余病小間，君木出書見視，
余感其意，輒力疾成此一首，付君木寄去

久要不忘姚貞伯，今日論交倍汝親。千里一書能念我，十生九死尚爲人。將來那不肝腸絕，看去渾餘涕泗新。力疾吟成憑寄與，毋令天末獨傷神。

甬上晤洪佛矢 允祥

別來洪佛矢，相見轉愁吾。無恙雙蓬鬢，依然一酒壺。清才自茲老，醉意共誰娛。怊悵疏花底，移尊酌病夫。

席上謝佛矢

經年不起嗟吾病，昨日肩輿始出門。強逐西風來異縣，喜逢佳俠共芳尊。摘花尚有秋堪把，對酒都無事可言。且與論詩殘燭畔，未應寂寞過黃昏。

讀《消寒集》，追悼鄭念若 光祖

道路悠悠口，呼君作酒人。偶然吟幾首，亦足永千春。死惜劉伶醉，生悲范叔貧。披詩紛滿眼，歷歷歲愁新。

游坦園賦贈主人王二秀才 和之

所至人迹稀,永日掩柴扉。近水千蛙伏,穿林一蝶飛。松風閒自落,竹月澹相依。便欲從君住,端居屏是非。

除日同君木、楊石甗睿曾游西郊,至橫黛庵小憩,次君木《東山》詩韻

未與東山蹋雪行,今來小喜晚能晴。餘霏稍逐回風落,遲景猶依去鳥明。冉冉迯年川上歎,沈沈長世佛前情。十方鐘磬傳應遍,洗盡幽憂是此聲。

暮行東山,忽見梅花,叠前韻 己酉

看山不足繞溪行,溪外閒梅晚放晴。失喜橫波一枝見,蕭然照眼數花明。荒寒漸覺回春意,蘚苔無心慰暮情。猶有梢頭殘雪在,坐聽凍雀弄新聲。

徐　園

端居積塵抱,來游人外地。流吹如有情,疏花了無意。竹月生夕凉,橘露滴幽翠。自非澹世慮,寂莫誰肯至。

當軒有孤松,亭亭如車蓋。飄風西南來,悠然與之會。發爲琴筑聲,鏗鏘落天外。傾聽忘日夕,蘿月照眼大。

閒情 庚戌

十載人間跨鶴游,緇塵吹老肅霜裘。停車松下尋蘇小,打槳城西送莫愁。哀樂早隨流水逝,芬芳不共采雲留。誰知一笑搴珠箔,忽漫相逢南陌頭。

素指纖於十竹萌,顏容如月故明明。暫時把握猶心醉,少與低回忽目成。愁思迷茫天外落,芳情爛漫酒邊生。玉驄歸去離樓晚,腸斷風檐佩馬聲。

銀墻只尺聽吹簫,行雨行雲極望遥。長夜一年都一曉,離愁三莫又三朝。明燈空局亭亭照,小鼎迴香細細飄。月隊星沈迴淒絕,啼烏聲裏柳蕭蕭。

寂寂長廊履迹稀,商量五日一來歸。見時滿眼生明月,坐定高樓易落暉。攬別車輪寧有角,量愁衣帶不成圍。丹心寸意君應識,莫惜臨歧淚滿衣。

宛轉相思奈汝何,難將消息託微波。琴心脈脈通高閣,眉黛明明隔斷河。玉樹箏涼秋意滿,金花燭短夜情多。衆中未許輕將護,淚落當筵定子歌。

玉牕金户倚愁開,小喜門前白帽來。未必三郎能窈窕,不曾五里已徘徊。尊邊讀曲行行怨,袖底吟詩字字哀。徙倚旁皇一長歎,魂徂何止一千回。

來羅歌罷鬢如霜，隱約斜河照洞房。祇覺驊娛催短景，坐愁旦晚失流芳。蕩舟極浦夫容老，鬭草西園蛺蝶黃。下九匆匆又初七，暫容相見莫相忘。

隱隱輕雷走鈿車，橋梁隔斷小姑居。傳情絡繹三青鳥，緘恨迢遙雙鯉魚。海水枯桑芳信冷，天風空谷步聲虛。娛光眇視猶能憶，六角籠燈識面初。

航海歸訪君木，中途遇風舟幾覆，賦詩紀之 辛亥

跨海恣浪游，風波狎肘腋。平生泝險艱，未若茲行劇。啓碇日方晡，群籟翕以寂。舟行未百里，烈風起遙夕。萬竅齊怒號，靈怪沓來集。羗艑鹿驚濤，起落萬變易。上浮拍星漢，去天僅及尺。下陷倏無底，耆若地心吸。千摩百迴盪，海水兀而壁。矗然當吾前，橫颱挾之入。人聲鼎沸起，欲飛苦無翼。燈火慘不輝，望氣全船墨。榜人急捥舵，萬牛轉不得。力疾沈大碇，吼浪益怒激。弓臥未及安，蹋壁起欲立。東側西復傾，頭足亂撞擊。握拳透指爪，駭汗浹枕席。性命爭俄頃，撐拒漸無力。顧視同舟子，各各無人色。歐惡絕胃腸，吐棄盡餘瀝。仰面炯鰥視，嗒焉喪魂魄。笥篋紛滿地，傾倒那暇惜。爲念江湖人，勞勞何所獲。蔑此七尺軀，敝屣等一擲。本意謀生存，轉與鬼道即。天變寧數見，吾行乃適值。此中殆有命，在人焉能億。螻螘吾何慕，蛟龍吾何慼。一瞑足了之，百災無吾厄。委心以俟命，天威稍稍戢。鼓輪出萬險，自旰已及昃。遲明踐大陸，喜意縱橫溢。故人詫我至，相見持欲泣。會面諒非易，九死僅乃克。浩歌行路難，驚定數餘息。

自海上歸，宿君木齋中，夜話賦此

對燭話殘夜，情來無遠遙。暫能慰流浪，不復感蕭寥。渚月窺人近，簷花帶露飄。徒令爲客日，刻意念今宵。

七夕

深坐惜牛女，奈此佳夕何。傾愁滿初月，流念入微河。隔水疑無路，因風稍欲波。人天咫尺近，祇覺夜情多。

聞石蠶喪耦

鰥居吾已慣，念爾獨難堪。生子常八九，成童無二三。端須資健婦，翻覺累多男。凌雜米鹽事，傷心亦未諳。

天嬰自杭州寄示近作，即次其舟次安慶韻

一日新詩遍九州，因風吹落海東頭。能令到眼生流歡，爲想填胸鬱古愁。小別滄江楓葉晚，相思後夜桂花秋。何當滿載餘杭酒，與子西湖共拍浮。

天嬰招飲市樓

泥飲高樓足慰情，臨觴頗頗惜天嬰。華年漸逐車輪去，白髮多於馬上生。無計著書長在客，不成招隱且逃名。萬言那直一桮水，映燭相看涕笑傾。

戚戚

戚戚別家衖,嚴霜倏三隙。傷茲旅泊久,坐愁百年盡。黃金好歲月,自我擲虛牝。涉世亮匪易,謀生又至窘。出門見太行,踸步都不穩。我枘千人鑿,我矛百夫盾。眴目視大宙,群動何蠢蠢。神羊失所依,徒膏犬狼吻。恨無歸來篇,招我山中隱。飲啄苟可絕,在世吾其蚓。

秋至

欺病秋先至,初聞葉底多。因風悽渚柳,作雨颯池荷。浩蕩鄉關思,悲涼客子歌。養生苦無主,感感奈愁何。

爲君木題其亡婦俞因女士《婦學齋遺稿》 壬子

無盡嫮妍意,空函佳俠光。抽思增婉篤,刻骨寫芬芳。病久情應涸,愁深淚與量。寥寥不百首,的的斷人腸。

凌雜米鹽事,都來萃一身。真能忍清苦,不自覺勞辛。力疾支昏曉,恬吟慰賤貧。故人綿眇意,四海一俞因。

題葉霓仙 同春 遺詞

境迫愁無極,才高命轉妨。含思作悽婉,點筆到蒼茫。綺語償東澤,悲歌弔北邙。傷心天福靳,何處問陳芳。

題太虛和尚詩後

與世若無泊,而憂家國傾。大悲來莽蒼,今涕雪縱橫。浪迹粗諧俗,爲詩稍近名。無生應悟得,知汝未忘情。

醫院秋夜示君木 甲寅

庭樹蕭蕭葉漸零,高樓坐對一燈青。不知明歲秋風起,可在人間與汝聽。

詞(附)

蝶戀花 戊戌八月和君木

日莫高樓思遠道。惘惘天涯滿目蘼蕪老。江上夕陽何限好,回光只照紅心草。　　彈指音塵空悄悄。鈿約釵盟。憶著渾顛倒。寒食清明都過了,簪騰鶯燕無昏曉。

檻外輕陰雲隱隱。庭院無人鎮日東風緊。帀地紅芳吹欲盡,捲簾天色黃昏近。　　展轉空房眠不穩。獨理琴心。彈出相思引。拂拭朱弦移玉軫,只愁舊曲無憑準。

無賴顛狂楊柳絮。倚著東風亂向行人舞。搖蕩春愁知幾許,開簾只是無尋處。　　寂寞蒼苔門外路。叩叩銅環。

道是誰家户。燕子自來還自去，濛濛幾點梨花雨。

　　日莫幽房憐窈窕。羅帶無情祇覺腰圍小。不敢爲郎多懊惱，鏡中顏色他人好。　　夙昔歡娱渾草草。憔悴而今。觸處傷懷抱。且把閒情收拾早，芳華眼底知多少。

外　　錄

應君墓誌銘

馮　开

君諱啓墀，字叔申，姓應氏。其先鄞人，曾祖元治，祖鴻圖，始遷慈谿，至君凡四世，遂隸籍焉。父兆駿。君天禀超踔，十歲能屬文，有俊童之譽。稍長，跅弛不循檢局，管弦、詞曲、彈棊、六博之屬，靡勿喜之，顧不廢學。晝日娛敖，夜彌其隙，秉燭汲汲，恒至申旦。無幾何，學以大殖，好爲深湛之思，凡所撰著，冥心苦索，尋躡要眇，必期精造乃已。年十七八，即以文章著聞州里，尋成諸生。累試不中第，乃援例以廩貢生就職訓導，而君年則幾三十矣。

君美風儀，意量深遠，善言名理，每朋曹燕集，淵旨眇論，連蜷間寫，四坐顛倒，往往歎絕。生平哀樂過人，三十以後，洊更憂患，寖改常度，杜門卻軌，罕與世接，冷澹孤詭，迴異疇曩。神明内索，興象亦損，識者憂其不永年也。貞疾迨遘，馴至綿惙，以共和三年甲寅十一月四卒，春秋四十有三。元配羅，續聘於楊，未行死。後妻王，亦前君卒。子二：彥開、彥重。所著詩、賦、誄、贊、箴、銘百許篇，藏於家。

开童卯交君，迄於中歲，夙昔微尚，嘿契冥合，篇什證曩，莫逆于心。自君之亡，形神慘沮，若無所麗，蓋悽然不知有生之可樂矣。初君病亟，以誌文見屬。諸孤幼弱，葬事未具，常恐屢病卒卒，歲不我與，輒申幽贊，用酬顧言，貞珉之鐫，期諸異日。銘曰：

猗佳人，世之好。敷昌辭，撐天秀。才舒舒，芳遠條。歲以晏，憯寂寥。

命之觭，曠不耦。雪霜降，孰華予。天寵之，又窘之。娟無止，遂盡之。

恨入地，發玉英。照來葉，芬芒芒。

[校注]

民國三年十一月四日（1914年12月20日），應叔申病故，馮君木爲作墓誌銘。此墓誌銘後收錄在《華國月刊》第2期第9冊（1925年10月出版）、①《悔復堂詩》外錄、《青鶴》1934年第2卷第7期"君木遺文"欄、《民國慈溪縣新志稿》卷一九，皆題爲《應君墓誌銘》。

《悔復堂詩》序

陳訓正

戊申之夏，余入城存應子。應子病矣，出其詩，可拳把，字呼余曰："旡邪，亦知吾之所以病乎？此蠢蠢者是已！是嘗窟吾心，嗢吾血，糜吾歲月以肥媾，且殖若將世矣。屛之不祥，留之將爲祟，其奈何？"間又曰："是亦依吾爲命者！吾病，脫不起，將以赴于人，人不可無辭焉，必子先之。"嗟夫，應子何言之迫也！余既百其口以導其壙，復欲無負乎其所屬而爲之文。然應子，吾畏也，不可苟且。嘗戒余曰："振筆頃便蠕蠕走，腕下雖文也必庸。"懲是故，益不敢放。別二月，又聞應

① 今可見《華國月刊》（"民國期刊集成"）第7冊，上海書店出版社2017年版，第416—417頁。

子咯血將死矣。或曰："是不可後，及其生而薦之，不癒于死哭乎？"余曰："應子必不死也。蠶繭而灪，馬力殫乃革之。天于衆人，可以死，可以不死，或無容心焉。若才也，必竟之而後殺。應子才未竟，非可殺，時也。余是以信其不死也。"後數月，見應子貌蔥蘢加澤，叩其所苦悉脫去，且曰："天幸不我殺，將以所餘之歲，若月盡寸分耗之詩，吾詩其昌乎。"應子爲詩刓，必字字安心乃安。往歲俌余課郡子弟城西隅，時余遭大痟，于校東廂樓下臥，其上應子室也。夜將徹，隣圃畜雄鳴噭，然余猶隱約聞樓上有嚏且欬者，低吟徘回者，閣筆鏗然叩釭者，與他室睡鼾聲相應答。余病中失睡，夜夜得聞之，如是者浹旬而應子病醫來視。嗚呼，勞也！應子乃始輟口，不復吟，愴以歸，自度必死，帀歲不於詩，病良已，則信乎詩之果能爲祟也。今應子幸逃於祟，不自懲，反益縱之，以詩病，以不詩不病，以病不詩，以不病詩，然則應子之于詩，殆將終身也已。己酉二月。

[校注]

　　該文又可見《天嬰室叢稿·無邪雜著》，題作《書應叔申詩集後》，兩者文字略有出入。考文中有云："戊申之夏，余冒暑陟城，存應子。……二月，又聞應子咯血將死矣。"據此，大抵可以確定該文作於光緒三十四年秋。

《悔復堂詩》題辭

洪允祥

　　何以有境？佛曰："心造之。"何以有心？衆生曰："境造之。"吾不謂衆生之言異於佛之言也。有人焉，其心之所照，能造幽靈夐絕之境，非人迹之所曾至，亦非佛説之所曾構，而神游之焉，而目寫之焉，而文言之、而詩歌之焉。無之境，以心之有而有焉。衆生惛於有，不能造所無。讀夫人之詩，則惝怳遇之，豁然若悟，覺兹世之爲垢，而吾人之心魂所寄焉，以爲悲喜者，别有一境在也。嗚呼！此恃何力哉，非佛諦也？非衆生諦也？然而衆生諦、佛諦之郵恃此矣。吾讀吾友叔申詩，有悟于兹，願與君木、天嬰參之。

回風堂脞記

馮　开

　　余既編定叔申遺集，復得其聯語數十耦，不忍棄之，擇其尤，録入《脞記》中。

　　爲人挽中表兄云：“數中表弟兄衹兩三人，今且老，那堪又弱一個；看君家兒女纔七八歲，都還小，何不多活十年。”挽聘妻楊云：“魂兮何歸，便上九天、下九淵都難尋覓；靈如不昧，在水之邊、花之外倘許相逢。”挽繼妻王云：“上窮碧落，下極黄泉，終古嬋娟，哀哉一哭；左顧孺人，右弄稚子，平生福分，盡此三年。”挽姚貞伯妻云：“貞伯妻楊，余聘室姊也。余既娶王氏，楊夫人妹畜之。王先楊夫人一年歿。吁嗟吾姨，年時骨肉摧殘，盼得姊妹團員，已傷短命，雖則桃僵李代，慰情聊勝，可奈此風花身世，略争遲早，一樣飄零，舊恨迸新悲，月没星沈，曷禁地下，尹邢共作抱頭十日哭；嗚呼貞伯，爾我家門單薄，全賴糟糠扶助，少解牢愁，如何鏡破鸞分，同病相憐，卻成了勞燕生涯，各自東西，都難會和，倡予復和汝，哀蟬落葉，悽絶人間，劉阮不堪揮淚四弦秋。”爲貞伯挽妻云：“曷勿替我想，寡叔伯，鮮兄弟,遺下那一雙幼稚,即使有寄託,已不免破家,離別真可憐者番,悵惘出門,直恐此身爲客老;何以慰君心,素患難,長貧賤,受足了幾多苦辛,纔得少安樂,便未許共享,棄置弗復道除是,窅冥同穴,更無握手細談時。"贈某移居兼三十生日云:"終日坎壈纏其身,幸是壯年堪努力。眼前突兀見此屋,雖非廣廈亦歡顏。"爲人挽姊云:"聞之摧心肝,其夢耶,其真耶,隔數百里,冀阿姊未死;哀哉小兒女,有提者,有抱者,都七八輩,知爲父大難。"贈某君母七十壽云:生日爲九月朔。"百年曰期頤,於古猶稀,知阿母且無量壽;九月哉生魄,惟家之慶,願天下亦大有秋。"贈某君七十壽云:生日爲九月六日。"再卅年,乃期頤,幸努力,加餐飯;後三日,當重九,待呼取,盡餘杯。"挽馮君木妻俞云:"疾十九不治,與其受諸痛苦,無寧早解脫,惟我故人开,正爾許奇窮,全仗内助賢,又復摧折之,將安所措手足;死萬一有知,既已得所歸宿,當能作達觀,獨念小子胥,所賴以存活,僅此病父在,多可顧慮者,則難免傷心魂。"

　　叔申天才俊發,二十以前尤喜填詞,後頗自慊,謂非高格,決不欲存。頃檢庋衍,讀其所爲《靈玕室詞》,零章斷句,雅有俊思,輒裁錄十一於是。《探春・詠簾》云:"清曉梳頭處,只隱隱、隔煙人語。有時低傍闌干,一半被他遮住。"《疏影・簾影》云:"斜陽逼近紅墻畔,更不許、那人扶起。乍疏風、飄到闌干,劃碎半階卍字。"《好事近》云:"一月一圓黃,月又玉梅花下。"《疏影》云:"黃昏一陣枒櫂雨,卻倚著、隱囊自聽。但風螢人外吹來,照破夕天花瞑。"是皆叔申十七八歲時吐屬,其雋穎已若此。沈淪困阨,中年遽隕,天之生才,果何爲也!

［校注］

　　乙卯(1915)八月，馮君木將亡友應叔申遺作整理成《悔復堂集》二卷。爾后，又其部分"聯語"與詞選入《脞記》。時當1941年餘姚黄立鈞出資刊印《悔復堂詩》，遂將《脞記》置於書末。

寒莊文編

虞輝祖 撰

目　　録

序一 .... 王樹枏 139
序二 .... 吳闓生 141

卷一 143
讀《儀禮》 143
遊五峰記 143
俞樹周先生壽序 144
李氏祠堂記 145
跋澹初孝廉《卻嫁殤書》 147
題瓜洲樓壁 148
澹園先生墓誌銘 148
重生篇上 150
重生篇下 150
讀《史記》一 《高祖本紀》 151
讀《史記》二 《蘇秦列傳》 152
讀《史記》三 《呂不韋列傳》 152
叙交 153
贈顧勵堂先生序 154
贈張寒叟先生序 155
李君澄濂墓表 156
薛樓記 157
馮君木詩序 158
亡弟厚甫墓表 159

卷二 ... 161

　雜説 ... 161
　陳无邪詩序 ... 161
　贈自勛序 ... 162
　史君晉生生壙誌 ... 163
　晉祠觀水記 ... 164
　漢口興業銀行記 ... 165
　科學儀器館紀事 ... 166
　衍聖公襲爵議 ... 168
　房仲《詩選》序 ... 169
　自序 ... 170
　送屈省長赴山東任所序 ... 171
　參戰紀功碑 ... 172
　傅君筱庵生壙誌 ... 173
　北來記 ... 175
　入雲中記 ... 176
　新疆山脈圖志序 ... 177
　《叢書識略》序 ... 178
　吳將軍傳 ... 179
　潘對鳧老人壽序 代 ... 181
　金磷叟先生壽序 ... 183
　張太夫人壽序 ... 184

附錄 ... 187
　《鎮海縣志·虞輝祖傳略》 ... 187

序　一

王樹枏

己未之夏,余初識鎮海虞君寒莊於京都姚叔節座中。聽其言,觀其貌,未之奇也,而叔節嘗爲余數稱寒莊好學,能爲古文辭,時時心嚮往之。久之,寒莊持其所爲文數首示余,余既心維而口誦之,且與之聽其言、觀其貌。寒莊以爲亘古今、曠宇宙事功之盛、名物之繁,舉皆平平無足異,而惟文爲獨尊。自洪荒開闢以逮於今日,自天子以至於庶人,其間盛德大業足以信今而傳後者,亦惟一二文人爲最貴。余見棄於世久矣,初聞之,輒驚怖其言,既而思之,又頗樂聞其言以自壯也。

寒莊幼從尊甫芝苑先生受過庭之訓,稍長,學爲科舉,心厭薄之,以爲不足盡文章之能事。又使之受業於虞敦甫先生之門,敦甫好宋學,喜言性理,寒莊又以語錄之文不可以經世行遠。最後從其族兄澹初孝廉受古文義法,心悦神解,欣然大懂。乃由歸、方、姚、曾諸大家之說,以上述六經諸子、兩漢八家之文,朝挈而夕究,心摹而力追,孳孳焉,勿勿焉,日懸一獨尊而最貴者以爲之的。迹其心之所期與功之所赴,有不至乎其的而不止者。孔子曰:"知之者不如好之者,好之者不如樂之者。"吾謂文章之道,爲之難,知之尤難;惟知之,故能好之,能好之,故能樂之。若寒莊之好而且樂,非真知之者,能若是耶?孟子言"弈秋之誨人弈也",曰"惟弈秋之爲聽";莊子言"痀僂丈人之承蜩也",曰"惟蜩翼之知"。志一則神凝,思深則靈出,天下之事莫不皆然。然吾竊怪寒莊之於文,耆之如此其篤,爲之如此其工,而每有所爲,必一一求質於余,往往一字之商搉,有數十往復而不厭其煩者。玄之言曰:"日幽嬪之,月冥集之。"此固見吾人聲氣之同,然以此益歎寒莊之虛心善受、精益求精,其將來之造就,正未有既也。新城王樹枏序。

序　二

吴闓生

虞子寒莊將刻所爲文，而屬闓生爲之序。虞子之文皆闓生所熟習者，三復循誦，良無閒然，已而嘆曰："非世人之所能識也。"今世議益狂恣，焚坑之禍有逾秦火，耳目淺近之文，尚欲盡棄之而後快，況高談皇古以來乎！且當世耆老宿學之士，與此道者不過三數人，此三數人之於虞子，固且或從或違而不能盡合，相知之難蓋如此。今虞子乃欲質諸不可知之世宙，夫孰從而正之，吾益以爲虞子悲也。雖然，古之君子，固未嘗有所待也。孟子曰："雖無文，王猶興。"揚雄待後世之子雲，特一時諧語耳；使後世無子雲，則玄文其不作乎？吾知其必不然矣。

人之有文也，猶日月之光，山澤之氣，鳥獸之叫音，百穀草木之芳臭也。鬱於中，泄於外，彼自有其不得已者存耳，知與不知，何判焉！是故天下譽之而不以爲喜，天下謗之而不以爲憂，舉天下之人歸之而不以之自多，舉天下之人去之而亦不以之自少，千世而下，有與同其懷抱者，取而謳歌尸祝之，固作者之所甘心也。使無斯人焉，而徒以恣夫不相喻之人，以爲挪揄調笑之資，亦非吾心之所憾也！莊生云："彼直寄焉，以爲不知己者訽厲也。"蓋深得古人之用心者矣！質之虞子，其亦以爲然乎？辛酉二月，桐城吳闓生謹序。

卷　　一

讀《儀禮》

《禮》自孔子時已不具，諸侯惡其害己而去其籍，固也。而人情便於簡脱之途，相率而違之者，亦非一日之故也。今惟高堂生所傳十七篇，試取而讀之，覺以貴賤爲位，以貨賄爲用，以揖讓爲容，而又以喪祭爲重。内本之忠信，外極人道之至。文若"一有闕失，意有難滿"，已文王、周公聖心之所昭著者，然也。唐昌黎韓氏竊歎，以爲文章之盛、古書之存者希矣，百氏雜家尚有可取，況聖人之制度。嗟乎！若徒以爲聖人之制度而存之，則愈於廢者幾何哉！其曰"掇其大要，奇辭奧旨，著於篇"，今不傳，誠未知其若何矣。要之，是書奈何以"掇取"爲也！

[校注]

《寒莊文編·目録》交代此文作於乙巳年（1905）。又，《寒莊文編》卷首《諸家評議》云："《讀〈儀禮〉》，姚仲實先生曰：'奧邃而宕逸。'吴辟疆先生曰：'文用韓法，其識議則較韓尤高。'"

遊五峰記

廬江多名山水，紫石、福泉、瑞巖、崑亭、五峰，俱勝穹窿宏邃，産名茶、柑橘、竹箭之饒。余友鍾湛庵氏居五峰，丙午夏，余與曹馥山由瑞巖來飲君家。緣山行，旁有古刹，老僧瀹茗,留吾人坐石上,望群山如怒馬縱野,有莫能羈絆者。其海外諸峰,蒼皠相駮,如積雪釋未盡,而金塘蛟門,潮流有聲,因風遠颺,偃樹梢而過,淅然可聽。山氣愈清,馥山招余訪其巔雙石,石如人狀,余以清虛之境,謂於幽賞,宜也。是夕宿山寺,月光中望雙石人相鄉立,如有所契。湛庵追憶曩游,謂:"曩與二三子縋幽鑿險,墜谷中,仰視篠篁蔽空際,無獸蹄、鳥迹之道,有古藤絡岸壁,緣以上,相笑讓而歸"云。

[校注]

《寒莊文編·目錄》交代此文作於丙午年(1906)。又,《寒莊文編》卷首《諸家評議》云:"《遊五峰記》,吳辟疆先生曰:'幽冷奇峭似柳州。'"

俞樹周先生壽序

前年冬,先生來滬瀆,及予舍,猶昧爽耳,予之友告予以客至,而不知爲吾師也。惟予固孰師之聲欬,能辨其足音,而聞吾師入門,呼予名字如曩時也。

異時師館吾家四三年,徙館石湫王氏,吾先君子命予兄弟從遊至王氏。主人王雨巖好賓客,先生友人李魯儀、李萊墅,吾宗希曾、子瑩諸先生與吾先君子,時時聚王氏石湫館中。石湫爲太白溪流水,瀠洄館舍,光景清淑可念。宋王荆公嘗泛石湫之渠,先生每舉酒會文於斯。自不幸雨巖喀血亡,萊墅、子瑩諸先生相繼溘逝,先生乃去王氏。旋膺鄉薦,一試禮部,還歸鄉里。

而吾以好事,久客於滬,數年來遽遭骨肉之痛,歲時伏臘,歸省先塋,入山中,道經王氏門,回思昔日從遊之盛,茫乎如隔世事矣。予用是不能自克，無復昔時之意態，間度東瀛，旋遼瀋，望幽、并之野，濟黃河，南浮江、漢，如孤蓬振於狂飆之中，上下六虛，無所依泊。所交遍國中，旋亦忘其姓氏。先生來滬，默窺其意而諷之去。嗟乎！吾少時惟以師爲可畏耳，茲乃依依而不忍相舍如此，亦由吾先生用情之獨摯已。今春，先生年六十，希曾先生以書來徵予言，余自維一時之感，書此以寄先生，蓋恍如執經問字年矣。

[校注]

《寒莊文編·目錄》交代此文作於丁未年（1907）。又，《寒莊文編》卷首《諸家評議》云："《俞樹周先生壽序》，吳辟疆先生曰：'論交情，尤難其沈摯而無俗氣。'"

李氏祠堂記

品官有廟，而庶人薦於寢，稽之古以來矣，非自今而始有然也。祠堂者，儗於廟而非廟，其制隘焉，固不得以廟爲疑也。吾始觀鄉里之間，凡百室之聚，千家之族，蓋莫不有祠堂，間有或缺焉者，則相與訾議於其後，而其子姓亦愧焉而自悼之，豈曩有達禮君子過其間，與何期風之可尚也？

鄞李氏居雅渡橋二十餘世已，猶不能有祠堂。光緒二十三、四年間，其族長老某某輩謀始剙之，聿督其人，庀材鳩工，逾時而有成。祠祀之日，溯厥本宗，乃其先世邈矣。既疑似而莫能明，其嘗所知而又始遷於雅渡者爲興旺府君，用斷自興旺府君始。昔河南程氏有冬至始祖之祭，而朱子疑爲僭。蓋屬之厥初生民之祖也，若猶是始遷徙者之身而世奉爲別子，則於義何嫌？夫隆殺者禮也，循分而致吾意焉，是爲人之至情而不可舍也。祠凡若干楹，外瀕鄞江，江水東入銅盆浦，西過方橋斗門，氣勢清曠，而祠攬其勝。後有養正義塾，亦始舉於今日者，爲置學田若干畝，凡族之子弟欲學而無資，與有資而不克學者，胥有賴焉。宗法之欲復，於今綦難已，《禮》所云"上治祖禰，尊尊也，下治子孫，親親也"，觀今李氏之所爲，殆有古之遺意乎！

李君宗恩書來，屬爲記，余爲詳述其事，俾揭於祠之壁間，而又以銘辭綴焉。其辭曰：

　　李氏之先，厥有聞家。名公巨人，仍世有華。
　　中更衰亂，析離之日。匪曰忘祖，睞所自出。
　　曰五鄕碶，實惟始遷。於徵不足，懼有訛焉。
　　父老曰嗟，孰徠於斯？孰開其先，而有今時？
　　順陰抱陽，百物繁滋。裕爾室家，有哇童兒。
　　耿耿遠哉，始然之火。奉爲別子，於義其可。
　　始作譜牒，不蔓不苟。尊有由屬，我皆公後。
　　鄞江之厓，雅渡之浽。聿興其宇，大宗孫子。
　　父老曰嗟，曷慰我公？曷榮曷萎，我求童蒙。
　　有塾嶷嶷，亦委詩書。中有師生，几席舒舒。
　　嗟爾小子，徂爾祠旁。罔不率循，爾公在堂。
　　用古宗法，謹其家教。曷以報之，百世忠孝。

[校注]

　　《寒莊文編·目錄》交代此文作於庚戌年（1910）。又，《寒莊文編》卷首《諸家評議》云："《李氏祠堂記》，姚仲實先生曰：'有關世教之文，詞亦芳潔。'馬通白先生曰：'有典有則，祠凡若干楹，外瀕鄞江水數句有奇氣。'吳辟疆先生曰：'《記》議禮甚精，《銘》亦岸然入古。嘗謂四言文當溯源《騷》《雅》，於文體最高亦最難。作者於四言乃能崇奥如此，則散體之工，不待言矣！'"

跋澹初孝廉《卻嫁殤書》

澹初於胡氏之殤，許合葬矣。既而讀曾子問曰："女未廟見而死，歸葬於女氏之黨，則於殤乎何有？"遂辭之。胡氏持之斷斷而未有已，澹初卒復之曰："吾與若未成夫婦之禮，恐有男女之嫌也。"其義可謂正矣。厥後葬其姊之殤，志之亦復如是。姊未字人而死，事誠少異，要之，遷葬之風盛行，其祖母、母夫人皆不欲稍徇俗者，早有以道喻親故也。

方是時，余所聘王氏亡，議者謂余黨澹初，其所持亦必如是，不知余竊有意焉。有鄰女死者，泣語父母曰："必委吾骨於夫家之野，而吾目乃瞑。"嗟夫！其志之可閔有如斯哉！曾子問曰："取女有吉日而女死，如之何？"孔子曰："壻齊衰而弔，既葬而除之。夫死，亦如之。"鄭注："未有期三年之恩，女服斬衰，夫齊衰、斬衰。固儗以夫婦之服服之，且又往弔其門矣。"聖人制禮，寧遠人情也！明歸熙甫作《貞女論》，謂未成婦則不繫於夫，若夫死，不改適爲無謂。夫生之爲守，與死之欲歸，皆非大中之道，而實原從一之情，是其過也，抑所以爲賢也。若爲之兆而別葬之，奠而不祔於廟，斯可已。余曾以此語王氏，王氏父兄要余合葬，此則必無可苟者，乃亦不果如余所議云。

[校注]

《寒莊文編·目錄》交代此文作於壬子年（1912）。又，《寒莊文編》卷首《諸家評議》云："《跋澹初孝廉〈卻嫁殤書〉》，吳辟疆先生曰：'議禮，見本原之學。'"

題瓜洲樓壁

　　瑤叔氏之樓,瀕西河。河有洲,纍若瓠瓜然,余名之曰瓜洲,因名樓曰瓜洲樓。叔與余甚相得,甚喜余名其樓也。初,余以其境之幽、氣之迥來,與叔讀書於斯者,倏五六年。而老親家居,念其子,即緣河曲杖而來。每探首,忽見吾親之面,此其情事,固舉目而在也。自吾去西河,飄搖江湖之上,而叔與吾父,下世之日且久矣。悲夫!

[校注]

　　《寒莊文編・目錄》交代此文作於癸丑年(1913)。又,《寒莊文編》卷首《諸家評議》云:"《題瓜洲樓壁》,吴辟疆先生曰:'此文乃似震川。'"

澹園先生墓誌銘

　　始先生以孤童子,乃克自振。早歲補學官弟子,旋食餼,中光緒八年舉人。一試禮部,歸輒厭薄之,罜然有望於古之作者,每賦詩以見志。時沙下敦甫先生言理學,而先生治經生家言,以爲經學即理學也,凡理義、詞章、經世之學,壹以經貫之可也。聞者皆歎伏之,稱虞氏二先生云。

　　虞氏之先,由定海內徙靈巖鄉沙下。康熙間,畫靈巖、海晏等鄉,改稱鎮海,遂爲鎮海縣人。十數傳,曰某者,由沙下徙海晏鄉柴橋,故先生爲柴橋虞氏。

　　祖曰瑞龍,考曰鋆,皆早世。祖母鍾太宜人,母胡宜人。太宜人老已,以兩世衹先生一人,誠不願其復出犯風濤,惟平居，亦稍以先生氣象儼然孤行於世，每申申謂："吾老人意，願兒姑從衆也。"太宜人既以壽終，先生喪之，無違禮。已又喪母，悲哀之氣不息，體益清羸，未釋服，遽以微病歿矣，光緒十九年十一月十九日也，年三十有二。

初，余見先生，時齒盛名，高其意氣，誠偉然也。朋徒方日進，乃闢澹園居之。時與先生同治經學者，有梅伯儼、陳覺生；談藝者，有張子驤、胡廉水、鄭漢泉，與其從兄午研。惟余獨喜與先生講歸、方古文辭之學，蘄終得其要領，蓋以濱海遐荒之地，而文采焕暎於一時矣。自先生不幸溘逝，閱數寒暑，而敦甫先生又亡，伯儼、廉水皆懿行君子，亦不獲少延於世。其存者多散之四方，子驤獨憔悴謳吟，而午研亦老病。余來柴橋，過昔日講誦之所，蠨蛸在户，而澹園之華木，蕭落盡矣。

今年春，和欽來告曰："欽兄弟將改葬吾先人，幸得吉卜，願有銘。"蓋距先生歿，二十有二年已。悲夫！先生諱景璜，字澹初。配汪氏宜人，後先生一年歿。初聘胡氏女亡，欲以殤嫁之，先生曰："女未廟見而死，歸葬於女氏之黨，則於殤乎何有？"遂辭之。其篤古自信多類此。著有《澹園詩文集》行世，《石經興廢考》等藏於家。子二，和欽官教育部，和寅官農商部。銘曰：

於乎！先生而至於斯，好學奚爲明道，是期胡壽而殀殀。壽則同骨肉，斁已而心不窮，上通无始下无終。

［校注］

《寒莊文編·目録》交代此文作於甲寅年（1914）。又，《寒莊文編》卷首《諸家評議》云："《澹園先生墓誌銘》，陳伯嚴先生曰：'寬博雍容，類惜翁之效歐。'□實先生曰：'以淡蕩之筆寫濃郁之思，於澹園生平著墨不多，而其賢自見。讀之，真如嚼冰雪也。'"

重生篇上

天下孰重？曰"重生"。所欲有甚於生者，非與，斯不得已也。道固生，生而已矣。天運由小變而中變而大變，變則生。人桔四海，窮而民到今不加少者，何也？始由吾民有畏死心。畏死，故樂生；樂吾生，亦樂人之生。聖人因之而行吾仁。仁胡，我胡物也；胡我，與敵也，曰"由國而天下者也"。其教也寬而政和也，其氣也柔而存久也。北敵自古爲中國患矣，兵氣不揚可知也，夫亦好生之故之自然也與。今國於大瀛海中，大者勝我，小者亦勝我，然而庶矣哉。吾民也，曰兵與器，國用以強，顧國爲民有也。吾聖人在千載上，立民命於仁壽之域，使之絪緼布濩，終古不衰息也。

[校注]

《寒莊文編·目錄》交代此文作於乙卯年（1915）。又，《寒莊文編》卷首《諸家評議》云："《重生篇上》，姚仲實先生曰：'藹如仁人之言，蓋有感歐洲兵禍而作。'"

重生篇下

重生者，重民生也。物之生命重乎？曰"重"。天生物以養人？非與，曰"萬物並生，非爲人也"。虎豹豺狼之耆狐兔也，天非爲虎豹豺狼而生狐兔也；夫人，亦然。然則刀俎鼎鼐之教非與？曰"是益以難言矣"。人之生，寧自飲血茹毛始，芚芚蒙蒙，與鳥獸相群時始已！力非獸若，故制人；智非人若，故制獸。殺機以萌，血食以行，火化以興，籩俎陳矣，人鬼饗矣，時然而然也。在昔湯之獵也，弛網羅矣。《記》亦稱無故不殺牛，不殺羊，不殺犬豕，而孔子不網不射宿，聖人蓋節文斯而已矣。夫屏肉食，飯蔬食，謂近佛家言，然而仁無窮，仁之術亦無窮，使萬物相生相養而不相害者，聖人意也。

[校注]

《寒莊文編·目錄》交代此文作於乙卯年（1915）。又，《寒莊文編》卷首《諸家評議》云："《重生篇下》，吳辟疆先生曰：'精練自成一子。'鍾憲鬯曰：'《重生》二篇，聲大而遠。'"

讀《史記》一 《高祖本紀》

當初下沛時，皆曰："平生所聞劉季諸珍怪，當貴，卜筮之，莫如劉季吉。"皆讓劉季。蓋恐事不就，秦人種族其家。此其意不獨蕭、曹文吏之自愛者然也，彼鼓刀屠狗、剽竊亡命之徒，亦莫不有然也。沛公有大志，嘗自述於太公，以爲臣無賴。蓋譬之沛公，如博者之梟，其相從而起者，如博者之用梟，共其富貴，澤流子孫，幸已！其不幸而死於滎陽、成皋間者，亦何可勝道。太史公亦不因死事而以義烈襃之，紀其實也。

[校注]

《寒莊文編·目錄》交代此文作於丙辰年（1916）。又，《寒莊文編》卷首《諸家評議》云："《讀史記一》，王晉卿先生曰：'深得史公之意，后之達此者甚鮮。蓋沛公在當時，不過如今之偉人，亂黨而已。凡徇楚漢之役者，亦無所謂義烈也。'吳辟疆先生曰：'用意極高，筆勢禽縱反側，純本史公家法。'"

讀《史記》二 《蘇秦列傳》

蘇氏《志林》以任俠爲天民之秀類，不能惡衣食以養人，皆役人自養；六國久存，以養客故。蓋蘇氏亦策士之雄，故於客多恕詞耳。六國之棼棼，馳騁揣摩，欲有所會。其度天下浮動，不知所屆，烏在能存人家國也！蘇秦之妻誚秦"事口舌"，張儀語其妻曰："吾舌存否？"嗟乎！庸詎知彼一啓口，顧使東諸侯離合惝恍於一從一衡之間，而其民暴屍流血於關東之野者哉。蘇秦卒由刺死。吾觀客之徒，莫不好糜爛以稱快一時，而後亦往往蒙不祥者，天道固好還也。世稱始皇焚書坑儒，時烏有儒，彼坑而殱之者四百人，亦客之徒而已矣。悲夫！

[校注]

《寒莊文編·目錄》交代此文作於丙辰年（1916）。又，《寒莊文編》卷首《諸家評議》云："《讀史記二》，王晉卿先生曰：'偉哉卓議，蓋有爲而言。'吳辟疆先生曰：'發前人所未發，文之光焰照人。'"

讀《史記》三 《呂不韋列傳》

呂不韋使其客人人著所聞，曰《呂氏春秋》，備天地萬物古今之事。今案其書，凡儒、墨、陰陽、道家、農家、兵家皆並述之，若其教學之方、制藥之旨，尤七十子后之微言大義已。維時天下兵争，學者靡騁，有能藉以明吾業者，吾往焉可也。呂相之門亦何愧，有關東齊魯之儒在也！夫呂誠釣奇之士，生平好文學，而其相秦亦偉矣。太史公乃以其爲陽翟賈人而輕之，與今有人明明行商賈之行，徒以游士之譽，欲以相業期之者，又何也？

[校注]

《寒莊文編·目錄》交代此文作於丙辰年（1916）。又，《寒莊文編》卷首《諸家評議》云：""《讀史記三》，王晉卿先生曰：'有手揮五弦、目送飛鴻之妙。'吳辟疆先生曰：'先君子嘗謂不韋相業至偉，又有文學，而史公獨以賈人輕之，正其識力卓絕處，與此文用意略同。'""

叙　交

余復館甬上盛氏，性懶出門，或逾月不交一人，然頗暱慈溪陳无邪。无邪與汲蒙，居城北後樂園。汲蒙姓馮氏，有族弟曰君木，君木讀書文人也。吾數人來此，相坐無他語，訢然於詩、古文辭而已，亦且重師承，守義法，嚴派別，暖暖姝姝，持以自悅。

異時無錫薛公來官是邦，嘗譚藝於斯矣，園亦自公始也。公之學出自曾氏，顧吾鄉少年嫥已守常，昧於淵源之所在，尠有謁公古文法者，可歎也！吾黨好事，乃欲發憤於公去數十年後耶。先賢風流之感，入人也深。顧吾自念生平一啟口，曰太史公，曰揚雄，曰韓愈氏，豈真有得於太史公、揚雄、韓愈氏哉？吾亦以快吾意而已。故吾自思多有可笑者，於吾无邪，云何也？无邪詩文有奇氣，時作不平之鳴，遊於酒人，一奇男子也。

汲蒙老儒，无邪子仲回、君木子伯須父、吾子和育，皆從之游。先生每掀髯披斷爛古書，睨視群弟子，意以爲姑孰此，可以事親，可以長年也！

[校注]

《寒莊文編·目錄》交代此文作於丙辰年（1916）。又，《寒莊文編》卷首《諸家評議》云："《序交》，陳伯嚴先生曰：'有煙雲縹緲之觀。'吳辟疆先生曰：'縱衡跌宕，極有奇致。'"

贈顧勵堂先生序

余交顧部郎鼎梅而及其弟嶧農，因復識其尊甫勵堂先生。先生時官河南，相去數千里外，亦識余名字於鼎梅、嶧農也。憶余少時讀先生《四書文》，疑先生爲國初人，心好之，今猶有能誦者。先生於余，兼師友之風義，寧知余見先生之面，方自今春二月始也。

春，先生來滬瀆，嶧農與余迎道左，髭髮皤然。其甥章仲迂實左右之。蓋先生早孤，依章氏姊與仲迂讀書。仲迂中鄉舉，官太原。先生以名進士爲江西縣官，晚乃移官河南，守彰德。今總統袁公方獲譴居洹上，先生特善遇之。袁心感先生，以爲君不獨治行爲當今第一也。自袁公當國四三年，頗招致天下有名之士。一時趨承風旨進方略，陰權發動，議論有餘。先生自謝無能："吾老矣，安用腐儒爲計！"自共和紀元，仕版中無復有先生一家名氏已。前年冬，先生訪仲迂，京師或謂袁知公，公必進見之。先生與仲迂乃嘿嘿出都門，度黃河，望齊魯之野而氐三吳，而余亦幸見先生於此時也。

先生會稽人，流寓杭州，讀書爲文，修省志，不願復聞世事。而鼎梅游河北，簒《金石志》，足迹遍大邳、王屋，攀援搜剔，得唐碑二百余種。已獲《漢劉熊碑》，拓寄先生，咤爲發前人未發之奇嘻，亦可想見名父子之風流也已。

[校注]

　　《寒莊文編·目録》交代此文作於丙辰年（1916）。又，《寒莊文編》卷首《諸家評議》云："《贈顧勵堂先生序》，姚仲實先生曰：'寫顧氏父子處，奇情逸氣，蟠鬱紙上。'"

贈張謇叟先生序

　　余來滬，舍館於謇叟張先生爲近，相距不能數百步武。每夜間客去，先生方披帙讀書，吾乃推户入矣。先生笑語予曰："子又以文來耶？"蓋余見先生無他語，必曰震川、曰桐城，而每自爲文，必得先生一言爲快，故先生以此相謔也。

　　初，先生治古文辭，師事無錫薛公叔耘。薛奉使歐洲，邀先生渡海，歷英、法、義、比四國之廷，爲時迄四年之久，以勞請獎知縣，旋相從回國。公在滬，遽以病殁，先生衰之，由是如虛舟在江湖之上，泛然而無所依泊也。維時毗陵盛公聞先生名，禮致幕中數年，旋游浙江，轉入江西，客馮忠愍公。忠愍殁，先生間關歸甬東。亂后益頹然，無復用世之志，與鄉人漫游滬、甬間，而先生亦年且六十矣。

　　先生嘗自笑曰："乃者吾心一無系戀，可以爲僧，亦甲子一周而可以死。"吾微誚之，謂僧者無以爲也，先生非能忘情於物者而猥云僧，黑髮堅齒、意氣偉然而猥云死。蓋先生平居意興最豪，好劇譚，傾其坐人，嘗曰："窮達，命也，庸庵且不獲竟其志，况吾輩耶！"顧吾近窺先生，固曠然無所累於世，而其胸中亦時有不然者。試觀其文章，烏咽往復馳騁之間，誠不勝其亂離之感也已！

[校注]

《寒莊文編·目錄》交代此文作於丙辰年（1916）。又,《寒莊文編》卷首《諸家評議》云:"《贈張謇叟先生序》,姚仲實先生曰:'於筆墨馳騁之中而含蓄深遠,是歐陽學《史記》最勝文字。'馬通白先生曰:'逸興滿紙,後幅取徑獨別,大類熙甫。'"考《申報》1924年8月13日《名宿張讓三逝世》云:"鄞縣張讓三先生,現年六十八歲,前清時曾爲薛福成隨員,游歷歐洲各國,回國後,曾充上海南洋公學提調,及寧波旅滬同鄉會會長,熱心公益,爲時人所重,忽於本月十日下午四時逝世,甬人多聞而惜之。"是知張讓三生於咸豐七年,卒於民國十三年,享年六十有八。亦知《贈張寒叟先生序》乃爲祝張氏六十大壽而作。事實上,除虞氏此文外,陳訓正亦作有《張讓三先生六十壽叙》。

李君澄濂墓表

君名承蓮,字澄濂,居小港,屬鎮海縣。東南郡縣延入海中,長且百數十里,厥惟鎮海小港。在鎮北岸,爲大小浹江入海處,環三面皆水也。始惟漁舍數家,自李氏族居於斯,曰某者,君祖也。父曰敬榮,殁時,君母生君僅六月,每中夜風雨挾海濤聲,如將捲屋壁以去,母抱兒巫繞室,旁皇而泣,已而喪明。君有叔父敬恩,特憐兒,時時恤之,復貲君讀書。君嘗曰:"叔活我母子。"君年三十,始喪母丁太淑人,時君已起家爲富人云。初,君少以貧故,往往與群兒候潮汐,拾螺蛤之利,久而與水益狎,乃浮海貿魚鹽百物,風飇千里無不通,顧君於鹽醝利弊,析之尤精也。郡守江公聞君名,檄君。方承洪、楊之亂,鹽政益放失,無可鉤稽,江卒倚君以辨。昔太史公以籠天下鹽鐵爲罔民之政,顧輓近國用日耗,農盹莫能堪,賢君察相,累代相仍而弗革者,勢使然也。或曰是誠在人,然則如君者，雖以高年終，而於今又曷可少哉！君壽八十有五，歿於共和紀元某年某月日。娶某氏，生子鏡第，女適金、適賈。孫五人。君以叔父嘗三娶而無嗣，乃兼後叔父，葬於某鄉某原。

[校注]

《寒莊文編·目錄》交代此文作於丙辰年（1916）。又，《寒莊文編》卷首《諸家評議》云："《李君澄濂墓表》，吳辟疆先生曰：'作者文多精練，欲屈千里之勢於咫尺間，此篇稍縱矣，而其氣勢之嚴峻，猶若也。'"又，《寒莊文外編》卷首《諸家評議》附《寒莊文編·李君澄濂墓表》勘誤："馮君木曰：'文中有郡守江公云云，誤也。江名鏡清，字志甫，鄞人。蓋世業鹽莢者，非郡守也。含章撰是文，其事實全據李君子鏡第口述。鏡第述事時，但稱江志甫，志甫、知府音近，而含章乃譌爲江知府矣。含章既逝，未便更易，用匡其誤於此。'"

薛樓記

無錫薛叔耘先生官寧紹台道時，每與吾郡人士譚藝於後樂園。園在道署西偏，爲前巡道李公可瓊雲石山房舊址。公稍修治之，謂雲石能出雲物已？沈煙無遺蹟，而山房亦渺不可復識，蓋李公去是邦之日久矣。公之來此，在光緒甲申，迄今亦三十餘年已，而園之花木無恙也，泉益清，境益幽。池北有藏書樓，方建無幾時者，今且欲爲公私之，曰薛樓。甚矣！吾人欲以愛園者愛公也。夫李公之在當日，亦豈必無政蹟在人，顧文章爾雅之儒足資忻慕，而流風之感被可以無窮，故人之思公者尤深已。

余來此，每覽《公園記》，循所述之途，由獨秀山下螺髻亭,穿清涼洞,過藏書樓,稍折以南抵荷沼。而友人或來自園西,叢薄中,不期而遇於沼上,相與愕眙,以爲笑樂,蓋其間又有微徑可循也。由沼而南爲滴翠軒,趨送香亭,亭西有阜與樓相望,上有臺,公顏之曰"峴臺",有《峴臺銘》。峴爲山名,歐陽公記峴山亭,稱"後人不忘羊叔子之意",今公亦慕叔子之爲人耶?然公文固曰:"合'見''山'二字曰峴,登此則郭外之山皆見。"余登其上,顧鳥覷乎天童、太白諸山,遙矗於數十里外者哉,而曰"左顧甬江,繞郡城奔流而東"者,亦未之見也。然公固以爲天下文章奇麗之境,悉在吾園,則山之高、水之流,亦謂惟吾園皆得見之,可也!余爲發此意用,書於樓之壁間。

[校注]

《寒莊文編·目錄》交代此文作於丙辰年(1916)。又,《寒莊文編》卷首《諸家評議》云:"《薛樓記》,陳伯嚴先生曰:'境夷而神淡,似熙甫。'張謇叟先生曰:'先師襟抱,此文若有微會,固當於沈冥中求之。'"

馮君木詩序

余友陳无邪以書來告曰:"君木病甚矣,有詩數百篇皆手錄者亟付予,惟君序之。君木念子深,毋忘也。"余愴然以君木發動舊風,體清羸而耆苦吟,每勸語之而不余聽,儻竟失此人耶?

冬,余渡江視君木,乃幸無恙,要余宿其家回風堂。時雪月初霽,寒光照屋壁,吾兩人倚爐吟詠達夜分,其意興未衰,君木若未嘗病也。君木、无邪皆慈谿人。慈谿與吾縣近,吾少聞陳、馮之名,後遂相遇,與交密。前年余館甬上,二君亦以避亂寓郡城。吾每與君木訪无邪,遊城北後樂園,爲詩酒之會。吾不善詩,二君喜以詩相視。无邪嘗欲有爲,亂後意有所不樂,故其詩多幽沈鬱宕之音;君木意量翛然,雖居困而有以自得,故其詩有蕭曠高寒之韻,要皆吾甬上詩人之絶出者也。

君木始以高才爲麗水校官,輒棄去歸隱,乃與无邪唱和,壹志於詩。謂:"方病時,負痛呻吟,他者皆不省,猶喜人談詩,若吾藉此而魂魄無憾者。"嗟乎!君木殆欲以詩託命也耶?余爲序之,亦以慰君木之意於無窮也。

[校注]

《寒莊文編·目録》交代此文作於丁巳年(1917)。又,《寒莊文編》卷首《諸家評議》云:"《馮君木詩序》,吳辟畺先生曰:'風韻近歐,叙君木詩而以无邪緯之,亦歐公《惟儼祕演序》文法。'"

亡弟厚甫墓表

先君子子男四人,次厚甫,名中理,少耆學,父命入鄉校讀書。父以老諸生每赴學官歲試,余兄弟輒相從赴童子試,逆旅之人皆孰習之,曰:"某一家人藹如也。"厚甫既試有司,不得志,旋病瘵,醫者曰:"病原於母氏。"厥後渭卿、賡卿兩母弟,亦不幸同年以瘵死,母胡氏孺人也。先是,王孺人生輝祖遽喪,家人視呱呱者委牀蓐,謂必無幸免,何疑茫茫人世,乃惟留不肖之身,獨來荒山中葬吾弟,烏乎恫已!

弟殁於光緒二十一年五月二十五日,年二十有五。余曾以弟所著詩文卷藏之,並紀所讀書,曰"俟他日安葬邱林,贈於椁"，亦聊以悲其志已。父諱廷濟，母史氏、湯氏、王氏、胡氏。取婦曹氏。余從母子墓在柴橋象鼻山穴，於旁而俟命者，曹節婦也。

[校注]

　　《寒莊文編·目錄》交代此文作於丁巳年（1917）。又，《寒莊文編》卷首《諸家評議》云："《亡弟厚甫墓表》，吳辟疆先生曰：'文極峻潔，尤見至性。'"又，後文《寒莊文外編》之《跋亡弟厚甫所讀書》云："余以其生平深耆莫過于《大學衍義》一書，而《周易》《毛詩》二家注，病閒時猶丹鉛一過也。今以二書弃之于藏，俟他日安葬邱林，將以《衍義》一書贈于椁。"

卷　二

雜　説

東海之東有魚，涸焉不可活已，語其大，聞者弗之信也。有任公子之徒，鈎而致之，援而登踆其上而舞，樂可知也。乃切焉而析焉，斧之斯之，曾不能一蹶動，彼失其憑依也哉！揚其鬐，有風蓬蓬然，吹沫若輪，血溢若渠，蠅蝨之聲若雷，居民以腥聞而徙者幾千家。然而是魚也，其目猶鰥鰥而不瞑，何也？

[校注]

《寒莊文編·目録》交代此文作於戊午年（1918）。又，《寒莊文編》卷首《諸家評議》云："《雜説》，吴辟疆先生曰：'光怪陸離之作。'"

陳无邪詩序

余曩序《回風堂集》，謂吾甬上詩家，以君木、无邪爲輓近之絶出者，非私言也。蓋二君雖自晦於世，欲以詩明志者同；其詩之剛柔正變或稍異，而感時傷物、不能自已而有作者，又無不同也。自有清末造，學者尤尚宋詩，若隱有家法，號"同光體"，實江西詩派之支流餘裔。无邪奚樂爲此者，无邪曰："吾年三十，猶不讀唐以後詩。吾好古歌謡而已。《詩》三百篇，如《周道衰》《君子歌》《兔爰》《欲無覺無聰》《隰有萇楚》，且自歎不如無知之草木,其徘徊悽惋,感人情之不可聊。何如吾人之於今日,殆動於天倪之有同然者矣。顧吾自爲詩,每下筆,輒憂從中來,往往篇未終而廢去。或謂予懷清苦,故所作乃類宋人。夫吾遑問唐之與宋,不過如候蟲應秋而鳴,謂爲吾人之歌謠,可爾?"蓋无邪晚際兵興,睹亂之靡有已,故常所諷道如此!生平好與君木唱和,余每訪於郡中後樂園,近且遯居西城白衣寺,有所作,尤不肯示人。烏乎,世果可嫉其如斯耶!讀君詩者可以怨矣。

[校注]

《寒莊文編·目錄》交代此文作於戊午年(1918)。又,《寒莊文編》卷首《諸家評議》云:"《陳无邪詩序》,姚仲實先生曰:'通篇感時之意,酣恣淋漓。收處風韻,尤覺深婉。'"虞氏此文,後被陳訓正用作其《天嬰室叢稿》之"叙"。又,《寒莊文編》卷一《馮君木詩序》云:"二君喜以詩相視。无邪嘗欲有爲,亂後意有所不樂,故其詩多幽沈鬱宕之音;君木意量翛然,雖居困而有以自得,故其詩有蕭曠高寒之韻,要皆吾甬上詩人之絶出者也。"

贈自勛序

余漫遊燕趙間,右旋,度關入遼瀋,循塞上而南,折而西嚮,趨晉邊,出井陘口。山勢騰躍,車行若飛舞已。吾宗自勛,迎余晉陽城外矣。初,君提學於斯,吾送之燕京,賦詩別去。奄忽一年,而君數以詩寄余。蓋君耆詩,自游宦朔方始爲之,久而益工,而尤悲宕動人云。君父澹園先生,固以文章名世,不幸早逝。君孤童子,用家學發身,馳騁當路,奉上官檄,或北渡遼,南入滇。而吾居海上,忘老之將至,放志遠游,每不意與君得迂道相見,豈非天也!吾玆行萬里,猶來三晉視君,君樂甚。時秋中氣清,吾兩人坐飲視月,過邊庭之上。日者,吾極東遊松花江,登北山,矚天地之際矣,此皆余輓近不數遘之勝期也。君爲余賦北征也與。

[校注]

《寒莊文編·目錄》交代此文作於戊午年(1918)。又,《寒莊文編》卷首《諸家評議》云:"《贈自勛序》,吳辟疆先生曰:'文有逸氣,而復極沈鬱頓挫之致。'"

史君晉生生壙誌

吾縣濱海東,一隅叢山亘其陽,地少不足於耕,民業多賈。輓近舟車由便,其蹤迹尤踔遠,並至而會。操土音,風氣獨殊,顧其間又必有鄉先生,其德與知,可以群服者自象,譬如魚之在藻,百鳥之依鸞皇也。

史君晉生名致,容縣人也,客漢上二十年。漢上通衢,吾縣旅人尤多,每過君門,賓客闐闐,某曰興學,某告糴,或解糾紛,懽暢舒寫,莫不得意,明日復然。方有清張文襄督兩湖,以中外互市,設商務局,起君才,爲之長。局後改商務會,君仍特引鄉老當之。先是,甲午日兵入遼東,丁酉德據膠州,同年俄索旅大,君時皆客煙臺。煙臺,北洋要衛,大臣李文忠、王文勤先後出籌防,以君知計有餘,且甬東賈舶往復渤海口,君獲號召用,特檄君轉運或偵查。蓋君爲當代大人所器,非始於文襄也。比及軍興,武漢踞上游,患氣深矣。君始喟然將以老自謝,公私期會或舉君,每假東歸而免。顧平居,又謂:"吾去,恐吾道路、旅人一失,勢何?"故今猶遲遲江漢而不能決也。

君爲宋史宗定王四子彌堅後。高祖國香,由甬江遷鎮海。祖曰正發,考曰元利。祖妣某氏,妣沙氏,配林氏。生三子:悠庠、悠庚、悠廣。女五,適張、適虞、適朱,餘未字。君生於同治二年八月,年五十有六,君自卜生壙於縣之崇邱鄉高家橋,匄爲誌。

虞輝祖曰:觀鄉,知王道之易,蓋鄉必有人焉。以道得民,合小群而大群,而放乎四海,民用戢戢就治,國本以寧,自皇古以還然已,雖百世可知。維君客游,與鄉人相屬,猶君子居鄉之義。用特明此意,亦欲今之道國者有省焉。

[校注]

《寒莊文編・目錄》交代此文作於戊午年(1918)。又,《寒莊文編》卷首《諸家評議》云:"《史君晉生生壙誌》,吳辟疆先生曰:'文兼《史》《漢》風味,末段陳意尤高。'"

晉祠觀水記

余隃太行,游并門,客自勛官舍。自勛亟迎余,道晉祠之盛,曰:"晉水所自出也。"余忻然偕友人夏君,出郭門外西南行,黃埃彌空際,若霧若霰,吾每目眯而嚏。車行泥淖中,循前人轍迹,陙杌而進,間觸穹石則轆然過之已。渡汾河,未及汾里許,有隄從衡,介水居民亦治屋壁戒狂流。顧吾是日渡河,水僅及馬腹也。過晉陽古城,城爲水灌者再,蓋城距晉水近,灌城引晉非引汾也。今城遠在汾河東,吾是日由汾東來,故抵晉源少晚。

《山海經》云:"縣甕之山,晉水出焉。"縣甕亦名龍山。由龍山右轉，與晉祠相值，水聲即汨汨徹門外。祠甚宏麗，南有台駘祠，中聖母祠有佛屋浮屠，水上有石梁，側有涼堂。宵中月明，坐涼堂視月，光與水相瑩澈，鯈魚若在流離中。夏君謂"與友人嘗來宿山上，羈游宦子，莫不尋樂契集"，斯言諒哉。顧吾輩南人，在三千里外，則又慨此境不常到也。

　　祠祀始封君唐叔虞。唐太宗嘗禱於祠，有銘。宋有太平興國碑，猶未漫滅，皆可讀。有老柏大十圍，謂數千年古物，尚開國時喬木與！聖母祠，或謂即叔虞母邑姜，亦曰晉源神祠。蓋晉水初發源於斯，噴溢而出，末流乃大，一北出爲智伯渠，過古城，一南流又析爲二，皆入汾。農甿引水灌稻田，度千頃。北方土宜麥與粱、粟，惟斯二渠春水足，故秔稌苒苒如江南。

　　夏君名錫祺，客自勋幕中。自勋，吾宗人，提學晉陽。是日，以事羈未往。

[校注]

　　《寒莊文編・目錄》交代此文作於戊午年(1918)。又，《寒莊文編》卷首《諸家評議》云："《晉祠觀水記》，姚仲實先生曰：'文境幽逸，蓋晉水以下神來氣來，古文家之談考據，固宜如是矣。'吳辟疆先生曰：'遊記之文，鄙意不甚好，因其章法小易，成佳製。此文高古，典戞自爲，於遊記中特樹一幟者。'"

漢口興業銀行記

　　飛券、鈔引始於唐，交子、會子始於宋，二者皆有銀行之一體。馬貴與氏《錢幣考》，顧又致慨乎是。是未知《九府圜法》，雖以聖人爲之，而於今猶莫能周民用者，俗變然也。

興業起於浙，而盛於漢。漢誠上游一都會也，革命之役，迭攻於斯，兵氣不息，廛市爲墟，公私作業以盡，而彼乃獲自解免，幸已！顧吾以爲銀行非古有也。深目高準之儔，操陰權而與吾人爲市，蚩蚩者氓，得其一紙，輕齎而遠颺，其引重有過於國家制幣者，可慨也。憂時之士如湯蟄先、樊時勛、葉揆初、蔣挹之諸君子，奮於浙中，今十餘年，儼有名氏，駸駸與爭一日之長，聞者用自增氣，此其功爲大。若軍興以來，迄無震撼之虞，巋然獨存於江漢之上，是其有基之弗拔，固然無疑，即以爲當此者，其功反小，可也。

今新宇聿成，憂患之餘，日益光大矣。夫銀行之法之燦然者，西人之子也，而吾尤幸興業爲國家便民用也！

［校注］

《寒莊文編·目錄》交代此文作於戊午年（1918）。又，《寒莊文編》卷首《諸家評議》云：〝《漢口興業銀行記》，吳辟疆先生曰：'俗情而澤以雅詞，大難。'陳无邪曰：'新題目而有此高文。'〞

科學儀器館紀事

自燧人氏刱火化已來，黃帝羅水波、土石，正名百物；唐虞命垂，共工、成周爲盛，飭化八材。凡我作者之聖，尚矣。顧惟時聖哲，尤孜孜於大道，若形下之器，雖周旦未盡其巧。輓近所云物理、化學、博物諸課，論者謂惟光重之理見《墨子》，百姓猶日用不知。我文化舊邦，日見絀於瀛環諸國，誠吾人私憤之所切也。

光緒二十七年辛丑，設科學儀器館滬海。初，鍾憲鬯游日本，輸入儀器，曰：〝吾國不若人，器弗若也。誠由吾黨發明之，亦一奇也。"吾由是主辦乎是者有年。甲辰，設瀋陽儀器館；乙巳，設漢口儀器館；癸卯，設製作所。自設滬館三年矣，以器自外來漏卮實大，曰："盍放諸，取則不遠也。"乃造物理器、化學器。甲辰，設標本製作所，剝製鳥獸昆蟲類，厭製草木華葉類，由鎮海漁輪撈取海藻魚貝珊瑚類。乙巳，設模型製作所，造星球地形礦山類、人體肺腑心腎骨骼類。凡用金工、木工、石工、獸工、草工都百十人，而成者千焉。

　　初，商部王參議丹揆來滬，勸令自製品呈部，由部奏獎，諮各省南洋勸業會開會審定，爲通國第一。自設滬館四年，甲辰，設理科講習所，蓋有其器而未通其意，猶無器也。初，編譯理化、博物諸書，及是，乃講理化學五載、博物學一載，與講者乃恍然於天地間，物化自然之功用，無度而有度，氣質分合，而吾得循其故。若博物學，凡胎生、卵生，凡有機、無機，壹是皆得定其名、陳其數、明其統、別其部，通進化之迹、效用之途，嘻，術其至矣乎！

　　時嚴侍郎范蓀在學部，由部諮，各省期風動之。丙午，張提學筱圃延設講舍瀋陽。丁未，張中丞堅白延設講舍桂林，用達之南朔荒遐之域云。

　　虞輝祖曰：歐西自理科勃興，其前民用，俾微者阜、幽者明、塞者通、險者平，磅礴萬物，馳御風霆，寖寖與造化爭功矣。惟自辟者以無道行之，其相生亦足以相滅。比年歐戰死喪，爲天地剖判以來所未有，用其術於殺人，乃爲禍亦無量耳。甚矣，若彼之爲利害也。吾館剏自晚清，其事至微，淺何足陳，顧吾謂自昔聖人，勤求形上之道，世運大同，若道與器，殆亦必相爲用也乎！

［校注］

《寒莊文編·目録》交代此文作於戊午年（1918）。又，《寒莊文編》卷首《諸家評議》云："《科學儀器館紀事》，吳辟疆先生曰：'此作者一大事業也，文既崇閎，而後論筆勢，尤爲瓌瑋。'"

衍聖公襲爵議

八年某月日，衍聖公孔令貽薨，以妾某氏有身五月，請俟妾生子爲後，嗣封。

虞輝祖曰：今去聖兩千有餘歲，聖祚將百世于斯，凡宗子曷嘗無後承休，聖門端有傳緒，在四十有六世，曰聖祐者無子，傳次乏人，爵乃以弟嗣。先是，有仁玉遭孔末之難，母張抱匿外家，亦卒嗣爵爲中興祖。方遘難時，仁玉生才九月，顧與尚在母腹中異也。吾考孔氏襲衍聖公始于宋，有封爵無土地，不及以政。蓋原于漢高封孔騰爲奉祀君，凡以奉祠祀耳。今令貽亡，妾子未生，是大宗無後時也。宗廟之事，誰實奉之耶？或曰宗子有故它出，命子弟代主祀事，故有權攝之名，然有宗子也可。今猶無宗子，何已？所謂名不正則言不順，事不成而禮樂不興也。且今令貽亡矣，喪三日，主人服，兹又孰爲主？而服之喪事，由近而即遠，哀以漸而忘，豈反俟五月後生子，復爲主而持重耶？且如生而殤，或爲女子子，又若之何？或曰如子言，皆古禮云爾，古禮不行于今日，且今《民法》於胎兒權利，實主張之。

嗟夫！今天下誠禮崩樂壞，爲聖人後者，尤宜篤守家學，喪祭從先祖，爲萬世法程，禮義誠自賢者出也。今既不幸至于大病，應速宗老而告之曰："使吾獲睹吾廟廷主鬯有人，吾魂魄不撼。若胎兒云者,于古無聞。吾先世未之行,行之他日,或厥弊以生。明微別嫌由今始,用保我聖人萬世一系之統。"若是,豈不懿與?且歷代崇聖王、聖人,公侯其子孫,要奚足爲聖人,重而爲聖裔,榮吾聖人萬孫。子誠守祭器,崇明德,收族而敬宗,其道固自光已,奚虛榮爲?奚虛榮爲?維時令貽遺言,由曲阜縣呈省以聞,予乃持此議省中,寧獨責備之詞,亦不欲徇亂命于孔氏後人爾。

[校注]

《寒莊文編·目錄》交代此文作於己未年(1919)。據其文意,當在本年11月8日衍聖公孔令貽病逝後不久。又,《寒莊文編》卷首《諸家評議》云:"《衍聖公襲爵議》,王晉卿先生曰:'論聖人之後宜衷諸聖人之禮,持論正大不刊,筆亦古勁。'吳辟疆先生曰:'此爲聖門一大事,不可無此正大之文。'吳聯笙曰:'根據《禮經》,爲孔氏家法,非徒以空言取勝也。'"

房仲《詩選》序

《孤石山房詩集》六卷、《詩選》兩卷,沈君颱民北來,于燕市得之,亟語予曰:"是吾宗房仲先生詩也!昔吾先君子求之大江南北,而不可復睹者矣。初,先生《集》由吾歸愚老人與海寧查初白諸先生論定之,《詩選》疑亦由諸老之手。比有王君自山左來,有此本斷爛,而猶可讀。詩多《禽言》一章,而其選,署姚惜抱氏。蓋薑隝與先生之弟椒園游,椒園子南雷又與惜翁同官郎署,故翁詩有兩家後裔收文。《集》之句惟詩凡七百餘篇,《選》不足三分之一,蓋采之彌約而醇已。今惟君序而行之,歸將告吾先子之明靈也。"

余案沈氏世居錢唐，自明青門以來多詩人。先生父東隅，與歸愚爲兄弟行，皆以詩稱天下。生子孟公、房仲、椒園，克荷家學，兩世爲查氏甥，故其詩兼法查氏。維時海寧查氏、桐城姚氏、錢唐沈氏，其父子一家，若甥舅，若友朋，皆好文學，篇翰可觀，相與于古作者之林，而其流風奄被于江淮之上。吾由今思之，相後才百有餘歲。顧當日侁侁，爾雅極聲華，文物之容，何其盛也！

先生一家既擅謌詠，椒園且宦游河岱，名業爛然，而先生隱居，乃以一諸生終，旋遭兵燹，百物無餘，而詩之佚且有年已，豈意一朝得之而無少遺漏，何也？誠由瓞民賢父子勤求之故，與抑先生自有其不可喪者。天道人事固不可知，而可知與斯文未隊，輓近寂寥之士，誠俟之百世而毋惑也夫！

[校注]

《寒莊文編·目錄》交代此文作於己未年（1919）。又，《寒莊文編》卷首《諸家評議》云："《房仲〈詩選〉序》，吳辟疆先生曰：'清峻峭折，固視古人而無愧。'"

自　序

自吾游滬海而吾學荒矣。初與吾宗澹初孝廉講學澹園，先師敦甫先生好讀儒書，而澹初尤嗜文學。吾往來二先生門，甚樂也。何意皆先後殂謝，吾慨乎無所向。

時際兵興，邊聞庚子京津變起，亦稍稍有四方之志。吾友鍾憲鬯，澹園弟子也，反自東瀛，見有儀器，云格致學者，乃相語曰："吾國不若人可知矣，非道弱也，器弗如也。誠由吾黨發之，亦一奇也。"吾由是來滬，主辦科學儀器館，有學以明之，成器以行之，亹亹乎，有開必先之日也已。張筱圃提學招往瀋陽，張堅白中丞檄赴桂林，蘄廣説東南學者。鄉先生嚴範蓀侍郎在學部，且咨之二十二行省。先是，商部又嘗以制器尚象聞於朝。凡一器之成，溯自工倕以來所未有，豈鑿空而得之，要皆物理之自然，規之無度，取之無形，用類萬物之情，誠輓近哲人所獨擅矣。惟此縱極要眇，務御乎形上之道，庶前民用，或與造化同功，兹則但挾以爭機利已也。

吾主張乎是，且二十年。鍾君早去滬，吾今亦可退之時已。顧視國中，皆有學而格致之説，日新物質，尚矣。過此以往，或文敝道喪，如之何？吾回憶他日，聞之師友，略有撰述者，總若干篇，欲過而存之，誠何足道。嗟乎！吾小人於衰遲之日，猶有反本之思也與。

[校注]

《寒莊文編·目錄》交代此文作於己未年（1919）。又，《寒莊文編》卷首《諸家評議》云：＂《自序》，姚仲實先生曰：'洞然於道器相關之理，而以深古之筆出之，其光黯然而幽，其味油然而長。'吴辟疆先生曰：'叙近時情事，而措詞立意高古，如周秦以上人。'自勛曰：'先生以理科爲吾國開先，而性尤耆古文。云自吾先子啓之，讀此文，亦可知其概矣。'"

送屈省長赴山東任所序

公治浙有年，吾每溯錢唐，泛西湖，奄留旬月，顧未嘗由便涉公之廷。沈君飻民，公舊屬也，官吾甬，每慨然謂輓近人心好亂，攻取摇撼，陰謀萬方。兩浙尤紛華，衆目睒睒，乃他省或兵禍糜爛，而浙獨不，相望於四鄰之中，帖然無事。或曰由浙人治浙之效,顧政變以還,出而持權鄉土,寧獨吾浙有人也！厥後,公去浙有日已,有某某陰候公離省中,圖亂殺人,公部勒素定,先發制之,乃從容祖道而行。嗟夫！浙之完,豈偶也哉！

公既去官,歸鄉里,旋入京師。予北來,沈君介予與公相見,何意公固藹乎一儒生也！公為吾鄰郡台州人,州之天台、赤城,剸为欹奇,為天下名山水。顧其地實貧瘠,居民服田勤動,質勝其文,溯自清以來,甲乙科第或不足吾甬人之半,乃隱伏數百年而公以生。今總統知公才,乃命公出治山東。山東,濱海大邦,僉謂非公莫屬,公行矣。昔宋張方平撫蜀,蜀之亂旋已,乃圖公象於浮屠之宮,維張公治蜀之方曰:"吾以齊魯待蜀人而已。"今公之所蒞,齊魯也;民,齊魯之民也,殆亦惟以齊魯待齊魯之人與。若肆意法律之外,以威劫齊民,吾不忍為;公與張公,其意豈異也！夫公曩者治浙而今治魯,其為政,或陰陽剛柔稍有不同,未可知也。吾他日與沈君為河岱之遊,入公四境,將得之於謳頌之中也已。

[校注]

《寒莊文編·目錄》交代此文作於己未年(1919)。又,《寒莊文編》卷首《諸家評議》云:"《送屈省長赴山東任所序》,吳辟疆先生曰:'英偉非常,又見頌不忘規之義。'"

參戰紀功碑

維我國中華,己未之歲。歐戰訖終,凡經兵禍,五載於斯,原法與英,終勝德奧諸邦,蓋得多助,如美利堅、日本然已。我東方大國,寧晏然獨處,絕不與兵車之會乎哉？初,我

內閣奉大總統命,通牒絶交,督師參戰,用揚義聲。既蒇事,宜章武功,播之歌頌,乃作頌曰:

  輓近歐西,旁達武威。頗忌過盛,胥動殺機。
  德奥始難,迅披比京。法英遏之,西極震驚。
  環大瀛海,邦畿相望。會師平亂,有國之常。
  我興師征,上誓有昊。孰匪友邦,不仁是討。
  用兵絶域,衆口一談。勝也靡常,不尒曷堪。
  元戎曰嘻,事毋懼疑。歐亞同度,義孰避之。
  瞻彼東鄰,作威於斯。若時雨降,美興舟師。
  我命官司,翰彼軍實。地不愛寶,捆載千億。
  我命黔首,海邦之即。奉效百工,咸中法式。
  有洸群雄,須我大東。幾濛暑雨,用詁成功。
  陰謀巧技,極地天通。佳兵弗祥,寧匪知窮。
  我以義始,匪利厥終。雖仇不仇,和以雨風。
  日出月入,上下四極。大哉同盟,患氣永息。
  平平世宙,服乃以德。誦烈萬方,維石不泐。

[校注]

  《寒莊文編·目録》交代此文作於己未年(1919)。又,《寒莊文編》卷首《諸家評議》云:"《參戰紀功碑》,吳辟畺先生曰:'元次山《大唐中興頌》雖雄偉,猶是唐代文調。此文聲響、色采,駸駸欲偪《雅》《頌》,非稽古功深,曷克臻此!"

傅君筱庵生壙誌

  環大瀛海爲互市區,輪舶日月一至,關梁弗禁,廛市無垠,萬貨若流,隆隆殷殷;輓近滬市,誠東方一大都會也。其間羅中外五民，機利萬方，乃商略有爲之地，而智謀異能之士興焉。

君鎮海人。由蛟門北渡滬，祇水道數百餘里，縣人多起家于斯，世稱嚴葉千里。君來滬，猶年少耳，即流譽于諸鄉老門。蓋君擅智計，又易直，勇于爲人，大衆會所，有不可意，即面赤，應響無窮，即或理當，爲勢屈撓。嘗于我有恨，亦且強爲剖判直之。武進盛宮保，晚居滬，識君，謂君不類恒情可念。若漢冶萍礦，若招商局，若通商銀行，壹委重于君。盛旋以國變遠游，君獨心憐公老年不快意云。

君名宗耀，字筱庵，姓傅氏。祖以祥，父昌順，母李氏。先世居困，君奮迹乃身，賓朋日進，門多異邦人。比國勢日下，西師屯黃浦，縣官不敢出聲，有事但治文書，讓商會。持會務者，吾甬老人，乃曰："筱庵君辨治之，易耳。"蓋吾鄉先後輩相與若一家，領滬市且數十年，誠以甬東開市獨早，與滬同人孰外國事，故每每持權海上。然亦有氣敢任，如君是也。

君生於同治十一年十二月朔日，行年未五十，乃自營生壙于邑江南青嶴，請予爲文。虞輝祖曰："方今萬國交易大通，商旅日盛，國勢愈張，相應之自然也。漢世抑末輕商人，今其道適相反，然要亦以人重耳，用于君發之。"君取朱氏，生二子：瑞鑫、瑞森。瑞森早亡，從君葬。孫一。

[校注]

《寒莊文編·目錄》交代此文作於己未年（1919）。又，《寒莊文編》卷首《諸家評議》云："《傅君筱庵生壙誌》，吳辟疆先生曰：'通體簡練峭拔，摹半山爲文而差有肉。'馮君木曰：'洗鍊精卓，無一點浮煙漲墨，此最不易。'"

北來記

　　吾倦游滬海，適燕京，或諷而留之，謂："曩先吾人而起曰格致學者，誠吾子之明也。願睹時之日新已，中道而去之，奚爲也？"予唯唯，旋復來京。始吾來也，每不過旬月之役，往往輒由津沽遵海而南，茲乃入居鎮海館。館旁東華門，經御河橋即清故宮，左宗廟而右社稷。每念先朝開國盛時，必有諸生雲會上都，所謂精廬暫建贏，糧動有千百，濟濟洋洋，庶幾禮樂，用覘本朝士氣之隆。乃者國變殷矣，道途來者，亦何窮矣！胡薦紳之徒，競佻巧破道，真甚非古所云也。

　　昔歐陽公歎五代之亂已極，謂"天地閉，賢人隱"之時，顧猶以爲自古天下未嘗無人，乃作《一行傳》。予側聞清季有吳摯甫先生，主講蓮池，于是河朔有桐城古文詞之學。今予北來，猶獲覯先生哲嗣辟疆，因辟疆而得從其鄉先生馬通白、姚仲實叔節諸老，又得見新城王晉卿先生，年七十矣，爲吳先生舊友。若蓮池舊弟子有梁先生式堂，大城人，嘗官吾浙，以吳先生書教吾浙人。往者，吳先生將游日本，過滬上，吾聞而請見，孰意先生已渡海而行，吾每以爲懟。今當文敝道喪之會，猶獲親數君子于朔方，是與吾鄉時之懟異也。

　　夫吾初在海上，持格致之說，制器尚象且二十年，顧猶謂物質日新而道不變，本末後先，罔或自蔽，用忘老之將至。藐焉而中處於茲，寧非文獻之猶堪閔惜與？嗟夫！予南人也，滔滔江海，欲何適而可乎？

[校注]

　　《寒莊文編・目錄》交代此文作於己未年（1919）。又，《寒莊文編》卷首《諸家評議》云："《北來記》，吳辟疆先生曰：'文境高邈，非近世所能有。'"

入雲中記

始吾來朔方，每欲越關，歷邊城，用自放泱漭無垠之域久已。秋中八月之望，友人沈颷民招予出西都，升居庸，自南口而北口而八達嶺下，視關門若窺井，故曰"居庸之險在嶺"。有鐵道並軌踰嶺，車挂而行，遙望若縣度云。過此出內長城，北過土木，又北過涿州，向燕然山，緣上谷，趨張家口，明俺答互市場，今幕南一都會也。惟出上竟門，明沙彌天際，風起草偃，但見牛羊橐駝而已。復由張垣內鄉折而西南行，凌白登入雲中，車行氏此且八百里，介外長城與內長城間，天文昴畢與尾箕分野也。

且自崑崙北幹蜿蜒入中國，爲九邊諸山，乃鬱積旁礴於幽并之野。其間山之高下以百數，惟宗恒嶽，其川流從衡以百數，而皆入桑乾。昔者蚩尤實嘗擅此奧區矣，厥后冒頓擾之，猗盧居之，突厥陷之，阿保機、阿骨打郡縣之，忽必烈都之。溯當戰爭之會，胡騎驟若雨風，將率行邊，壯士死敵，笳鼓悲鳴，秋女怨思。自陰山之陽，長城之窟，凡託於詩人歌詠者，誠自古傷心之地也。今時異勢殊耳，不聞邊警且數百年，烽堠如故，亭障歷然，先代防狄之迹，固莫不因時爲畫，賡續而成之者，寧一朝一姓之功！

今吾與沈君得輕千里、緣鐵道而窮覽之，又何快也。惟其居民兵燹之遺，多土屋穴居，猶未遑文化何與，夫亦前民之術無聞與。或曰茲由車行之便，風氣漸殊，非復荒裔之舊，天時亦和煦矣，顧吾信宿雲中，星月皎皎，朔氣入庭户，襲擊裘無溫。此時度吾南方，猶袷衣爾。

［校注］

《寒莊文編·目録》交代此文作於己未年（1919）。又，《寒莊文編》卷首《諸家評議》云："《入雲中記》，王晉卿先生曰：'豪情聲槩，以雄秀之筆出之。俯仰低徊，令人神王。'姚仲實先生曰：'敘次有法，情景如繪。中段疏宕，尤覺奇氣橫溢。'胡綏之先生曰：'奇情偉抱，馮弔蒼茫，在古人集中，亦未易多覯。'自記曰：'林君少泉喜此文及《新疆山脈圖志序》《吴將軍傳》諸篇，欲爲予印文集，予心感之。'"

新疆山脈圖志序

新城王先生官新疆時，序新疆山脈爲《圖志》，自天山而南山、北山，凡六卷。

天山脈起于葱嶺，先生本河源所自出，云葱嶺即昆崙。其東行一脈乃爲天山，本幹復分支，特起爲南北路，諸山綿亘數千里，尾掉玉門入中國。蓋大地元氣旁魄爲高山大川，其縱衡起伏，要莫不有迹象可求，循其理也。

新疆在西陲萬山中，自三代不及以政。漢唐而還，輪蹏交錯，聲教始通，相衍迄于有清，礱有準部回疆，廣地萬里，測星度，列土方，因形勢自然而置郡縣，要荒一家，秉其阨塞地利，何其盛也。輓近軍興，斯拉夫之族侵入其阻，當事者稍以邊竟爲非《禹貢》所及，不甚顧惜。厥後兩國，每以地界相持。試自昆崙左轉，旁騰格里之陰，度伊犁、額爾齊斯諸河，氐阿爾泰，復折而西向，芒芒千里，其河流多自東南來，而其山脈隱見，皆與我相屬，誠我有也。

先生開藩于斯，用取案牘、約章、譯語、方言、中外古今史氏之文，發憤爲一書。以山爲經、水爲緯，凡城郭、臺站、市集、物產、礦石、道橋，類附條分，囊括無漏。且其地多危厓絕巘，冰雪皚皚，行旅駝騎，險滑萬狀，又爲風災鬼難之虛，木魅暴龍之藪。乃亦臚舉及之，寧先生著書多好奇之意與！殆欲人知自漢博望侯以來，鑿空而得之者，亦稍極行人之憔悴歟。夫世徒以先生雄于文，謂閎覽博物君子，是殆欲上儗《豎經》。予謂自昔大人，每因憂患而作，先生籌策邊庭，竊想見其懷鉛握槧，裹徊四望于天山南北時也。

[校注]

《寒莊文編・目錄》交代此文作於庚申年（1920）。又，《寒莊文編》卷首《諸家評議》云：“《新疆山脈圖志序》，王晉卿先生曰：'中俄定界多照洪圖，將中國山脈盡入彼界，鄙人此書因此而作，苦心分明。此文可謂搔著癢處，文筆亦峻嶒健舉、熊熊有光。'吳辟疆先生曰：'閎麗瓌瑋，持論尤關大局，奇作也！'馮君木曰：'不必據界力爭，但以自然之迹象爲證，吾圉自固。用心彌苦，造境彌高。'吳聯笙曰：'考核之文，而能有情韻，有波瀾，且於義法一毫不苟，此豈易得耶！'”

《叢書識略》序

昔漢興，大收篇籍，下及諸子傳說，皆充秘府。劉向錄而奏之，謂能修六藝之術，觀九家之言，可以通萬方之略。蓋古者君師之道，合典章文教，悉秉王官。及周衰，失其統緒，由是諸家蠭起，務引一端以馳騁當世。其爲道術，固不勝其繁，要皆有得于天人之故也。漢唐以還，凡陰陽、名、法、兵、農、雜家，因襲前修，代有作者，若經史之雅故，文翰之諷喻，又粲如已。好事者乃罔羅今古，或斷代爲書，凡簒爲叢書若干部，奚翅千數百家。

予略放《四庫書目提要》，舉其大凡，發其歸趣，尚論其人，庶讀者興會洋洋而生。且其中多祕笈珍本，或來自海邦，一失不可復得。今少年但尚新書，蔽于衡行斜上之文，此恐湮晦以終古，亦欲藉是以便觀采，庶毋患斯文之墜地也。顧或者謂漢董仲舒議"罷黜百家，諸不在六藝之科，勿使並進"，庸詎知天地氣化去故就新，而人事亦寧以一端盡！故凡諸說相勝，但從入之異路。所謂水火相滅亦相生，道之用，固如是，神也。

今歐西百年來號稱文明，其學說曰民約，曰法治，曰樂利，曰地方制度，實早具于《管子》《墨子》諸家之書。弟吾先覺至言，尚鬱滯于千載耳。若漢以來，作者誠由束約而不敢騁然，人心之靈，觸物造耑，豈能偏絕。其識大識小，誠莫不上通六藝，旁達九家，而且與晚近日新之說，或頗有發明也。區區滋欲自效，稍資宏覽，庶他日學人，勿以叢殘蠹簡而償絕與，亦芻蕘狂夫之獻也。

[校注]

《寒莊文編·目錄》交代此文作於庚申年（1920）。又，《寒莊文編》卷首《諸家評議》云："《〈叢書識略〉序》，王晉卿先生曰：'深深亹亹，在歐、曾之間。'吳辟疆先生曰：'淵懿似中壘。'自記曰：'今春在都門編書局，撰是書，祇成百種，以事中輟，未審何日得賡續成之。'"

吳將軍傳

吳將軍吉人，名傑，歙縣人。徙龍游，由父金盛始。金盛亡,公才十三齡。家貧無以送死,有富人姜氏,奇公狀兒,厚貲之,且食于家。時粵匪侵犯浙西,旋陷龍游,恨姜氏屢以團勇殺賊,殲姜一門。公挾少子,握刀突圍,跳竄三日夜,幾不脫虎口。維時左文襄奉朝旨入浙,公乃從攻龍游,轉戰于金華、蘭溪、陽溪間,功最,超擢守備,賞花翎。調閩軍,從攻南靖、平和、永定、武平,克之,加都司銜。回浙,署常山千總。左公奉命西征,檄公從,方度隴,聞母病,公不得留,曰:"極知從左帥出玉門,唾手取侯封。今吾方寸亂已。"乃還。左公既戡定新疆,凡咸同以來諸亂徒剗削略盡,而海禁開,邊釁以萌。

光緒甲申中法之役,法覬吾越南,挾海軍燬我馬江,蹂雞籠,勢張甚,浙海戒嚴。初,巡撫楊昌濬議防海,築礮臺蛟門,檄公領之。旋又築臺南北岸,工未竟而寇至。提督歐陽利見駐大營江口,默揣中朝行款敵,幸旦莫無事,議持重不發。法艦習沙綫,出沒波濤,驟叩關,轟然乃聞吾礮擊中之。越兩日,敵大隊至,艨艟蔽海岸,流彈若列星。公馮臺還擊,殪其渠。初,歐陽聞公督戰聲,駭甚,怒公不受約束已,且恥公獨成名,急責公對簿大營。撫標統領楊某力諍曰:"公毋,然戰亦公意也;不者,吾關立為馬江續矣。"巡撫劉秉璋上其功,授參將,卒以提臣不快意,蜚語聞,罷職。兵備道薛福成入覲,訟公冤。劉公方移節四川,調公往。公由是鬱鬱居蜀者有年。

甲午中日之役,浙撫廖壽豐奏調公還,復領鎮海礮臺。命下,群喜得公,曰:"盍迎吳將軍已!"旋解嚴。

溯公初發迹龍游,其戰蹟由浙西而東,及是,省中尤絕重公。嘗以一身，統浙水師全軍、嘉湖水陸各營、鎮防各軍，三署總兵，一護提督，甚得譽。朝廷且以浙爲公立功地，不令他徙。公持浙兵權且數十年。

公在浙，始終兼領礮臺，故駐鎮海久。縣人皆習公，詠歌公甲申功，且以公威稜，姦宄遠颺，商舶漁民又便之。公嘗追躡盜踪，盜投水，公卒即入水，獲盜而身死，亦以見公治盜絶嚴，且得人死力如此。公薨，年七十有四。葬縣東南某山，其子孫遂留居鎮海。

論曰：初，左公出關平西域，其幕下從者，多立功天山南北，惜公早還。然公後軍海上，其號令風采，亦一時名將也。公治軍尚紀律，與民無犯，蓋不欲以衛民者禍民。公固猶聞中興諸將率風云。

[校注]

《寒莊文編·目錄》交代此文作於庚申年（1920）。又，《寒莊文編》卷首《諸家評議》云："《吳將軍傳》，王晉卿先生曰：'筆力嶄絕，叙事有生氣，能使其精神奕奕紙上，且有極效史公處。'吳辟疆先生曰：'章法、句法，力摹《史》《漢》，近世無此鉅手。'吳聯笙曰：'侯朝宗好摹效《史記》爲文，此作固在侯氏之上。'"

潘對鳧老人壽序 代

晚近吏治日下，州縣官多不中程，閭閻愁苦，寇宄不勝，且號稱於人曰法治，考其奉職，殆靡規靡度云。昔漢世多循吏，若董仲舒、公孫宏、兒寬三人，蓋以儒者居官，若龔遂、召信臣，起家明經，文翁尤好《春秋》，治蜀文化比齊魯。乃喟然歎爲治有本有原，類非俗吏所能爲也。

吾鄉先生潘對鳧老人，官河南久已。其太公景周先生，處兵荒中，發憤治經，著《群經集解》《易義萃精》諸書。老人生育儒門，日月濡染，六藝以明，以舉人主講嶽雲，旋成進士，檄往河南，權修武，署南陽。南陽爲中州要衝，多豪猾大姓，號難治，公案事無所避。縣多盜，布方策、耳目，一發輒得其窟宅主名。期年，四竟以平。調正陽，邑小盜多，公捐貲募鄉勇，收捕悍匪二百人。維時因拳匪、外兵困京城，上奉太后且西狩，大府以南陽爲走秦隴孔道，恐翠華一朝臨幸，儗公辦治，亟檄還，真除南陽縣。民聞公且至，群出郭門，相望謹諆，謂我使君來矣。已轉杞縣，復還南陽，治蹟聞朝廷，以道員用，升直隸州知州，補鄧州、長葛、雎州，凡歷七州縣，兩官長葛，三宰南陽。公至，輒問民所疾苦，治達幽隱，枹鼓不驚。好教化，創書院，聘名儒，壹本經術，行鄉部，庶幾彬彬禮讓風。

公又不自拘墟菲薄，新政始，權修武，即發礦藏，采鐵富民，凡學堂、蠶桑、道路，每下車，皆有程式督行之。時大府錫公察吏嚴，乃絕重公，謂公治行，爲河南第一云。

辛亥國變，老人始浩然致仕而歸。初，老人以太公考終，弟仲泉早世，因奉母劉太夫人居河南官署，凡升調必奉母行。太夫人性仁愛，每捐貲，悅母心。至是，母年九十有餘，老人亦將七十，尚儒慕，依母東還濟寧，祖道者共歎其賢，曰："公循吏，亦醇儒也，今行矣。"老人取孫夫人，生丈夫子復同。予領財政部，管鹽鹺，治事悉秉祖父家法，潘氏日益廣大已。予同人多從老人父子遊，以老人年益高，請予文爲壽。予乃特詳老人行事，亦以明循吏之可爲也。

[校注]

《寒莊文編·目錄》交代此文作於庚申年（1920）。又，《寒莊文編》卷首《諸家評議》云："《潘對鳧老人壽序》,吳辟疆先生曰:'法度謹嚴,用筆極凝重,有斷制,粹然大雅之文。'"

金磷叟先生壽序

金君雪塍將南歸,揖予而謝曰:"賢寀不自努力,無以承家學,顯吾親于世。今吾父且年老,閉門蟄居,不獲有氣力者爲之推挽久已。幸得君,荷王、馬二老相引重,壽吾父以文。吾父子平居私議,固謂當今如二先生,人,古之人,其文,古之文也。"予曰:"今世譚古文詞,必歸桐城。馬,桐城人。王先生起新城,嘗與桐城諸老游,最爲北方老師。今王、馬同任史官,其文章褒貶必秉《春秋》之義,往往有達官貴人,或排擯不予一字。今聞吾先生風,乃嘅慕而太息之,謂南北相望數千里,文字胐蠁,有莫知所以然者,何相契之微也！"

初,先生以名孝廉,門弟子最盛,惟吾獨好方、姚古文,先生未嘗不稱善。予旋別先生遠游,後且北學中國。維時先生奉檄,去爲景寧校官。景寧山邑,擅括蒼諸峰之勝,然地實苦瘠,廟屋黌宮陊敗弗治,其博士弟子,或負薪而吟于途。太守趙公乃館先生郡齋,趙旋因憂亂而歿,時值兵興,先生喟然棄官歸隱,今其年且七十矣。先生少無崖岸,晚家居,益和粹可親,顧老儒氣象,後生終望望而去竊笑。

先生生斯世,自謂磨而磷,乃號磷叟。磷,云乎哉？吾讀馬序先生文,自云閉門擬史稿,罕有就而視者,居京師如深山絕壑。今先生固日處荒江之上,寂寥而莫我知也。予謂雪朕:"子今南還,盍撰《杖屨奉叟來京師》?亦叟昔赴春官舊游之地。叟今猶康强,將以八十、九十之年,相與負斯文之重,其與朔方諸老相得,又何如乎?"

[校注]

《寒莊文編・目録》交代此文作於庚申年(1920)。又,《寒莊文編》卷首《諸家評議》云:"《金磷叟先生壽序》,吳辟疆先生曰:'寫老儒,氣象不苟,篇末尤有睪然高筆之神。'"

張太夫人壽序

屠君康(候)[侯],先世從宋南度,徙浙東,迄明太傅襄惠、司馬簡以興,其後以文章鳴者,赤水先生其尤也,嘗著《杪欏館新語》。余過康侯,每坐杪欏館,康侯好爲予道其先世,已乃聞其母張太夫人行事。友人王稻坪,太夫人壻也,亦嘗爲予曰:"吾舅雲生先生爲永福縣官,太夫人實内助之。永福在南嶠中,萬山盤亘,多煙瘴、陰霾、水土之害,霍亂、嘔泄,發作無時,夫人治藥餌,奔四門,活貧病者。吾舅以山邑常苦貧,植桑萬株,夫人爲口講蠶繰法,蚩蚩者氓環縣庭而聽,夫人容益婉,氣益和,呴噓如一家人。縣有某犯禁,奉上官檄,捕入獄,夫人聞其母老無子,就逮日適取婦入門,乃陰勸公召其新人充女役,旋有身,縣人發爲歌詠,謂公夫人有陰德,必大其門。公治永福久,以勞瘵病,醫者曰:'其形敝,在死法中。'夫人夜稽顙北辰,願損年以益公,公旋蘇復,復延十稔,乃即夫人請假之數,天人相應之際,微矣哉!"

康侯曰:"吾母自永福歸,家居,值辛亥革命,好事者皆徇州郡以應,吾甬亦搖撼,陰謀部勒,强用錫,用錫告諸母,母弗許。用錫曰：'吾先世受明厚恩，烈愍且以明亡徇。今種族相競，清氣勢殆如魚爛不復全。吾郡當江海要衝，順應或且無事，不者，外亂且起，奈何已？'母曰：'姑聽女，女志之，勿因以爲利也。'吾今不取一官一職，吾母年六十，姻黨請爲壽，惟稻坪亦以爲言。母喻用錫：'女斥白金千，施城北孤兒院。女活彼諸孤，壽我大矣。'"

予聞二君言，作而曰："是豈不懿與！"屠氏爲吾甬故家，先世多賢母，載志乘。今太夫人無它行，綜其生平，但欲人人皆仁壽爾。是豈不懿與？謹爲序。

[校注]

《寒莊文編·目錄》交代此文作於庚申年(1920)。又，《寒莊文編》卷首《諸家評議》云："《張太夫人壽序》，吳辟疆先生曰：'序述有生趣，而其文體峻潔，自若古文家老境也。'"

附　　録

《鎮海縣志·虞輝祖傳略》

虞輝祖,字含章,別署寒莊,鄔隘紫馬村人。讀書能窺題旨,條貫大義,因厭薄舉子業,隨族兄澹初習古文義法。

中日甲午戰爭後,受變法圖強思想影響,本著實業救國主旨、開始鑽研科學。清光緒二十五年(1899),與鍾觀光等在柴橋組織四明實學會,學習、介紹理化博物知識。後遷寧波辦志書院(今寧波二中),試製黃磷成功,至上海開辦靈光造磷廠,因缺乏科學儀器設備而虧本停辦。1901年與鍾觀光、虞和欽等邀集同道,在上海四馬路(今福州路)惠福里創辦中國第一所科學儀器館,輝祖任經理,一切規劃設施皆其手定,並多次赴日考察。初以銷售日產儀器和藥品爲主,後自製理化、繪圖器器和體育用品,設有標本製作所及模型製作所。又設理科講習所,編譯書籍,傳授科學知識,曾翻譯《中等初級用理化教科書》。復設分館于瀋陽、漢口。在此基礎上,組織起最早的寧波同鄉會、浙江旅滬學會,側重振興實業和文化傳播,虞與鍾等均爲發起人。不久,該館創刊《科學世界》。虞輝祖在《發刊辭》中抨擊清政府的腐敗,指出:"學士大夫短于科學之知識,因疏生惰,以實業爲可緩。教科偏枯,報章零落,則社會無教育矣。故其人民畏進取,陷迷信,格路礦以風水,擲金帛於鬼神,則無普通之知識矣。以此立國,雖無外患,猶不自保,而況列國競爭,經濟問題日促以進,將于亞洲大陸演風毛雨血之劇乎!"還談及應借鑒日本明治維新後重科學,獎實業,使國勢勃興的經驗。

民國二年,回鎮海任縣議會參議員。中年後致力文字,且游燕代,出居庸,度遼瀋,入雲中,經行萬里,凡大山巨川、名都壯隘,無不登臨徘徊,論文談藝,爲文抒慨。平生澹退,不喜紛華,在京時閉門寫書,罕與人交,又終歲蔬食,不近肉味。其文尚簡淡,師承桐城,深情遠思,曲盡言外微旨,不作華麗繁縟之詞。每成一文,鉤稽往復,常易稿六七次。親自選刊《寒莊文編》二卷,友人慈谿馮幵選輯遺文,續刊《寒莊文外編》一卷。曾在家鄉靈峰山腰建四望亭,修橋樑,又與族人清華等創辦虞氏小學堂。晚年就山東省長署秘書職,曾指導歷城等九縣辦防疫所,傳播和推行醫學科學知識。不久又被署爲總統府諮議官,後應邀纂修《鎮海縣志》辭歸,未滿月病逝。病危時語諸子:"我死都無所恨,獨念畢生微尚,專在文字,天不佑年,使我不能窮終推究,可歎之極!"

寒莊文外編

虞輝祖 撰

目　　録

序 .... 馮　开　193
虞君述 .... 馮　开　195

六公家傳 197
虞君贊堯墓表 197
眷女哀辭 198
虞敦甫先生墓表 198
虞君晴溪生壙誌銘① 199
跋亡弟厚甫所讀書 200
王君巨材墓表 201
紫石廟記 202
曹君九疇權厝誌 202
周君振令墓表 203
鍾太孺人七十壽序 204
與梁式堂道尹書 205
李氏譜序 206
虞君希曾墓表 207
樊君時勛行述 208
孫君昭水家傳 209
重修閔子墓記 代 210

① 原作"虞君晴谿生壙志"，但《目錄》及《諸家評議》皆書曰《虞君晴溪生壙誌銘》，且其正文內明言"字晴溪"，故改。

西園記 ………………………………………… 212
　　山左防疫彙編序 代 …………………………… 213
　　龍口商埠紀事序 代 …………………………… 214

跋 …………………………………………… 陳訓正　217

補遺 …………………………………………………… 219
　　日本大正博覽會紀要 …………………………… 219
　　《科學世界》發刊詞 …………………………… 261
　　游靈巖寺二絕 …………………………………… 262

序

馮 开

　　寒莊既遴刊所爲文,甫汔工而遽歿。臨歿,顧言以遺文付开,删次別爲《外集》。承命悲唏,憚于發匧,因循三載,始克措手,旋取旋捨,旋捨旋取,反復審覈,厪得文二十首,寫定一卷,題曰《寒莊文外編》。夙昔持論,蘄嚮互別,循逝者之恉,取定文之準,九原可作,庶曰相予。癸亥十一月,馮开。

虞 君 述

馮 开

　　君諱輝祖，字含章，姓虞氏。先世自餘姚轉徙至定海金塘，復自金塘遷靈巖鄉。清康熙中，割定海爲鎮海，遂爲鎮海靈巖鄉人。曾祖某。祖瑞雲。父定源，諸生。母王孺人，生君而卒。

　　君幼稟至性，事後母胡，不異所生。推愛弟妹，將護無不至。父性畏雷，每雷聲作，君必趨侍父側，夜或夾父以寝。雖童年，鄉鄙已稱其孝矣。神解超儁，讀書能條貫大義，迨成諸生，彌好爲深湛之思，通方適變，務豐其蓄以應世需。

　　光緒季年，與同縣鍾觀光等創立科學儀器館於上海，壹切規夔設施，悉倚辦君。先是風氣阻閼，習儀器者大率取給域外。自館之立，飭材具物，講習制作，駸駸與殊國競功苦。廣儲博輸，無叚佗求，財不外溢，而周用汔於通國，君之勞也。

　　君既負先時物望，鉅人、長德多願折節與交，君夷然不以屑意。中年已往，旁皇求索，惟欲託文字以自存。屬文顓尚簡澹，曲盡言外微致，不爲豐縟繁殺之詞，深情遠思，冥搜孤造。每一文成，鈎稽往復，率首尾六七易稿，其不苟如此。

　　初與族人景璜齊名，景璜殁，君嘿嘿無所嚮，久之，始交陳訓正、馮开。訓正、开心折君文，微用聲響、色澤相繩，君樂從其說，益涵揉演迤，爲渾噩，無端涯。

　　尋北游燕代，間出居庸，度遼瀋，入雲中，經行萬里。凡大山巨川，名都壯隘，詩人所歌詠，豪桀名將之所用武，升降臨眺，裵回感槩，靡不於文發之。最後居京師，用編輯自資贍，假日益治其文，文日益有名。是時，新城王樹柟、桐城馬其昶方分領國史、清史館事，號稱文學老師，而桐城姚永樸、永概兄弟，吳闓生，並以能文著聞都下，見君文，咸帖然意下，以爲歐、曾者儔也。

　　生平澹退，不悅紛華。在京師日，閉門寫書，勝流文游而外，罕與人事接構。終歲蔬食，不近肉味。晚就山東省長署秘書，既而不樂，罷去。明年被辟爲公府諮議官，會鎮海人士以纂修方志事見屬，即便引歸。歸不一月，遽卒，春秋五十有七，民國十年辛酉四月一日也。

　　病革，語諸子曰："吾死都無所恨，獨念畢生微尚，蓴在文字，天慭之年，不克極其所詣，此可惋歎耳。"君自定《寒莊文編》二卷，王樹柟序之，刊印甫竟而君歿，未刊者尚數十首，臨歿，戒其子付开删次爲《外集》云。配沙氏、賀氏。男子子三：和育、和介、和光。女子子二，適某某。孫二：先澤、先承。馮开述。

六公家傳

六公諱濬才，姓虞氏。虞氏在孫吳時有虞翻，晉有虞喜、虞預，陳有虞荔、虞寄，皆餘姚人。荔子世南，仕唐初，謚文懿，方志載文懿墓在定海，爲今鎮海靈緒鄉澥浦。唐又有虞九皋，行修于家，人名其鄉曰鳴鶴，在今慈谿北鄉靈緒。鳴鶴與餘姚相望也，虞之群支，殆散之於此間與。

明初，吾六公由定海內渡，居靈巖，攜有文懿公像，或曰靈緒有虞氏，實文懿之後。吾靈巖之後，殆難知也。自六公來此，夷荒蕪，疏流泉，開拓深遠。有兄弟之子宗阜，從公渡海，去二三里外，宅于西山之麓，今曰嶺下虞。若延沙下而環處者，吾宗萬孫子也，奉公爲別子，有公祠堂。公歿，葬鄉之衛家橋，墓有蒼石、古柏。公又嘗刊太白，今吾人所云烏巖沙石也。

虞君贊堯墓表

贊堯先生諱汝臨，姓虞氏，世居鎮海。祖某，考某，妣某氏。先生以縣學增生，中式浙江鄉試。鄉舉後，如寧海，主緵城書院數載。以同治癸酉歲某月日歿，年五十有八。

先生學夙有聞，吾宗諸老人多先生弟子。凡入先生門，率疏通以達，過所願望。家君曰："教匪有異術，其懃實使然也。"家君亦事先生久，即今猶感喟曰："於我有德。"今其子葬先生橫山，爰命爲之《表》。配某氏、某氏。子三：某、某、某。

[校注]

《寒莊文外編》卷首《諸家評議》云:"《虞君贊堯墓表》,吳辟疆先生曰:'簡峻不可及。'"

眷女哀辭

眷,余無服殤女也。其母氏沙,疾革矣,猶乳眷,醫者曰:"恐輸毒於兒矣。"未幾,果以喉痺殀逝,蓋後母死數月。母亡以光緒戊子歲十二月,眷之殤,爲己丑歲四月。又明年庚寅,吾弟生女,余喜抱之,而不久亦死。余用是益念吾眷也,爰爲辭哀之。其辭曰:

爾之殀死,孰死之耶?繄爾母之慈耶!

爾生何知,而死有知耶。

爾從爾母而嬉耶,而余猶奚悲耶!

[校注]

文內有言:"又明年庚寅,吾弟生女,余喜抱之,而不久亦死。余用是益念吾眷也,爰爲辭哀之。"是知《眷女哀辭》作于庚寅年(1890)。

虞敦甫先生墓表

先生諱本初,字敦甫,姓虞氏。縱學而尤精輿地書,欲有所論述而遽即世。嘗哭其族子澹初矣,曰:"才不用於世,文不耀于時,而遽喪也。"蓋與先生皆以儒者生世,質學以興,風被一時,甚盛也。何意先生之歿,旋繼之,故來會葬者曰:"烏乎!天亡二虞,寧獨彼宗人之不幸乎!"蓋先生於光緒甲午歲七月捐館,春秋四十有四。祖祥瀛。父瑞崧,號醉樵詩人也。

母姚氏。配陳氏,生三子:中恢、中愔、中忱。女二,適張、適鄔。中恢葬先生白雲畈,依醉樵翁墓旁,先生意也。門人輝祖爲之表。

[校注]

《寒莊文外編》卷首《諸家評議》云:"《虞敦甫先生墓表》,吳辟疆先生曰:'篇幅至短,而以澹園緯之,令人望之,煙波不盡。'陳伯嚴先生曰:'淡雅。'"考文内有言:"蓋先生於光緒甲午歲七月捐館……(其長子)中恢葬先生白雲畈……門人輝祖爲之表。"是知《虞敦甫先生墓表》作於光緒二十年(1894)七月後不久。

虞君晴溪生壙誌銘

君自營生壙,去家之南不二百武。既汔工,乃語輝祖曰:"曩治先塋柴樓,澹初孝廉實銘其墓,今者將俟之吾弟已。"余時館西河,每循其墓地以還,墓向西山,左倚平壺,右映長渠,天氣清湸靈淑之所,顧君齒猶未也。既辭不獲命,爰書之曰:

君名中衡,字晴溪,姓虞氏。先世由金塘遷居鎮海靈巖鄉。祖瑞金。父俊君,以貲由國子監生爲光禄寺署正,封二世爲奉直大夫,祖妣李氏、妣樂氏爲宜人。取江氏,妾朱氏,生子九和。女一,適鍾。江宜人以前年卒,爲光緒乙未歲某月日。余哀其爲人而不獲長年也,既以君生平聲之銘詩,而末綴江之行事。銘曰:

龔繼先世,畎獵詩書。曁先大夫,用啓爾居。
君爲長男,有震之才。父子一家,百福大來。
婉兮孌兮,長而逾騫。滔滔江海,吳越幽燕。
互市之區,陷阱孔多。一爲蝮蠆,一爲祓魔。

君之氏此,卅載春秋。阱哉阱或,于君則不。
亦有宜人,共子婦職。客游之日,鄲己之力。
迄以大順,悉訛叉牙。姑姊妹子,相坐無嗟。
僉曰懿哉,有相于天。云胡不淑,以雕其年。
今兹藏也,惟爾夫子。袝用周人,以千萬禩。

[校注]

《寒莊文外編》卷首《諸家評議》云:"《虞君晴溪生壙誌銘》,吳辟畺先生曰:'公之銘詞,直入昌黎之室,今世所無,至可寶貴。'"考文内有云:"江宜人以前年卒,爲光緒乙未歲某月日。"據此推算,可知《虞君晴溪生壙誌銘》作於乙未之後的第三年,即光緒二十三年(1897)。

跋亡弟厚甫所讀書

吾亡弟厚甫好讀書,溘逝之辰,猶以爲念。余以其生平深耆莫過于《大學衍義》一書,而《周易》《毛詩》二家注,病間時猶丹鉛一過也。今以二書弆之于藏,俟他日安葬邱林,將以《衍義》一書贈于椁。若夫文章、辭賦、字畫之工,以及朋舊戚疏往來贈答之語,或焚棄,或留遺,猶何忍于披覽已!弟歿,有遺言:"吾有子嗣須讀書。"有昂,弟之子,吾將爲立後,而悉以手澤予之矣。或者有以達其生平之志與。於乎!思永而年促,稟薄而心强,余是以尤隱痛也。

[校注]

《寒莊文外編》卷首《諸家評議》云:"《跋亡弟厚甫所讀書》,吳辟畺先生曰:'文境極高,尤見至性。高簡自若,而其凄惻處,不可卒讀。'"又,考下文《曹君九疇權厝誌》云:"君……自少來依余舍,與余弟讀書。二人性情少異,而志趣不殊。厚甫讀書廑,咯血五年,君患之而乃先厚甫一載死。……取鄉之胡氏女,未有子嗣而君死,爲光緒甲午歲九月二日,年二十四,權厝君于鄉之荷花墩。"由此可知虞厚甫病卒於光緒十九年(1893)。

王君巨材墓表

初,君讀書,學綴文辭矣,一夕迅雷聲遽,感而成心疾,遂終弗省悟云。君父,國學府君,祇生君一子,又抱末疾,宛轉困于牀褥,心悲念君,誠不實已,乃得賀孺人,爲君配也。

君名樹東,字巨材,姓王氏。萬曆間,有國海兄弟自鄞遷定海,爲今鎮海縣靈巖鄉人,閱八世而生君。祖曰士龍,父曰成章,母賀氏孺人。君生五十有九歲,歿于光緒五年正月某日。配賀氏,先君歿六載,爲同治十三年六月某日。蓋侍君疾三十有餘歲矣,汔不見孺人有怨惡不足于君之色。歿之日,君亦知一哀而出涕也。

先是,孺人之妹得疾,與君無殊,兩家以妹換之強孺人,孺人不可。或以謂君家富,意不能無望,不知王氏之先,非有如今日也。有如今日,亦繇孺人過門,拮据而寖昌之者,則猶何説乎?

既嫁,生一子:本達。孫四。體仁與其弟聞仁、學仁、親仁,卜葬君于新路罨興善寺旁,匃其友爲之表。

虞輝祖曰:賀孺人之婦道,可稱也!顧婦人之有表墓,每緣其夫。自有志,又或別葬可爾。今余用古義法,謹書之于君墓上。

[校注]

考《寒莊文外編》卷首《諸家評議》云:"《王君巨材墓表》,吳辟疆先生曰：'讀篇末語，知公於義法至精，然公文無處不精於義法，如是也。此特其發凡自見者爾。'陳伯嚴先生曰：'起語特警拔。'"

紫石廟記

蘆江爲山水奧區，東北環大瀛海，彌望無涯涘。居民惑光景，矚靈貺，好言神事。紫石廟乃祀宋王荊公，農畯祈禳，于今益虔，宜已。廟凡三楹，南鄉，在五峰山下。平原田田而紆回廟屋，皆蘆水也。

始公爲邑宰，來作斗門，泛蘆江，臨決渠之口，豈知七百年後而即祀于斯哉？余讀公《鄞縣經游記》，曰育王，曰靈巖石湫，曰蘆江瑞巖，曰天童，曰東吳，皆今名。惟公遊轍所經，不翅生其地者之孰復矣。初，鄉以潮汐漫田廬，居人勿寧，故公來相水勢，用作水門。有堤，今曰荊堤，余每遊其上，風濤洶涌，搏楗石如雷鳴，恐行人也。

[校注]

《寒莊文外編》卷首《諸家評議》云："《紫石廟記》，吳辟疆先生曰：'雅潔如柳州遊記。'"

曹君九疇權厝誌

君，余從母子；君姊氏，又歸余弟厚甫。故自少來依余舍，與余弟讀書。二人性情少異，而志趣不殊。厚甫讀書廑，咯血五年，君患之而乃先厚甫一載死。君父采生先生哭之，哀婦若女皆盛年襲衰麻，傑然在門內。其夫婦素謹愿，又老矣，以天之道，宜有是酷，是信所謂命也耶。哀哉！哀哉！嘗匄余爲君誌，余悲哀厚甫即及君，遂書之。

君少習舉子業，已爲推算之學，並耆段茂堂、郝蘭皋二家書，假以歲月，庶乎有成就者。君名位炬，字九疇，姓曹氏，世居鎮海縣海晏鄉。取鄉之胡氏女，未有子嗣而君死，爲光緒甲午歲九月二日，年二十四，權厝君于鄉之荷花墩。

[校注]

《寒莊文外編》卷首《諸家評議》云：〝《曹君九疇權厝誌》，吳辟疆先生曰：'所刺剟皆中肯要，一語抵當千百。'馮君木先生曰：'中數行，淒絕。'〞考《寒莊文外編·曹君九疇權厝誌》云：〝君名位炬，字九疇，姓曹氏，世居鎮海縣海晏鄉。取鄉之胡氏女，未有子嗣而君死，爲光緒甲午歲九月二日，年二十四，權厝君于鄉之荷花墩。〞

周君振令墓表

周氏自鄞遷鎮海，十八世而生君，名鐸，字振令。祖有揆，考道佩，母張氏，配鄒氏。君少讀書，長而服賈鄉里，長身古貌，望之儼然。吾友紀明爲君伯子，與君貌相似也。君以光緒二十三年八月某日下世，春秋五十有三，迄共和紀元三年，紀明始克葬君。乃匄余文而哀余曰：〝吾先人之喪，吾已壯而有室矣，猶昧昧于親之行事，竊見吾先人困于閭閻，所爲不逾中人，顧性好自強，不附空言，不任自然，一切天命術數、鬼神祈禱之説，絶口不道諸人，人亦未有持是説而過吾門者，以吾先人不好也。嗟乎！子亦可知吾親之概也已。〞紀明之稱述其親如此，用取而書君墓上。君墓在海晏鄉穿山，距所居不數百武。曩讀荆公《鄞縣經游記》〝泛蘆江，臨決渠之口〞，決渠即今所云穿山也。君二子，某殤。女二，適某、適某，孫三。

[校注]

　　《寒莊文外編》卷首《諸家評議》云："《周君振令墓表》，吳辟彊先生曰：'今世文字誠榛蕪不可讀，墓碑尤甚。如公諸碑誌，洵足爲法。'"又，《寒莊文外編》目錄明確交代此文作于甲寅年，且文內有言："吾友紀明爲君伯子……君以光緒二十三年八月某日下世，春秋五十有三，迨共和紀元三年，紀明始克葬君。乃勻余文"。由此亦可得出《周君振令墓表》作於甲寅年(1914)。

鍾太孺人七十壽序

　　鍾君行有日矣，而語余曰："觀光兄弟將歸爲吾母壽也。吾父不幸早世，吾先大父享年五十有二，吾父與先叔父亦如之，吾門以內無頒白者，吾母乃惸惸無依光。兄弟少長，又奔走四方，憂患之餘而忘日月之邁，今吾母年已七十矣。"余曰："吾曩者嘗泛蘆江，望五峰之麓而一抵君家，太夫人以爲遠客至，飲余酒，而尊甫雲史先生猶在堂。先生好杜門獨處，有所云蔬繞軒者，今無恙耶？"初，雲史先生以謹愿聞，嘗遣君兄弟從鄉先生講學讀書，而憲鬯游東瀛，歸而發科學之藏，如晨雞鳴而放曙光，一時朋從稱極盛，叔子衡臧學于兄而繼之。前清末造，有言理化學者，必歸鍾氏。鄉人非笑之，曰"索隱行怪"。或賀太孺人曰："夫亡矣，乃有二才子。"

　　以吾黨之論人者，必假物爲用，如瓦特氣機，奈端物理，達爾文博物，其開物成務，直與我中土聖人同功，我鄉人顧未之聞乎。憲鬯兄弟自雲史先生下世，謹奉太孺人教，而太孺人能不惑于流俗，束縛而馳驟之，必俾君兄弟得盡其天能，如火然泉達,成名于世,斯乃所謂賢也。君行矣勉之,由君兄弟將使母之精神、智見,有以永久于世,是乃壽之大者矣。若區區頌禱之誠,無足陳也。共和紀元三年五月朔日,虞輝祖書于滬館。

[校注]

《寒莊文外編》卷首《諸家評議》云:"《鍾太孺人七十壽序》,吳辟疆先生曰:'壽文乃循俗應酬之作,而此篇遣詞屬字,迥不猶人,未失作者本色。'鍾衡臧先生曰:'淳古。'"不但《寒莊文外編·目録》明言此文作於甲寅年,《鍾太孺人七十壽序》文末更進一步交代此文作於甲寅年(1914)五月初一。

與梁式堂道尹書

式堂先生左右:曩以古文辭之學,修謁先生,蒙先生不棄,敦勖以所不及已,出眎曾文正《古文四象》與吳摯夫先生《選古文》二書,誠善本。吳先生嘗稱曾公是編爲聚數千年之作,一一稱量而審定之,以爲某篇屬太陽,某篇屬少陰,夫陰與陽固非一有而一絕,無之謂也。今曰吾文太陽也,氣勢也,太陰識度非所尚也可乎哉。孟軻氏之文,光明俊偉,得陽與剛之美者也。公於某篇某篇曰:"吾尤賞其識度耳,無不可也。"自公言之,皆有至理,世無知言之君子,能無自傷其高古與?

吳先生《選古文》,取之姚氏《古文辭類纂》。上元梅伯言,亦謂姚氏此選佳而太繁,因定《略本》,又將姚晚年本點圍一過,自謂較姚前本與《略本》爲精簡。惟姚於篇目下舊有圈識,用示人高下者,梅皆删之,而《略本》與吳此選又皆無之。

先代文章之盛,如水涌地,固無所謂古文法也,而其至者,往往與六經同風,此宜覽者自得之矣。

兹以二書奉還先生,復附陳鄙見如此。先生從吳先生遊久矣,而於梅、曾諸老,又皆聞而知之。今幸從者之至於斯,殆有不徒然者乎!暑雨,惟珍重。不宣。乙卯五月朔日。

[校注]

不但《寒莊文外編·目錄》明言此文作於乙卯,篇末更進一步交代時在乙卯五月朔日,即乙卯年(1915)五月初一。

李氏譜序

余來甬上,李君宗恩語余曰:"吾李氏居甬雅渡蓋久已,在光緒二十三、四年間始有祠堂,先生爲文,實書於壁。今者又欲以譜序匄于先生。自吾李氏有譜,一燬於康熙壬午,再燬於乾隆乙亥,是吾宗不幸可知也。厥後出之灰燼之餘,兼取私家之簿籍,復克成書。維時聞金塘李氏,其族譜於吾族有足徵者,吾宗老人欲往觀,渡海幾覆其舟。今二十餘年,宗恩乃獲與族人續而修之,亦豈能無望於先生之一言也!"余有感李君之意,乃取視其譜。

蓋雅渡之李,或曰遷自金塘,或曰遷自大嵩。余曩爲《祠堂記》,曰來自五鄉碶。又聞李君之口語,蓋所傳不出鄞、定二縣中也。其始祖曰興旺,凡生卒年月、配何氏、子何人皆不書,俗以旺爲孤虛王相之王,"興旺"似不過頌禱詞,幾疑其人有無尚不可知。顧爲世二十、年六百矣,再經於火,若興旺以下六世並不獲存,其名字固然無疑。譜者,用以致吾不忘其先之意可已,顧吾有復於李君者。

李氏之盛在漢唐時，多出於關隴、河洛之間。吾甬上諸李，其望不知何屬，亦且六七百載於斯矣。吾謂方南宋時，凡兩河之名門巨族，必有不忘故君，渡江來杭州，而散居於浙東西者，今其子姓宜猶有中原士族之風，似李亦南來者之一也。惜君舊譜已亡，不能藉以明吾說耳。

[校注]

《寒莊文外編‧目錄》明言此文作於乙卯年(1915)，其卷首《諸家評議》云："《李氏族譜序》，吳辟疆先生曰：'文詞高潔，後半尤有高識遠想。'"

虞君希曾墓表

初，君成室於故居之外，命余文以記之，且笑語余曰："吾今者將望予季于吉林之野，越遼瀋，迄燕京，渡黃河而登太山之上，務有以快吾意者，豈即以是為菟裘耶？"余壯之，謂君志氣誠偉矣，何未幾而以君訃聞也。哀哉！異時，吾宗多文學之士，而好詩酒之會邀君，君無不與者。時君年最少，少吾父二十歲，吾父亡十年而君亦云亡。烏乎，吾先輩之風流盡矣！

君姓虞氏，諱瑞鏗，字希曾，籍于學官，曰清華一老諸生也。其性獨和惠，好為人世解紛。人事相挐，變化倏忽，禍敗有立覩者。君特為之平心和氣，指事言情，如治亂絲，相悅而解也。君祖曰某。父曰某，早世。事母某孺人，以孝聞。少有雅量，於貲財不甚愛惜之，至舉債為生，顧君於取捨之間純如已。性耆酒，奉罍劇飲，為漫無訾省狀，然或與之剖判是非黑白，他人方醒時，猶未能到也。

其生平嘗設鄉校，濬河渠，承祠事而修譜牒，蓋又多可紀者。娶王氏，生三子：定儀；晉祺；愚吉，長鐵路局長。女二，適胡、適樂。王氏歿於某年月日，年若干歲，續取倪氏，生子一：魯；女一。君歿于共和紀元四年三月二十一日。卜葬君于靈峰山下永福寺前園，爲君曩時遊吟處也。家君嘗與君讀書共昕夕，余獲侍焉，謹以見而知之者書之。君歿，年六十有二。

[校注]

《寒莊文外編·目録》交代此文作於乙卯年(1915)。又，其卷首《諸家評議》云："《虞君希曾墓表》，吳辟疆先生曰：'洗伐明净、渾金璞玉之文。'"

樊君時勛行述

君諱菜，字時勛。樊氏先世，系出鳳陽。明初以衛指揮駐定海者十八人，有樊連者，留防不去，家定海。定海，康熙間改稱鎮海，遂爲鎮海人。樊以中原將家後，其子姓尤秀茁云。君生際兵興，聞大股粵匪犯縣城，奉其家大母度江，居石門。是時君雖少，若已成人，以父一人持家計，亂后赤地無餘，乃懇懇請于父曰："兒願出門資大人行矣。"有鄉先輩葉翁賈滬海間，聞君名，與語，大悦之，亟要君。

滬上中外互市久，輪舶日月一至，所需物無不通，居奇肥中，智者有餘。葉維時已廢著起百萬，益倚君如左右手，君心感知己，曰"葉公好我"，終葉之世，二三十年，未嘗一日去葉氏門。厥後葉賫志以歿，與君申以昏姻，誠以君生死不相背負已。

君既久於滬，尤爲當代大人所器，前福建船政大臣沈公，興造須材，倚君以辦。合肥李公管海軍，假以采運。張南皮鐵政局，勞以轉輸。公私旁旁，門無留賓，室無姬人。自以家貧廢學早，好周旋學士大夫之林，如鄭蘇戡、張季直、湯蟄先、盛省傳諸鉅公，蓋無日不相求也。澄衷學堂成，君爲聘劉君葆良、章君一山主講席，蘄以興學報葉公地下。澄衷，葉公字也。君亦自斥白金大萬，設便蒙學堂。居恒，又以樊氏族居無祠堂，用亟成之，奉指揮以下十數世。饗修譜牒，亦斷自指揮，不敢遽引鳳陽舊族，誠愼之也。嘗以勞，授同知銜，花翎，直隸州知州，三品銜，誥授資政大夫。

祖汝興，考友聖，誥贈如君官。祖妣汪氏，妣車氏，皆贈夫人。配張氏，繼配陶氏、謝氏。無子，以弟子某爲嗣。女四，適葉、適葛、適史、適夏。孫三人。歿于共和紀元五年某月日，年七十有三。七十時，欲爲君壽者，君曰："釀金以活縣人，可乎？"爰設織布場，機杼聲滿縣城東北隅。自君云亡，人尤以是爲戚戚也。謹狀。

［校注］

《寒莊文外編》卷首《諸家評議》云："《樊君時勛行述》，吳辟疆先生曰：'旁薄鬱深，通篇無一字苟下。'"考文內有云："君諱棻，字時勛。……歿于共和紀元五年某月日，年七十有三。……謹狀。"而《寒莊文外編·目錄》更明確交代此文作於丙辰年（1916）。

孫君昭水家傳

君名忠介，字昭水，姓孫氏。先世爲農民，居奉化。奉化之有縣治，自唐以來，迄今戶口益繁息，無復有可耕之田。然奉固山邑也，四明三十六峰，東南折入縣境，爲雪竇、大雷、鎮亭諸山，旁礴四塞，有瓜薑、果木、竹箭、麻枲、礦石之饒。君乃羅致而捆載之，循山行千里，無所不通，出新昌、嵊縣、紹興，度錢塘，泝上江，以所有易所鮮，時時獲奇羨。中值洪、楊之亂，寇氛惡，舉家出避難。君猶往反賊中，或昏夜踔百數里，長老謂君少年，宜持重有戒心，君笑曰："此非吾時耶？何畏也！"

自君稍用商業起家爲富人，君父某固老農也，猶在堂，君喜曰："今得豐吾養矣。"然君自奉儉，君以下皆惡衣食，纖屑持之，嘗謂："吾遊吳越久已，然不願以都會夸大風，一變吾山國舊也。"自恨輟學早，委子振麒讀書爲舉人。其先世在明季曰勝，曰能傳，皆以部曹顯，有著述如《益智編》《剡溪漫筆》二書尚存，君命振麒與其宗人刊布之，其識趣有足尚者。振麒與余善，爲次君傳。

[校注]

《寒莊文外編·目錄》交代此文作於丙辰年(1916)。又，《寒莊文外編》卷首《諸家評議》云："《孫君昭水家傳》，吳辟疆先生曰：'作者文皆高古，此篇尤有偉度。'陳伯嚴先生曰：'磊砢有致。'"

重修閔子墓記 代

循歷山之麓東行，度離郭門五里，有邱曰閔子墓。墓有廟屋，色昧不鮮，其墓道叢薄相依，爲麞鼯之徑，由歲月之更，荒落可念，乃其責在有司，予何敢不飭！案歷城有閔子祠堂，就墓置祠，自宋李太守始。先是，黃太守濬小清河，在華不注山得閔子石棺，爲葬之高邱。維棺固以木爲者，桓司馬爲石槨，孔子曰："不如速朽之愈也。"吾又觀孔子歷聘諸邦，七十子從之，栖皇道路，顧曷嘗南行及徐，今徐州龍城乃亦有閔墓，或曰其弟子葬先生衣冠處云。且昔孔子稱舜爲大孝，舜耕歷山，漁雷澤，陶河濱，作器壽邱，就時負夏，地多在魯、衛，何歷山傳者謂即雷首獨在河東？今河東且云有象耕、鳥耕之迹，顧吾謂凡有血氣者，莫不知有親，即莫不知有舜、有閔子。閔子不得舜時位，而處變與舜同，千百載下，其光景皆足動人，而牽附以生，曰在彼也，曰在此也，世莫知其然不，要皆秉彝之好故也。夫石棺云者，殆尤神奇之與。惟閔子魯人而游於齊，今墓宜可信宋以來代修之明。時記其祠堂爲殿一，有講孝堂、闇闇齋、蘆花館云，蘆花恐傷孝子心。嗟乎！吾來于齊非久也，汲汲於先生之墓，守土者之貴固已，惟吾尤欲用是以明要道。當今邪說之行，誠恐有墨子無父之日也夫。兹既汔功，用謌以祀之。其詞曰：

聖門多才，純孝實難。懿與閔子，尼父永歎。
晜弟三人，菀枯一家。中心或違，用啓义牙。
篤我天親，母氏歔欷。和氣如春，覆我裳衣。
惟季子宰，莫予強焉。養親躬耕，汶上之田。
我儀夫子，庸行修飭。與舜同度，永爲法式。
輓近之人，孰誕空桑？邪說無父，我有綱常。
瞻依墓門，若斧若坊。樹之松柏，堂涂星皇。
載登籩鉶，清酒一觶。神之來兮，庶或享之。
洋洋河流，靄靄岱雲。相望終古，夫子之墳。

[校注]

《寒莊文外編·目錄》交代此文乃爲人捉刀代筆於己未年(1919)。又，《寒莊文外編》卷首《諸家評議》云："《重修閔子墓記》，馮君木先生曰：'韻文有紆，徐寬博之音。'"

西園記

　　余來濟南，案牘委積，驟不可爬梳，順而理之，已乃亦稍有緒。暇涉署旁西園，天地若爲之加曠，中心怡然。時迫冬日，百卉早彫，石骨清露，木葉盡脫，有老樹殘剝，類千百年物。或曰署乃宋時舊治，方曾子固來知州事，有堂曰靜化，曰禹功，曰芙蓉亭，曰水香、采香，有芍藥廳、名士軒、竹軒、凝香軒，今園中有軒曰嘉樹云，即三軒之舊，殆難知也。園瀕大明湖，子固詩謂之西湖，吾嘗繞園泛湖上，霜降氣清，兼葭敗荷，蘦落洲漵，相望無涯，如吾江南。湖北有高阜，殆宋人所云北渚，登之視吾園，樹若咫尺，可即覽湖山之勝。慨昔賢之不可作，幾欲追千載而從之。若夫園囿臺榭，當累朝兵亂之餘，何猶巋然無恙？幸已！顧往往曲爲牽引而附會之者，誠多有之，要亦思古之幽情也。

　　吾讀宋祖無擇《申申堂記》，無擇官齊州，在康定，稍先子固。子固靜化諸堂，或即申申之舊而改爲之，顧方志闕如矣。吾謂二公皆歷下名宦，其文章之美，猶洋洋如在左右，即今之園謂曾之園、祖之園，何不可也！吾用是飭工，凡園之敗者易之，欹者直之，黑者濯之。園有泉名玉乳，今夏泉涸，余來時復噴涌而出，雪濤飛舞，聲滿牆屋，或以爲余之祥。嗟乎！余方忻慕古人，倘他日謂余之來亦有不可忘也，是誠余之祥也與。

［校注］

　　《寒莊文外編·目録》交代此文乃爲人捉刀代筆於己未年（1919）。又，《寒莊文外編》卷首《諸家評議》云："《西園記》，姚仲實先生曰：'此記瀟灑可喜，措之歐、蘇《集》中，恐難分軒輊也。'吳辟疆先生曰：'清澈幽夐，即之無窮，如讀柳永諸記。後幅託意高遠，則子厚所無，而文家所以不朽，端賴有是也。'崔玉緇先生曰：'描寫情景，悠然神遠，而處處爲自己佔地步，尤分外出色，雖曰代爲口吻，實足覘作者之胸襟也。'"

山左防疫彙編序 代

八年夏，大疫勢漫都市，繇甲而遞乙，朝嬉而夕僵，父病而毒輸於子，兄未葬而弟殣焉。野祭宵哭，不忍聞親故，匿往不來，戶庭久掩，氣象慘然。蓋始自滬，轉入津沽。

山左當南北要衝，余適來是邦，下車亟集僚佐，數數商辦治，或曰："未然，易耳；已然，若之何？"予曰："不，予志自定，毋縱也。"乃檄道尹張君主辦防疫所，凡防疫、檢疫、治疫，分職五十有二。乃佈科條，嚴部勒，廣告誡，循道路，曰"疫來已，宜有戒心，往即爾常，保爾躬"，曰"市登敗肉、惡草，具有禁"，曰"溝渠臭惡有禁"，曰"牛溲、馬浡、蟄蠅蚋有禁"。若津之車、膠之車，譏者更番上，用絕疫媒，抉疫藪，其職也。既病，乃入院，醫者審死生，誡親屬毋相望。其隔離有所，所二、三而院一。外縣有疫，乃推行之如法。若歷城、聊城、齊河、利津、堂邑、荷澤、濰、德、嶧，凡九縣，病七千餘人，省中病兩千餘人，省十之九瘉且過之，縣十之八瘉亦過之。凡生活將萬人，顧非早爲，所斃也久已。謂疫殺之與有司殺之也。觀夫治之而得生，則不得治而死者，非病之不可治也。自八月迄十月中，不足百日，霜露既隊，朔風被野，疫乃降。張君乃彙防疫始末爲書，屬余序。

蓋疫猶火也，旋戢而旋焚，東撲而西熾。有自南方來者，聞疫狀，誠天下之至慘也。吾今知人事之當盡，而勤民之功爲至纖屑也矣。若乃張君與當事諸君，寧不足多乎？張君名仁濤，負幹略，可屬大事，余爲述其要而序之。

[校注]

《寒莊文外編·目錄》交代此文捉刀代筆於己未年(1919)。又，《山左防疫彙編序》云："八年夏，大疫勢漫都市……自八月汔十月中，不足百日，霜露既隊，朔風被野，疫乃降。張君乃彙防疫始末爲書，屬余序。"是知該文當作於乙未冬。又，《寒莊文外編》卷首《諸家評議》云："《山左防疫彙編序》，吳辟疆先生曰：'高古偉異，岸然入周秦諸子之域，非當世所有。'"

龍口商埠紀事序 代

山東古稱擅魚鹽、漆絲之利，居民瀕海狎風濤，好輕千里相貿易。太公嘗仍其俗，冠帶衣履天下，海岱之間朝齊。管子乃因之以致君霸。而輓近歐美大邦，亦靡不由商富國、持權海上云。

我建國四年，總統下內閣議，自闢商埠凡六。一曰龍口，齊北海濱也，地形若牛角入海中。初以沙礫不可耕，葦茅彌望，祇漁舍數家。開市令下，乃審度方面、形勢、陰陽，鏟碕礒，下楗石，用新法治道橋。官私營營，有商埠局掌市一切政令，海關徵榷百物，警署籍戶口、巡昕夕、察非常，來者便之，中外五民暴達三十萬人。而風颭與輪舶北來，左旋入，口若堂奧，水深波浪少，氣候和煦，稱良口岸，蓋程工不足三載，儼海上一都會也。顧當世者猶曰未也，乃者議疏小清河，令龍口商舶順流深入,轉輸貨賄,更番何窮!夫而後與省中城市,主客相屬。又議通鐵道濰縣,龍、濰通而連津、浦,而衡縮開徐,縱達京、漢,夫而後且與國中大都氣脈條貫。蓋龍口,北海一隅,及其成,功大也。

趙君瑞泉者,主辦乎是,以《龍埠紀事書》請余序。余嘗習聞所畫如此。余來齊,每念太公、管仲遺蹟,以齊民擅技巧、好工商,固不難興盛,衍溢乎中國。乃者自闢互市場,獨龍埠先之,且將臻厥成耳,亦以辦治者爲商公司,而其人如趙君輩,又齊知謀異能士也。今歐戰汔終,通商之勢日重他時,中外賈舶集中渤海口,覽夫地形及人功之勝,將以龍口爲東方第一也與!余乃樂爲序,以俟之。

[校注]

《寒莊文外編・目錄》交代此文乃捉刀代筆於己未年(1919)。又,"商埠",《寒莊文外編・目錄》作"商步"。又,《寒莊文外編》卷首《諸家評議》云:"《龍口商埠紀事序》,吳辟疆先生曰:'經世大文,體格似柳州《饗堂》《江運》諸記,而氣勢之駿偉,過之。'"

跋

陳訓正

嗚呼，此亡友虞君桐峰之遺文也！

君嘗自選刊所爲文若干首，曰《寒莊文編》。時吾兩人皆客滬上，每見互出藁，商所刊，君必曰"某篇可，某篇不可"，余頗不然之。一日，戲謂君曰："文章者，乃吾心所自出也。吾心非歉，何不可視天下？"君聞而駭然，謂吾言何慢此，何事乃可無棄取，竟斂其藁而去去。移時又來，方及門，即謂予曰："子言亦可思也，然如某篇某篇者，終不可斷斷者。"又久之，笑曰："他日不幸先君死，吾兒或以此所不可者來匄君，爾時任爲之。吾今不可奪也。"

尋君北游，不見君者月餘，京中人來，微聞君病，又數日，傳君病甚，歸甬。余方擬過君，審所疾苦，而君之赴已至。君之文亦于時始竟刊，君不能視已。嗚呼，命也歟！

君卒後三年，馮君君木釐定君未刊文爲《寒莊文外編》。將付刊，君子和育果持以來請，余欲增益之，而懼非君之志也，卒如君木所定。

自君《文編》出，學者治古文辭，始稍稍稱桐峰先生。異時，君講學甬上，謂吾所受於古作者如是如是，吾不可獨私，欲以喻之人，人以爲君自矜高也，相與非笑之。今君既歿矣，讀君文者，顧疑君爲乾嘉間人，非近世有。何也？事固有詘於近，而信於遠者！君之所成就卓已，然猶藉此落落數十篇者,收名聲于身後,或曰君之幸,夫吾烏知君之幸不幸哉!讀君文,彌不能不憮然於君昔日之言也。慈谿陳訓正。

[校注]

　　陳氏所作此跋,又見錄於其《天嬰室叢稿》之九《閼逢困敦集》,并題作《書桐峰遺文》。① 考《閼逢困敦集》自序云:"起甲子三月,訖乙丑正月,都得詩文若干首,以古干支閼逢困敦名之。"又,馮开《寒莊文外編·序》明言《寒莊文外編》纂成於 1923 年十一月,兩相結合,當可認定陳氏此《跋》作於 1924 年上半年。

---

　　① 　《天嬰室叢稿》之九《閼逢困敦集》,可見沈雲龍主編的《近代中國史料叢刊》第六十三輯,(臺灣)文海出版社 1972 年版,第 359—360 頁。兩者文字略有出入。

補　　遺

日本大正博覽會紀要

　　南京勸業會有各省出品調查書，爲在上海日人出品協會所蒐輯者，日領事有吉明氏序之，稱爲有根據之中國物產書。其用意固有所屬，而持論允當，誠非強不知以爲知者類也。若譯而刊佈之，其爲益且有過於日人之得是書者矣。今春大正博覽會，自明治以來，於斯爲盛，余亦略有紀載，但此不過予一人之私言也。江蘇巡按韓公嘗屬余爲巴拿馬出品協會名譽經理，敬辭不敏，而以此區區者報焉。三年七月紀於東京寓所，鎭海虞輝祖含章。

　　大正博覽會，於大正三年三月二十九日開幕，七月三十一日閉會。會場在上野公園及不忍池旁，由東京府發起。所有陳列品分十四部：一教育及學藝，二美術及美術工藝，三農業及園藝，四林業，五水產，六飲食品，七採礦及冶金，八化學工藝，九染織工藝，十製作工藝，十一建築及裝飾，十二機械船舶及電氣，十三土木及通運，十四經濟及衛生。凡此皆由事務局直接經營者也，餘爲拓殖館、朝鮮館、臺灣館、外國館，及公私所設之餘興館。

　　豫算九十五萬，東京府臨時府會增爲百三十萬，旋由府參事會修正爲百六十萬八千七百七十八圓。細目如次。

科　　目	大正二年豫算額	大正三年追加豫算額
薪俸		
需用品		
陳列及裝飾費		
式典費		
動力費		
通信運搬費		
圖書及印刷費		

科　　目	大正二年豫算額	大正三年追加豫算額
薪俸	五三、二八一	七四、七六〇
需用品	三三、〇九〇	一六、〇〇〇
陳列及裝飾費	一〇一、五四四	五〇、〇〇〇
式典費	一〇、〇〇〇	一五、〇〇〇
動力費	二〇、〇〇〇	五、五〇〇
通信運搬費	二、〇〇〇	一、〇〇〇
圖書及印刷費	一、五〇〇	一、五〇〇
房屋	六、六〇〇	一五、二〇〇
被服費	四、〇〇〇	一、九二五
伙食費	六八三	二、三〇一
旅費	二、六六八	

續　表

科　目	大正二年豫算額	大正三年追加豫算額
東京府出品費	二、〇〇〇	
廣告費	五、五〇〇	
審查費		二一、〇〇〇
褒賞費		二五、〇〇〇
建築費	七九〇、五四八	五、五〇〇
報告費		八、〇〇〇
復舊費		三〇、〇〇〇
雜費	一九七、九〇七	一〇四、七七〇
合計	一、二三一、三二二	三七七、四五六

　　陳列館面積，約一萬八百二十五坪。（英尺方六尺爲一坪）出品人數爲六萬九千四百五十一人，出品種數爲十三萬三千二百二十八種，比四十年東京博覽會規模爲大，比大阪博覽會規模爲小。出品幾減半數，此猶見時運之不適也。列表如後。

	陳列館面積/坪	出品人數/人	出品種數/種
三十八年京都	一二、六〇五	七三、七八一	一六九、〇九八
三十六年大阪	一三、七一二	一三〇、四一六	二六六、七一九
四十年東京	七、五五二	一四、八七六	九三、八五四
三年東京	一、八二五	六九、四五一	一三三、二二八

今回博覽會，由事務局報告出品人數與出品種類。列表如後。

部　名	出品人數	出品種類
教育及學藝	七五七	一五、一四〇
美術及美術工藝	八五三	一、二〇〇
農業及園藝	二四、四七四	二九、三二四
林業	一、八五九	四、三八一
水產	五、一一七	六、九〇四
飲食品	八、〇一九	一三、四〇九
採礦及冶金	八、八〇三	三、九三二
化學工藝	三、一四三	四、二四七
染織工業	九、八二七	二六、七一〇
製作工業	四、九三六	一九、一六三
建築及裝飾	一、一〇七	三、七五九
機械船舶電氣	三九二	三、六四三
土木及通運	六二	七〇八
經濟及衛生	一〇二	七〇八
合計	六九、四五一	一三三、二二八

又外國館出品人員八十三名，出品二萬五千八百四十五種。

各館之建築，具有東西古今之型式。第一會場諸館，爲今日最流行之直綫式，爲西洋式。教育館稱復古式，爲十五世紀歐洲最流行式。朝鮮館仿朝鮮昌德宮。拓殖館用阿伊奴式，門有鷲鳥，表示拓殖之意味也。染色別館純爲和式。日華貿易館用中國式。臺灣館仿臺灣式。

　　三月二十日開幕，會長東京府知事宗豫氏舉行開會式，總裁閑院宮殿下宣布令旨。內國總理以下，及東京府會議長，並出品總代表，皆致祝詞。是日自山本高橋楠瀨諸大臣暨海陸軍元帥，及各國公使，並朝野士紳來會者八千人。

　　某君演說略謂博覽會有真正之價值，非因此營些少之利，如計較入場料之收入。明治三十六年有內國勸業博覽會，四十年有東京勸業博覽會，但以今回大正博覽會比較之，尤見進步之迅速。蓋因於最近世界大博覽會，我日本皆得參與，因此而研究參酌處頗多。當此初春，上野之風光明媚，櫻花盛開，有此天時地利之勝，必能收良好之效果無疑也。

　　東京市長某君演說略云中國革命戰既已和平，今乃爲產業革命，今回大博覽會大可惹中國人之注目。吾等當此機會，應努力歡待中國國民，應喚起東京市民注意此點。觀光客自歐米來者諒少其人，豫想中國鄰邦必有多數之觀光客也。

　　又某氏云參與萬國博覽會當得絕大之影響。我國自赴維也納博覽會後，工業上乃一大刷新。歐洲人本不知日本情事，認爲中國之一部。自一度出品，乃大驚異，敬愛日本，皆集於日本陳列館前。由是日本帝國之聲名，乃發揚於世界，自此貿易乃大增進。同時又採用泰西技術，利用各種傳習生得適當之師資，其結果有多數之新智識，皆此次赴會後之一特產物也。

開會日警視廳以二千之警官與六百之守衛巡視會場內外，會場內又特設救護所，爲開會後病者傷者之救護。又有揭示台，有迷失或家族及關係人之警報，皆可揭示。又會場外各電車場之支配，電車之添設，人力車之戒飭，旅館之掃除與指定，料理人之診斷，傳染病之豫防，凡此種種之新設施，務使出品人與參觀人之滿意也。

各館皆有女看守員。先是大阪博覽會看守人，猶爲男七女三之支配，前年東京博覽會因用女子有多種之效能，故今回遂悉用女看守員。應募而來者八百人，多由女校之畢業生。

出品人關於陳列棚之裝飾，其高度及距離有一定之標準。若出品人欲特別裝置，須與事務局協商，勘定其地位光綫，並與公衆出品無礙，而後許之。又其特種之裝飾，多出帝國裝飾會社之手，匠心獨運，妙絕一時。

凡出品之瓶壺箱盒，封緘包裹及照貼票籤等，悉皆清潔華美，有美術思想；所有名詞，亦多典雅。非若我國所云洋貨者，其稱名則靡不鄙陋可笑。

有一種品物可分陳數處者，如煉瓦入化學部也，入建築部亦可。如魚腊類入飲食部可，入水產部亦可。此類實多有之，應由出品人之希望。而分別部居，或入彼出此，或二館並列，皆因特殊之點，必須表示，非苟焉已也。

開幕有日，而出品尚未整齊，或須改換者亦有之。在東京爲主動地，乃亦不免有此。又有大部分出品，其產額多少，與使用方法並性質與特色等，往往漏載。凡此缺點，亦不能爲之諱也。

博覽會爲有系統的組織。凡各館之種類與位置，及陳列之組合，各部之區別，皆有義法，譬如一身。其支體有一定之支配，非若勸工場之建設，不過分類排列，但取美觀，足邀人之觀賞可矣。

自開幕後，日夜遊人每達十萬，鄉村僻處皆有參觀團，提攜襁褓，轂擊肩摩。若男女學生，尤傾國而來。其他種種團體，又皆在會場開會演說，務極絢爛。上野十四萬方坪之大公園，幾全爲人影所籠罩。所謂教育衛生工業礦業交通，皆輸入大多數人之腦海，爲潛勢力，他日蓬蓬勃勃，其發生尤當何如。會費百餘萬，其收益當千百倍過之。明治維新多開博覽會，若共進會，尤無年無之，無地無之，無物無之。然則今日嶄新露頭角，稱霸東方，諒非倖獲矣。

我南京勸業會參觀者，稱有五十萬人，其實不及半數。入場料僅五萬圓，若日本於是項收入，亦屬大宗，此由我民智未開之故。而日人謂我設計未工，如會期適在夏秋炎熱之間，而會場又不在上海乃在南京之偏遠也。

審查員皆專門名家。審查總長一人，爲子爵末松謙澄氏。審查部長十五人，審查官三百五十一人，審查屬託二百九十人，審查補助二百二十八人，評議員十人，審查主事一人，審查書記三十六人，計九百三十二人，其經費約七萬圓。我南京勸業會審查員，乃不過二三十人而已。

審查終了，由總裁宣布令旨，計賞名譽大賞牌百二十有一，金賞二千五百二十有四，銅賞五千五百二十三，褒狀一萬二千三百二十二。行盛大之褒賞授與式，使通國物產之精華，由此益彰，誠盛舉也。

此次博覽會，自開幕以來，百三日間。在會場賣約總額，計達百二十萬五千七百二十六圓。當四十年之博覽會，會期百三十四日，其賣約額爲百十七萬三千零四圓。今乃超過三萬二千七百餘圓。

教育及學藝館，陳列純粹的教育學藝品外，並包含醫療器度量衡印刷寫真等，實具萬國博覽會規模。又陳列法極新，非若從前之例。今審查揭曉。其受領名譽大賞牌者。如東京活版製造所之活字類，守谷之天秤分銅等。而慶應義塾在明治初年之教科書，爲本邦教育之先河，又特崇獎之也。

自幼稚園、小學、中學、高等女校、實業學校、專門學校以至大學，皆爲有統系的出品陳列，且莫不各有特色之發揮。又凡上列各學校諸調查表，及應用諸種標本器械圖書等，多爲永久之構造，閉會後即移贈帝國博物館。

全國兒童百人中就學者，累年比較，文部省有表揭示。（合十年比較）

明治六年	二八、一三
十六年	五一、四二
二十六年	五八、七三
三十六年	九三、二三
大正元年	九八、三五

有育兒研究品。調查兒童千人中，一年死亡數，一歲以下二百六十七人，一至二歲五十五人，二至三歲二十二人，三至五歲十二人，五至十歲五人，十至十五歲三人。

兒童一歲至十五歲，其死亡之病源，一爲氣管支炎及肺炎。二爲胃腸加答兒。三爲腦炎等症。歐洲兒童，一爲腸胃加答兒，二爲肺炎肺結核與呼吸器病，三爲實布埕里百日咳與麻疹等。又歐洲兒童之多死亡，其哺兒好用牛乳，亦爲一大原因。近各國政府皆盡力防遏兒童之夭亡，又加意於學齡兒童之疹察，而女校亦研究育兒方法云。

日人無長身者，自學校有几椅之設，據最近調查，業著身長之效果，皆州式酸素療病器，爲酸素治療，乃最新學理之應用者。

通俗教育門，文部省出品，有電磁石、電燈、馬達、晴雨計、浮沈子、氣流、真空放電等之裝置。余曩者亦撰有普通物理應用器一組，附説明書，亦欲使吾人知生活上有必需之理科智識也。

本國之山河都市，與村落之配置，港灣之交通，物產之分布。其在南方爲臺灣琉球，北方爲北海道樺太，悉有模型及繪畫等之揭示。而南洋動物生態，又特置一室。如猩猩、白猿、鴨嘴獸、極樂鳥、赤鳳鳥、比翼鳥、錦蛇、青龍、鱷魚之屬，生活於蒙叢熱帶植物之下，使覽者怳如入南洋群島中。

帝國劇場大模型，仿法蘭西式，由工學士橫河氏規定，劇場大六百四十坪。

明信片之繪葉紙，在明治三十三年，遞信省始許民間私製，明年乃達一千七百萬枚，實間接有益於書信交通之發達也。

館之中央有讀書室，遊人可以休憩，凡文部省所認定之通俗教育上應用之圖書，皆可任意翻閲，既啓文人讀書之興味，又可期公德心之養成。

會場有名譽門智德塔，塔之右柱示智，左柱示德。其正面有獅噴水，爲智德之泉。其兩柱上有燈，示智德之焰。凡此皆使人知工商業之振興，必須智德並進，斯謂之實業教育，即所謂實業道德。

美術館內容多圖畫。聞美術家對於今回博覽會，從短少時間，出日本畫千五百種、西畫千餘種，得達多數之出品。今回受領名譽大賞牌，亦以美術館爲多，而圖畫尤居多數也。

美術家分新舊二派，今爲新派者勝，重日本畫西法畫而黜中法畫，識者笑之。

日政府以國人美術程度低，凡美術品如書畫類，由舶來者，皆無稅，冀吸收域外之文明也。

農業及園藝館，出品達二萬九千三百二十四種，冠於各部。我南京勸業會總出品數不過七萬餘種，農產品亦達萬餘種，可知中日古來皆農本國。今回博覽會，不覺表示其一種之結果。農商務省出陳統計表類，與植物害蟲之圖畫及實物模型、蠶種改良上之研究品、歐洲產蠶繭生絲之比較，又東京府重要農作物特產地模型、疏菜果屬之裝運法、作物之害蟲與病菌、及酸性土壤分佈圖等。皆爲農業家科學的研究之好資料。

農產物生產額

米　　　九億六千六百四十萬

繭　　　一億四千七百六十七萬

稞麥　　七千四百二十萬

大麥　　六千三百三十萬

小麥　　　五千二百五十萬
甘薯　　　四千零四十萬
蘿蔔　　　三千六百四十萬
大豆　　　三千五百九十萬
蠶種　　　一千六百六十萬
雞卵　　　一千五百九十萬
栗　　　　一千五百八十萬
芋　　　　一千五百五十萬
小豆　　　一千一百八十萬
馬鈴薯　　一千萬
牛　　　　九百萬

　　總計十五億九千二百三十七萬。以區區三島，其農作物乃達此巨數，稱爲極盛時期，其當局者有多少苦心也。

　　農產物輸出輸入統計表。輸入六億一千七百萬圓，綿一億八千二百七十萬，肥料四千七百二十五萬，米三千七百萬爲最多數。輸出五億二千七百萬圓，絹絲一億六千六百八十萬爲最多數。

　　由科學的研究之指導，而肥料耕作，得改良之好況。其結果當明治三十六年，外米輸入四百九十萬石，值五千二百萬圓。後乃漸次減少。四十四年輸入額祇百七十萬石，值千八百萬圓。大正建元乃又漸次增加，大半由人口繁殖，消費無藝，有幾多方面之原因。近乃提唱耕田之整理，與未墾田之開拓，務盡力於農業政策之進行也。

　　絲總產額比十年前增加八千餘萬，除內國消費外，其大部分皆輸出國外，元年度輸出額實一億五千萬圓，北美占十之六七。自誇爲世界第一蠶業國。又天蠶柞蠶飼育簡易，爲農家卻好之副業，近長野縣柞蠶年產額已達五百餘萬圓。

由國內自制肥料年額四千二百三十萬圓，如調合肥料千四十五萬圓，過燐酸石灰九百萬圓，大豆粕二百七十萬圓，菜種粕二百九十萬圓爲占最多數者。輸入額四千七百二十五萬圓，如大豆粕二千九十五萬圓，硫酸安母尼亞一千六十萬圓，燐礦石六百十八萬圓，菜種粕二百四十萬圓爲占最多數者。國內各肥料會社頗多重要出品，如大日本人造肥料會社、多木製肥所，皆受領名譽大賞牌。惟各種肥料成分之分析表，與農作物施用後之生育狀態，尚無寫真與成蹟表等之揭示。我南京勸業會亦有人造肥料極少量，顧未說明爲何物。我國農作物若欲改良，需用肥料，尤當若何。但在今日尚無人道及者，余故特誌之也。

改良豆粕會社，陳列豆粕，其成分淡與燐比普通豆粕多三分以上，若油分比普通者非常減少，而溶解自易，又充分乾燥，爲花瓣狀，其效力甚大也。

有農業用揚水機一覽圖。凡原動力用蒸汽機關十之七，餘爲電動機。石油動機、水車爲少。

盆栽甚有姿致，頗索高價。又插花瓶中，亦分派別，如真相流、未生流、真道流、甘流、遠州流之類是。縉紳家女，多習插花，各守家法，俗尚然也。

雞模型甚多，有黑色、白色、淡色、金色、銀色之不同。有美國種、英國種。或易長大，可供肉食，或多產卵，年產額可達二百四十餘枚，卵重一兩五六錢。又英國用電光養雞，其產卵較普通者加數倍，日人猶未能也。

馬入農業部，又有軍事關係，可自立一部。今回馬之出品比較十年前大阪博覽會實非常進步。當明治三十九年，設馬政局時，洋種三百七十八頭，雜種三千二百二十九頭，和種五百五十四頭。四十四年，洋種一千二百三十七頭，雜種三千三百零一頭，和種五十七頭。其成蹟馬之體尺，當三十九年，未滿四尺七寸者二百七十二頭，四尺七寸以上者三千八百八十九頭。四十四年，未滿四尺七寸者僅四十三頭，四尺七寸以上者乃有四千五百五十二頭。

　　由陸軍大將參謀總長與農商務省大臣，及農科大學生、獸學校生徒等，於五月二十日涖會，審視馬匹。行馬匹褒賞授與式，最優等者賞金六百圓，並付與名譽大賞牌。

　　林業館今回出品，實爲從來未有之盛況，比四十年博覽會，乃再倍過之。其通國山林，幾占全地積七分以上。而臺灣、朝鮮、樺太、關東州，又有無量之大森林云。

　　林業出品，與工藝美術異。非一般社會皆能識其眞味，其陳列法甚有條理，係出專門家之手。特區分爲七類：

　　一森林之管理及施業。其方法與成蹟，皆有調查統計之書類圖表等。其官民共同努力，爲苦心慘澹之披露。其施業就緒在國有者爲四、七一五、四四五町，私有者爲一二、二七二、五五四町，公有者爲五四、二九六、八八〇町，御料林爲五六〇、六六一町，社寺有爲一八、四三五町。

　　二造林與森林保護。有種子苗木之實物與標本圖畫並器械等，造林爲林業之根本計畫，近尤努力開展。其保護法尤深切著明，蓋如火災、水患、風雪、害蟲之得防禦與否，於森林生活及發育上，皆有絕大之影響也。

三採伐造材製材運材貯材之方法。凡關於採伐造材製材，特示器械力之進步；運材貯材，特示森林土木之進步。又有木材強弱試驗之成蹟，凡各樹產地，各樹種類、各樹年齡。一切皆有詳細之區別。關於斯業上。實皆由特殊器械之應用。

四有木材、著色材、防腐材、乾燥材、貼板材、與巨材、大幹、珍材、異材之出品。本邦產出之優等材與普通材，全體披露。凡家產器具及其他用途，如布帛菽粟之不可缺，其生產之多少，實關於國之貧富，而爲一國森林經濟之表現。

五竹林。今回博覽會，竹乃特立一類。蓋竹爲東洋特產物，其用途甚廣，若竹製品，又爲輸出之一部。嘗設模範竹林，示經營之方法。

六竹木以外之林產物。有炭化製品，嘗設製炭傳習所，改良舊法。又有燃料、纖維製品原料、菌簟。工業品原料，如染料、油料、單寧料之類。雜林產物，如子實與皮根之屬。凡採取製造之方法與成蹟，並器械等之出品，須更參考工業食料等館。此爲山間居民絕好之副業，若樟腦漆液、木醋、松脂、單寧、粗製象皮、木塞等，尤爲近世化學家之需要品。

七狩獵。其陳列品不外產物方法器械之三種，陳列獸類，依狩獵地之狀態，其方法及器械，多由習慣，亦參用新法，有多種銃類之出品。

水產館有海流模型，示日本海水流之現狀。凡寒煖兩流，與地形之變遷，海底之凹凸，水之比重，地球之自轉，皆有關係。

水產局揭示遠洋漁業大勢。現有漁人七萬五千九百六十人。魚利一千八百九十九萬圓。

神奈川縣有魚網出陳，有製網場八所，皆用蒸汽機關。以野州麻製成者，年額一萬八千貫。我國製網皆手工，有遊絲網一種，赴賽歐洲，頗博好評。

有萬世集魚燈，分一枝燭光與十枝燭光之不同，用乾電池發光，其優點能見光於深數百尺之下，又爲費省，而裝置亦便易也。

捕鯨事業。通國八會社，捕鯨船計三十艘，捕獲魚數，逐年增高。昨年下半期，計獲四百四十一尾。本年尤有好況，每一鯨魚，其價值約三萬圓。近見根室千島間，爲鯨族棲息所，實本邦惟一之捕鯨場。

水產局出示水產養殖場面積比較圖。現有養殖場。三億九千七萬五千九十七坪。其養殖種類。多鯉鰻鱪鮓牡蠣灰貝蟶蛤與海苔之屬。

有海苔採取場模型，陳列海苔，達千餘品。東京灣海苔場面積爲百五十萬坪，年產額達二百三十餘萬圓。其發達分四大期：一初期。在上代，二簎立之創始。在延寶天和間，三焙爐之考案。在寶曆時代，四移植之發明。在明治十六年，吾鎮海蛟門嘉門一帶，向有紫菜，爲名產。前朝作貢物，亦有人發明種殖，爲我華之東京灣乎。

又吾縣環海一帶，島嶼環列，塗泥膏腴，極宜爲水產養殖場。土人由經驗，略知介類培養法。如蟶子蛤蜊，皆取苗撒種泥中，有螺類竄入爲害，當防護之。如泥螺，常生活於有砂泥海灘，又有淡水注入處，其卵皆附着於海藻，取而振盪之自落。又如蚶子，先於二三月間撮其苗散佈於塘塗，越一二年乃長大。又如黃蛤，亦以苗栽泥中。若牡蠣，其產卵期在三四月至六七月，卵極多，一母之卵，常達二百萬，留貯母體，俟孵化乃分離，向海中遊泳。斯時生活最難，非人工飼育不能繁殖。飼育法，一以巖石飼之。七八月間在泥塗上，選適宜地，以巖石相摒合，每石距離約一尺，如造築合法，即有蠣兒附着其上；一以竹竿飼之。取竹竿周圍二寸長二尺五六寸者，於其兩端破入少許，乃取牡蠣二種，一売厚者，一売薄者，以薄者夾入竹間，以厚者穿孔中央，貫於竹之兩端以約束之。依此法造數百桿，密插泥塗之闊處，每桿距離三寸。經一月蠣兒漸大，乃移插於漲潮平漫處，每桿距離約六寸。再經四五月，蠣兒即攢集其上，不復見竹。上法亦多可採者，因述養殖法而略及之。

　　真珠養殖場，有陳列品。真珠養殖法，發明已百餘年，日本近始有之。本品之形狀光澤比重硬度耐久力，謂與真珠無少殊也。

　　有魚病圖，並實物出品。如白點病，為生小動物，淡水魚多有之，漸失其生活力。口曲病，為鰻特有病，其肝臟血管中有寄生虫。腺虫病，鯉魚多有之，魚身有污斑即是。又鯉科、鮭科等淡水魚常有一種病，使生殖器及其他內臟被壓迫萎縮而死。養殖家極應注意於魚病之發生。

　　水產貿易大要。在明治三十二年，輸入十萬圓，輸出九萬圓。大正元年。輸入七百九十九萬九千三百三十三圓，輸出一千九百二十四萬九千零八十圓。輸入我國為四百二十一萬五千零二十二圓，由我輸入只二萬九千零八十一圓而已。有華僑專販昆布入中國年百餘萬圓。

衛生罐材製造所，陳列無罐臭之罐詰，普通罐詰生罐臭或變黑色，皆甚有害。又罐詰內金屬每腐蝕。本器內面乃用金色衛生馬口鐵。特著安全之效力。

水產講習所，有貝殼製美術品，並說明貝殼與珊瑚之利用：一貝殼色層可雕刻，如子安貝千歲貝水字貝等，皆有光澤，可製美術品。二爲貝鈕原料，如高瀨貝蝶貝，皆自琉球南洋採入。近又自我國輸入淡水貝殼。

鞣皮舊用鳥糞，有酸劑阿聖及燐酸鹽類化合物，又有糞中酵素，常使皮之一部分溶解。近用柔魚肝臟，爲鞣皮良劑。

有碘原質出品，並陳列原料海草與海草灰，及硫酸加里鹽化加里等副產物。當第三次博覽會，已有碘陳列品。其原料海草，乃取自中國，亦異事也。

山口縣水產年產額五百萬圓，有水產組合，創設於明治三十八年，經費在大正三年度須一萬五千圓，組合員二萬五千人。

組合員有組長一人，副組長二人，評議員六人，代議員七人，技師一人，幹事一人，取締員三人，分區委員百三十六人，參與員三人，檢查員百四十二人。

重要事業爲講習、講話、視察、獎勵、試驗、調查，與施設補助、養殖補助、遠洋救濟、製品檢查。並擴張消路，移往朝鮮等，種種有關於漁業之事項。

審查員對於漁業製造部，須有專門之機械學者，又養殖細菌等種種方面之生物學者之鑑定。

今年七月八日爲第五回水產總會，由水產會總裁仁親王宣布令旨，授予有功章四人，功績賞二十二人。在今回博覽會受領名譽大賞牌者，爲橫濱魚油會社之各種魚油魚臘、御木本幸吉之眞珠發育標本及養殖、服部倉次郎之鰻龜養殖。

飲食品在大阪第五回博覽會入化學工業。前年東京博覽會入農產物。今以飲食品爲國民生活關係，特獨立爲第六部。

果子爲我國飴糖餅餌之屬。東京製果特長，在會場出品，其裝置亦獨運匠心。或金樽玉盞，或彩鷁華房，香氣襲人，寶光照眼，觀者皆憺而忘歸也。

果子亦輸出大宗。如永森製果會社，創設於明治三十二年，一年消數僅二千圓，近年產額乃達百餘萬圓，於歐亞皆有經售處。我寧波茶食與蘇州稻香村糖果皆陳陳相因，盍同業組合新會社而仿造洋果乎。

糖之陳列皆精製品，昨年輸入我國驟達一千五百萬。揚子江流域，且爲香港糖勁敵。南滿一帶，尤爲日糖勢力範圍。距今二百年前，彼猶需糖於我。自得琉球，始製糖自給；自得臺灣，乃有糖輸出。近且滔滔輸入於我，我之自制糖與輸入比較，十年前尚居半數，今乃爲二與八之比。蓋以手工與機械相搏，宜陷於今日之命運也。

澱粉精製會社，陳列水飴一種，並列成分比較表。如內含水分麥芽糖糊精窒素物礦質各若干分，皆經檢定，蓋凡飲食品中最易有不正物之混入。如美國嘗有水飴輸入日本，一經檢查，始知含有多量之亞硫酸瓦斯。故凡果子醬油茶酒之屬。但賞其味美，不知每有害之防腐劑或色料之混合也。

麥酒通國年產額千二百萬。據大藏省調查，大正二年三月迄三年二月，較上年度添加二十二萬一千七百五十三石，且消路益張。大日本麥酒製造會社，消上海漢口年達四百萬箱。近我國主加重自制酒稅，誠爲洋酒之前驅耳。

曩觀我國酒類浸入藥料，奉爲補品，如虎骨木瓜酒之類是。今出品中亦有六味地黃保命酒，殆亦淘汰之未净耶。

茶出品居多數，擬有改良條件：一早摘之屬行。其時期普通八十八夜前後，爲最適度。二採茶者多無識之流，宜監督而警告之。三黃葉枯木及塵埃等勿拌入。四生產家須注意，勿徒費再制之勞力，使香味形狀皆損壞。五須限制機械之力勿濫用。

農業科長伊藤氏在美國擴張綠茶之計畫：一用活動寫真，特介紹日本人種種優秀之風俗習慣，乃插入製茶實況，使不知不覺關於製茶之趣味智識，留在美人之腦。二美國風俗，七八月間盛行冰茶，直奪珈琲勢力。今寄贈綠茶，使代紅茶，俾一種青色，引起清凉之氣味。如上方法爲費有限，即擬於今年實行。

飲食品部，特以陳列勝。如茶之裝飾，皆有小葉疏花，相爲掩映，如酒之裝置。如愛知縣出品，有愛知丸汽船，輸送出洋，烟波渺然，機軸清新，觀者忘倦。若其内容如何，惟審查而始知之。且在發行所之發售品，雖在審查員亦何從而知之者。顧工商業家須具世界眼光，苟工於作僞，何以與歐美爭一日之長乎。

本部出品，得受領名譽大賞牌者，曰茶，曰醬油。其固有而改良者也，曰麥粉。麥酒、果子，乃摹歐風而稱盛者也。曰糖，又新握霸權者也。

礦業館有農商務省礦山局產額價比較表

	明治十年/圓	大正元年/圓
金	二三三、七六八	一四、五二〇、八七六
銀	四四八、六〇七	六、〇四三、五八六
銅	一、四三二、三七二	四一、五八三、二五九
鐵	一三四、九七四	二七、〇七〇、九六八
煤	一、〇三六、四九〇	六、二九〇、七五三
石油	八〇、三〇五	八、三九〇、七四三
雜品	二四、八四〇	四六、〇三四、四四七
共	三、三九一、三五六	一四九、九三四、六三二

礦物之輸出大宗爲煤及銅，年約二千萬圓以上，餘如燐酸、硫酸、鹽化物等，爲各種之藥品及肥料，於化學工業製造工業耕作工業上，皆有無限利益。

一國富力之大根源，集於一堂之下，大抵皆東京府屬出品爲代表。三井、三菱、古河、久原各大礦業家，皆發迹於東京。今回受領名譽大賞牌亦不出此數家，他府縣皆瞠乎莫及。

三井、藤田有亞鉛之出品。亞鉛之製煉，嘗因煉爐不完備，職工不純熟，致收支不能相償，僅將礦石輸出海外。而加工亞鉛之輸入年達三百七八十萬。自二大礦業家苦志經營。本邦市場乃無舶來品之充斥。

三菱有錫礦石及製品陳列，爲但州生野產，其內容極豐富。曩日錫與亞鉛，皆爲輸入之必需品。今已爲歷史上過去之陳迹。

久原日立銅礦，年産額七百餘萬，又有金産額二百萬。僅一礦山，其利源達千萬之巨，謂非富有之盛業乎。

久原礦産出品物，有二硫化炭素，爲殺蟲妙劑。用少許施於米麥及他種穀類、果樹、蔬菜類並乾物、毛皮、毛織物類，不傷品質，而容易達殺蟲目的，農家於倉庫亦用少量。曩年日本米麥受蟲害達四千餘萬，乃高價由歐洲購入，晚近亦自製造，其價且較舶來少三四倍，誠農家之福音也。

晚近化學界於骸炭之副産物，愈知寶貴。大正元年，輸入硫酸安母尼亞千二百餘萬，阿尼里尼四百萬，石炭酸四十萬，船舶涂料二十四萬。是石炭副産物，無慮有千六百六十餘萬圓之輸入。今回博覽會，乃三井礦山會社有此種之出品，此與久原二硫化炭素，皆由努力之結果，於礦業界開一新紀元。

石油界以日本石油會社及寶田石油會社爲巨擘。石油會社在明治二十一年所有資金僅十五萬圓，現達二千萬圓，其出品有西山油田柏崎製油所，有能掘三千尺以上之鑿井機、並舊式手掘綱掘機、鐮田油田地底透視模型等之各種雛型，又有全國油地分布圖。各坑産出之原油及其製品之燈油輕油揮發油等，及日本全國産油量累年比較，與該社進行之歷史，皆爲研究石油礦業者之好資料。

有原油分溜成績表，分揮發油、燈油、重油、輕油。揮發油以頭城爲最多，含十七分。燈油以西山爲最多，含五十九分。重油以秋田爲最多，含六十二分。輕油以新津爲最多，含三十五分。

有石油蒸溜器，以比重及色相檢定之，分別其爲揮發油、燈油、重油、輕油、器械油等之種種。

　　石油爲輸入大宗，達千二百四十三萬圓。然皆經分溜作用，燈油中勿使有揮發油之混入，又提取他種油類，爲涂料藥品、防腐劑、機械油等。蓋石油之輸入與我同，其所以利用石油與我異也。

　　臺北一小島産燐礦石，業已組成燐礦石會社。採取此礦，其成分百分中爲八五.六三。乃製過燐酸肥料之好原料。有島模型並燐礦石標本出品，誓爲千萬圓輸入之防遏。

　　礦業館門上之裝飾，爲黑色褐色二種。黑色示鐵，褐色示礦。此不啻詔人曰煤鐵世界。

　　化學工藝館，有關東硫酸曹達會社之硫酸曹達類、東京工業品製造所之酸化亞鉛類與里材三治棚橋工場之各種藥品，皆應用最新之學理，爲晚近化學工業進步之一班。

　　日本電爐工業會社，有黃燐出品。亞鉛電氣製造會社，有電解亞鉛，總重量五貫五百兩，原物百八十兩，時間百四時，電流能率八十派生篤，電流密度百七十，電壓三五五。

　　瓦斯發生之副産物出品，爲取阿尼里尼及防腐劑發光料藥品等之原料。德國年年有二億數千萬馬克之輸出，日本須有二三千萬之輸入。又硫酸安謨尼亞，日本年産額僅二千噸，全世界産額爲九十餘萬噸，故日人尚自慚爲幼穉也。

　　市上販賣藥，藉報紙鼓吹，但爲陳列品者少。中央衛生會有改正賣藥法施行細則，以今年六月爲實行期。昔南洋勸業會，某君審查某藥房某藥。頗訝其調合料皆貴品，與彼賣價不類，旋知其陳列品乃特製者耳。

磁器年產額千四百九十萬圓，輸出額五百四十萬圓。西京磁器，皆清新圓潤，冠絕一時。加賀之九谷燒，其窯法上釉，不如京師之多變態。然九谷之特長，終不可掩。愛知輸出外邦，年年五百餘萬，而出品稍濫，有唇瀨戶之名。佐賀爲日本陶業開山，有田燒早有聲價。又有薩摩之備前燒，有龜裂文之雅致。餘如無名異燒，有朱泥紫泥之不同。荻燒則體格雅淡。天籠燒乃篆刻文字，氣勢渾雄。又有相馬燒，則趨重實用。若硬質燒，頗投南洋印度人之所好，爲輸出大宗。我國磁器，必曰江西，其年產額極盛時，不過四百萬，尚不及愛知一縣。而陶工粗獷，不識新式圖案爲何物。動輒同盟罷工，乃欲與商改革，難矣。

玻璃器如玻瓶類，尚爲輸入品。若化學用如曲頸甑膽瓶之屬，販入中國，多於西洋。又日人在上海廣設粗制玻廠，專造燈罩，收買碎玻片入爐熔化，使藝徒吹之即成，且求過於供。已設廠多處，我國貧民習藝所盍亦加之意乎。

平玻璃制造開始，由外洋輸入。在四十五年，薄玻片爲二百四十萬圓，厚玻片五十萬圓。我國之博山耀徐。能造平玻璃。惟有波紋不若西品耳。

琺瑯器曾經取締，今回出品，著改良之效。在大正二年，其輸入額比較四十年已減半數。

水門汀如淺野小田野二會社出品，皆受名譽大賞牌，其通國產額達三百萬，大致皆用英國法造，今日市場，已不見舶來品之輸入。

洋紙自印刷用紙外，又有多種，其產額增加，使輸入遞減。近十年產額自七百萬圓加至千九百萬圓，且一方面已爲輸出品，今受名譽大賞牌者二家。

　　木制硫酸紙，爲造洋紙要品，早皆舶來，以自造不如輸入品爲廉。近在北海道，亦設廠自製。

　　人造象牙有製品出陳，近且改良，雖著火亦不燃燒。人情皆有審美觀念而尚修飾，若人造品皆足供社會一般之用，而需價無多，其銷路宜無限量也。

　　火柴輸出額爲千二百萬圓，乃至千五百萬圓。當明治八九年間，猶自舶來。十一年乃能自製，且爲輸出品。十六、七年幾一蹶不振，後乃轉敗爲功，蒸蒸日上，遂爲重要輸出品之一大宗。散佈於蒙古南北滿而南下於揚子江流域，又侵入英領印度及法領印度之綫。此綫爲日本火柴侵略海外之最前綫，其唯一之競爭者爲瑞士火柴。凡品質之優劣，價值之高下，皆與彼奮鬥力爭，務突破最前綫而長驅直入也。

　　今回博覽會對於火柴，尤嚴密審查。其頭藥之完整與否，其容函之構造如何，其頭藥耐溼氣之程度如何，摩擦藥有無耐久力，藥量調劑之巧拙如何，發火之完全與否，移燃於軸木能適度否，凡此皆爲審查火柴之標準。

　　附着於軸木之頭有微少圓形之藥，稱頭藥。此頭藥觸陰雨，或梅天，又溼氣濃厚處，如我國南方，若不受何等影響，此爲優良。若受些少溼氣，頭藥即脫落，此爲粗製品。今惟日本燐寸會社安全燐寸，得受領名譽大賞牌。

　　中國火柴廠，如天津之華品北洋、京師之丹鳳、太原之雙福、漢口上海之爕昌、杭州之克華、寧波之正大、廣東之吉祥、佛山之巧明等，亦稍稍萌芽。而日人已警告國人。如遇大廠。

或以我國所造火柴需用藥料皆自外來爲病，不知凡製造家對於工料二者皆自有之，固所願也。若料自外來，而國人得因資歷練而圖餬口，亦不失爲次也。況需用之原料日多，亦必有起而仿照之者。事固相因而成也，且日人以火柴自豪。而其重要原料，如燐、如綠酸鉀，向日亦皆舶來耳。故同一輸入品，若爲製造原料，其輸入雖多，亦奚足持悲觀哉。

日本商標，近用親華政策，如火柴用中華民國新國民出世、中華民國昇平景象、中華民國萬歲之類，無慮數十種。其一小部分爲華商代製，販入中國者。其親華商標，凡文房具、化妝品、時計等亦多有之，爲最新之流行物。

化學工業之範圍深廣，事實困難，夫人而知之。德國尚矣，日本後起，尚難升堂，遑云入室。其學問家亟欲與資本家互相依附，又欲向城外如北滿、朝鮮採取原料，以期有志竟成，爲東方之德國。

染織館出品達二萬六千七百餘種。南京一府，已一萬二千六百餘種。比較四十年勸業博覽會，祇一萬四千餘種，有多數之增加。並建築宏麗之別館，蓋工業一項，於今回博覽會爲特色，而染織尤自鳴其盛也。

染織品物，臚陳會場，如百花怒放，炫燿難名。若分別部居，其一絹織物、二綿織物、三絹綿交織物、四毛織物及其交織物、五麻織物及其交織物、六雜織物、七絨叚、八染物及加工布、九織物用纖維及絲類（除蠶絲及真綿）、十刺繡、十一組編物麥桿經木真田及麻真田、十二被服及裁縫品、十三關於染織工業之圖案。其中出品之佔最多數者，爲第一第二第三及第八之四類。

西京爲美術界驥北，漆器陶器金屬製品皆負盛名，而西陣織尤放異彩。其總產額在四十四年達二千二百七十餘萬。又染色尤爲擅長，世所云京染者。凡國中上品，皆出彼都工人之手。染賃亦年達四百餘萬。

東京得歐化之先，今回出品，冠絕一時，非直摩西京之壘，乃堪別樹一幟。至年產額之巨，西京東京愛知各名區外，如福井縣亦有二千五百餘萬，稱北陸之霸者宜矣。

大阪爲各紡績會社集中地，而東京之富士、鐘淵、日清、東京等數會社亦皆稱近代式大工場，年產額六千八百萬貫，輸出額元年度五千三百七十萬圓，於事實上爲技術之進步。使上等織物類，產出日增，其結果使外國輸入品式微。四十年尚值二百萬圓，越五年迄大正元年，僅僅六十三萬圓。若輸出額曩爲三千三十四萬圓，越五年乃達五千餘萬之巨，於今回博覽會，乃有此偉大成蹟之表示，宜不勝其愉快也。

純毛織物與交織物，總產額元年度爲二千八百三十五萬圓，而呢猶屬少數，值二三百萬而已。

絲光布出品頗美麗。吾國購絲光紗仿照，不如逕造絲光布，工費較省。其機械有銅輥軸，中空通瓦斯，達高熱度，布過輥軸，便有光澤，此其大較也。曩者南洋勸業會各省出品，皆有高布一種，創自寧波，旋遍國中。其物美價廉，適合社會一般之心理，故行用頗速。今若能造絲光布，則尤爲進一籌也。

德嶋縣陳列阿波藍，爲染料名產。自受人造染料之打擊，乃陷入悲境，其輸入額年達七百萬。近長崎已有自造廠。若我華人皆由華商向德人保銷，沾溉國中，舊有靛藍與顏料，已爲歷史上一遺化物也。

製作工業館，陳列之工業製品，分爲美術的與實用的。美術的如黃金刀、青銅大獅子香爐、銅龜與金象眼花瓶等，皆是。實用的如東京打物商之各種刃物類、鑄物商之鍋釜類，皆是。凡京都、新潟、鹿兒嶋、秋田、三重、巖手等出品，多屬美術的，餘府縣多實用的。東京、大阪、高岡則兼二者而有之。

日人參觀南洋勸業會，云我刃物類爲各種製品之下者。

鋁製品質輕，多制爲軍用器之水壺飯盒類，利於遠行。今制爲普通飲食用品。如杯箸羹匙之屬，則因導熱易，非所宜也。

漆器出品占多數，其年產額八九百萬，輸出額百二三十萬。石川縣爲最鉅，其金澤塗輪島塗，皆膾炙人口。静岡縣年產額居全國第二位，顧品物多黯淡無光，昔日駿府塗之特長亡矣。和歌山之黑江塗，能維持固有之聲價，惟圖案陳陳相因，不適當今之嗜好。西京爲千餘年美術國之帝都，出品皆風流名貴，尤爲先正典型。若琉球賣呈之朱塗黑塗，其光澤淳古，品質堅牢，蓋猶有昔日之華風云。

日人髹漆實導源於我，但生面特開，非復如我之陳腐耳。又有堆朱一門，亦昔由西京匠人，摹仿華品。今見於出品中，頗多傑構。又堆朱與雕漆，相同而實異。雕漆以漆雕，堆朱則用模印，工費懸殊。西人每混淆，以爲中國雕漆，特貴於日本，不知彼乃堆朱也。

有髹漆標本，如春慶、黑上花、朱合漆、梨子地、蠟色、透上花之類，花樣甚多。我寧波以漆器名，此次參觀團，如有漆業中人偕往調查，購回標本以資仿造，當有入處。故選派參觀人，應將各縣最著名之工業中求之。

裝身具出品尤可歎賞，如貴金屬裝飾品：寶石、珠玉、指環、時計、鎖鈕之屬。以社會之生活狀態日高，有自然發達之傾向。在東京匠人，尤稱擅場，常因歐美觀光客需要之多，其結果乃愈促其進步。

文具類應有儘行。近且儘力鼓吹，輸入我國。以我國戰事方終，將興教育，又銀行官廳之會稽及會社，皆改用新式記帳法，各種新式文具需要尤多。昨年日本文具輸入天津，在各國輸入品中，約佔三分之一。並揭明種數，普告國人，注意輸入。但觀各種應用品，其大部分如帳簿類、墨水、輥軸、脫水象皮、印規板、粉筆、朱印、謄寫板、原紙、煉墨等，上海久已自造，天津工場興盛，且多志士，盍取上海所已造或未造者而加之意乎？

南京勸業會審查揭曉，我科學儀器館出品爲通國冠，日人調查書亦盛譽之。乃或者以價貴爲病，不知所謂價貴者，以何者爲標準乎。

北海道制鋼廠陳列品，有四十五口徑十四吋礮。初欲將實物出陳，因難於搬運，乃以模型陳列。爲供新軍艦金剛之用，此爲第一次自造巨礮成蹟之表示。

關於此部之輸出品，如草帽以東京、名古屋、神奈川縣爲重要產地，年額五百萬圓，今回受領名譽大賞牌。其原料麥桿之輸出亦五百餘萬。又最近輸入俄國之麻真田爲制帽料，年約七百萬。神奈川爲重要產地，而帽子則輸入中國。

洋傘輸出額百五十萬圓。玩具二百萬圓。扇子如中國式而較不如，輸出額亦百餘萬圓。貝釦用蠑貝、鮑貝之殼造之，其輸出額亦二百萬元。又金屬釦輸入我國爲多。刷子工作場，以大阪爲盛，此區區者其輸出亦二百萬圓。

　　輸出品中如草帽邊、扇子、刷子，皆我所固有，改良可也。洋傘或遜讓未遑。如貝釦，則我國瀕海貝殼多，用小機械取而仿造之，亦似無難。如玩具，在日人自謂較往日無少進步，其材料無多，模仿亦易，實皆便於家内工場或貧民習藝所之工作也。

　　日本紙傘，學之湖南，嘗設紙傘共進會，今回出品亦多。又有草履、下駄、木笛、繩索、木箸、箕帚之屬，於光明燦爛之場，當品物繽紛之會，乃混然中處，不以爲怪何耶？蓋凡生民日用之物，即可爲賽會之物，亦即可爲優勝之物，一以見生活所必需，應致意也，一以見國風之可尚，宜弗替也。若吾人則不然，如洋傘之類。尚皆舶來，而自有紙傘，已付之淘汰界矣。

　　包紮用油紙類及裝箱木屑，皆爲陳列品。誠以裝箱輸出有必需之智識，即有必需之材料，誠有研究價值。惟竹煙管長不滿尺，何其多也。

　　晚近工業品，悉尚機械，而製作工業，仍多手工，如金屬裝身具漆器竹木細工之屬，大都由家内工場所手造者，實爲一國國民具體的活動，故機械工業愈發達，即手工業之獎勵愈不可緩，庶有以調劑其平耳。

　　日人嘗謂我國現達產業革命時期，由手工家内工業，進而爲機械工業。吾謂手工無可革命，手工之所造者乃亟應革命，故刷新手工，尤要於機械工業，如本館臚陳之品物，一一取而仿造之，實爲現今急就之政策，爲產業革命第一步的進行也。

　　觀本館之出品，可仿者多。學士説其理，匠人盡其用，未嘗不可爲者。或由同業之組合也，乃合糖果商而造洋果，合綢緞商而造洋緞，發售者多，競爭者少，是一便也。或由洋貨業者自造洋貨也，如販洋酒者自造洋酒，賣香煙者自製香煙，深知國人之嗜好，利用洋貨之銷路，是一便也。或由自治機關廣設平民習藝廠與藝徒學堂，養成更多之技手，將自有之土物而改良，將廣銷之西品而仿製，就近稗販，費用可少，人情熟悉，售價無多，是亦一便也。在官廳應設勸導員，何者應改，何者應造，何者應用何種機械，何者應用何種材料。有圖樣陳列處所。有學理詢問機關。如此爲之，或尚有濟。方今交通便利，生活日高，洋貨充斥，如洪水泛濫，吾國人必須仿造，吾國人且必能仿造，仿造且必能獲利。吾同胞其省諸。

　　建築及裝飾品部，陳列唐木細工，凡木類之精製品皆是，如几椅棚架之屬，誠多佳構。然我國匠人皆優爲之，但所云新工風者，尚未有聞耳。

　　前此博覽會，西洋家具與日本家俱不相合併，今乃列入一部。又因時勢所趨，於西式獨多進步。其始頗尚濃厚，現今流行乃極雅淡之勢，且意匠甚新。務適合於國人之習慣，如澤山式電燈，固甚宜於日人家屋也。

　　西洋家具，特調和以東洋美術，如杉田商店出品之椅桌類，其意匠繪畫嵌相塗漆，曾經多數名家之手。惟桌旁花板爲鳳凰櫻花，雕工未純，色澤又艷，與全體失勻和之致，是一眚也。

三越吳服店陳列歐式家具，仿路易第十六客堂式，是爲歷史之裝置。

歐式曲木椅，我國皆由舶來。其曲木法先將圓木用蒸汽煑透，乃入鐵模中，用螺旋籨緊，入火爐燥乾即成。曾見東京匠人之製法如是。

籐椅籐榻之類，由粵人創製，輸入歐西，頗堪行遠。日人實仿我而爲之，其陳列品較爲精緻而價則昂。

有名壘表者，壘如中國之苫，表爲苫上之席，爲大分、岡山、靜岡、石川四縣名產，年產額二百餘萬，亦輸入中國。

岡山縣陳列花席壘表二種，年產額年二百萬圓。四十五年，海外輸出額三百七十五萬，約佔十分之七。福岡亦向出花席。廣島之花席壘表，亦有可觀。

席爲我寧波輸出品，近爲東品所淘汰，日就式微。有織席機名坪井莚織機，馬力七分一以下，一時可織成六尺以上，應亟購而仿造之。

湯淺七左衛門出陳鐵製黑塗丸落、鐵製張兩袖形蝶番、張片袖形蝶番及取手類，皆爲窗櫺門戶上機件，用途甚廣。何所陳祇有此數，且皆非精製品也。

日本爲世界地震國，如櫻島之災秋田之震，警報頻仍。專門學者對於建築上，應有耐震裝置。又舊日板屋火易燃燒，固多傾向歐式。顧耐震耐火防火之材料百有一種，除赤白煉瓦頗堪實用外，亦無何種發明，似尚須俟之異日也。

動力館之出品幾達四千種，比四十年東京博覽會，頗著機械製造之進步。其陳列品之種類，爲原動機、一般機械、工作機械、製造機械、染織機械、印刷機械、採礦及冶金用機械、土木及建築用機械、船舶用機械及工具類與雜種機械。關於電氣應用器，如電燈、電鐵、電信、電話、電氣測定器之類皆是。

動力館之出品，與他館異其旨趣。他館概係製作品，動力館則爲各種製品之所自出。故觀其出品之多寡與精粗，而一國物產之盛衰，與品物之高下，皆可得而言矣。

土木及運輸館中央停車場模型。此停車場爲各路汽車之起點。其面積爲二千三百四十坪，附屬建築物五百六十九坪，建築費二百七十萬圓。

國有綫主要貨物運送表。石炭第一，米次之，木材又次之，餘爲石料魚類及鹽等。

大正元年，汽船乘客數爲八三九九七九人，貨物量一一一九三九三七貫。

日本郵船會社，創設於明治十三年。至大正三年，有汽船九十四艘，排水噸數爲八十七萬八千三百噸，航路有三百七十二萬二千四百海哩，可繞地球七十周。其航路發達分三期：

第一期。明治十九年，爲百四十萬八千七百三十二哩。

第十五期，明治三十二年。爲二百六十八萬七千四百六十二哩。

第十八期，大正二年。爲三百七十二萬二千四百十八哩。

又有東洋汽船會社、大阪商船會社，皆有模型圖表陳列。與郵船會社，同佔海上偉大之勢力。於本回博覽會，皆受領名譽大賞牌宜矣。

郵船會社，有伏見丸一等室之裝置，書房寢室浴室皆備，其房室之大小及裝飾。適如船中，使人知航海生活之愉快。

伏見丸與諏訪丸八阪丸，皆三菱造船所自造，登簿噸數爲萬二千噸。確信大船之建造，可行施歐洲航路也。

巴拿馬新開航路，日政府已議及補助問題，方著手於綿密之調查。

熱心飛行機之製造家小林氏，自出圖案，製作飛行機，而家產之盡蕩不恤也。

水道木管株式會社陳列水道木管，爲新發明專賣品。用松木製成，塗志賀泰山博士防腐劑，兼防白蟻野鼠等動物之侵害。其特殊之優點，一比鐵管爲強固耐用，二搬運裝置等費、又非常減省，三運水之能力多，四無感電之憂，五無酸類鹽類硫黃等之腐蝕，六耐寒氣之力強，七水質良好、味不變更，八不受氣候之影響，九用此水不減損綿絲織物之光澤。木管水道有此種種之優點，恐全球水道鐵管會社，將蒙莫大之影響。

經濟及衛生館出品，有高橋秀臣著日本之富力考：

一土地　一七〇億五二六三萬七四三五圓

二家屋及倉庫與其他建築物　六七億七一三九萬五二〇〇圓

三家財及美術品　三四億二八七九萬九三三六圓

四家畜及其他動物　二億〇五九萬五三七二圓

五礦產　一〇億五九二九萬五一八〇圓

六水產　一四億七六二一萬五五六〇圓

七林產　七億七六三九萬四五〇〇圓

八電氣及瓦斯水道之設備　　三億三七一八萬一三七一圓

　　九船艦車輛　七億七二七七萬三〇九〇圓

　　十金銀貨幣及金銀塊　四億一七七萬三九〇〇圓

　　十一諸會社銀行事業　十億六〇二二萬六二八七圓

　　十二諸貨物商品　十五億一一五〇萬九六六二圓

　　十三鐵道電信電話　十三億三八四一萬六四六〇圓

　　十四圖書文府　二七七五萬一三〇二圓

　　十五港灣河川　十三億〇三二〇萬二〇〇〇圓

　　合三七五億三九四〇萬六六五五圓（樺太、臺灣、朝鮮不計）

　全國面積二四七九四方里。三府四十三縣一道一廳。六百三十七郡。六十九市。千二百二十町。一萬一千九十三村。五千一七四萬九十八人。九百二十五萬四百三十四戶。

　　列國之富力表

　　美　二三七六億六〇九八萬四〇〇〇圓

　　英　一四七一億一三〇五萬九六〇〇圓

　　德　一三七六億四六二八萬二四〇〇圓

　　法　一一七〇億九二二三萬六八〇〇圓

　　中國　一〇六一億三三二五萬三七五七圓

　　俄　一〇〇〇億二六一六萬五九〇〇圓

　　意　四三〇億八四八〇萬圓

　　日　三七五億一三四七萬六六五五圓

　　一人平均支配之富力

英　三千二百四十圓
法　二千九百七十六圓
美　二千七百七十二圓
德　二千一百二十圓
意　一千三百二十圓
俄　七百五十六圓
日　七百二十圓
中　二百六七圓
列國一人一月平均所得
英　二十七圓〇三錢
法　二十四圓六十三錢
美　二十圓〇十錢
德　十七圓六十七錢
意　十圓〇八錢
俄　六圓二十一錢
日　五圓九十七錢
中　二圓二十五錢
列國一人平均一日所得
英　九十錢〇一釐
法　八十二錢〇一釐
美　七十七錢
德　五十八錢〇九釐
意　三十六錢六分
俄　二十錢七分
日　十九錢九分

中　七錢五釐

日本貿易之趨勢。大正二年度，輸出額爲六億三千二百四十萬，輸入額爲七億二千九百四十萬。

日本對於我國貿易比較。元年度，由我國輸入日本八千萬，由日本輸入我國一億四千萬。綿織物爲最巨。

特許、意匠、商標、實用新案、登錄件數。（大正二年度）

　　特許　五四九一
　　意匠　三〇〇一
　　商標　一六六五
　　實用新案　七五七三

經濟方面。關於銀行與保險者之出品居大部分。

大正保險會社，蒙異教發達，今回營業地域，擴張海外，對於社會有絕大之信用。蓋由其保險料積立金，全部買入國債，託日本銀行保管，其基礎有何等之穩固。

農商務省商品陳列館之事業成蹟（二年度）

　　來觀人數　一三五〇〇〇
　　標本貸與種數　四六〇〇〇
　　標本下付種數　七九〇〇〇
　　關於工商學調查件數　一五〇〇〇
　　關於商品說明件數　二四〇〇
　　關於其他取引及介紹事件　一九〇〇
　　圖書閱覽人員　七四〇〇

衛生館皆關於救濟及病傷者之治療，又傳染病豫防，及公共衛生之方法。有標本模型圖籍統計等種種之設備。

有蠅之發生順序模型，並放大模型。每町村中，皆有演說員，攜帶此種模型，爲疾病豫防之警告。

濟生會有天王皇後賜金，名恩賜財團，爲全國人民疾病之治療。在東京市內。有論療所八處，診療班四班，每班皆有醫員產婆看護婦及傭人等巡回診治。今回特予以名譽大賞牌。

結核豫防協會出品，有東亞諸名人之寫真與標本等。以結核病名國民病，蔓延世間。一國人若多患此，其國運必衰，故須有適當方法之防衛。歐美各國十數年前已有結核豫防協會，日本仿行之，務使結核種子盡數撲滅，誠世界之福也。

禁酒同盟會，有演說員，痛陳酒之爲害，並陳列臟腑模型。酒客肝腑，與普通不同，視之可怖。

赤十字社，有赤十字團救護模型。明治十年鹿兒島之役，始創博愛社。十九年與歐洲各國赤十字社同盟，二十年改爲赤十字社。凡中日及日俄之戰爭，皆卓著救護之功也。

樺太、北海道、朝鮮、臺灣等館，皆由官廳出品，其本地之山川、風俗、物產、工商業等。皆有特製模型並實物標本與圖畫寫真等之揭示。而於近年致治成蹟，又有統計表冊，舉其概要。俾國內人民望而生羨，輕去其鄉，庶有以收拓殖之大效也。

樺太人口一百六十萬以上。物產在明治四十一年爲三六〇〇〇〇〇圓，大正二年則爲九五〇〇〇〇〇圓。工商業資本在四十一年爲三七〇〇〇〇圓，二年則爲一〇〇〇〇〇〇圓。商業金融，有拓殖銀行，先是受入只六千萬圓，拂出四千萬圓；自設銀行後，受入達一億九千萬圓，拂出二億以上。

境內風景，分四季裝置，以民風物產分配之。太泊港爲唯一良港，稱爲樺太之橫濱。又爲拓殖鐵道之起點，方投巨資，修築港灣，圖海陸互通之便利。

北海道出品，用統一的介紹。本處物產，凡年產額在百萬以上，將來有特殊之希望者，於其主產地，指定其可爲代表者，以爲陳列品。凡在拓殖館中大略相同者也。

有生產發達回轉統計臺。自開拓使置廳以來，北海道之生產異常發達，凡自明治五年以降，每十年生產額遞加之數，皆有表示。

明治三十六年與三十八年至大正元年比較，凡農產畜產水產林產礦產工業，由六七四九一一七九圓，達一二九〇七一九一二圓。

有移殖手引草，述北海道概況。如氣候，其熱度最高時，達華氏九十度上下。如衛生，其氣候最宜於身體之健康，又有醫師病院。如教育，有農科大學、商業學校以及師範中學、小學。如農產，有五萬餘町之水田，新開田亦如之。又多產鹽。又宜狩獵。如漁產，（該處爲世界三大魚場之一）年額四百萬。如商業，亦有種種之利益。又述移民之保護，設有移民事務所多處。凡移民應守之規則及開墾賣拂章程，並汽車賃費表、道路計程等，無不具載，且又一切減成割引，以便利移民。

滿洲亦厠諸北海道、樺太之列。凡關東各縣之人口戶籍、官衙、會社、物產等，皆有統計。又有撫順炭礦與南滿鐵道模型。且時時有人在館演説。吾人過之，未嘗不唏噓也。

朝鮮館與臺灣館，皆表示其致治之成蹟。

有度量衡普及成蹟表,在四十二年十一月施行。至大正二年,發行度數爲二二〇〇七四個,量一九〇〇七二個,衡三〇一八八個。

陳列田產品,記明優良米種之增加。於大正二年,已達一三二〇〇〇町。開墾田畝,在四十一年,爲一六九六六町。大正二年,達六五四五六町。

有土壤分析表。在水田之土壤。水分爲三四六四,窒素爲〇二〇六,燐酸〇一九二。加裡〇二七。

有收穫年表、雨量特別調查表、雨量表、蒸發量特別調查表、溫度表等之揭示。

金融機關之配置,有朝鮮銀行、普通銀行、農工銀行,與地方金融機關。

蠶絲出品年產額,在二年爲三六、八五七石。

木板與圓木陳列甚多,其年產額在四十三年,爲二七四〇〇〇〇。二年爲四〇二一〇〇〇〇。造林事業在四十三年爲四三九町,二年爲三〇一六四町。

總督府有營林廠寫真,森木面積一八三〇〇〇〇町,蓄積四二〇〇〇〇〇〇。貯木在鴨綠江流域新義州豆濃江流域。製材於新義州。設機械鋸木廠三十四臺。

電氣事業。在三十八年,會社數二,資金二一〇〇〇〇〇圓。元年會社數一七,資金一〇六四〇〇〇〇圓。

航舶舊有十三艘,現爲三十九艘,航路舊爲四二三〇〇〇浬,現爲六〇〇〇〇〇浬。

東洋拓殖會社,有圖畫及統計表。有社田七〇五八二六町,拓殖銀行貸出有五九八七五〇圓,移民有二二九一戶、一三〇九人，移住貸付一二七五〇圓，貸牛一四三頭、生犢六四一頭。

將治臺成蹟大書於梁上。朝鮮館外門欄間亦將朝鮮近情一一揭載，皆欲使國人共見之也。

臺灣面積爲二千三百三十二方里，周三百九十九里。

溫度。七月中九十三度，一月中五十三度，平均六十五度。

人口。内地人十二萬三千，東島人三百二十二萬，外國人一萬八千，生番十二萬三千。

教育。公私設立學校八百八十三所，教員二千五百二十人，生徒七萬九千六百六十三人。

交通。神戶、基隆間航路九百九十海里。有汽船四艘，月八回往還。汽車官綫三百二十哩，私綫一百九十哩，輕便鐵道三百二十八哩。

田畝。面積七十萬餘里，米四百五十萬，甘薯十一億二千萬斤，甘蔗三十億六千斤。

林業。面積二百九十二萬里，保安林二萬四千里，供用林一百〇九萬二千里。

工業。製茶二千三百萬，砂糖二億九千三百萬，蜜糖五千九百三十二萬。工業資本。制糖會社一千三百萬，其他三千萬。

畜業。水牛三十萬頭，油五百七十萬，樟腦及油皆專賣品，年額四百六十四萬。

銀行資金。輸出一千五百萬，輸入二千萬，合三千五百萬。移出四千八百萬，移入九千〇三百萬，合一億二千八百萬。

外國館我國出品，日人頗有微詞，以爲所陳皆不中不西之品物。近日上海巴拿馬出品協會會場中，有一古銅盆，容水其中，用手摩其兩耳，便錚錚有聲。水面生花紋，有細點上昇，訝爲寶物，需價四萬圓。此在物理學不過聲之顫動作用。若赴賽美洲，自相誇耀，不將騰笑五洲耶。

東京別館之經營，其目的欲將東京市區各工商與自治團體之實狀、並計畫等。介紹於多數參觀人之目。門外道塗皆直方大，爲將來東京市路之實型。其出品之概要一十二種，其用意欲爲通國模範，已漸見於事實，非純然理想的也。

一 關於商工及統計之出品
二 關於電氣之出品
三 關於教育之出品
四 關於市吏參考之出品
五 關於救濟之出品
六 關於水道之出品
七 關於衛生之出品
八 關於地下埋設物之出品
九 關於道路之出品
十 關於橋樑之出品
十一 關於築港河川之出品
十二 關於下水改良之出品

通信省表示所管歲出歲入並職員及建築物坪數。二年度歲入八千四百萬，歲出七千九百萬，官吏一萬四千三百人，雇員三萬三千八百人，傭人四萬五千三百人，建物十四萬二千坪。

各國郵便局貯金狀況。日本於二年度爲一億一百六十萬。又內國爲替，爲二億六千九百萬。外國爲替，一千一百零四萬。

日本對於諸國間郵便物，當四十四年，發送我國爲四百九十七萬個，到著日本爲三百三十四萬個。

各國汽船只數及噸數比較。日本在二年度，爲一千零四十一艘、一百三十八萬七千六百四十五噸。在明治五年只九千噸。

出品中有無綫電信及無綫電話。星期六及星期日，有技師裝演而說明之。其無綫電信係新式，名通信省式，發電時受信者聞之如樂音，無強烈不快之感覺，又能不妨礙他處無綫電信，其距離於夏季晝間，能達四百五十哩，夜間一千三百哩；冬季晝間五百五十哩，夜間千六百哩。又當冬季空氣良好時，能達二千五百哩。

南洋館之設，爲南洋貿易之擴張，特介紹其物產風俗。有圓木小屋，住居土人夫婦，蓋他日冀與之接近。自美國排日之障礙發生，而布哇又設渡航限制。南洋諸島，送爲日人注目之焦點。此爲博覽會當局者，特設南洋館之微意也。

有尾族裸體寫眞，其尾長四五寸；在南洋一小島，生活樹上，食蛇及獸類，是可爲由猿進化爲人之一證。

食人種居馬來由深山中，不與人交接，有射鱷魚捕蛇模型。其背有島中之風景畫片，是爲背景接續裝置。

有護謨栽培方法。自苗種以迄長成，一一示以實物。有割取樹膠之器具，即一木片之小，亦羅列之。又有寫眞並說明書。誠以護謨爲南洋惟一之企業，歐美人多在南洋墾種。日人亦有巖崎、三井、古川、藤田等盡力經營，投資七十餘萬，所墾面積已達十五萬，我國人近亦組織樹膠公司，誠急務也。

《科學世界》發刊詞

人而觀其野，煙通林立，煤氣如雲，錘擊鼓鑄之聲，相聞者數十里，可謂工業之發達矣乎？曰：未也。五穀垂穎，桑麻鋪棻，荷鍤戴笠之群，想望者千萬輩，可謂農業之振興矣乎？曰：未也。是數者，皆果而非因，現象而非本原，覘國者不是取也。夫使政府有盛意鼓舞之法律，其社會有熱誠教育之業務，其國民有普遍知識之程度，則雖外觀衰微，而其實業未有不興者也，否則反是，是則中外古今得失之林也。歐美尚矣，其在日本，則固幼稚之時代也。然自維新以來，百廢具舉，外與諸國改約，復課稅自主之權，獎勵出口，內設有功之賞、補助之金，使民操業有所勸而益進，無所憚而不爲，而前井上谷與今菊池大麓繼入文部，理科思想尤極豐富，既於普通教育備置科目，又爲特別獎進之法，設實業、補習、徒弟、職工諸學校，授必須之技能，故其通國之內，雜誌、報告、調查書之出版，不下數百種；商品陳列，共進、勸工之會場，不下數千所。國勢勃興，使今世界指爲東洋後起之英國者，非無由也。而我老大待亡之帝國，方日事追求，惟恐不及，則政府無愛護矣。學士大夫短於科學之知識，因疏生惰，以實業爲可緩，教科偏枯，報章零落，則社會無教育矣。故其人民畏進取，陷迷信，格路礦以風水，擲金帛於鬼神，則無普通之知識矣。以此立國，雖無外患，猶不自保，而況列國競爭，經濟問題日促以進，將於亞洲大陸演風毛雨雪之劇乎！雖然，政府無可望，而人民不足責，所自病者，無中流社會之無術爾。夫必待民政既立，國權已張，而從容舉手圖實業之改進，吾恐涸轍水至索我於鮑魚之肆，且彼凶族又烏能假以時日、授我成功也哉！徒使饑餓生存，不保旦夕，亂民一起，破壞建設，俱無可言，則亦非計之得矣。謹因雜誌刊行，舉發此義，以爲國民告。不知政法大家，熟知世界之趨勢者，視此又何如也。①

游靈巖寺二絕

東風又復綠聲蕉，蹭蹬生平笑壯圖。卻有閒情拋不得，大瓶壺與小瓶壺。二峰深秀環寺門。

山行逶迤宛游龍，泛泛崇蘭趁好風。歸路不知天欲晚，但聞鐘鼓梵王宮。②

---

① 《科學世界》1903 年第 1 期。
② 《東方雜誌》第八卷第一號。

寥陽館詩草

姚貞伯　撰

目　　録

序 .... 黄立鈞　269

秋日柬馮君木 开　戊子 271
送馮簾青鴻薰之江南 辛卯 271
《傍晚》一首和君木 271
題君木《秋弦詞》 271
花朝舟中 癸巳 271
題《瓊霞閣憶芳畫册》 272
過坦園弔弔王縵雲先生 定祥 272
冬日同君木、楊石蠶睿曾遊郊外 272
示宏農君 273
一醉 273
海上贈山陰汪吉人 佶　乙未 273
陽歧 273
永福道中 274
秋夜寄馮君木 274
寒食寄内 274
記事 274
宿求恒齋，與君木夜話 己亥 275
《桃花》四首和俞無隱鴻梅，并示魏仲車友枋、君木、俞叔柱鴻楷、
　　石蠶 275
橫黛庵雜詩 275
雪後同君木登北嶺，時爲歲除前三日 276

月明如畫，積雪滿庭，獨倚危闌，悵然有憶 276
醉經閣消寒第一集，同鄭念若光祖、魏仲車、應叔申啓墀、馮君
　　木、楊石蠶、王仲邕和之 276
夜渡烏龍江 辛丑 277
漁溪驛寄內 277
興安七夕 277
秋夜寄君木 277
自滬旋里，宿君木齋中感賦 戊申 278
君木同徐句羽韜養痾保黎醫院，以唱和詩見示，次韻奉會 甲寅
　　..................... 278
次韻句羽《夏口早春見雪》丙辰 278
春日同句羽泛舟 279
端陽後一日同句羽坐小艇赴漢口感賦 279
句羽賃屋蔡店為辟暑計，要余同止。句羽有詩，因次其韻 279
用前韻賡和句羽《漢口寓樓初夏》之作 279
病起對菊 丁巳 280
何旋卿其樞自瀋陽歸，見示新句，賦是以會，即用其"中秋夕
　　由哈爾濱之長春"韻 280
歲莫同旋卿意行西郊，時旋卿將再之瀋陽，仍用前韻送之 280
馮空石全琪為余畫扇並題新句，賦此報謝 戊午 280
冬夜憶叔申 281
春日感賦 己未 281
秋夜病中 庚申 281
五十初度，王龜山德馨、錢太希罕、魏拜雲友模、錢蒓林經湘、仲
　　車、叔柱、无隱、石蠶、仲邕招飲來鶴山房，即席賦謝 辛酉 282
春日病起 癸亥 282
俞嘯麓本倕以《梅花》詩見寄，次韻會之 甲子 282
《桃花》四絕示陳玄嬰訓正、君木 乙丑 282

吳淞春晚	283
得楊石蠶書，卻寄，兼悼亡室	283
乙丑除夕示家人	284
丁卯元旦 丁卯	284
與君木訪徐仲可滬西康家橋	284
客思 戊辰	285
登初陽臺回度棲霞嶺	285
遊紫雲洞	285
視魏陔香錫蘭疾，至則已陳屍堂上矣，哭之以詩	285
己巳春移居十字橋，秦氏賦贈居停秦楔卿 開	286
次韻寄君木上海，時余方由滬抵杭 庚午	286
孤山晚望，感懷身世，愴然有作	286
曉起即景，感念君木，口占一絕 辛未	287
題朱次玉員外《雙辛夷館填詞長卷》，代朱彊村侍郎 壬申	287
題李穉清女士《花影吹笙樓填詞遺卷》，代朱彊村侍郎	287
歲莫滯滬瀆，偕馮甥都良貞胥、仲足貞用昆季，並攜女兒荃聞遊近郊，得三律	288
秦君潤卿祖澤就飲碧廠，置酒為九老會，九老各有賦贈，輒代主人作答	288
題族姪足一獨立小景	288
壽秦楔卿五十，時楔卿方遊蘭亭歸 甲戌	289
羅芹伯挽詩 乙亥	289
挽胡苣莊翁 炳藻	289
上巳前二日，都良招同朱別宥鼎煦、陳寥士道量、洪戍阿日湄、錢太希、王仲萡諸子酒集飲碧廠，寥士有詩，輒倒次其韻 丙子	290
《慈湖聊吟圖》為俞季調作	290
海上法蘭西公園晚坐	291

黄衡伯立鈞三十初度,賦此貽之 ……………………………… 291
爲人題《垂釣小景》丁丑 ……………………………………… 292
長至前一日,徐君蓮塘手翦殘菊貽余,供諸瓷瓶,挺秀悦目,無
　憔悴之色,固知凌霜傲骨與凡卉不同也,詩以張之 ………… 292

附録 ……………………………………………………………… 293
　姚府君墓表 ……………………………… 馮貞胥 293
跋 ………………………………………………… 何　虞 295

序

黃立鈞

吾師慈谿姚貞伯先生，以狷捐介絕俗之身，處闤闠紛紜之會，落落情懷，難協衆趣，累載委蛇，適增侘傺。平生感慨多端，唯於吟詠發之。同邑馮回風先生，一代詩宗，聲名藉甚，先生與有中表之誼，結久要之契，迭以詩篇，互廣唱和。自馮先生病歿海上，先生益用索然。

立鈞執贄門牆垂二十載，自維譾陋，罔堪琢璊，先生獨不以爲不肖，教督誘掖之彌殷，有所述造，輒以寫示，師徒之間，意氣沉瀯。立鈞竊不自量，頗欲以立雪之愚誠，致慰薦于萬一。值軍事朋興，交通梗阻，先生棲遲故里，音問遂爾暌絕，猶冀於亂定之後，重奉几杖。不意先生衰病經年，遽謝賓客，遠道聞訊，愴痛曷極！

今先生女公子荃聞女士，裒集詩篇，都爲一卷，謀付剞劂，藉酬遺志，屬立鈞以一言弁諸簡端。立鈞門下小生，安敢妄有論列；顧熟知先生爲詩，別具蹊徑，不爲閫緩，無取綺靡，推陳出新，妙造自然，故雖斷篇零句，亦自不同凡響。至於蹉跎身世，蘊結牢愁，莫概於中，借端而發，往往有弦外之音。達其要眇，從不許絲毫獷氣，被諸楮墨，蓋爲能不失詩人柔厚委宛之風教者。緬懷誨言，惝怳在耳，輒發斯旨，用稔當世。

民國卅一年九月，受業餘姚黃立鈞。

秋日柬馮君木 开 戊子

索處亦無賴,誰歟慰嘯歌。病閒生事少,秋冷雨聲多。濕竈無煙火,空庭長薜蘿。重陽看又到,攜屐肯來過?

送馮簾青 鴻薰 之江南 辛卯

飄泊渾無定,羈愁已不堪。況當春欲莫,送爾到江南。風雨攜尊酒,殷勤勸再三。此行好珍重,努力寄書函。

《傍晚》一首和君木

靜坐撥爐灰,紗窗裊煙篆。涼月忽飛來,花影和簾捲。

題君木《秋弦詞》

燈火簫樓梦似塵,天涯芳草不成春。曉風殘月尋常憶,我是屯田舊友人。

湖海飄零載酒船,鈿箏離思託秋弦。可憐弱歲馮當世,落拓詞場已五年。

花朝舟中 癸巳

江風吹雨濕蘭橈,綠尽河堤柳萬條。無賴客中今日酒,一篷煙水過花朝。

題《瓊霞閣憶芳畫册》

淺水晴沙月似塵，夢魂香憶六朝春。夜深羅襪淩波去，誰是湘江納珮人？水仙

香霧雕闌盪曉煙，暖霞紅湧夕陽天。春風唱到將離曲，夢斷揚州已十年。芍藥

東風珊架紅雲匝，紗枕銀屏酒夢醒。杏已飄零桃已謝，一年春事總輸卿。酴醿

過坦園吊弔王縵雲先生 定祥

幾尺藤籬冷蟀喧，荒荒殘棘上頹垣。亭臺零落無人問，惆悵斜陽過坦園。

哀然著作寄窮愁，身後聲名此足留。楊炯已亡梅福老謂楊穀人、梅友竹兩先生，遺文誰校映紅樓。

問字亭荒臘莫煙，侯芭重到總流連。可憐絳帳談經夜，回首春風已七年。

冬日同君木、楊石籑睿曾遊郊外

溪水泠泠去路遙，敗蘆叢竹自蕭蕭。兩三點雨不成雪，

翠羽一聲啼過橋。

　　煙霧微茫罨遠村，疏鐘渡水近黃昏。老烏啼出山頭月，落葉蕭蕭下寺門。

示宏農君

　　多病憐卿慣，工愁奈我何。淒涼琴劍況，冷落庋廖歌。一別又三月，相思隔大河。幾時偕隱去，補屋更牽蘿。

一　　醉

　　一醉復何事，愁懷鼎鼎新。途窮逢歲莫，世亂況家貧。薄俗無知己，高堂有老親。枯魚少生計，歲度泣沾巾。

海上贈山陰汪吉人 佶　乙未

　　芳草天涯冷夕曛，秋風離思正紛紛。少年作客知非計，海內論交尚有君。酒梦薈騰黃浦月，詩心淡遠鑑湖雲。相逢異地真難得，談笑何嫌夜已分。

陽　　歧

　　官柳蕭條尚帶秋，薄寒漸漸上征裘。一鞭落日揚歧道，無數青山立馬頭。

永福道中

颭沓寒沙没馬蹄，亂山不辨路東西。一鄉生産多因竹，百里人家尽傍溪。失意窮途長蹙蹙，大難來日只栖栖。飢驅信有難言隱，迸作林鴉掩抑啼。

秋夜寄馮君木

落葉蕭蕭入郡樓，天涯王粲尚依劉。艱難客路誰青眼，爾我高堂各白頭。短燭淒迷當獨夜，空齋風露正清秋。江湖鴻雁都歸去，莫寄瑤華慰別愁。

寒食寄內

東風吹雨客愁醒，聚散無端感緑萍。莫上高樓望春色，萬條楊柳正青青。

記　事

草草行裝料檢勞，寒燈漸欲燼蘭膏。碧紗窗外瀟瀟雨，一夜離情付剪刀。

征袍蕉萃黦緇塵，霧露天涯慰問頻。長憶小樓腸斷夜，梅花如雪月如銀。

宿求恒齋，與君木夜話 己亥

銀燈深照酒尊殘，街鼓聲中語未闌。起傍闌幹看夜色，圓圓月子向人寒。

《桃花》四首和俞無隱鴻梅，并示魏仲車友枋、君木、俞叔柱鴻楮、石鼉

東風料峭斷霞殷，相約尋春幾往還。本是西池池上種，飄零何事到人間。

柳絮濛濛春欲闌，無言相對夕陽殘。偶然飄泊隨流水，莫作楊花一樣看。

飄然仙骨絕紅塵，一笑能回四座春。雞犬不聞崔護去，年年開謝屬何人。

細馬長隄雨似塵，一枝零落不成春。漁郎去後風波惡，前渡茫茫莫問津。

橫黛庵雜詩

刻意傷春枉費才，纏綿幽抱向誰開。西山眉黛青如畫，雨雨風風日日來。

西燕東勞可奈何,新詞誰唱定風波。可憐一夜瀟瀟雨,不抵高樓涕淚多。

蘭因絮果細評量,賭酒春宵畫燭涼。漏轉月殘扶醉別,遠天如墨夜雲長。

畫闌六曲長蒼苔,彈指歡悰亦可哀。眼底挑花零落盡,獨飄殘夢到天台。

雪後同君木登北嶺,時爲歲除前三日

溪山一白野梅香,蠟屐相將度嶺長。孤嶼亂雲天浩浩,平湖殘照水茫茫。流光荏苒又除日,春信迢遙動萬方。獨有喬松千百尺,歲寒不改舊青蒼。

月明如畫,積雪滿庭,獨倚危闌,悵然有憶

遙夜孤城玉漏殘,敝裘寒擁坐更闌。明明月子明明雪,誰倚高樓捲幔看。

醉經閣消寒第一集,同鄭念若_{光祖}、魏仲車、應叔申_{啓墀}、馮君木、楊石璽、王仲邕_{和之}

排除殘歲崢嶸事,料理浮生頃刻間。大句荒寒破空出,高樓突兀向天攀。酒邊積雪明斜照,雁外頹雲接亂山。光景無多年易盡,嘯歌聊復慰孤孱。

夜渡烏龍江 辛丑

白湖水色最空濛，蒜嶺雲光復鬱蔥。到眼峰巒看不足，滿天星斗渡烏龍。

漁溪驛寄內

孤衾短枕夜淒淒，斗柄橫空月已西。數盡殘更天未曙，行人一夜宿漁溪。

頻年送我天涯去，感別傷離淚有痕。今夜柳梢眉月細，迢迢可奈此黃昏。

興安七夕

寂寞空庭露氣浮，西風初雁落城溝。人間天上迢迢夜，碧漢紅牆處處秋。漸覺星河明入戶，不知歡笑幾登樓。深閨今夕思千里，應有微吟感白頭。

秋夜寄君木

孤城日落聞殘角，遠客悲秋滯晉安。夜半蕭蕭榕葉墜，霜天風色正高寒。

思歸心與大江東，千裏鄉書詑塞鴻。君戀微官吾覓食，高齊冷署各秋風。

自滬旋里,宿君木齋中感賦 戊申

人天離合感蹉跎,彈指歡塵付逝波。祇此明燈相對語,寥寥光景已無多。

君木同徐句羽韜養疴保黎醫院,以唱和詩見示,次韻奉酬 甲寅

燈影扶花上小樓,風微露重月華流。蕭疏簾幕聞初雁,慘澹星河見早秋。薄病卻添酬唱樂,清談轉惹淺深愁。竹竿巷口無多路,願作平原十日留 句羽所居名竹竿巷。

次韻句羽《夏口早春見雪》丙辰

瓊樓玉宇參差見,雪色春光次第開。薄霽輝輝浮遠樹,迴風點點著疏梅。熟知芳訊因寒滯,祇覺孤吟觸緒哀。賴有多情徐孺子,肯攜尊酒覓詩來。

[附徐韜原作]

北風一夕作喧豗,破曉樓窗忍凍開。寒雨遠兼春外雪,高花清照屋頭梅。出門犖确多歧路,對酒嵯峨生劇哀。官柳若無還綠意,江湖滿地有誰來。

春日同句羽泛舟

晴沙短艇寄閒身,塵外來尋寂莫春。拂袂江花紅欲染,覆隄煙柳綠能勻。依依坐惜華年誤,惘惘渾驚物態新。照眼波光吾亦老,更堪離亂入愁顰。

端陽後一日同句羽坐小艇赴漢口感賦

陂塘淺水長新荷,麥隴風微趁薄羅。佳節匆匆隨例去,羞將衰鬢照清波。

燈火秋窗話苦辛,舊遊回首已成塵。荒荒斜日孤篷底,同是天涯冷落人。用香山句。

句羽賃屋蔡店爲辟暑計,要余同止。句羽有詩,因次其韻

卓爾襟期出輩流,更尋廬舍近汀洲。棋聲寂歷消長日,詩思纏綿支破樓。正好當風安小簟,漫從逃暑得清秋。客途各有羈棲感,爲借謳吟卻旅愁。

用前韻賡和句羽《漢口寓樓初夏》之作

元龍豪氣薄曹流,結屋遙鄰杜若洲。高樹分涼開晚霽,孤帆送影入危樓。了無車馬門都寂,不種松篁地亦秋。傑閣

晴川相對峙，捲簾憑眺釋閒愁。

病起對菊 丁巳

經旬閉置負秋光，病起階前菊尚黃。澹澹夕陽回照影，凝凝冷蕊膩含霜。折來祇自憐衰鬢，坐對猶應惜晚芳。簾捲西風人已瘦，一庭冥色正蒼茫。

何旋卿其樞自瀋陽歸，見示新句，賦是以酋，即用其"中秋夕由哈爾濱之長春"韻

遼海黃沙黑塞煙，歸來恰恰值春先。離心窈窕縣初月，詩膽蒼茫接九天。歷世靈衷成幻想，潛情麗韻作秋妍。明燈滿眼生珠玉，古色幽香落酒邊。

歲莫同旋卿意行西郊，時旋卿將再之瀋陽，仍用前韻送之

迤邐平原策杖先，諸峰晴色媚遙天。清霜落葉留殘艷，亂石疏梅作小妍。暫取荒寒供跌宕，坐令語笑墜風煙。來宵孤館薈騰夢，應有家山掛眼邊。

馮空石全琪爲余畫扇並題新句，賦此報謝 戊午

詩老何曾有畫名，誰知慘淡極經營。虛無紙墨開清曠，咫尺江山入遠平。點筆神隨蕭樹出，浮空意與晚煙成。芳風日夕盈懷袖，不忘殷殷題箑情。

冬夜憶叔申

荒城更鼓夜沈沈，念子長眠涕滿襟。落月猶疑照顔色，疏星永痛隔商參。低徊斷夢留孤臆，掩抑深哀入短唫。幸有茂陵遺稿在，流傳倘慰九原心君木爲君編定遺集，方謀付刊。

春日感賦 己未

節物催人亦大忙，虛庭縱眼惜流光。枯藤緣樹回新綠，細草含花作嫩黃。逝景匆匆成短夢，芳情宛宛委春陽。中年意緒傷哀樂，潦倒清尊不解狂。

坐窗一月不成敖，兀兀孤禪且自逃。窈窕明簾飄夢雨，闌珊小苑落春桃。柳梢煙斂鶯聲縱，草背風微蝶翅高。亦有飛鳴無盡意，獨揮殘淚寫蕭騷。

秋夜病中 庚申

一夜秋聲滿庭樹，無眠支枕聽西風。床頭殘燭窺飢鼠，天外清霜淚斷鴻。蟲語沸簾催鬢白，藥爐賸火映燈紅。井梧黃葉飄零盡，瘦骨嵯峨漸與同。

五十初度，王龜山德馨、錢太希罕、魏拜雲友模、錢蒓林經湘、仲車、叔柱、无隱、石罿、仲邕招飲來鶴山房，即席賦謝 辛酉

各爲寒飢走異鄉，少年追逐共詞場。吾曹聚散同秋雁，莫景闌珊赴夕陽。暫取湖山成小憩，空憐離索失流芳。翩翩裙屐今餘幾，一席清尊未可忘。

春日病起 癸亥

鵾鳩聲聲徹耳聞，柳條垂處有斜曛。病來不覺流光疾，春到人間已十分。

雨過荒園長淺苔，行吟柱杖且徘徊。一池春水明如玉，但照新霜上鬢來。

俞嘯麓本僡以《梅花》詩見寄，次韻畣之 甲子

裁成著色生香句，寄與昏花老眼看。漸覺衰頹疏倡和，卻憐格調入高寒。綺窗芳訊憑詩領，酒檻鄉愁賴醉寬。索笑巡檐還選韻，苦吟應到月光殘。

《桃花》四絕示陳玄嬰訓正、君木 乙丑

余前有《桃花》四絕，岁乙丑，客吳淞，意有所觸，復成四絕。此中情事，惟知之者知之爾。

天台歸去久無家，寂莫空山閱歲華。一夕東風轉平野，江南江北盡開花。

記得家山見一枝，春風灼灼逗丰姿。崔郎老去風情減，人面依稀異舊時。

風前短短向人開，洞口繽紛護綠苔。不爲亂離逃世去，仙源雖好有誰來。

陽春煙景弄迷離，莫問蜂狂與蝶癡。只恐流芳容易歇，眼前穠艷不多時。

吳淞春晚

只覺新愁一往深，天涯春去又駸駸。雨餘花葉爭消長，醉後裳衣費酌斟。垂老漸趨枯寂境，思家不廢短長吟。鶯啼燕語渾無賴，淒絕江南作客心。

得楊石蠶書，卻寄，兼悼亡室

少小嬉娛今白頭，開函聊復釋幽憂。頗聞病酒猶耽飲，卻爲寒春尚戀裘。來書云今歲春寒特甚，重裘尚未能去。凌雜米鹽難作達，青紅兒女每添愁。紛華滿眼何須羨，獨恨無錢買釣舟。

半江淞水碧粼粼，老去頹然滯海濱。但數鳧鷗還別浦，坐虚蔬豆薦芳辰。來書云故園蔬豆已薦新。歸程稽日花都笑，殯舍經春草又新。一十九年彈指過，不將歡樂敵悲辛。室人來歸十九年而殁，距今又二十寒暑矣。

乙丑除夕示家人

歲晏寒風未解嚴，明燈依舊照疏簾。須眉不覺成衰老，麤糲猶能共豉鹽。揭甕新醅宜盡醉，然爐活火且重添。漏殘摩眼東窗望，可有春陽上短檐。

丁卯元旦 丁卯

壓檻春雲掩薄陽，高枝風厲鵲猶翔。柳梢綴雪明寒玉，梅萼飄窗度暗香。盤酒聊爲新歲獻，笙歌難共少年狂。良辰美景悠悠過，垂老逢迎又一場。

與君木訪徐仲可滬西康家橋

嚴霜零街樹，敗葉墜梧檟。言尋佳俠士，憂心爲一寫。策杖迤邐行，黃沙沒塵踝。到門絕車騎，境寂同蘭若。畦蔬鬱青蔥，庭菊散紅赭。搴幃延客入，一室貯幽雅。餉客出杏酪，玉色映杯斝。主人老好學，積書充椽瓦。餘事託吟哦，秀句資甄把。小樓手所葺，疏窗面曠野。嗒然養天倪，一真敵萬假。海上多俊人，得此今蓋寡。歸途燈火繁，車水雜龍馬。冥想塵外游，胸次猶蕭灑。

客思 戊辰

千紅萬紫燦明霞,客思如雲隔水涯。歸計不成春已爛,傍人籬落看桃花。

登初陽臺回度棲霞嶺

岡巒掩映夕陽斜,山徑迴環繞白沙。卻喜老來腰腳健,瘦筇圓笠度棲霞。

遊紫雲洞

俊風展芳曉,羈心散春旭。佳勝在咫尺,腰腳舒曲局。積石成洞天,上壓百疊綠。入洞忽幽黯,毛髮噤瑟縮。窈黑不見天,白晝須秉燭。想當六月中,涼冷忘暑溽。數武漸開朗,光明辨麥菽。嵌石缶翁詩,健句朗能讀。石氣奪山勢,盡力作深複。黃龍興金鼓,怪險茲所獨。斜陽漏石罅,欲歸足縮縮。那能買尺地,洞外結蘿屋。

視魏陔香錫蘭疾,至則已陳屍堂上矣,哭之以詩

寒雨濕長衢,愁雲黯庭戶。清曉問疾來,陳尸忽堂廡。魏君邦之彥,光采映眉宇。見義勇能爲,詼諧雜談吐。老來健腰腳,不用藜杖拄。籠燈夜出門,歸來月每午。朋曹瑣碎事,處置無細鉅。前年丙寅歲,亂兵擾鄉土。君爲策團防,間

閣賴安堵。在昔任教育，辛勤耐勞苦。文書必親裁，瑣屑到籍簿。鄉學慶得人，孤擎比石柱。如何刹那頃，坐被衆狙侮。浩氣慘不揚，寸心與喪沮。逡巡兩年來，投閒侵二豎。天乎太不仁，耄老靳勿與。茫茫天壤間，交誼遂終古。揮淚出門行，深哀刺腸肚。

己巳春移居十字橋，秦氏賦贈居停秦禊卿 開

秦君經商鄂中，頻年不歸。今始旋里，夏夜納凉，遂有是贈。己巳

東來山色接襟裾，十字橋頭此卜居。久客愁聽彭蠡雁，倦游不食武昌魚。菊松幸未荒三徑，風月猶能共一廬。花影扶疏凉露重，笑談休問夜何如。

次韻寄君木上海，時余方由滬抵杭 庚午

拂面風沙口舌乾，感君爲我授佳餐。置身久矣拚牛後，謀食眞成累馬肝。歇浦車聲留夢寐，孤山梅萼又高寒。天涯歲莫鄉愁亂，折取疏枝子細看。

孤山晚望，感懷身世，愴然有作

啾啾翠羽隔溪聞，山色湖光黯不分。凍霧連天知釀雪，炊煙繞郭欲成雲。謀生味薄同雞肋，念遠心長接雁群。卻羨千秋林處士，梅花萬樹擁孤墳。

曉起即景，感念君木，口占一絕 辛未

檐前宿雨初收滴，階下秋花漸放紅。此景九原誰與共，定知相憶到聾公。余病重聽，君木在日，常以"聾公"見稱。

題朱次玉員外《雙辛夷館填詞長卷》，代朱彊村侍郎 壬申

詞筆蒼涼寄恨深，虛房寂莫暗塵侵。雲鬟玉臂都吟遍，難寫佳人窈窕心。

展卷浪浪老淚橫，舊歡似夢若爲情。秋風昨夜涼初透，淒絕哀蟬落葉聲。

題李穉清女士《花影吹笙樓填詞遺卷》，代朱彊村侍郎

鮫綃尺幅等琅玕，舊事淒涼忍淚看。長憶淡黃花月裏，小樓吹徹玉笙寒。

莽莽長天雁影單，一腔幽恨滿羅紈。捲簾人比黃花瘦，腸斷西風李易安。

歲莫滯滬瀆，偕馮甥都良<small>貞胥</small>、仲足<small>貞用</small>昆季，並攜女兒荃聞遊近郊，得三律

策杖來塵外，荒寒滿目中。凍雲依淺渚，暝色入孤鴻。身世悲殘照，光陰類轉蓬。及時好行樂，闌歲已匆匆。

歲晏勁寒風，相攜大小馮。行吟忘邐迤，食息各西東。聯步艱泥濘，高歌會遠空。阿荃真好事，手御四齡童。<small>謂都良子，坐籐車，亦從遊。</small>

老病支離舅，嶔奇磊落甥。二難美風度，三世重交情。畦菜經霜綠，炊煙接眼明。江南佳麗地，來往少人行。

秦君潤卿<small>祖澤</small>就飲碧厂，置酒爲九老會，九老各有賦贈，輒代主人作答

碧山高處敞瓊筵，九老圖成繼昔賢。勝會卻來趨末座，雅言猶得辱新篇。撐腸好句清能健，點鬢秋霜白更妍。明歲良辰逢上巳，杯觴再續永和年。

題族姪足一獨立小景

種竹藝蘭任所之，懷人又是落花時。橫流遍地難容足，獨立蒼茫自詠詩。<small>用杜句。</small>

阿咸才調本來賢，衫履飄然似欲仙。未許畫工多著墨，臨風顧影自翩翩。

壽秦禊卿五十，時禊卿方遊蘭亭歸 甲戌

經時不見秦淮海，短鬢蕭疏五十年。修竹茂林共瀟洒，落花飛絮各芳妍。怡情歲月天難老，出手詩篇句欲仙。魏晉遺風今尚在，杯觴何惜酒如泉。

羅芹伯挽詩 乙亥

耆老凋零幾輩存，舊遊回首已成塵。無端長日炎炎裏，又向城西哭故人。

情深手足自提攜，閥閱家聲有品題。一夜西風成斷雁，鶺鴒原上草淒淒。

挽胡苴莊翁 炳藻

鄉園耆舊半凋零，回憶前遊總杳冥。一夕西風轉大陸，天邊吹落老人星。

圖畫蕭然道貌留，名香古鼎難消愁。祇餘一事堪惆悵，不及題詩在上頭。去年翁以《焚香獨坐圖》屬題，未就而翁已歸道山。

一卷《楞嚴》戒律精，莫年誦習最關情。從今再過橋南

路,無復喃喃佛號聲。

上巳前二日,都良招同朱別宥_{鼎煦}、陳寥士_{道量}、洪戍阿_{曰湄}、錢太希、王仲邕諸子酒集飲碧厂,寥士有詩,輒倒次其韻 丙子

故鄉風景信無邊,隔樹鶯聲入管弦。新柳含煙生嫵媚,殘梅點水出芳妍。窗窺萬壑須眉碧,座列群賢少長連。樂事賞心真不易,一尊相對更何年。

《慈湖聊吟圖》爲俞季調作

光緒己丑,與俞仲魯、應叔申、馮君木聯句於慈湖師古亭,韓君溥泉爲作是圖。忽忽遂五十年,叔申、君木墓木已拱,余與仲魯亦逡巡老矣。今歲春,仲魯之弟季調出是圖屬題,回首前游,恍同隔世,率成四章,蓋不知涕之何從也。

展卷淒然熱淚流,應馮遺迹此冥搜。青山無恙詞人老,只有湖波照白頭。

黛色嵐光著意描,春來一雨便蕭蕭。舊時闞相祠邊水,綠到城南第幾橋。

故園殘破已無家,落拓詞場感歲華。留得橫波照眼句,至今不敢詠梅花。"失喜橫波一枝見,菁然照眼數花明",叔申詠梅佳句也。每誦此語,爲之黯然。

風流裙屐各翩翩,韻事流傳憶少年。猶有多情俞季子,

肯將殘墨護花箋。

海上法蘭西公園晚坐

一錯何人鑄九州，名園窈窕且遨遊。喜多嘉樹開清曠，只欠青山入唱酬。國土生愁流水逝，殘陽肯爲老夫留。夷歌聽罷賦《歸去》，五月陂塘颯颯秋。

黄衡伯立鈞三十初度，賦此貽之

姚江多賢哲，黄王夙稱譽。鈞也正妙年，頭角嶄然露。憶昔從我遊，勝衣方就傅。聰明自天成，況復勤攻苦。高樓琉璃窗，誦習恒夜午。經史百家言，奥義頗能悟。東鄰來責難，辟亂西冷渡。烟靄榛莽中，卜居葛嶺住。衆山列屏嶂，簾捲青入户。雜花醒孤寐，鶯鳩時相語。何必覓桃源，即此遠塵務。性本喜山水，足迹隨所住。東看雁蕩雲，西挹金焦雨。空濛莫愁湖，一棹衝煙霧。歸來事吟哦，深心託毫素。澄江散餘霞，切慕小謝句。生有次韻和余詩云：'湖外澄江如練净，苦無秀句續餘霞。'余極賞之。方今世變急，頗欲挾策赴。所惜互市場，報國慚無補。上有白髮親，骨肉欣完聚。下有玉雪兒，跳盪生媚嫵。家庭熙以和，朋舊衎然舞。衰頹卧窮巷，怒焉色喪沮。郵書海上來，詞樸意復古。慰薦出肺肝，精誠通寐寤。垂念及燠寒，嘉惠過酒脯。纏綿故人情，晚近誰比數。春秋方鼎盛，環視氣虎虎。磨礪以相須，及時有休祚。會看翔天衢，雲龍慶際遇。賦詩介爾祉，壽時金石固。

爲人題《垂釣小景》丁丑

萬叠青山落眼中,生涯草草任飄蓬。孤舟簑笠寒溪上,風雪微茫一秃翁。

溪光山色莽蕭疏,蹤迹何妨雜老漁。會得濠梁閑適趣,垂竿漫道子非魚。

長至前一日,徐君蓮塘手翦殘菊貽余,供諸瓷瓶,挺秀悦目,無憔悴之色,固知凌霜傲骨與凡卉不同也,詩以張之

東籬歲晏猶佳色,城北多情手自將。飽閲嚴霜經小雪,暫憑暖日拓秋光。翦裁只合留殘葉,題品端須殿衆芳。好與寒梅同供養,冰肌傲骨各蒼凉。

附　　錄

姚府君墓表

馮貞胥

　　君諱壽祁，字貞伯，慈谿姚氏。曾祖某，祖某，父某，奕世清通，彰聞譜牒。君生而端嶷，甚有志操，八歲喪父，毀悴殆如成人。稍長，治儒書，夙夜屏營，勤爲修屬。顧憚習章句制義，一應童子試不售，即罷去。由是跧伏家衖，絕意進取，綴緝文藻，多所關涉。特耆吟詠，敷展才思，與同邑應啓墀、魏友枋等要結文社，共資幽討，往復談論，隨方酬納，一時勝流，咸注嘉願。母俞恭夫人，軫懷氣類，樂與推挹，具設賓饌，務隆其好，知待之譽，隱動人倫矣。

　　君外若和巽，而內實剛蹇，不槩於中，志氣莫撓。遭家衰落，改就商事，出處乖互，動致扞閡，浮沈累載，汔於薆申，自審分限，夷然而已。君雖久覊紛競之地，於篇章曾未有所廢墜，治務之暇，披覽不輟，斟酌物情，被諸歌誦。嘗謂生平耽嚮，唯在于詩，不有精造，胡以將意，矢念罔渝，卒用有成。晚歲依違滬、甬間，藉館授自贍給，述撰表襮，頗著聲稱。會兵禍驟作，所在惶擾，君遄回甬間，恫心塗炭，故舊凋揪，莫可告語，摧感怫鬱，寖隕厥生。以民國二十七年戊寅八月二十三日，告終里舍，春秋六十有七，遺有《寥陽館詩》一卷。

　　君風度閑潤，進退可觀，言談娓娓，綽具淵致。每銓叙名理、裁量人物，委宛條暢，聽者忘疲。雅性敦尚整潔，几案、寢處，都無纖塵。庋架篋笥間，物皆好與排比，勿俾骰雜。至於衣履，尤精檢制，小有騫垢，輒自湔刮。料視殷勤，靡憚苛細，故其服御常存鮮明，縱歷年稔，弗慭於素。飭躬如此，滋足劭已。元配楊氏，令懿幽閑，式相諧穆，燕婉之好，見稱流輩，不幸盛年，遽遭摧殄。繼室吳氏，雍和溫順，克紹遐芬，迄君之歿，敬事勿替。丈夫子一：燕祖；女子子二：圓、香祖。燕祖、圓竝夭殖。香祖好學湛思，篤於事親，出膺職任，屢致饋獻，經護欽欽，士庶多之。君卒逾四年，香祖卜葬君於某鄉某原。

幽暮永閟，令問曷宣？是用撫拾行義，揭諸墓兆。貞言不誣，藉諗無竟。民國三十一年九月，表姪同邑馮貞胥謹譔。

跋

何 虞

　　慈谿姚貞伯先生壽祁，少與先師回風先生結刻社于故里，以詩文道義，交相切劘，一時過從，竝稱佳彥，更迭唱和，殆無虛日。中歲以往，改就賈事。鈎稽餘閒，手卷不釋，意興所寄，發諸吟詠，一字未安，至忘寢饋。矢詩數百首，手自點定者，僅百有五首，署其眉曰《寥陽館詩草》，端楷妤寫，雅自矜祕。

　　先生既歾，女公子荃聞得之遺匧，攜來滬上，欲付殺青，以資用浩穰，逡巡未果。先生高弟餘姚黃君立鈞，欣願斥帑，促成其事。先是，同邑應悔復先生以閎才雅懷，銳志撰述，抒渫未竟，盛年怛化，先師哀其遺詩，洊經刪削，寫爲定本，期日後附刊已集。曩年《回風堂集》付梓時，悔復先生遺著以遭亂散佚，竟付闕如，在事同人，引爲深憾。茲於《寥陽館詩》繕印之際，《悔復堂稿》適經檢得，遂由荃聞謀諸黃君，俾與先尊之詩合刻成帙。應、姚二先生雖才殊馬、枚，而媚連邢、譚。黃君縈心函丈，錫類師門；荃聞繾綣手澤，逮及惟私。非特添士林之佳話，亦足振叔世之風義。虞忝與繕校之役，得觀厥成，故樂爲誌其辜較于篇末爾。三十一年九月，後學何虞。

荷里賸稿

張原煒 撰

目　　録

自叙 303

卷一 305
　説織 305
　洪承祁傳 306
　沈母夏淑人傳 307
　題郭氏宗譜後 309
　總理紀念碑文 代 311
　奉化趙府君神龕記 312
　葫蘆島楊翁述 314
　存濟醫院張子良太翁功德碑 315
　定海縣公安局沈家門分局長奉化王君去思碑 316
　楊枝觀音石象記 317
　普陀山楊枝觀音刻象神龕記 318
　翁厚父墓碣 319
　蕭山朱母銘 320
　故清縣學附貢生范君墓誌銘 321
　六九自述訓兒孫文 代 322
　故儒馮府君墓表 325

卷二 327
　寧波中山公園碑記 327
　四明孤兒院募集教養金功德碑 328
　釋"通"贈太完 329

清故慶元縣知縣曹君碣 330
謝府君靈表 331
贈林曼卿 333
鎮海方府君述 334
四明袁氏所藏書畫題記 335
詒吾宗綱伯兼示後真率會諸子 336
鎮海張樵莊先生傳 338
靈蘭館壁記 339
許君廷佐行狀 340
先妣述 342
上海難民協會《徵信錄》緒言 代 343
鎮海大胡六先生傳 345
清故奉化縣學附貢生袁府君家傳 346
清故福州海防華洋同知趙君行狀 347

卷三 350
餘姚第四壘謝君墓誌銘 350
尊執一首贈軼父 352
蓴里張氏行序考 353
記先府君軼事 354
陳節母傳 355
王母張太夫人七十壽言 357
大舅徐翁七十生日屏風題辭 358
汪太母俞太夫人八十壽燕叙 360
周君宗良六十壽言 361
安上人塔志 363
屠用錫母張太夫人六十壽文 365
裘母周夫人五十生日文 366

卷四 368

鄞項府君哀誄 368
　哭王心貫文 代 369
　說"積"為陳君志賢壽 370
　王母朱太夫人六十壽 371
　袁葭池五十贈言 代 373
　陳母余太夫人九十壽 376
　定海應氏先德記 378

跋　　　　　　　　　　　　　　張辟方　381

詩文補遺 383
　《蟠根廬詩集》序 383
　悼洪佛矢文 383
　贈謝君四十生日叙 384
　贈馮冉 386
　贈金君廷蓀五十生日 387
　魯盦仿完白山人印譜叙 388
　寧波商會碑記 390
　虞洽卿先生七十壽序 391
　鄞縣地方法院看守所碑記 393
　蕭山朱母銘 394
　《西港集》題語 395
　題上海《寧波公報》二週紀念 396
　致沙孟海 396

自　　叙

曩者，兒子辟方輩，將爲予交付之印版，予尼之曰："文之美惡，自有定評。吾文而可傳耶，後世必有知我者。其不然者，徒爲覆瓿資耳。奚事亟亟自炫粥爲？"兒輩聞吾言而止，意固未釋然也。它日，朋好中又有以是勸者，則仍以前說謝之。蓋予夙所持論如此。

今歲春正月，大病，奄奄餘一息。方疾革，醫者什九言不治，家人亦豫治絞衾斂物以及麻絰布縷之屬。垂絶矣二日而始甦，予固不自知也。越一月，少間，稍稍能起坐，顧體中猶憊甚，神志不甚清晰。昏罔中，每見兒輩將護之暇，憧憧往來發予篋，似爲予理舊稿者，有時就榻前來問，則或省或不省，如是者又兩月餘。比今夏四月，亟起詢之，則稿印者已十六七矣！

是稿前後年月顛倒，錯亂、紕謬之處，所在而是。蓋兒輩爲速成計，隨寫隨印，不足言文，亦不能成集也。無已，姑以《賸稿》名之。乙酉六月，原煒。

卷　　一

説　織

　　吾鄉在邑西南，曰黃古林。方三十里地，所産無遠物。居民農力之外，率賴織自澹給。一歲之入，駸駸四五百萬矣。向嘗怪吾邑志乘言物産者不及席，鄉之中夙以文著者，若楊文懿、聞莊簡、張文定諸公集中軼無聞焉。士好言高遠而忽于咫尺眉睫之近，不其惑與？暇日鮮事，倣陸魯望《耒耜經》例，作《説織》一首。它日有作，儻于是徵。

　　凡織之屬，用莞者十之七；枲或麻，十之三。其器金之屬若干事，竹與木之屬若干事。織者多婦女，稚弱男子亦間爲之。日雞鳴起，飭群材使備，自朝至於日昃，夜辟纑，盡一日用乃已。纑以枲麻之屬，謂之經。其大者亦以莞，謂之邊。邊與經，各有等。席精者，以苧麻或枲纕，麤者則否，視其直爲繁殺。凡織之器，先樹機，機以四木爲之，從衡各二木，令相等，若井字然。附于機者，曰杼。杼有孔無數以貫經，俗謂之扣，言扣之使平帖也。杼之上有箭，箭竹屬鍱，其一端以系莞，使可進退，謂之銛言。其銛利若矢也，附麗而上下於機杼者曰建。建者，楗也，若琴瑟之有柱，無是則弦弗能直，俗謂之機杖。機杖，楗杖之譌也。機之外有刀，所以薙也，有椎所以起也，有鑿柄所以入也。蓋織之器，大較如此。凡席之類，最廣者六尺四寸，曰洋花，外洋人用之。次四尺四，其經六十又四，謂之六四。次四尺六十經次三尺六寸五十四經俗謂之六十亦曰五四數者之外，有地衣，歐美人以衣其地廣二三尺修十丈或二十丈。日本震災，彼邦人來吾鄉販鬻以去，故草席通流東洋者尤夥。席之直，最上者洋花，一席直二金。其次一金，其次不足一金。席之類有雙草，有單草，直恒多而廣弗如。中人之家，賴織以爲食，織必二人，坐相次。其兀可三面坐，上下之恣所便，俗謂之三翻凳。二人之力足以食其身，用力勤者，乃食四五人。蓋吾鄉人之婦女，其勤瘁過他鄉遠甚，然無甚貧富，無庸作於外者。斯者明效也。凡織之事，膏之欲其澤也，水之欲其平也，笵之欲其矢也，縣之欲其體之冪也，寸寸而度之，欲其有等也，其事至纖細。吾鄉人童而習焉，不待學而後能。夫席，鄞產也，遠方人稱曰寧席，仍舊名也。顧業是者，獨吾鄉人。詢之它鄞人，則不知者十五六。天下事之名不副實者，大概然矣。癸亥四月，張原煒。

洪承祁傳

承祁，姓洪氏，慈谿人。自其少時，父命之讀書，旋讀旋棄。已而學爲賈，所欲設施者絕偉，既成矣而中廢，竟以死。其死也，無知與不知，皆太息，即諸弗慊於承祁者，未嘗不悼其不終也。

上海大都會，夷夏輻輳，賓旅闐闐，奔走競機利者，四面而集。承祁幼從其父益三府君，治燧引之術，有心獲，未一年而大喪其業。會日本人覰滬市殷，庶將有所規建，陽揭通引堋鬻爲名，陰欲以（岡）［網］市利。諸賈于邑者大嘩，顧莫敢誰何！承祁亟與鄉人虞和德謀，募白金百萬版，設所謂交易所者揩拄之。交易所者，會諸貨物，質劑平亭之，使有恒賈。其制剙自遠西人，吾中夏弗經見也。事既舉，諸賈咋逻，弗能辦，承祁爲其疏曉條舉之，行之一年乃大效。當是時，江以南交口稱洪承祁矣！承祁軀幹不及中人，倔強負奇氣，視世事無不可爲，稠人廣座，持論嶽嶽，即言弗衷於理，亦委折能整厥詞。性故伉直，每與人爲錢通，斥巨金弗吝惜。自其既得志，益務爲恢廓，不欲以曲俗咫尺自囿，卒坐此致敗。

承祁以民國十一年二月二十八日卒，年三十又三。初，益三府君之歿，先承祁一年，臨終以貲分屬諸子。承祁奮然曰：“大人良苦，顧承祁不能局促作守家兒，獨能善用財耳。”其自許如此！

張原煒曰：用財之大戒有二：曰嗇，曰貪。雖然，與其嗇也，寧貪！觀承祁之對其父，意量亦偉矣！畜志不遂，旋隕其軀，乃使操成敗之論者有所據，以肆舌于其後。夫曒曒者易触，而庸庸者常勝，自古然矣。

沈母夏淑人傳

曹錕之攘位也，以重金龍國會，網致兩［院］議士，俾來歸。諸議士不能有躬拱手聽命者，比比矣。定海沈君椿年，時在衆議院，度勢不可如何，獨跳身之上海，以免是役也。僉多高椿年義，椿年則曰：“斯吾母教也！椿年何與焉。”①先是，椿年蚤喪父，事母以孝，每事必諮而後行。自一爲浙江諮議局議員，二爲衆議院議員，所至奉職兢兢，無敢少失隊，貽母

---

① 椿年何與焉：原無，茲據《沈母夏淑人行述》補。

羞。賄選事興，椿年既南下，諸黨於曹者，微知母以風病留京邸，遣椿年鄉人某，佹以醫至，奉白金五千版爲母壽，要風致椿年，母正色曰："吾兒戆，幸獲免於小人，曏者袁氏圖帝制，吾浙疆吏，嘗脅持諸所稱代表者上章奏勸進，吾兒義不爲所辱，獨此可人意耳，今柰何其以貨市？"其明斷守大義如此。母生有至性，事母袁太夫人，相依至老，不忍去。袁太夫人九十有六而終，①母年亦七十，杖而大號，哀毀過恒人，用是致疾。既終喪，始就養椿年京邸，風發不可止，中遭政變，母子相暌闊，戚戚無驩，欲南歸，未得閒。於時曹黨訶禁嚴，門以外邏者相屬，然椿年卒用母計，微行，將母去，之上海，疾加殆，以十四年九月十一日卒，②春秋七十有九。

　　母姓夏氏，定海人，歸同縣清封資議大夫諱用賓爲室，生男子子三人：椿年、康年、昌年。女子子五人，長適施福昌，次適張明盛，三適費錫齡，四渭清，五毅。渭清、毅皆守貞不字，爲女學教師。③

　　張原煒曰：叔世士大夫，歸美親善，好雜摭事實，用炫誇人，耳目嘩嘩，然溢乎辭矣！若椿年之母之賢，椿年稱之，定海人稱之，諸自京中來者，亦縷縷不去口，此豈與泛引而鮮當者同乎哉！椿年又言母嘗規建定海女學，及沈氏族葬之阡，

---

　　①　袁太夫人：原作"某太夫人"，兹據《沈母夏淑人行述》改。又，九十有六：《沈母夏淑人行述》作"九十有五"。
　　②　以十四年九月十一日卒：原作"以十四年某月日卒"，兹據《沈母夏淑人行述》補充。
　　③　長適施福昌，次適張明盛，三適費錫齡，四渭清，五毅。渭清、毅皆守貞不字，爲女學教師：原作"長適施某，次張某，三費某，四渭清，五毅。渭清、毅皆守貞不字，爲女學教師"，《沈母夏淑人行述》作"長適施福昌，次適張明盛，三適費錫齡，四渭清，五毅。渭清、毅守貞不字，皆爲女學教師"，兹據《沈母夏淑人行述》補入。

皆奏私財佽成之,兹不著,著其繫義利①之辨者于篇。
[校注]
　　此文又見載于《沈母夏淑人行述》,兩者之間,文字有出入者,多達25處。同期而作且被收錄在《沈母夏淑人行述》者,尚有陳訓正《沈母夏淑人行述》、②馮開《沈母夏淑人誄》。考馮開《沈母夏淑人誄》云:"民國十四年九月十一日,定海沈母夏淑人疾終上海客邸,春秋七十有九,嗚呼哀哉!淑人,衆議員沈君椿年之母……芳風懿范,今也則亡,敢表素旐,用章彤管。誄曰:……繫母之行,宜列惇史。導揚懿美,敢諗無止。嗚呼哀哉!"③准此,則張氏此文當亦作於民國十四年九月十一日或稍後。

題郭氏宗譜後

　　郭氏,原煒之外家也。其先自某處遷白象橋。在白象橋者,曰上郭;在郭氏者,曰下郭。下郭族不甚緐,有二支。一支曰廿一房,居祠之東北,俗稱白裏村人;一支曰十四房,居祠北,俗稱曰外村人。舁例:宗祠有事,裏村人主之,外村人不與焉。外村人即身故,無奉主入祠者。
　　外王父季蓉府君,十四房所自出,故亦未入祠。舁嘗怪裏村、外村特居處之隔異耳,顧或則入祠,或乃不入祠。自原煒幼時,外王父及諸母舅先後淪逝,曹無所聞知。少長,每從外家諸長老試問其故,以歲久,疑莫能明。

---
　　① 利:原無,兹據《沈母夏淑人行述》補。
　　② 陳訓正此文又被收錄在其所著《天嬰室叢稿第二輯》之一《塔樓集》,並改名爲《沈母夏孺人行述》,可見《〈天嬰室叢稿〉整理與研究》,唐燮軍、周芃編著,九州出版社2022年版,第294—295頁。
　　③ 《沈母夏淑人行述》,民國石印本,寧波圖書館藏,索書號"M21017"。

往歲正月，諸郭將有事於譜牒，出舊譜見示，命原煒任纂修之役。原煒謹誦讀之，乃知裏村、外村，其始固同出一系；外村人所以不入祠者，意將有所待也。先是郭氏始遷祖曰某某公，名軼不可得徵，生五子，是爲恭、寬、信、敏、惠五房。此五房者，恭、敏、惠三房或遠徙他方，或中絕，今所存者，獨寬、信二房耳。廿一房者，信房之祖之所自出，其寬房一派向稱十四房。二房同系，彰彰明矣！已而十四房貧甚，獨廿一房有饒貲，故祠宇之刱設，諸材費率取于廿一房，而十四房不與焉。大抵古時俗淳厚，其人多良願、尚廉恥，十四房之先，嘗欲有所輸于公，以力絀不能給，故外村人入祠之議，寧隱忍濡滯以有待，非有親疏遠近之殊別也。

原煒曩聞老輩言，郭氏之先嘗榜其門曰"廿一房"，子姓亦未嘗有歧視之心可知。原煒既考諸譜，徵諸宗老言，乃再拜頓首以請曰："譜之作，宗祠之設，所以合和族姓，崇一本之親也！今吾外王父之所自出，及寬、信二房之同出一系，亦既信而有徵。自遷居以來，迄於今茲，裏村與外村，喜相慶，急相救，疾病相扶持，歲時饋遺相過從，非一日矣。曩者十四房之先，以材費未集，故不敢奉主入祠，誠慎之也！夫合者可以分，則分者必可復合；今時移勢易，若任其分而不復合，非所以安先靈、詔後嗣也！且郭氏之譜，草刱自前清光緒間，其闕疑失考者相屬，今以外村人未入祠，使諸郭不相統一，族有公事多不得同，它日遲之又久，將使裏村、外村後人疑爲兩宗，詎非可憾者與！"諸宗老皆曰："諾。"於是原煒歸告以吾母、從母及大舅之後人，設祭饗堂，以慰吾外王父母之靈，俟它日譜成，謹奉外王父母、諸舅、諸舅母及外王父以上祖，若父若祖妣,諸主位於郭氏之祠祭之。明日歸,爲之記,謹書譜末以告于後之人。十五年十月,外孫張原煒。

總理紀念碑文 代

　　維民國十有八年六月一日,恭值總理奉安大典。是役也,起北平,訖浦口,迤邐達二千餘里。輦轂所經,供張設護,惟本路主辦爲多。先期同人等奉令將事,奔走後先,業業兢兢,罔敢差忒;又以曠代盛舉,罕有比倫,將樹碑於路局花園,用昭來許。謀議孔協,材費具興,五月十日,某某謹率僚屬,行奠基禮。
　　於時風日朗清,萬衆肅集,禮儀孔備,有脊有倫。嗚呼懿矣!民國肇建,十有八載,軍閥宰割,波譎而雲興。自前年六月北伐,幸底於成。環顧内争,迄靡寧息,然卒從艱難、顛苦之餘,獲有寰宇敉平之一日,並時山東濟案旋亦解決。南北通軌,若履坦夷。用能使駐蹕無驚,山陵永祭,自非總理在天之靈默相上下,烏足以臻此!夫飲水則思源,當食則思祭,人情然已,吾人遭際共和,沐浴教澤,平日一飲食之微,一跬步行動之頃,猶當念念,弗敢弭忘,況又躬與光儀,式憑靈爽,臨之在上,質之在旁乎!抑某某又有進者,所貴乎紀念,非徒侈觀瞻,尚形式已也。其在書曰,念兹在兹。心所專繫,謂之念;垂之簡册,謂之紀。吾同人誠念兹在兹,莫若以總理遺教爲依歸,於斯碑猶其末耳。
　　曩在民國初元,總理對《民立報》記者之言曰:"交通爲實業之母,鐵路又爲交通之母。國家之貧富,於鐵道之多少定之;地方之貧富,於鐵道之遠近觀之。"大哉至言,其繫念鐵路事業，至深且著，可以垂百世而不惑矣！又讀總理實業計劃，謂南京對岸之浦口，將來爲大計劃中長江以北一切鐵路之大終點，是則浦口地位之重要，夙爲總理所垂念明甚。首都改奠以後，路局南移，浦口、南京相隔僅一衣帶水，賓旅之往來、商貨之輸集，駸駸乎增益矣。

某承乏路政，自今以往，敢不勉自策勵。本總理無畏之精神，以完成十萬英里鐵路爲職志。尤顧全路同人，匡之翼之，以愛路者愛黨愛國，一心一德，俾底於成，庶幾哉，紀念之眞義，於是乎在！嗚呼，總理不死。人有恒言，過斯碑而猶不知感奮興涕者，直自外於吾中華民國之人也已！

中華民國十有八年，奉化孫某。

奉化趙府君神龕記

今年三月十日，奉化人士將奉其鄉先輩趙平之府君木主位於縣之先正祠。於是君之歿，十有七年矣。先期鄞縣長東光陳侯輩都十二人，相與咨議於衆曰："君以故清名孝廉，生際末葉，銳欲有所革更，嘗于所居鄉昌設爲鄉校，曰剡源中學。又躬先截髮，爲子弟帥。句甬舊邦，俗故僿埜，奉化一辟縣，十數年來文化欬欬稱極盛，微君疇有此？古稱有功德于民則祀之，於君之祀，宜爲記。"乃屬鄞張原煒文之以辭。

君以光緒壬寅舉于鄉，於予爲同年生。其明年，公車北上，赴禮部試，會清都新擾攘，詔權用河南試院。君以道梗滯，至上海，約予與俱。始發上海，溯江達於漢，汽車行，發大智門，至信陽州，二日乃達。既達，更騾子車，又十有五日抵開封。是役也，同行者鄉人十數輩，行益寋，談接益頻。君與予同耆飲，夜棲逆旅中，風沙被面，市村醪相醻酌，每中酒感發，顧謂予："今時事日益棘，清帝及帝后挾大物以犇，民棄之矣，其能國乎？"又言："科舉桎梏人，如束濕薪，姑俟之。吾儕要當規其大耳。"時清廷詗司革命黨，文網嚴，士旦夕思罹，譴用周謹，委宛自容免，予耳君言大駴遷然，意知其非常人也。日月不居，人事嬗易。予方講授郡庠，君則之松陽訓導任，兩人蹤迹不合併者有年。居亡何，有自君鄉來者，走叩之，則君之廣州矣。廣州時新建府，諸豪杰四面至，誓揭櫫正義，覆清廷。君既至，任候補參議院議員，騤騤用於世矣。越半年乃病，病至上海，遂歿。烏虖，以君所懷蓄，儻令假以年壽，其成就詎出黨國群彥下！天不降祚，殱我良人。生不竟厥施劦，而困於客死，是則滋可喟已！

君幼劬學，從父讀。父教敕嚴，漏下恒三四弗得寢，君母即垂泣止之，讀如故。自其年少，十三經琅琅上口矣。既成諸生，雅不熹為帖括文，治經史、輿地諸有用之學至刻厲。德清俞樾、定海黃以周、慈谿馮一梅諸名宿，見君作，大擊賞。及舉于鄉官教職，旋晉直隸州州同，非其志也。聞竺紹康、秋瑾方在紹興規設大通師範學校，招致四方奇才異士，亟大喜，往約與共事，紹康、瑾亦傾納。君在校若干年，朝夕講武，期大舉，四方士多附之。蓋儻者予以非常人擬之，至是而驗矣。

君諱文衡，字平之，世居奉化剡源鄉。兄弟五人，今第七特區行政督察專員趙公申之，其季弟也。公峭直，為官務實踐，所至吾浙黃岩、吳興、嵊諸縣及山東之泗安、廣西之隆安，聲施爛然矣。然公嘗自言："吾不逮伯兄遠甚。"君之歿，年五十有八。歿後十一年，為共和十有五年，蔣公介石總帥十麾戈北指，大宇蕩夷，君之鄉人隸戎行、用材武發跡者比比。是談者推究其朔，未嘗不歸美君。烏虖，人生百年，奊判俄頃，形壽者有時而盡，其不盡者，獨此歿世不磨滅之名耳！如吾趙君者，顧曷嘗死哉！二十二年三月，張原煒。

葫蘆島楊翁述

始予以事至定海，泛舟沈家門，與其地賢士大夫習，彼中人往往交口稱楊翁，其瑰奇磊落，多可喜者。今歲六月，聞翁病歿矣，於是翁之鄉人劉君寄亭、張君曉耕，縷舉翁行誼，屬爲述。述曰：

翁姓楊氏，諱某某，杏村其字。其先，閩之某縣人，方其少時，隨乃父某某府君賈遊沈家門，已乃於其地設爲肆，肆曰合順，用粥販鮮蔬諸海物，起於市，凡十有餘年。久之，業駸饒，先後營設諸肆，凡爲漁棧者三，曰合順，曰合源，曰協順；爲錢肆者四，曰寶順，曰順餘，曰寶泰，曰順泰；爲米肆者一，曰乾順。肆以八九數，而楊合順資歷久，尤有聲。翁始居葫蘆島，與沈家門隔一水相望。其地窎絕，便於漁，居民十百家，纍纍皆漁舍。春夏之交，漁者以時往之海，若錢，若米，若新炭，漆枲之屬諸所須，率取給於翁。它日，漁事既畢，載所獲以歸。歸則具大酒、肥肉，要翁蒞其家，爲翁上壽。翁爲一一具尉勞之，皆頓首曰："謝楊老之賜。"老者，島中人尊稱也。自楊老名漸著，久之，環沈家門諸島，無不老翁者，見之不稱名。翁待人坦坦，不爲城府，無卑賤、賢不肖，悉羅致之，尤卑下，尤敬與鈞。

其在沈家門設肆，衆有以喪業叩者，量所宜役使之，即甚困厄無聊,賴得翁一援濟,靡不帖帖就規範。久之,且優遊豐給矣。翁居鄉行善最著者,福建同鄉會八閩會館,其它若興學,若修繕道路、津梁,若建燈塔,不可殫紀。某年某月,前浙江省長伊通齊公,有利濟功多之褒。子二:德慶、陞陛。女五,孫男五,曾孫男二。翁歿,年六十有三。共和廿三年申戌六月某日也。

張原煒曰:予聞曉畔言,葫蘆島臨大海中,兩山夾為疊疊,逼斂若甕口。駕小舟庶可達。既達,乃見平原、港流、人物之饒,宛然一天地,斯溟渤之奇觀矣!翁之豪若為發之,翁嘗領沈家門商會矣,持會務若干年,所設施斬斬在人,然於翁特小試耳!史稱項梁微時居會稽,嘗為人主辦。自古豪傑常有以表見如此,吾是以益穆然想見翁之為人也!

存濟醫院張子良太翁功德碑

海通而還,科學駸昌盛,人盡知醫術宜效法遠西,醫院之設遍國中矣。沈家門者,舟山群島之一居甿,環島而棲者以萬數。曩者嘗規造存濟醫院,其地曰天后宮。山院當山巔,與島民邨落相望,中亙山徑,島之人即有病,非紆道無由致,以故不幸而病,病而失時,以至不可救者,什九而有。夫病,猶火也。火之起,星星耳,救之不及其時,則星星者燎原,不可鄉邇矣。

先是,島有耆碩張翁子良,嘗欲鑿山通道以便病者,山故陳氏產,翁既諮于主者,未得請,坐是中輟不果行。今歲某月,翁之年七十矣,厥嗣澹人將為其父壽,翁固固不之許,既而曰:"若果壽我者,盍自吾島醫院始?"澹人既奉翁命,諮於衆，申前議，蕲廓而大之。主者陳姓，亦願署券割地，俶之公時，則諸與澹人遊者，皆樂觀厥成，旬日之間，釀白金得五千版。澹人又奉翁命，益私財如釀金之數。財費既集，次第具舉，自邨抵院爲石磴，磴五十有餘級。又闢治院舍二十有餘楹。

蓋自山徑既通，而島民無涉跋之苦，無失時不可救之病。醫院規制，駸乎大備矣。院既成，島之人交口稱太翁，謂不可無以紀厥盛，乃謁予，爲之文。是用最其都凡，揭之院壁，以諗來者，以垂於無竟。

翁名某某，子良其字。澹人字曉畊。共和二十年某月。

定海縣公安局沈家門分局長奉化王君去思碑

定環島而縣，島大者，沈家門。其地饒魚鹽，其俗剽悍，其人民族類至不齊，若台，若溫，若閩，諸幫漁民，四面而集。春夏汎期，至者十萬計。居民無鄉里親，平時夙不相習，稍一齟齬，則挾衆操白刃爲私鬭，紛起糾結，猝不可爬櫛，故官其地者獨難。

君以二十年二月量移蒞治，始至，詗得大猾盧忠道橫恣不軌狀，窮治之。盧有黨徒聲氣通遠近甚盛，令既下，或爲君危者，君不之動，卒收捕下之理，盧尋畏罪自殊，諸黨羽聞之，啣君甚，控于上官。有某委員者，奉檄來，至則故張其詞，欲以重辟陷君，久之，微露索賕意。君徐起，謝曰："公休矣。功與罪，有律在，焉有王雪塘而以賕免者乎！"雪塘者，君字也。君官斯土久，威稜益著，匪目李裕生、周阿才等六七人先後獲案，自是盜漸戢，島民以乂。

君廉正,待人以誠,島中人即有事變,君至立解。先是,島民既繁,則日聚諸無賴,爲樗博及鴉片煙諸戲,白晝行閭里,視官司禁令若贅旒。官斯土者,陽託積重不易返之名,陰實坐視朋比以自肥。君在官三年,一介不取于民,布衣蔬食,取足自贍。去之日,囊無余錢。里中父老争釀資,完其逋。漁民無知不知,皆呼曰王青天。

君名永華,字雪塘,浙江象山人。嗚呼! 俗益漓,詐僞亦滋甚,官吏之將送,士庶之揄揚,幾爲通常醻酢之具文。若君者,處潤而不以自肥,居卑而不以職責諉之人。其繫人思,有自來矣! 碑以壽之,亦見公論不泯而百世之後,得失之自有所在也。乙亥六月,張原煒。

楊枝觀音石象記

今年六月廿又八日,原煒偕湯生闇、韓生襄周、張生蟄泛舟蓮花洋,登普陀山,宿楊枝禪院,凡六日。

楊枝禪院者,以舊有楊枝大士石象得名,世所傳謂從海潮湧出者也。予既至其地,亟訪求其遺蹟,果有石刻在寺壁間。年久矣,從塵翳中拂拭之,乃稍稍能辨識。大士像刻工精絶,實蓋瓔珞,手執楊枝,高一丈三尺,寬八尺,左右兩旁皆有刻文,詳記刻石者姓名及年月,蓋是院舊有唐閻立本所繪石像,繼乃燬于火。及萬歷三十六年,寧紹參將劉炳文興造之,又重刻是象,其大較具見劉君所撰《象贊》中,惟不知初刻是象者何人,先時所置何處,其時代相距若何?《普陀山志》記載弗詳,《山志》稱楊枝菴,明萬歷年間劉炳文建,今據《象贊》有"重刻"字樣,是楊枝庵不自明始有,劉君特重建之耳。叩之寺僧,茫不能道其顛末。

自來文人墨客遊履所至，大率以耳爲目，侈陳景光；言普陀名勝者，見於《志》十有二，而兹石不與焉。凡物之顯晦，詎非有幸不幸歟！自劉君刻石後，更歷三朝。清初黃毛之變，諸寺觀無一存者。兹石之遷變，不知凡幾。既命寺僧根心摹拓若干本以廣其傳，又録其贊文於後，後有遊者，庶幾覽觀焉。共和十有三年，歲次甲子，鄞張原煒。

附劉君《象贊》原文，都九行，每行十二字。

《重刻普陀大士像》

普陀聖像，摹自閻公。一時妙墨，百代欽崇。
迄今寺燬，石付祖龍。廟貌鼎建，瞻對無從。
旁搜遺迹，鑴以新工。嗟嗟無色，無相佛性。
本空色色，相相佛教。斯弘用期，世世奉兹靡窮。
明萬曆戊申，寧紹參將劉炳文立石于普陀山之楊枝庵。

按，此贊在象右端，其中部有"唐閻立本書"五字，另一行刻"武林孫良鑴"五字，在碑下端。

普陀山楊枝觀音刻象神龕記

予既與夏君石橋月珊，從楊枝禪院塵壁間，訪得石刻觀音大士象，以古物之重見，搜求之不易易，將設爲神龕，以示後之人。

蓋是刻石象，舊傳從海潮中得之，或又神其説，謂有諸佛菩薩擁護以出云云，其語荒怪多不經。大抵潮汐遷徙，靡有定所，兹石文理光致，殆非人工。其爲海水歕欱而成，中經沈霾而復出無疑。又《普陀山志》載楊枝庵明萬曆間造，予攷寧紹參將劉君炳文所撰《象贊》，亦以萬曆戊申記年，而標題則稱"重刻大士象"云云。曰重刻,則斯院之造,非始自萬曆間,審矣!且是院以楊枝名,以大士象手執楊枝故也,《普陀山志》顧不及此,其陋可知。佛象舊出唐閻立本手筆,當時初刻者何人,所設置何處,亦既湮軼無徵矣。自劉君重刻以後,中經兵燹之災,不知凡幾,茲石顯而復晦,晦而復顯,幸尚能流落人間,謂非神靈之所呵護,諸山僧衆之所宜葆守者耶!自予與夏君謀設神龕,越二月,夏君遽即世,人事卒卒,逡巡未果,一日語慈谿裘昌如光熾,裘君曰:"斯不可以緩。"予既喜前諾之獲踐與舊物之得所憑依,因命院僧根心拓地爲龕,爲此《記》付之,俟它日龕成,勒石其左。是龕也,裘吾昌如輸獨多,贊其役者,杭州方佩紳敬輿、定海湯説倩閨、韓湘舟襄周、張曉耕澹人、劉寄亭德裕、黄遂方毅、費夢周侃、張静盦蟄、厲雪帆、林承業也。乙丑正月,張原煒。

翁厚父墓碣

今年夏五月,予在杭州,聞友人翁厚父以疾歿。逾月歸,造哭其家。孤子文瀾泣告君當日死狀,語甚悲。先是,君自京師謁其兄歸,一日,方舉酒,自云小卻,夜二鼓,呼腹痛劇甚,遂以卒。質明,舉者奉尸出户,母、夫人嗷然哭於房。當是時,絕久矣,尸目忽張,家人環祝之,良久乃瞑。及斂,母號走撫尸,張如初。烏虖,人孰無死,唯君死而恫加甚,焉可隱也!

君諱傳泗,鄞翁氏,父曰某某,官生二子,而君爲季。其卒以民國九年五月某日,年四十又三。越三月,文淵葬君某原。子七人,某某;妻錢氏。君生平未始求仕進,所居闌精室，蒔花粻鳥，澹焉自娛，嬰性耆酒，客至，輒要之飲，貌溫溫然，醉後滋益恭。事兄敬，教子義，接戚屬朋友以誠，其大較若此。

始予將之杭州，先期走別君。會君謀入都，方戒裝，意遲遲，有難色，予謂君：「今南北同軌，朝發而夕至，何難爲？」君悄然曰：「母老矣，兄行役，夙夜，吾何以行耶？」嗚呼，君之不欲行，以有母也！今母在，而君曷爲死哉？民國九年，歲在庚申六月。

蕭山朱母銘

吾友朱鼎煦，有賢母曰湯夫人，以瘍發於背，卒。卒之日，家內外無老少卑賤，哭之皆失聲。有族子某曰：「自我嬰錮疾，寠乏無以自給，饘粥飲食，唯母是須。今亡矣夫！」又有老嫗來哭曰：「我曩者庸於母，未嘗見大聲疾色，即有缺失，母則爲彌蓋之，或委曲風諭，使悛改。」其遇人唯恐傷，詎意其離斯疾也！蓋鼎煦言如此。俗益漓，婦德尤不修；鼎煦之述其親，皆門內庸行，匪有瑰特可驚人者，然母之賢，可以風矣！

夫人蕭山湯氏，年十七，歸同縣朱君。朱君治舉子業，中歲以後，始棄書，服農家事，有無一以委夫人。日辨色，興入爨，下治酒漿，具數十人食，日旰矣，猶娓娓不少休。農功以外，旁逮蠶事、植桑、繅繭，歲有贏。敏於事，嫻於禮。事舅姑，翼翼如也；教率諸子，秩秩如也；於娣姒鄰，愉愉如也；□□婢媼，猶猶如也。

其卒以二年十一月某日，其春秋五十又七。其男子子四：某某；其女子子如其男。其孫若干。鼎煦賢而有文，與予善，朱氏之興，將於是乎在！銘曰：

嗟猗夫人，令聞有淑。父曰永昌，夫曰穉穀。
不顯於時，曰維在後。祁祁令子，學行清懋。
婦功之修，母道之行。儀刑鄉國，朱宗以行。
有幽新室，在蕭之陽。我作銘詞，終焉此藏。

故清縣學附貢生范君墓誌銘

君諱廣治，字文虎，晚年自署息淵。鄞范氏先世，居襄陽鄧城。當宋宣和間，有諱宗尹者，官觀文殿大學士，隨高宗駐蹕臨安。其子公麟，贅魏丞相杞女弟，遂家於鄞，是爲范氏遷鄞之祖。曾祖懋忠，祖上庠，考邦周。君自少超悟，善讀書，弱冠成縣學生員。嘗試於鄉矣，一不售，即棄所業以去，去則遁而之醫。先是，邦周府君習醫家言，嘗以皇古聖哲諸方書及所獲睹祕笈授君。君少承庭誥，日月濡漸，既輟讀，治醫學益劬，覃擘今古，輔以心解，久之，遂通其故。其爲醫，不主一家言，尤不喜襲時下陋習，與人切脈，若疏闊無所事事；及處方，君佐分齊精，析剖豪黍，諸言醫者望之率斂手謝弗逮。衡決人生死，多奇驗。嘗言某某必弗活，某某疾雖劇亡慮也，已而果然。人有要致者，慮病者或聞知，每多諱言，聞君質直，無少隱，意不能無鞅鞅，卒乃服君先見也！

資性通敏，機應如流，耳聽手治，齊時並營，恢恢若有餘。自醫名噪於市，遠近求療治者四面至。生徒詣門下問益，無慮數十百人，日黎明興堂皇，據高案，令諸生徒背誦所習書，琅琅滿室中，於時病者方環集，君則爲之處方，問寒耶？熱耶？諸生徒伺君冗，背誦或脫漏一二字，君則從其後撲之，且撲且詈，詈已，即又爲處方，如是者以爲常。其精力過絶人如此。

君起自寒畯，既粥醫，歲所入倍恒醫，顧未嘗計封殖。平居務周人之急，尤貧乏者，拯之尤備。至爲人要招，視其家壁立，即卻酬，徑出門去。親好有求貸者，直君窮空，則探囊頻蹙，約以明日來。明日其人來，傾一日中所獲飲之，以是粥醫數十年，家無餘貲。

雅好搜集古金石書畫，間亦爲詩。詩多稱性之言，不事鐫繩，往往有獨到語。與慈谿馮君木开交至驩，每出所作示馮君，馮君謂君一生沈浸情好中，匪獨於詩已也。醫稿什九隨弃去，歿後，子禾哀其存者爲十二卷，藏之，顏曰《澂清堂遺稿》。以丙子七月二十七日卒於家，春秋六十有七。配氏陳、氏王。子二：禾、令。女二。君既卒之三年，禾葬君縣西芙蓉山之麓，先期來乞銘。銘曰：

桃源之水，西山之陽。山蒼蒼，水泱泱，有狂生者，於是焉藏。後有過者，保兹封樹，毋毀傷。

六九 自述訓兒孫文 代

我生之初，以同治甲戌，自是而光緒而宣統，更嬗三朝，以迄於今兹。此數十寒暑中，滄也而桑，桑也而滄。計吾童時之遊釣嬉戲，少壯之衣食奔走，猶歷歷在眼前，而吾年則既六十有九矣。先哲有言，前事不忘，後事之師。念吾有生來焦勞況瘁，亦云備至。今未之忘也，將欲使後之人有所徵信，不可以無述。

吾李氏世居永嘉之枥溪，家故鮮恒產，又不幸早喪父，無親戚故舊之援助，年十三，始賃廛城中南門街，自設履肆，業纖而獲微，吾家人以衣以食，咸取給焉。時吾母方健存，予與吾妻胡，蚤夜勤操作，入事親，出治雜事，而吾妻劬苦尤甚，自井汲、庖湢、澣濯、縫紉以外，爲吾共緝履，日擘漬麻枲爲縷，有恒程，久之，兩指間皆皸繭，嚴冬凍裂，血漬往往滿衣襟。及吾妻先後生男子子二人、女子子三人，食指冗繁，益無以繼。嘗別營它業矣，營輒挫躓，計無可如何，賴舉債延喘息。居數年，債益集，困益不振，夫婦中夜相對泣，不得已，則議以女媵於張。張故擁高貲，置市舶若干艘，往來長江下游，所至鎮江、南通諸郡都會，粥轉有無，則以吾文兒屬焉，蓋自此文兒依於張者十有餘年。嗟乎，人情孰不爲兒女計，今也有女而爲人媵，有子弗能終讀，依人役勞，予之內疚可知已！

頃歲以還，予與吾妻率兒輩勤操作，積銖累，邀天之佑，差不瀕於凍餒，文兒娶於邱，亦既生孫男女五人，曰祖繩、祖武、祖光，曰芬、曰霞。孚兒之婦蔡，方新來歸，一門以內，洩洩融融，嫁婚粗完，家室團聚，吾夫婦二人白首偕老，無災無病，自此長齋禮佛，以遂餘年。清夜捫心，造物之所以貺我者，亦云厚矣。顧吾一念疇曩，則有不能不爲兒輩告者。茲值垂七之年，揭櫫往事，列家誡都四條，著之左方，懸之家塾。後之子孫，庶覽觀焉。

一曰家室宜正也。夫婦居室，人之大倫。今之豪家著姓，往往廣置姬侍。其始也，謀以自奉，其卒也，乃以自纏縛，洎乎訕誶交謫，嗃嗃嘻嘻，俯仰無容，語笑皆罪，悔吝隨之，由來漸矣。曏者，張氏之納吾女，待之未嘗不渥，同居未嘗不歡，顧曾不數稔，抑鬱以殂。前車之覆，可爲殷鑑。乃今而後，汝曹其戒之哉。

一曰兄弟宜籍別以居也。人之材性各有不同，譬如食飲嗜好，酸鹹不能強人之舌以從我，其於兄弟，何獨不然！厥在古昔，舉倫常盛事，有侈言數世同堂者矣，外則愛敬其名，陰則二三其德，華而不實，義何取焉！吾家自今著爲例：子姓一授家室，便令異居，所以策自立、弭內鬨，道在是矣。

一曰財利宜俵散也。人之積財，將以爲兒女計，不知後人而賢，無所賴於吾財；其不賢也，則滋足以爲累。每見紈絝子弟，憑藉先蔭，坐擁高貲，鮮衣美食，忘由所來，不事生產。一旦由菀而枯，由豐而嗇，其痛楚乃較甚。若斯者，非獨子弟之過，抑亦父兄累之。夫欲求無累，必自積而能散始矣。

一曰親戚宜欣助也。人之有貸於我，必逆計我之不彼卻，而始靦顏以相求，否則，計無復之急不暇擇者也。以吾之羨，濟人之乏，於事爲至允，於此而存沽恩市惠之念，亦適見其隘矣。以予數十年之所見所聞，天下事因果至顯，如響斯應。今日貸我，明日必于我償，蓋有不期然而然者。念吾往昔舉債時，或旬日爲期，或以月期，期將至，惴惴懼無以當債家意，伺其喜怒，甘其說辭，或不繼，則又展轉請貸，以彌益之。至今思之，毛髮猶悚。此汝曹所宜知也。

綜是四端，皆立身保家之大要也。今人談身世，往往諱其所自出，以起家貧困爲詬恥，予獨以爲不然。《書》曰："憂患所以興邦，逸豫所以喪身。"即貧困，亦何害哉！汝曹念之，高官厚祿，所以酖螫汝者也；冰霜風雪，所以玉成汝者也。予老矣，所望於吾家子孫者，不在貲累之饒羨，而在門第之清白；不在利己以損人，而在裒多以益寡。勉之哉！由是而力行之，誦吾之言，體吾之意，世世子孫著爲例，以則以守，以弼吾家丕丕基，保世滋大，無逾於此矣！歲在玄黓敦牂律中蕤賓之月，六九老人李秀庭述。

　　右文一篇，由予述意，其潤飾詞句，則張君于相爲之，並請張君別寫兩通，付文、孚兩兒分懸之，永爲家誡。是文之作，意在明白淺顯，昭示來兹。至稱曰"壽言"，則非吾意也。秀庭又記。

故儒馮府君墓表

　　廿餘年來，吾縣人興設學校，敚敚稱極盛矣。嘗推究其朔，則馮君止凡之勞爲多。馮君諱丙然，字子藩，止凡其號，鄞之人無知與不知，多尊曰子藩先生。方清季，科舉未廢，士狃於舊習，次且不敢言革，更拘虛目儒，視學堂與洋教等夷，新學坐是梗塞勿通流。君居縣西南，舊有家塾一所，既憤凡民不可與圖始，儼然排衆議，更塾制爲小學，手訂章制如干條，用新學灌溉後進，已又廢縣之鄮山書院爲鄞縣高等小學。甹年，績大著，鄉遠近聞風踵起，頗稍稍知興學矣。

　　君主辦學校，待諸生徒一以至誠，相處如家人父子驊，即傑梗不帥教者，聞君至，即帖帖禽化。自長鄞縣高等小學及寧波府女學堂、寧波府中學堂，先後都六七年，諸生徒出君門下者，迄今猶縷縷道君軼事也。

　　生平崇尚實踐，諸所任事，必罄心力赴之。嘗任寧波府教育會、鄞縣教育會會長，鄞縣勸學所總董及浙江會議廳參議、鄞縣議會會長，皆可稱者。君廣顙修冉，外貌冲穆而中實湛然，未嘗臧不人物，於人之賢不肖，辨析獨精。不喜爲運命神怪之説，當事無順逆，夷然坦然。

仲子浦自美利堅遊學歸，駸駸將大用矣。日者，患肺炎，咯血以死。君若不以介懷，其鎮攝多類此者。

以今年二月九日卒。卒之前一夕，呼家人處分家事訖，顧語從弟俊翰曰："吾昨夢遊白雲寺，知前身乃寺僧也。"又曰："白雲寺在近邨馬湖，吾曏時夢中，數數過之。嘗見有老者趺坐其中，頃者問所遇，老者乃起迎我，我不當大歸耶？"越日，日晡，怡化坐逝。俊翰謂予，君平居口不及僧佛，故聞者引爲大詫。君配氏邵。子二：浩、浦。孫三人。予聞之俊翰，君晚歲家居，時時自祈死，即疾病，家人以藥物進，拒勿納，蓋君夙具濟世利物之志，遭際亂離，抑抑不竟，厥施其祈，死固宜。夫死，常事耳，君又求死而得死，復何有遺憾者。顧獨如吾鄉典刑何哉？民國十九年五月。

卷 二

寧波中山公園碑記

人之樂,奚自乎? 曰:自乎苦。苦樂者,相因而成者也。人饑則思食,渴則思飲,飲食亦樂也。顧廢饑渴,則無由得其饑渴之苦,尤甚者,樂亦倍焉。由是言之,與其謂飲食之樂,故不如言饑渴之樂之爲愈矣!

十六年春二月,國軍既南下,江浙諸省以次奠乂。值兵燹之餘,更革伊始,頑梗敖不逞之徒,乘隙抵巇,假附□黨爲群害。農輟耕,士輟學,工嬉於肆,商賈游於市相屬也。其年四月,某縣王公俊,防守浙東,駐節吾甬,會國府下清黨之令,公處之以斷,應之以權,囚彼桀魁,請命殄僇,其脅從者宥而歸之。曾不浹旬,事以大定。明月某日,公召郡中耆老子弟,觴之署齋,酒酣,公酹而言曰:"嘻,吾民苦矣! 自春徂夏,岌岌若不保旦夕。賴總理之靈,撥亂反正,轉險爲夷。在昔召伯所芾,黎庶芘其甘棠;鄭僑云亡,宣聖泣其遺愛。愷澤所流,迄於不朽。矧茲大德,而無以報。"衆皆曰然,報之莫如公園,宜乃咨於衆,謁於官府,即舊寧紹台兵備道署及寧波府署故址,闢以爲園。凡得地若干畝,廣袤若干丈,以經以營,規制粗具矣。又明月,王公奉檄行,繼之者,今奉化王公文翰,賡續前緒,廓而大之。園中凡爲樓二,曰某某樓、某某樓;爲廳事一,曰中正廳;爲亭二,曰某某亭、某某亭;爲別室,曰某某。舊有薛樓以奉無錫薛公，有喻齋以奉萍鄉喻公。二公皆官吾郡有勞，故奉造象其中。自始事迄於有成，凡費時若干月，用白金若干萬版有奇，工事既訖，光氣煥新，卉木、鳴禽、池沼、臺榭之屬，往往而有。郡之人士，來遊茲地，相與太息告語，追憶總理遺烈，與夫二王公締造之勤，無不額手稱慶，謂不圖今茲獲睹斯盛，及回憶曩者□□之烈、流離奔走之悴，痛定思痛，其爲苦不僅饑渴已也！

是役也，自二王公以外，凡委員五十有幾，而陳君蘭爲勞尤多。於是園之成九年矣，陳君來海上，告予碑以記之。值時多艱，外患告亟，國破家亡，迄無寧日，憂憤所積，遑言遊歡。雖然，苦樂者相因，而成吾曩嘗言之。遊茲園者，倘能知無苦之非樂，又奚有饑渴飲食之判哉！蟋蟀之詩曰："今我不樂，日月其邁。"又曰："好樂無荒，良士蹶蹶。"請爲吾郡人士誦之。乙亥小雪日。

四明孤兒院募集教養金功德碑

吾甬之有孤兒院，自七年戊午始。先時尸厥政者，徐君子湘也。越六年甲子，徐君以病殁，繼之者，今院長柳君良材。柳君以商發迹，薄致饒羨，一旦忽發願，盡屏棄其舊業，惟顓顓致力於斯院。貲事不足，則朝夕告貸於有力者之門，銖積黍累，馴起大觀，自始事迄於今，垂二十有一年，蓋規制駸駸恢廓矣。今歲冬十一月，柳君偕陳君如馨，走來告予曰："賢櫟無似，嘗私念天下顛連無告者，莫若無父之孤兒，竊不自量度，將欲盡吾邑孤兒之衆，無不使無父而有父。受事以來，如蚍負山，如蟻撼樹，夙夜兢兢，幸無隕越，以有成效大著之日,賢櫟一鄽人,子何能爲其及此,則吾同鄉諸父老伯叔兄弟姊妹佽成之力也?軍興而還,流離來歸者日衆,凡諸材費,今昔絜較,或倍蓰,或什伯,月異而日不同,大懼前功之盡廢,岌岌莫保旦夕。今夏六月,嘗來上海,分謁諸鄉老,謀所以募集者,旬日之間得三百萬金。貲用既集,方私引爲慶倖。計吾院之所需支之拄之,遠者三四年,最近亦一年,所詎不半稔,曩所恃以有備無患者,轉眴之間,怳若隔世。乃以初冬再來滬,與鄉老言之,一呼百和,雲集嚮應,則又得一千萬金有奇。一年之間,告募者再,而諸善信輸金有加。嗚呼,可謂盛矣!蒙莊有言:'適百里者,宿舂糧;適千里者,三月聚糧。'以時之多故。茲事之體大,吾院所宜預爲之計者,匪直百里千里已也。然自有盈數之集,此數十百顛連無告之衆,飢者不致無食,寒者不致無衣,求學者不至失教,則非吾鄉老之賜不及此。吾子盍文以碑之?"予曰:"諾。"則詮次柳君語於篇,刊之於石,傳之永永,無紀極之世。是役也,自虞君洽卿、俞君佐庭、張君蓮舫、朱君葆三、余君旭昌、柳君良材而下,都得三十有七人,凡爲名譽董事長十,董事長一,副之者三,常務董事及董事若干人,院長一,副之者二。三十三年十二月,張原煒。

釋"通"贈太完

士農工商,古者謂之四民,匪有所輕重也,匪歧而爲二者也。自重本抑末之説興,儒書始爲士夫獨有,而商賈不與焉。甚者若西漢制律,賈人子不得乘車飾佩,士商之分,有自來矣。

海禁弛而互市起，商業始爲世重，大商豪賈儼然與操國秉者相息消，勢位駸隆，材者益以起。一孔士夫，至是則盡反其疇曩之傾向，至不惜抑己而揚人，廢儒書而高言貿競。由前之說，其弊爲輕商，由後之說，其弊爲重商，或過焉，或不及焉，皆失乎中者也。失乎中，烏在其能通？通者何融士與商而一之？昔聖門諸賢，不廢貨殖尚已，厥後計然、白圭、范蠡之倫，亦皆能著書立說，有所表異。若是者，何嘗有士與商之分哉。

吾黨洪子太完，既畢修學校，挾其材蘊，遍遊國中諸大都會，若干年而歸，歸之海上，爲人佐肆事。自居肆，未嘗一日廢書，暇則肆力爲古文詞。每見予，輒以所作相質證。若洪子其人，吾欲強名之曰士曰商，顧可得耶！夫士與商，不可得名，斯所謂"通"也。"通"與"達"雙聲，《禹貢》"達於河"，《今文尚書》作"通"，是也。"達"之訓爲行不相遇，與"通"若相反而成，謂能不乍行乍止，而後達也。洪子，通矣，吾尤望其達也。

清故慶元縣知縣曹君碣

有絜行精修君子曰武進曹君，諱緣皋，字鶴儕。自少壯（汽）[汔]於老，始遊賓幕，中攝縣令，晚乃敞門家居，其踐履未嘗一日苟也。持誦釋典，未嘗一日去諸口也。歲時刊布善書，施捨藥齊衣物，未嘗或吝悋也，四十餘年而不衰，六十一歲而卒。先是，君與鄞人鄒宸笙同習道家言，相習也。君卒之前一年，兩人者禱於神，神告之："朕錫之以五岳之冠。"五岳冠者，道家所冠，諸言道者著爲等，唯修羨精進，始冠之以爲榮,余弗能得也。今年三月宸笙卒,卒後十日而君亦病,病未加甚也,即飭家人具絞衾衣物至備,及期,召諸嘗談道者環坐床下,辭訣如平常,沐浴趺坐而逝。蓋死生之際,至難言矣。其在《易·繫辭》曰:"苟非其人,道不虛行。"然則通幽冥、感神明,固有可知而不可知者在耶。

君祖某,父某,母沈氏。自其從祖愷崇府君,自武進來賈於鄞,君隨與俱,其後遂爲鄞人。生有至性,事親孝,母沈嬰疾頻殆,君涕泣籲天,中夜刲臂肉,和齊奏之,人以爲難。歷官大嵩場鹽大使、慈谿知縣、慶元知縣,皆有聲。君爲治一,尚寬大,不爲察察行,然見不義,鋤去唯恐後。慶元故岩邑,少農田,民食不足則卬糴邑之諸大家,而縣官定其直,諸大家覬居奇,與縣官爲市,賄賂通,聲氣不絕,民閼抑,無由申。君至,廉其狀,屏諸大家勿與通,民食以裕,其不勞而惠浹于民,多此類。

君有子二:善修,善治。妻某氏,先君卒。君卒後五月,善修將葬君武進先塋之旁,屬其友鄞張原煒爲文,鑱之墓上,實共和十一年七月也。善修語予:"君所著有《石倉詩集》若干卷,藏于家。自言晚年靜觀匈次,如鑒月,如止水,時時照見諸相,語奇祕,莫由知。又言生平所詣差可信,自唯作吏不能無牽於外榮,至今以爲缺。"嗟乎,迹君所造人世之形形色色,舉無足嬰其中者,於吏事乎何有然,吏而若君,已非叔世所能幾,我是以知黃義之學,博大精閎,亘千萬禩而莫之替也!

謝府君靈表

慈谿謝君繼善,將葬其考孟堅府君縣東青林渡之原。已乃與其弟繼祖,別營生壙二其旁,曰:"吾少也孤,不逮事吾父。它日,庶相依地下。"於是葬有日,踵門告予曰:"繼善無似,弗能自建樹以揚吾親,歲不我與,霜露謝遷,今距吾父之歿,匆匆三十有一年矣。繼善年十四,吾父命就肆所謂約翰書院者。先期例受試,試之日,吾父實挈以俱,及往之學舍,則又挈之如初。父子二人同車行,且行且告敕之。時繼善猶年少,曾不知有父之可樂也。未及半年,吾父以病歿,自是遂長爲無父之人矣。哀哉!吾父頎身玉立,神觀偉然,喜治文字,喜飲酒,喜賓接文士,與鄞陸蘭卿智咸、定海厲元卿玉虁、同縣馮君木开、趙撝金家荃、趙匊椒家蕃昆季遊,時爲文酒之會,酒酣興至,議論風生,往往傾一座。年二十三,成諸生,非其志也。平居跅弛不羈,不好爲制舉文,不屑屑問家人生產。見人急,若饑渴之在身,即貲,不繼,爲請貸百方,必獲濟乃已。吾家故饒,自吾父輕財喜結納,稍稍傾所有,其後駸乏困矣。好義勇修善如故,卒以此終其身。蓋繼善之所知者如此,其所不知,不敢以誣吾親也。"於是繼善稱其父竟,良久,則又於邑言曰:"吾父先娶同縣鄭氏,繼娶定海厲氏,是生吾兄弟五人。吾母年十八而來歸,三十二而寡。既爲吾父營喪,越一年又喪我先王母洪太夫人,已而弟若妹又繼之。家故中夷,連遭大故,拮据營具,幸以無觖,(失)[先]母之勞可知也。嘗泣詔繼善曰:'凡人處貧難世,家而貧則尤難。中既空矣,勿能宣於外,其苦有什伯於恒人者。自汝父之歿,家事紛不可爬櫛,汝之幸無廢學,汝叔實扶之。汝弟四人依予以居,一家老少亡慮七八口,吾懼貽門戶羞。以一婦人當之,如昏夜失炬,冥行岩谷間,不自意能無隕躓。汝曹勉之矣!'"繼善之述其親者如此。予按金石通例，詳於本人而於婦女則略之，非以爲不足紀。婦人從夫舉，夫而婦賅焉已。繼善自言少喪父，事其母且四十餘年，予爲並著之，從繼善請，且以見其能，不誇飾以誣乃親也。謹按府君諱廷藻，字孟堅，以光緒某年七月日歿，春秋三十有四。配氏鄭、氏厲。子五，即繼善、繼昌、繼祖、繼遠、繼烈也。女一。孫男幾，孫女幾，曾孫女幾。繼昌及女早殤。繼遠、繼烈先後歿，別有權厝志。繼善以光緒年月日生，配同縣趙、餘姚胡。繼祖後繼善三年生，實光緒年月日也，配同縣趙、常熟胡。繼善世父曰仲笙，名鏞，即佽繼善資成學者也，故並書之。甲戌六月。

贈林曼卿

曼卿，舊郡校門下士也。自期滿，膺上考，賈遊滬海，奉職浙江興業銀行。起自末秩，浮乎要津，蓋在位二十五年，不假于私，循資階進，勞勩稱最，僉曰得人。

雅耆書籍，爲深湛縝密之思，所著《倉庫學》一書，於儲藏利弊，洞中肯棨。業中人爭相傳播，奉爲師尊。每蒞請座，聽者溢戶。海上諸銀行言倉庫者，莫之先也。

吾國習俗，士與商背道而馳，縱有材駿之輩，一涉闠市，束書不觀，其號稱儒流者，則又沒溺於章句佔畢，博涉而不務約取，濡緩無當，通人病焉。嘗試言之，所貴乎，學者能致用耳！明季顧亭林氏遊歷北方諸郡，所至以墾荒致饒，嘗言山西畜牧之獲饒於耕耨，使我有澤中千牛羊，則江南不足懷。又嘗與傅青主同立票號，四方翕從，清代山西票號制度則顧、傅實刱之。夫績學如亭林、青主，猶不廢資生之業，學者宜知所趨矣！

曼卿肄學時，一恂恂儒者耳。及出而應世，所成就如此，豈非以學哉！會曼卿將之新任，諸與遊者咸有餽遺，予謂曼卿之可重者獨《倉庫學》一書，推而暨之，足以沾溉群倫，其他則猶末耳。文以贈之，既喜吾黨之有人，且有望於曼卿之自此益進，以上與顧、傅儕也。壬午二月，張原煒。

鎮海方府君述

曾祖某某，貤贈資政大夫。

祖某某，誥贈資政大夫。

考某某，候選道，誥贈資政大夫。

君諱積鈺，字式如，鎮海方氏。先世當某時，自某某徙至鎮海之清泉鄉，其邨曰柏墅，吾甬人所稱曰柏墅方者也。

方氏世以資雄于鄉，君生長脂潤，獨壹意肄力於書。少從邑中耆宿張菊齡孝廉壽榮、劉翥軒明經鷗游，治學至刻苦。自成諸生，先後八赴鄉試，乙丑、癸巳兩中副貢。初不以得喪攖其懷，鄉居事親，至性淳篤。先是，資政公伯兄幼鹿府君無嗣，以君出爲大宗後。時資政公及庶王母朱太夫人、本生妣鄭太夫人、庶妣張太夫人皆在堂，鄭太夫人春秋高，朝夕奉佛甚虔，家事不過問。君幼時育於庶王妣朱太夫人，事之一以禮，其歿也，奉木主位於縣之節孝祠中；鼎革以還，僑寓海上，務屏浮華，被服儒素，一敝榻，數十年未之或易。鄉有興作，斥貲欸益無少吝，若杭若滬若各行省，直歲不登，振貲亡算，於四明公所尤惓惓。

公所者，君祖潤齊府君所刱設也。君賡續前緒，董其事，先後四十年，歲時致祭，躬自蒞至，未嘗愆期，歿前之一年秋七月，會攖小極，及期强起，往如初。

雅好晉接賓從，文酒遊燕，能盡數觴，未嘗及於亂。平居束身嚴，日黎明，興手寫日記。有恒程，客至，雖燕居，不衣冠不見。治家教子姓，無疾言，無遽色，端坐一室，家人敬憚若神嚴。其在滬寓，一家男女以數十指計，入其室，不聞有言笑聲。與人交，恂恂如不能言，和粹以虛，一本於誠。其律己，謹内行，不少苟如此。

君以共和紀元二十五年某月某日，疾終扈寓，春秋七十。有一配氏鄭，先君三年歿。男子子三：傳淇、傳洵、傳濟。女子子三，適裘，適史，適倪。其壻曰裘光熛、史悠庠、倪某某。孫男幾人，女孫幾人，曾孫幾人。

迹君所爲，貞而不戾于俗，和而不流于隨，言行足以矜式州里，氣概足以立廉頑懦。蓋綱常人心道德之重，隱然繫乎一身。至若處豐而約，居富而不驕，恒人或能之，于君猶末也。

天不慭遺，喪兹碩果。《詩》曰："雖無老成人，尚有典型。"文以述之，匪直以一人一家私慟已也！① 鄞張某述。

四明袁氏所藏書畫題記

吾友袁君履登，襟抱超曠，與物靡忤。自畢修約翰大學，出游四方，所至賓接，士流唯恐弗逮，朋曹遊燕之集，日月而有。生平雅尚，獨寄書翰，每酒酣客驩，出紙筆索書，坐客中

---

① 原作"文以匪述之，直以一人一家私慟已也"，兹據文意改正。

能書畫者，往往爲即席揮寫立就，君則櫝而儲之，久之，藏弆之盛，纍纍滿篋衍矣。

先是，君之父孌元太翁壽躋八十，君嘗倩其縣人王、董兩君，繪爲《白首娛親圖》。圖中，太翁及太母胡太夫人左右坐，君弟賢康侍母側，君之子森齋撰杖立，而君則嬉倒於地。圖成，一時傳觀，播爲佳話，爭題詠以張之。又越二十年，會太翁百齡誕辰，鄉人士懷仰懿美，集議上謚，謚太翁曰貞靖，太母曰慈惠夫人。上謚之日，賓從甚盛，題詠者視舊有加。蓋貞靖公九十六而終，慈惠夫人則七十有四而終，碩德耆齡，邦國禎瑞，匪直尋常歌詠已也。於是君之門下士，檢君所藏，匯爲一帙，用泰西法石墨印行，又益以君六十時題贈之作，而以森齋藏物及門下士諸作殿焉。三世墨緣，後先煇映，題曰《袁氏書畫》，示不以壽限也。

懿歟盛已，抑有言者。近世藏家夥矣，顧其得之也，或以勢脅，或以利餌，縱有風雅之號，無異貨殖之林，方之古人投贈之雅，抑又下已。惟君也不事疆致，不費金帛，得之以自然，應之以誠意，斯尤非俗流所能幾者。予交君逾四十年，念四十年前有邵某者，嫻書札，困甚無所依，君則招主其家，衣食恣所欲，時君廑以教授自庸給，乃能割所有欸益人，凡君行誼，大率類是。故嘗自言畢生不知有積蓄二字，烏乎！天下惟不沾沾於積者，其積也乃滋大。讀是冊者，可以覘君之積已。癸未六月。

詒吾宗絅伯兼示後眞率會諸子

異時，絅伯與予嘗共事郡校矣。校刱自光緒末葉，歷歲綿遠，名號一再更，蓋其先曰儲材學堂，已曰寧波府中學堂，已又更堂曰校，又其後隸於省，乃曰浙江第四中學。予教授於茲者十有八年。絅伯來稍晚，亦十四五年。此數十年中，目所覩，耳所聞，龍變而蜃幻，山升而谷沈，其遷貿不可縷指計，而吾兩人長相守於霜降木落之交，雖老矣，不逐時尚爲移轉。予嘗語絅伯：「吾儕拙用世，白首而靡所就，時爲之耶？抑材之不人逮耶？顧即此，要足以豪矣。」

絅伯生而穎悟，明習西國語言文字，既考滿上海南洋公學，即宦學日本。歸以所獲餉學子，練達當世時務，顧不廢國故，能守其先德塞碩大令家學。時風氣初闢，士守一家言，中外文往往弗通流，絅伯獨兼嫻之，自西籍外，喜法帖、書畫，喜聚墨，喜銅器，廣貯宣德鑪而古泉用力尤專，於周、秦、新莽製作無不究，鑒別時代器物良窳無不精，歷代作家泉譜無不備，周咨窮搜，時有刱獲。近時言古泉者，首定海方藥雨氏，若絅伯見解，乃往往出方氏上，間發爲論議，雖東國碩學，見之斂手，謂精博無與等雙也。

絅伯今年六十，吾後眞率會諸子謀所以壽之者，問言於予。後眞率會者，郡校諸子在海上所設有年矣，其先曰四中同學會，予謂上海非浙壤，非所宜，故更以今名。於是告諸子①曰：「壽亦多途矣，不知吾賢所欲壽者云何？酒食之徵逐，聲樂供頓之豪靡，世俗人優爲之，不足以溷絅伯，度亦非吾賢之所願也。壽莫壽於與古爲徒無已，其託之文字以不朽乎！自予交絅伯，見其治古泉有年，有所得，筆於册，露鈔而雪纂，計其篋沈沈溢矣，誠得吾校諸子理而董之，彙爲一書，以爲他

---

① 告諸子，原作"諸告子"，茲據文意改正。

曰考古者鏡，署其檢曰《鄞張氏後素樓泉簿校刊》。繕訂之役則諸子任之，僕雖譾陋，亦或附爲文以傳是，非特壽絅伯，抑且爲吾校壽，爲諸子壽也。千秋盛業於是乎在，不愈於酒食供頓多多耶？"諸子皆曰諾，則書之以爲他日券。甲申四月日，張原煒。

鎮海張樵莊先生傳

有儒而俠行者，曰鎮海張君。清操潛行，不求聞達，顒顒惟以澤其鄉是務。自治制行，嘗領縣議會矣，所建設於鄉政興革至衆。其著者，則以毀家興學爲最。方清季葉，時政紕繆，外侮迭乘，君謂張國權必自淪民智始，則盡粥所有田產，於所居霞浦張氏祠堂規設學校，蘄爲鄉里倡帥。時科舉新廢，鄉人士怵於夙習，視新學與洋教同科。族人某揚言於衆，以佔溷祠宇皋君，衆大嘩，蠭擁至校中，卓倚諸雜物悉熸之。君夷然，一不與斠別。遷講舍己宅中，設教如初。宅隘甚，不足容回旋，則於其南闢一樓，以爲學子肄誦地。貲用不繼，則奔走告募於鄉之諸朋好。衆聞之感奮，爭思自效爲君援。於時，張君丙旭、翁君輔宸、童君志道，咸來任教，相約不責儎，拮据支拄者凡若干年。已乃於洪岙得公產，經之營之，規制始具，即今之霞浦學校也。同時並起者，有鄭君望枚。兩君者，齒相若，志趣相同。鄭君所領東緒鄉，當治北；君所領，當治南，時稱南張北鄭，誓各以宣敷新學爲職志。久之，兩鄉媲鄒魯矣。由是鄉人忌之者益衆，顧未有間也。會有主興某捐辦自治者，諸無賴則張大其辭，用府過鄭君。日者，鳩徒衆，閧然捽鄭君去，數其罪，投之溷中，爲狀至慘。時君鄉將有事於迎賽，君先期請於官，諭止之，諸亡賴謀以螫鄭君者螫君，聲勢洶洶，幾不免。然君亦未嘗以此自餒也。

君諱兆泰，譜諱萬和，字晚荷，別署曰樵莊，清縣學生員。雅性恬靜，好蒔花，好畜文魚翔禽之屬。遇人粥粥若無能，然大義所在，風發泉涌無所辟。其在鄉，蕭然如物外人，意所不平，義形於色，往往能爲人所不能爲。縣人李熙春、戴景槐嘗爲群小劫持，賴君得全。它所爲，大率類是。

君始起學校，當清光緒三十二年，學生二十人；民初以還，乃至數百人矣。以民國七年八月十一日終於家，春秋四十。歿後二十有七年，其門弟子張季言玥琛，謀建造樵莊圖書館，永作懷思，來請爲傳。季言者，君之族人，舊嘗肄業霞浦學校者也。君配氏周。子二：汝本，汝新。

張原煒曰：儒之爲言，需也章。甫逢掖之士，以回曲取譏於世，比比矣。君被服儒素，一旦奮起，至毀身家而不悔，儻所謂俠者徒耶！鎮海自民國後，橫舍樊興，無慮千百計，尋流溯源，自張君始。尸祝到今，有以夫。

靈蘭館壁記

昔宣聖嘗惡鄉原矣，曷惡乎？爾爲其非之無可非，刺之無可刺也！爲其無是非也！天下之事萬殊，其理則衷於一。不入於是，即入於非。若黑白之不可緄，涇渭之殊流，其分野至顯白。有人焉知方正之不容，剛直之易折，則以依違瞻徇者投曹好。明明是也，衆以爲非者，吾從而非之；明明非也，衆以爲是者，吾從而是之。甘其言，和其顏色，叩以所見，云何則空洞無所有，是之謂無是非。其卒也，不獨是無由見，乃亦無所謂。非斯所以爲德之賊也。

范生禾安者，吾友文虎君之子。君以療術鳴於時，爲人治病依古方，尤敢用四逆湯。語見餘杭章氏《集》中。四逆湯者，時醫所怵息，不敢試也。君獨曰："若是，庶可以殺人耳！"其質率類。時自號狂生，人亦狂之。禾安承庭誥，久粥醫海上，處方類乃翁，間亦出新意，收奇效。平居稱性而譚，滔滔如縣河，不喜學髦流，見人絕不作回辟語，其負氣倔強，有時視乃翁過之。以是，在海上二十餘年，譽者什四五，毀者且十八九，然禾安不之顧也。

嘗試言之，今人不幸而病，所求乎醫者，將以祛吾痛也，非求其甘言以媚吾耳也，非求和顏令色以悅吾目也。甘言顏色之無當於病，夫人而知之，卒其所求，乃在此不在彼。是則滋可怪矣！昌黎有言："大好則大慚，小好則小慚。"文章之道，往往孤唱而寡和，於醫亦然。若今人之所謂是非與禾安異，圜其柄，方其鑿，其鉏吾也固宜。今歲之春，予患喘逆症劇甚，困於牀者三月，它醫至，言人人殊，禾安獨謂病在虛，治之宜以參附扶之。予如其言，終始奉之，果有瘳。既有間，一日造禾安所居靈蘭館，輒發吾蓄，題之壁間。禾安見而哂曰："君言似過當。吾特不敢效鄉原而已！鄉原之是與非，固別有在。然則是禾安也，毋寧非禾安！"嗟夫，並世而有能敢於非者，吾見亦罕矣！乙酉小暑節，原煒。

許君廷佐行狀

曾祖佚名，祖世源，考宗南，浙江省定海縣籍。

定海許君之喪，鄉人士耳君久，既閔其遭際之厄，又多其材智氣力殊絕。人相與咨悼，太息於其喪後。民國三十年十月十九日，假上海寧波旅滬同鄉會設位以祭，又上公謚曰"惠毅"。甚盛事也！

按，君諱廷佐，以字行。先世鎮海人，自世源府君始徙定海，居縣之水門橋畔，自是爲定海人。家故寠也，宗南府君操舟楫爲生。先取于周，繼取于張，實生君及君女弟二人。君生五歲而孤，張太夫人茹苦誓節以字諸雛，家用無以繼，則日夕勤十指，以所入易升斗，教督君至嚴。常曰："吾許氏世有陰德，若父早即世，一綫之延，將于若是賴，若其勉之矣！"故君居厄窮力，自奮求上進，敢於任事，謹於束身，其後賈事有羨業，駸駸大矣。雖處饒腴，未嘗有矜溢之色，母教則然也！君年九歲，隨張太夫人來海上，母子二人同作苦，少長習金工，爲韛冶銅錫，及造作諸模子之屬，已與遠西人多過從，稍稍通曉其語言文字，久之益狎。彼邦人重君竺摯，諸有所需，輒於君是求。有英吉利人馬頓者，尤與君善，與君爲錢通，君自是得所憑藉，有設施矣！數年之間，業以大展，凡所營辦，若五金號，若西飯店，若冷藏廠，若汽水廠、波黎廠，若商輪，其市招皆冠以"益利"名。當是時，君擁列肆衆，規制至閎遠，聲名藉藉國內外矣。其所致勞者，則三門灣爲最。

三門灣者，當寧波、台州之交，北石浦，南健跳，其中爲南田島。島中物產輻輳，土壤沃腴，擅浙東形勢，若商務軍事之屬，咸取便焉。先是，吾國人以其地遼僻，置勿論。自君始主屯墾於其地，築船步，置貨庫，繕馳道，狉獉之壤，始啓文明。是役也，用銀餅凡數十萬，閱時亦十數年，國人講實業者，莫之或先焉。然君卒，以故中敗。

初，君自倡闢港之議，朝野上下爭先嚮應，嘗上其事省府。省府報曰："可已。"又上之國府，國府亦報曰："可。"最後海外僑商之富有貲者，亦四面至，僉謂旦夕間大業垂成矣！顧港流深廣，工事程費又浩繁，君夙所辦具，猶不足當什之二三。群流觀望，又好執成敗之見，事成則尊之若神嚴，敗也鳥獸散矣，由是勢益孤，所計費益不貲。方是時，君困甚，然亦未嘗以此中餒也。

君勤於治事，自朝至於日昃，不少休息，每日午以麥餅當餐飯，衣履敝不完，家人以鮮衣進，輒屏勿御。自奉至約，獨於濟施，人無所遜。嘗於定海之磨盤礁及西後門各造燈塔一，以便行旅；又嘗於定海及上海四川路各段爲廷佐義務小學，以俠寒畯子弟之弗能讀者。滬變作，彈丸滿空際，罹禍者不可勝計，君則躬冒萬險，收輯流亡。前歲吾甬患米荒，君又辦具糈糧以濟其乏。丁戊之交，海道阻勿通，君又廣致利寶、福禄、高登三輪，紆道之定海，之石浦，之甬江，旅人便之。居常教諸子，自言少年時，備嘗諸苦，"故盡吾一生以利已利人爲念"。諸子聞君言，亦自感奮。凡君行誼，大率類是。

君配氏周，生男子子三人。伯曰文貴，季曰文華，皆上海聖芳濟學院畢業生。仲曰文榮，畢業聶中丞公學。孫男五人：志剛、志偉、志勤、志明、志良。女孫三人：婉貞、蓮貞、淑貞。君之歿，以中華民國三十年七月十八日，春秋六十。鄞縣張原煒謹狀。

先妣述

先妣姓郭氏，外王父清縣學生員諱春森之女。年十九，歸我先府君。凡生男子子三，女子子一，而存者二人。吾家世儒素，自先王父府君、先府君終歲客授，所穫不足澹一家，賴家人織草席依益之。席，吾鄉產也。自飭材以至汽功，勞瑣倍他工，吾母佐大母織，日盡席三具，夜辟纑用麻盡四兩，如是者有恒程，吾家人以衣以食，咸於是乎給，平居嗇於自奉。自原煒旅食四方，稍稍致甘毳，輒以欲不可長爲戒。某歲夏暴衣，檢篋中羊鞟一，謂原煒曰："此汝父所鬻。"吾年四十五，始御此也。督兒輩夜讀，往往凝聽不去，久之，唐宋人詩能琅琅上口。歿前三夕，猶爲家人誦王之渙詩。以民國二十六年丁丑六月十九日卒，春秋八十有一。將易簀，家人環跽請命，則曰："好爲之。能吃虧，即便宜；能節用，便長足。如是而已。"語不及其它。府君諱楨泰，光緒壬午舉人。子二：原煒，光緒壬寅舉人；原耀，出爲世父後。孫男三：家圻，家墾，家增。曾孫男三：傳鉞，傳鍾，傳鑄。曾孫女二：菲菲，無非。

上海難民協會《徵信錄》緒言 代

淞滬變作，東西麻亂，流離播徙之衆，扶老挈幼，麕集乎海上。海上人流汗奔告，謀所以勞來安輯之。有所謂慈善團體——聯合救災會者，某某等所設也；有所謂國際救濟會者，紅十字會諸君所設也；外此，若浙若蘇若贛皖，或以舊郡名名，或以縣名，先後集會收容者，無慮以十百計。當是時，危切不容髮，主辦者人自爲政，各立爲名號，有所舉，不相統攝。其後來者滋衆，供給亦浩穰，無以爲繼。越一年，乃有上海難民救濟會，時二十七年十月也。是會也，以它會植其始基，理董其事者，則虞君洽卿、徐君寄廎及英人麥克諾登。既倡議，海内外髦碩俊彥相率偕至，而麥君及某國人米恰爾助贊尤力。其曰協會者，謂與諸會相應和，且以示別異也。

方事之朔，僉謂事急矣，誠欲爲一勞永佚計，非厚集貲力不爲功。於是謀所以鳩貲者，虞君首言："海上號殷庶，多富民，顧告募不可以瀆，瀆則厭，厭則可暫而不可久。以滬市之衆，不如設附捐便，附捐取之全市，析之爲毫黍，積之可成邱垤，事半而功倍，無逾於此矣！"則皆應曰："諾如吾子言。"議既定，著爲率，若旅舍，若酒館、舞寮及他虞樂場，則百之五；諸商肆、職工，視薪級爲差等，百之一；它所營有贏羨，亦稱是。責諸商肆徵納如率，會則以次俵於衆。寒者衣之，餒者餔之，疾病者醫藥之，窮無依者安定之，有一技一能能制器成物者訓練之，所以爲災民計者，周以備。由是諸會所有憑託，犁然統於一矣！

自始事，迄於今，閱時三年有餘。徵天之佑，及諸君之相助，用底於成。計所見施行者，爲收容所者，都二十有幾，或吾會自設，或設自它會。爲醫院者二。有小學，有中學，有工場，有職業介紹組。綜成數算之，難民隸於籍者八萬有幾人，先後遣散者如干人，用鈔幣九百八十餘萬元。是役也，質之衆，叩之故老，皆言海上開步將百年，救災之舉，未有若斯之盛者！某某不敏，從虞君之後，兢兢將事，抑始願不及此，其及此，則諸善信願力之宏，有以致之！

先是，虞君宣於衆，謂茲事體大，宜立假計，計所費當在千萬，其期則三年。衆聞之，皆錯遻，莫誰何。及今驗之，果如虞君言。於是，《徵信錄》刊行有日矣，會虞君有遠征，乃爲揭辜較如此。其舉事諸君姓名，具見《錄》中，茲不著。共和紀元三十一年八月。

鎮海大胡六先生傳

君諱啓堂，譜諱太繡，憩棠其字，鎮海泰浦鄉人。泰浦舊曰泰邱，近改今名。所居村曰大胡。胡氏世習醫，自君曾大父、大父、父，皆治療人術。父曰研史府君，有男子四，其二人世厥業，而君尤有聞，環泰浦數十里，無遠近，皆尊曰"大胡六先生"，不舉名，以君於昆季行，齒居六也。

生有至性，始嘗學賈杭州矣。一日，聞父病，即辭去，徒步走數百里以歸。比父歿，奉其母家居，凡十有二年。自是屏足不復出，一意治醫家言。吾國人盛言法古，顧古今人氣體不強同，必執古方以治今病，雖東垣、丹溪諸大家復起，無當也。矯者或一切盡去之，視古人不土苴，若則又流於蕩肆無依歸。君於醫不拘拘成法，亦不吊詭炫奇爲名高，生平竺守長洲葉氏書，行必與俱，其處方君臣分齊，寒濕辨症，神明於矩矱之中，審察於切望之表，所至輒效，鄉之人以爲神。

日黎明起，門以外求者踵接。比出，或日不得一餐，深夜乃歸。越明日，則又然。爲人療治不責酬，尤乏困者，濟以藥餌、衣具之屬。雖甚風雨，徒步行，不以篋輿舟楫爲病家費。

始，家匪給饒，自君以醫名，稍稍營治田宅，然未嘗以封殖自私。鄉有泰中學校，則君所貲給刱造也。以共和六年丁巳二月二十三日，告終家衖，春秋五十。配氏張。子三人：祖坤，祖蔭，皆浙江第四中學畢業生；祖康，寧波民強中學畢業生。祖蔭尋病歿。女子二，壻曰張成昌、張勱新。孫男四，女孫一。自君即世，於今二十有五年，里中父老猶稱道不去口，或病亟，則曰："六先生而在，濟矣！"

張原煒曰：世稱香岩多神異。予觀所著《本事方釋》，義率平正通達，未嘗有矜才使氣語。今所傳《臨症指南》，則門弟子僞託，非其手筆也！香岩一生，得力於白沙許氏。許氏自言少喪親，百日間兩遭大故，故作《本事方》以濟世，自古高材絕藝，必其有至性過人者也。祖坤語予，君教諸子古文詞至歐陽氏《瀧岡阡表》，往往流涕被面，其不忘本如是，斯所以上與長洲、白沙儕歟！

清故奉化縣學附貢生袁府君家傳

君諱友枚，譜諱升豪，字英父，奉化袁氏。其先世，具見譜乘中。君內行潛飭，生而通敏，刻厲砥學，弗即怠荒。與縣人汪瑞卿、孫序碩兩先生，研治經史，窮極奧厓。既成諸生，薄時藝俳俗，不復近，務爲經世切實有用之學，尤顓意鄉國利弊興革，盡心力赴之，蓋領鄉政者三十有餘年。

有清末葉，屬行自治，鄉各置長一，其職當於《周禮》州長黨正諸官，率以鄉之耆舊英彥任之，平日里衖相過從，酒食慶弔，饋問相習，睹情狎則不威，法嚴則易召怨，故稱職者，往往難其人。君以資望夙，鄉人戴以爲重其於鄉，不爲刻覈矯激之行，亦不回枉曲徇人，殫精悴慮，勤勤從公。棄嬰者收之，疾病者醫療之，耆毒不自振拔者，譬曉之。凡興學植材，夷繕道路、津梁，修廣祠宇諸要政，日月以舉，持之以正，格之以誠，行之期年，一鄉翕和。庶孀歌其功德，長官旌其義行。族鬩里爭，往往不之官而之君，即其人盛氣不相下，聞君片言，靡不弃解，平亭紛結，弭戢訟争。一歲中，亡慮數十百起，如是者以爲常，庶幾乎陳仲弓、王彦方之倫已！

先是，鄉有里社報賽之舉，舉輒滋變，或請於官弭止之，諸亡賴啣之，甚造蜚語，聳煽群聽，群益大嘩，所至恣燒夷毀掠，自邑中負物望者，莫或倖免，君亦與焉。比事平，曩罹於難者，復請於官，名捕急，卒不得，主領牽附，疑獄紛糾，莫可究詰。或又責民家疆出貲以償，用泄宿憾。君奉厥考命，謂編氓何知，急則變耳，且以義始，而以貨終，何以示大公？卒嘿嘿不之校，僉以爲長者。

君以共和三十年農曆正月九日，告終家衖，春秋七十有五。配氏孫。男子四：恆寬、恆富、恆通、恆進，而伯仲先君卒。女子一，適孫。孫男六人。曾孫三人。君儀表朗偉，謹於攝護，終其身，無世俗之耆，不好近醫藥。其殁也，恆通兄弟皆客遊，道阻不及奔喪，越一年，恆通來請《家傳》。予叩君行誼，則曰："吾父在日，教督諸子，惟曰學好人，做好事。"其方嚴類如此。

張原煒曰：君致力於其鄉，綜厥行誼，自鄉政而外，無它焉。足不涉四方，名聞不出鄉閭。視若無赫赫之行，然鄉之人陰被其賜，推暨至今，與夫詭時誇世爲名高者，殊科矣！恆通常從予游，循循守先矱，既輟誦，游於市，不廢儒書，善人之有後，於是乎在！

清故福州海防華洋同知趙君行狀

曾祖在鎬，誥贈資政大夫。

祖冲九，縣學生，誥贈資政大夫。

考佑宸，大理寺卿，晉贈資政大夫。

浙江省鄞縣趙時棡年七十三狀

君字獻忱，號叔孺，宋宗室後。仍世蟬嫣，稱四明舊家。至大理，乃益通顯。君之生，大理公以江寧府知府署鎮江府。府舊名潤州，故命君小名曰潤祥。晚年自署二弩老人，以君藏有漢景耀、魏延熹二弩機也。生而超穎，若有天授。童時伏案，能遍刻金石文字，尤耆畫馬，得其生趣。

大理公以君少子，有清才，愛之加甚，居官之日，每有游讌，輒挈之以俱。一日值會飲，某公語大理："聞君家兒工畫馬，能當筵一試乎？"君立起，索紙筆作畫，頃刻稿成，闔座傳觀，詫為神童，得未曾有。會侯官林穎叔方伯壽圖亦在座，即撫君項，以愛女妻之。趙、林締昏自此始，時君年才八歲，都下人士藉藉稱趙三公子矣。年十七，補縣學生員。先後丁大理公及徐太恭人喪。服闋，入都輸粟，授同知。歷署福州、平潭同知，興化府糧捕，通判福州、泉州二府海防，華洋同知，以功賞花翎，加運同銜。大吏廉君才，駸駸大用。會遭國變，乃謝絕一切以歸。

雅性恬退，不樂干謁。方君之歸，猶在壯年，而大理公門生故吏，隸民國後，多躋巍顯，或風君春秋鼎盛，儻有志用世耶？君一一笑謝之。先是，君為林氏館甥，方伯公藏弆多精品，三代吉金文字及鼎盂銅器之屬罔不備具，君館其家久，耳濡目染，聞見滋廣，夙昔殫心藝事，及是所造益精進。齋居清暇日，揮灑書若畫，尤致意摹刻秦鉥漢竟，精心結撰，卓然成家。

清代自乾嘉後，江南北稱印學大師者，於浙則丁氏，皖則鄧氏。二氏者，一主謹嚴，一主流逸，各有其獨到之詣，承學之士守一先生言，得其粗，遺其精，皮傅而兒襲，伐異而黨同，往往爲通人詬病。君於治印，不規規於法，而分刌曲折自合矩矱。生平自稱瓣香悲盦，顧亦不以是自局囿，其於書畫也亦然。自來海上，用粥藝自（澹）[贍]給，齎金求索者戶限爲滿，而畫馬尤有聲於時，一紙既出值千萬。所交海內碩彥，若如皋冒鶴亭廣森、武進湯定之滌、餘杭褚禮堂德彝、杭葉葉舟某、陳叔通敬第、高魚占時豐，往還諧權，日月而會，弟子著籍者無慮數百人，朝夕問益，稱一時盛，實至名歸，由來久矣。君動止端詳，待人不大聲以色。雅好賓客，居滬之日，客至無虛日，君則危坐齋頭，御西國雪茄煙，與相款語，往往移晷乃罷。所居室陳列魏晉人造象及盤盂尊罍之屬幾徧，來者輒留連不忍去，謂"同光風流，去人不遠"。予嘗品弟，君作印爲第一，書畫次之。世人震於君冲齡見知醇邸，爭輦重金丐君馬，甚者至以郎世寧氏比附君。要之，非能知君者也。

　　以三十四年月日疾終滬寓，春秋七十有三。喪至之日，遠近人士希虛太息，皆曰"哀哀哲人，斯文隊矣"。配氏林，副室邵，皆先卒。五十後，納吳氏。子二：安光、安寮；女二：適羅，適劉。皆林出。所著已印者，有《二弩精舍印存》，又有《漢印分均補》六卷。《古印文字均林》六卷，未刊行，稿藏於家。同縣張原煒狀。

　　按，是狀初稿本，經某君一再刪易故，與原稿稍有出入，兹仍改正。自記。

卷 三

餘姚第四壜謝君墓誌銘

　　以一布衣奮迹州里，無尺寸之憑藉，無豐功巍秩殊絕人，然一言一動，鄉之人憚之若神，嚴奉行之如流水，政教所不能禁，官吏號令所不能逮，至其人而綽乎有餘裕焉，此非其孚浹於群萌者舊耶！

　　餘姚謝君，諱元壽，字庚仙。所居曰第四壜，以古汝仇湖得名。始遷祖諱長二，晉太傅文靖公安弟三十世孫，宋太傅惠正公諱深甫六世孫，宋季自臨海八壜遷餘姚。十四傳至文正公諱遷，明成化間以殿試一甲一名官至某某。又四傳至諱鐸，是爲君曾祖，妣氏周、氏勵。祖諱履方，妣氏楊。考諱端，字筱舫，妣氏任、氏王。三世皆以君階，贈資政大夫。

　　先是咸同之交，太平軍帥李世賢據浙東，諸不逞之徒四起，爲鄉閭害。筱舫贈君與其弟敬立傾所有貲，練民兵爲常勝軍，用自捍衛。已而敵大至，敬殉焉，事平，大吏以聞於朝，褒恤有加。事見《浙江通志》中。

　　家故饒也，自贈君昆季仗義紓難，稍稍淩隊矣。比君年長，以家督支拄門戶，業以復振。顧君亦不好積聚，有餘則以〔澹〕〔贍〕鄉里。餘姚地濱海，直水潦至，往往無所得食。君躬自籌振，全濟之。嘗開濬引河三十餘道，築金家堰減水閘，農田賴之。君頎身鶴立，雅性方嚴，嫉惡如寇仇，縣西南多盜，越人掠貨之舉往往而有，君練團兵二十餘年，陰遣使刺取盜窟，以姓名陳當道，僇其渠魁，盜以斂戢。稠人廣坐，摘斥人瑕疵，靡所假飾，以是取怨戾，然久而人亦忘之，以君秉公直能禽衆也。家居好交游，座客恒滿，遠近糾訟弗能決，率於君直之。暇則以吟詠自娛，著有《自怡吟古今體詩》若干卷，稿藏於家。年六十有二而終，實宣統三年辛亥九月二十四日也。配氏邵、氏李。子四：茂豫、茂謙、茂觀、茂恒。孫男六人。君歿後如干年，茂豫兄弟葬君縣西龍首山費家灣之原。先是，君以道光庚戌生，其年月日時皆在戌，故自署"四戌生"，術者推君命，謂當貴顯無兩。及成諸生，十試於鄉不獲售。中歲始援例授兵部員外郎，加四級，賞戴花翎。懷材不遇，衆惋異焉。然迹君所建樹，自有不朽者在，區區功名何有哉！茂觀與予同爲浙江省議員，乃來督銘。銘曰：

其任重也，雄以勇。其用志也，精以專。是爲餘姚謝善人之阡。後之人，式兹封樹，百世不騫。

[校注]

  1956年，《清誥授通奉大夫餘姚謝府君墓誌銘》出土於餘姚縣湖隄鄉小寨村大河門費家山（今屬臨山鎮汝東村）。① 蓋鐫："清誥授通奉大夫餘姚謝君墓誌銘，鄞縣張原煒撰文，汀州伊立勛書丹并篆蓋。"不僅題名不同，且其底中文字，與此又頗有出入。文末明言："中華民國二十六年八月，無錫王開霖刻石。"張原煒此文，亦當作於1937年8月。

---

① 見《姚江碑碣》，葉樹望編著，浙江古籍出版社2011年版，第221—224頁。

尊執一首贈軼父

　　自予掌教郡校十有八年，門下士著籍者無慮數千人。此數千人者，考滿則遠遊四方，或終吾身不及見，見矣或旋又別去。近來海上，乃得見鄭生軼父。軼父來郡校不一年即去，與予不相見者三十年。前年六月，始偕胡生天痕、袁生晢卿過予寓齋，各言別後事，相對黯然。已而數數來，或間日，或日一二至，久之乃益習。軼父瀾浪無別腸，與人語操土音，十數年不易，無都會浮囂習氣。其平量人物，重先入，既入矣，縱百喙莫之撼也。好爲人任勞排解紛難，獨不喜見豪貴人。好古玩金石書畫，不斤斤較財物。其執如是，與之遊者，皆以爲執莫軼父；若惟軼父，亦自知執也。

　　日者來叩予曰："生自入世以來，以口舌開罪於人者屢矣。常痛自懺，蘄稍稍改過，免咎戾，它日與人接，一啓吻即不期而出。今年且五十，齒日以加而學無少進，吾子幸有以教我。"予曰："無傷也。今夫鳧脛雖短，續之則憂；鶴脛雖長，斷之則悲。萬物各有其真，真不足爲病也。夫人亦然。今人有好執己見者。不可謂之非病。然病所在，即真所在。觀人者於是取焉。嘗試言之：執者必率，率者必表裏無間。今之人，不有矯情飾性以眩惑人耳目者乎。執者必固，固者必終結勿渝，今之人，不有朝秦莫楚翹然以識時自命者乎！宣聖言善人，吾不得而見之矣。得見有恒言，斯可矣。人情之日即於漓匿其真，而惟以詐虞相尚，斯則並世而有能執者，吾且旦夕求之矣。吾子識之，繼自今無執之以淺而執之以深，無執之以暫而執之以久，久且深矣，其執也庶幾已作尊執。"甲申六月。

茚里張氏行序考

吾張氏農村，舊無譜牒，與吾邑諸張，族望不相屬，亦無行序可稽考。清同治間，先王父詠芝府君始創爲譜，以行序弗能連貫，就祖堂所列木主一一辨識之。主黯黑不可辨，則以次磨洗，詣陽光下識之。由後溯前，自所知者"禮"字、"之"字以上，始發見"大""守""元""文"四字，乃依闕疑之例，尊"大"字爲始祖。及光宣之交二次修譜，即定"大"字爲第一世，自此魚貫而下，至"泰"字爲十世，由來久矣。

去歲冬，圻兒自遠道歸，頗思賡續前緒，從族人處搜得明代萬曆廿七年大耀公田契，有見人"張公儆及叔公佳代筆公倡"等字樣，又萬曆三十五年有"公倡""公契"下署"男大祿"字樣，又崇禎十三年有"公德、公賣與堂侄大志契"，又崇禎十三年有"公德、公賣與堂侄大志契"，又崇禎十五年有"公德""公契""嫡侄大英副署"字樣。依此，可證"大"字上尚有"公"字無疑。其名諱皆從"人"旁，順文誦之，"公大""守元""之元"適與"錫祚""泰原""之原"相叶，積四五百年之久，一旦乃得確證，可喜也！又，《同治譜》之前原定行序爲"錫""祚""太""原"，後以"祚""太"二字命名不便，改從今名。又，舊譜自"原"字下原定爲"開""基""揚""越"，先王父以"揚""越"等字不甚便，改作"家""傳""孝""友"云云。此皆吾族人修譜者所宜知也。乙酉六月，十一世孫原煒志。

記先府君軼事

　　先府君好讀書，終歲客授，家事生產不過問。一日，自郡城歸，見河乾，泊漁舟四五，亟攜筐往市魚。向例：入市稱物，必先量儲器，謂之鞃，已乃納物器中加減之，准物之輕重以計直，無或爽者。漁者見府君至，欲以德之，先權其筐，抑使下，及納魚於筐，則揚之使上，告府君重若干、值若干。府君大詫異，謂稱物宜平，汝先抑之，已又揚之，得勿誑我耶？漁者為曉，譬之百方，終不省。其闊疏遺物多類此。

　　此文作於十二年夏間，嗣為馮君昭適持示餘杭章先生。先生為改正一二句，文見《華國月刊》中。

[校注]

　　《華國月刊》第 1 卷第 11 期但燾《文話一則》曰：「馮昭適者，慈谿儒家子。弱冠攻學甚苦，今年來上海，為章太炎先生授幼子讀。一日出文質先生，則其鄉人張原煒記父軼事，而同里張美翊為之點定者也。先生曰：'記述瑣事，期於達而止。'略加點竄，辭簡而意開豁，洵大匠之能事也。備錄之，以為承學矩矱焉。」

	先府君軼事
張原煒原稿	先府君終歲客授，生計纖屑，一不以過問。一日家居，思啖魚，見河乾泊漁舟，亟自攜器往就之。漁者權其器，故抑衡示增益，欲以德府君。凡稱物必先權其器，謂之約，已乃納物其中，物逾其重衡多振，其約則反是。府君誤以為誑己也，強漁者揚使上。漁者為譬解之百端，良久乃省，其闊達類如此。（文末自稱："此事至瑣屑，然敘次頗不易，屢與諸友相商榷，苦不能達。惟寒叟先生有以教我。張原煒記。"）

續表

	先府君軼事
張美翊修改稿	先府君好讀書,終歲客授于外,家人生產,一不以過問。一日家居,思食魚,見河乾泊漁舟,亟自攜筐就之。凡入市稱物,先必權儲物之器,已乃納物其中,加減之,准物之輕重以計值,無或爽者。漁者見府君躬市物,欲以德府君,先權其筐,抑其懸,使之下,既納魚於筐,則揚之使上,告府君重若干,值若干。府君大詫異,謂:"稱物宜平,汝先抑之,後揚之,何也?其誰我耶?"漁者答曰:"抑之,使筐之重;揚之,則求魚之輕。意以厚公,非概施之人。"且爲之譬解之百端。府君良久乃省,既而曰:"汝毋然,稱物宜平。汝厚我,得勿薄於人耶。"卒令平之,給以值。漁人歡謝而去。鄉人見之,咸歎謂:"長者,長者,其閱達多類此。"
章太炎改定本	先府君好讀書,未嘗知家人生產。一日,思食魚,亟攜筐趣漁舟泊所。漁者欲以德府君,先權其筐,抑其懸,使下。既納魚於筐,則揚之使上。已而減筐之重以計值,告府君重若干,值若干。府君大詫,謂:"稱物宜平,汝先抑之,後揚之,其誰我耶?"漁者答曰:"抑之使筐之重,揚之則求魚之輕。意以厚公。"且爲之譬解百端。府君良久乃省,其性遺物多類此。

陳節母傳

有賈服而孺行者,曰陳君思榮。一日介其從父九皋,踵門來請曰:"某也少孤,自少迄成人,微母氏之勞不逮此。今吾母又棄某逝矣,敢乞所以揚懿嫄者。"原煒應曰諾,則揭槃辜較,著爲傳。

母鄞人,陸公賢林冢女。年十六,歸同縣陳慶來翁。越六年,翁歿。歿後五月,遺腹子一,即思榮也。先是陳翁爲人尸肆事,比其歿,肆亦輟業,家故寒素,無夙儲,及是益困甚。當是時,上有邁姑,下有遺雛,以衣以食,獨太夫人是須。日嚮明而興,迄夜分猶不得休,孳孳勤十指,所入用以易升斗,贍旦夕，顛連困苦，極人世所難堪。思榮語及此，未嘗不淚涔涔下也。太夫人雖居困，教子嚴，不少寬貸。思榮年七歲，資之就外傅；越七年，習賈海上；又八年，爲之取婦於管。嘗詔思榮："吾陳氏，故文介公後。自宋迄今，世有令德。若生不見父繼，自今無荒無怠，無即於慆淫，以貽前人羞，吾願尉矣。"先是思榮賈海上十餘年，少有贏獲，嘗與人設肆矣，會遘它變，業以挫衄，曩所儲材，貸直勿讐，債家四面至，無以爲繼。太夫人聞變，亟馳之滬，曰："今事急矣。雖然，成敗理之常，不可以有所隱。吾家瘠，有先人之弊廬在，脫不足，毋寧粥吾廬。"及聞思榮稍稍畢所逋，則又召之前，嚴詰曰："若今試計所私，有罄耶？不耶？"應曰："罄之矣！"則大喜曰："善！若此真吾家兒，它日好爲之，未晚也。"其明曉大義類此。思榮既領母訓，益自奮勤勤將事，居一年，別又自設肆，榜其招曰"恒康慎"，曰以自警。頃之業日進，又頃之筦金樞，起實業矣。太夫人則益以安不忘危、積而能散相敕厲。性慈而和，見人急，拯濟如弗及，曰："吾纍者無告亦如此，今粗給，敢忘之耶！"前五年，思榮治室廬海上，迎養太夫人新居，園林亭榭，蔚成殊勝，然太夫人處之不改其素，平居屏一室中，茹蔬禮佛，日有常程，雖處塵囂，不異蕭寺。以民國三十二年十二月九日告終，春秋七十有一。蓋含荼守節者五十年矣！將易簣，口中猶持誦聖號。比歿，旃檀滿室，斂曰瑞相。子一：思榮。孫男五：存仁、存義、存禮、存智、存信。女孫如孫男之數。曾孫女三人。

　　張原煒曰：予未及見思榮，九皋爲予言太夫人内行至悉，觀其好善若渴，惟振施是務，尚已至若，當變能斷，臨財不苟，不欲少侵人自肥私，雖烈丈夫何以過之哉！九皋又言："思榮既發跡，與人語，必曰：'母氏聖善，某不肖，何能爲初。'思榮新設恒康愼，歲終會其成，得如干金，即盡散以償夙所逋。同列或諷君：'方今新剏業，盍少緩自以爲地，且前轍可鑒也。'君力持弗聽，曰：'吾母訓固爾。'"烏乎！有是母必有是子，信然哉，信然哉！

王母張太夫人七十壽言

予之交王生守鉢也，張生曉耕實爲之介。曉耕從予遊郡校，當逮清末葉，距今三十餘年矣。守鉢稍晚起，其行誼大類曉耕。兩生者，居定海之沈家門，夙以任俠聞，厚於人而薄於己，不屑屑計較錙黍，視金貲不土苴，若異乎今世者流也。前一歲，守鉢走告予，自言年三十，飽更人世憂患，請一言爲贈。予方讀陽明《傳習錄》，則以"動心忍性"告之，又言："陽明一生勳績，爛然照史乘，顧其得力，則在謫居龍場時，所以期望之者甚厚。"今歲春正月，守鉢又走來海上，謂其從母壽七十矣。母，曉耕之從姑也，予夙聞之曉耕稱母賢，磊磊有丈夫氣概，今又證以守鉢言，乃益信。守鉢之言曰："從母大展張氏，爲吾從叔熙生府君之室。先是，大展之張、沈家門之王，兩家皆擁高貲，爲一鄉駿雄。從母之來歸也，吾家方鼎盛，有良田、華屋、園林、畜牧之饒，列肆碁布諸市集，一市人見從父至，尊之曰老，不稱名。老者，吾鄉大商主之習稱，其盛如是。顧從母處之，曾夷然不改其素。從父耆儒書，不事家人生産，平居廣交遊，坐客常滿，人無賢不肖，輒傾心與之交。居久之，黠者乘釁爲侵漁奸利，所設肆多折閱，坐是致累無以繼。

又久之，從叔以病謝世，諸賓客益散去，疇曩之盛蕩焉盡矣。顧從母處之，亦夷然不改其素。"略所稱如是。嘗試言之，人之困莫貧窮，若至由富而貧，則困加甚焉。何則？貧者菲衣而糲食，蓬居而蔂處，習之也久，其安之也固宜。若夫始菀而驟枯，先亨而後塞，炎燠之態炙乎面，順逆之境判乎前，此庸耳俗目所不能堪。夫惟有道君子，能物物而不物於物，不以貴富貧賤爲高卑，若太夫人近之矣！太夫人有男子三：啓瑞、守鋒、守鏡；有女子三。自熙生府君之歿，撫之字之，教育之昏嫁之，以迄于成人，蓋王氏之再造門户，微太夫人之勞不及此。今守鋒兄弟亦能有樹立，予未知王氏所成就視曩者則何如，顧以太夫人視之，必能淡焉若忘可知也！守鉢又言："太夫人有女弟，守貞不字者有年，太夫人以其伯子爲之後，己又迎養之，其家姊弟相處如一家驩，斯亦足爲王氏光者。"予既徇守鉢請，著其大者于篇，若夫區區貧富得喪，固非守鉢所樂道，即曉耕而在，亦聞之者，言若唾矣。

大舅徐翁七十生日屏風題辭

鏡川之徐，於吾家爲重姻。自往者先曾王母及吾大母，皆來歸自徐，而季父琴父先生，又爲徐氏之壻。蓋至是通婚好者，凡三世。吾鄉人數重姻者，未有如吾兩家之舊者也。大母有兄弟四人，三人者已先歿，獨大舅貞齋翁存。大母今年九十有一，大舅其季弟，亦七十矣。大舅之生也，與先府君同齒，先後相距才一日，二人者，少相狎，長益相愛，甥舅之間如昆季驩。往者原煒少時，侍先府君讀書郡城孝廉堂，大舅則時時來，或數日不至，先府君輒往看之，其親如此。大舅年四十餘，始有子，名曰可熛，愛之加甚，自念早歲不終讀，則壹意督教其子。可熛年少長，命出遊就良師，繼又之城西效實中學校，最後乃畢修上海約翰學校。可熛賢而好學，尤致力於國故，時時來問難，呼予曰兄，予以其年穉也，弟畜之，若忘其爲丈人行也。於是可熛將爲大舅壽督原煒，使爲之文。原煒對曰："敬諾不敢辭。"因爲可熛陳大母之所訓。

先是徐氏世業農，外曾王父茗軒府君，以力田起家，顧獨熹讀書，日夜望先府君成立尤切，先府君既就試，聞榜發有日，即大熹，夜則秉燭以俟明旦出門望，或使人要諸涂，遇人自郡中來，趣前問："榜發乎？見吾甥張某姓名乎？"故事：試中者，遍告于諸戚好，謂之報。報者至，諸戚好必有犒，謂之喜錢。府君先榜發數日，則陳榻上喜錢若干緡，戒家人毋妄動。人或竊笑之，府君正色曰："吾家多陰德，宜有興者。且吾聞某先生道吾甥文大佳，詎妄也耶！"其後，先府君入學成諸生，及中鄉舉，府君皆及見之，人以爲積誠好學之報云。

原煒既述大母之訓如此，又復於可熛曰：始大舅雖習賈，時時不忘讀書，所交遊皆邑中文學士。居肆中，手《資治通鑑》，誦之不去口。其致勤若此，顧弗能終讀者，境累之也。可熛今者幸席門蔭，得從容講說文藝，此豈易得之遭耶。自科舉既廢，曩時秀才、舉人諸稱謂都爲陳物，顧其學有差等一也。大抵今之小學，足以當昔日之秀才，中學才當舉人，大學則媲于進士翰林矣。可熛既畢修大學，今且爲上海光華中學教師，學成而名達，駸駸乎有聞於時。假令科舉之制至今尚存，其必不屈於人下可知也。可熛勉之！以吾外曾王父之積誠好學，及大舅之不廢經書，繼自今所以繼志述事以光大其門戶者，皆將唯可熛是賴。《詩》曰："無念爾祖，聿修厥德。"可熛念之矣！

抑原煒尤有進者。自原煒始知讀書，大舅所期望者甚至，顧今則已矣。學問之不進，修名之不立，冉冉衰至，年將五十，百無一成。屬大母九十之年，內之不足于禮養，外之不足于顯揚，欲有以副大舅之望，戛戛其難之哉！書此以歸可熛，既爲可熛勖，又不能無內疚于中也。乙丑九月。

汪太母俞太夫人八十壽燕叙

汪生焕章，將爲其大母壽。二月二十六日，年八十矣。於是焕章率其弟煒章及諸子同朝、定國、傅邦、家齊、家祥、磐國、華邦、興邦長跪請命。太夫人則進焕章而詔之曰："烏乎，何樂而爲此壽我？自吾有生以來，憂患之日多，歡愉之日尟，其於生人之樂亦廑矣！吾家故微也，賴工肆以贍給，往吾來歸時，吾舅積銘府君、姑鄒太夫人皆健在，門以內吾佐吾姑主之，門以外吾舅主之。自積銘府君既歿，侵狎者乘釁而集，吾夫故不習肆事，又新喪父，伊鬱狂易不能人，頻於殆者幾數。吾以一婦人揩拄其間，賴先人之靈，家業幸以無隊，吾夫病亦有瘳。吾有子女各二人，以教以養，迄于成立，亦既授室有子矣。未幾而有伯子誠玢之喪，又未幾而有仲子誠瑜之喪，有仲女之夫之喪，蓋十年之中，凡三見喪矣。今吾夫之死，匆匆十有四年，誠玢之仲子曰煜章者，且不幸客死日本，以遭家之多故，吾心之戚戚不能已，吾又何樂而爲此壽哉！"

焕章既不獲請，則又咨於其友童弟德，弟德以告張原煒。張原煒曰：是可以壽矣。其在書曰：患難所以開聖，憂勞所以興國。自古賢傑挺生，其初類經非常之撼頓，苦筋骨，疲心力，其取進也多，其用物也宏，故能有大襮於世。太夫人安而思危，樂而不荒，匪獨致壽之由，抑其刑于家、施于孫子者，亦豈外此者。煥章自都門歸，所如不得志，居恒邑邑無驩意，其中或不能無得失之見存焉者。夫得失者，人事所有而嘗相爲乘除焉，相爲起伏焉。天下事孰者爲得，孰者爲失？煥章能知無失之非得，則進矣。

周君宗良六十壽言

鈞是事也，我以爲是而人或以爲非，人以爲是而我或見爲非，是非者，無定之稱也。然則惡乎定之曰是非之畔畦起於人我，將以我爲是耶？我既我是，不能禁人之不我，其我則我，是不成矣。將以人爲是耶？人者敵於我而立，敵者不能相容，有人即無我，則人是不成矣。是者，直也，於文從曰正；正從止一，以止知正之止於一，故非泯人我之域者，不足與言是矣。

周君宗良者，吾縣人，始爲寧波斐迪學校學生，繼從胡君肇筠習英吉利文，欨治浙海關権務，繼又主寧波美益洋行，及之上海，主謙信洋行、德孚洋行。其在銀行任董事若理事者，曰中央，曰中國，曰浙江實業，曰中國墾業；其在財政部，曰金融顧問委員會委員。所至著聲譽，不可殫述。其見於吾甬，爲人所稱誦者，莫如改正商肆舊例一事。

先是甬上諸商肆，貨物交易以銀圓，滬市則以銀。銀圓重七錢三分，其值視滬銀爲率，沿習既久，粥錢者因緣爲奸，居奇（龍）〔壟〕斷，藉口於銀值，使銀圓弗通流，供者不勝所求，則故翹其值恣取予，由是有貼水之目，有見升之例。君慨然以蠲除舊習自任，走告湖州貝君潤生，謀所以抑制之規，設所謂同益銀公司者，與商肆約，諸以銀圓取予者，著爲定值，毋或有差等。方事之起，群惡其不便於私，則肆爲簧鼓以淆觀聽，其始不過一二人而已，久而久之，前唱後于，及薦紳士夫夙持清議者流，亦譁然指目君，甚者謂君故有所圖，危詞恫嚇者百耑，凡相持者半年餘，甬市以輟業告者屢矣。君持之至堅，日者自海上歸，陳謁商會，召諸商肆百輩與於會。會既集，君直前詣壇上，洋洋講説數千言，反覆窮詰，詞益壯，貌益恭，諸商肆無以難，自是始大慴服。

　　君今年六十矣，某月某某日爲其誕降之辰。陳君如馨蘭及諸與君有好者，謀所以壽君，屬予爲之辭。予謂形壽者有時而盡，即百年亦旦暮耳。今世爲文以壽者，或侈陳其富貴功名，或以子孫繁衍、家世蕃盛爲詞，彼若曰善頌善禱矣，不知所爲壽者，難得之遭也。富貴功名，子孫家世，縱極至盛，亦盡人而能有，不足以稱難。至若君者，能爲人所不敢爲，能言人所不能言，斯其難能而可壽，孰有逾于斯乎？君清逸疏雋，神觀皎然，平居見事至精，當機立斷，不稍依阿涉兩可。中歲以前，未嘗信神佛。曩者偕友人某同詣紅卍字會，會中供有佛祖像，忽大解悟，痛自陳願，皈依座下。自是奉佛祖，錫名重光，任四明道院統掌兼責任會長，浙東道慈副統監，東南淞滬代院主，責任功行統掌兼功行會長。歲前十月，躬蒞江西某某某某諸縣，放振民食，時江西被災久又多匪，君所至，全活以萬計。是役也，爲時六閲月，經所歷凡五六縣，僉以君爲難。然揭君行誼，其繫於民生商業者，要以改正商習、能泯人我之域爲足誦。故特著其大者于篇,而餘從附焉。若夫有子五人,有女六人,有孫男女七人,更不足爲君誦矣。

安上人塔志

上人諱寂定,俗姓傅,浙江鄞縣人。少時即跅弛,不規規循撿局,聲色、酒食、樗蒲、遊戲之屬,靡不溺好。嘗招搖過衢市,一市人咸指目之,呼曰傅二。二,上人行次也。五十以後,忽自省悟,盡屏舊習,頲頲於善。會慈谿陳玄嬰先生主辦佛教孤兒院,材費弗能集,以屬上人,上人即應曰:"諾願,爲公執勞。"既成諾,日持疏一册内袖中,告募諸豪家門,四五年間無有疲厭,諸豪家或應或否,或屏門外,勿與通,上人則募如故。顧貲事猶弗能繼,主者慮院務中輟,計無可如何,或告以今南洋多僑民,擁高貲,其人磊落負豪氣,若往宜有濟,獨途遠具裝匪易耳。上人奮然曰:"苟有濟,即殉吾身,何所惜!"亟辦資糧襆被以行。既至,主星加坡普陀寺轉道長老許。寺故南洋大叢林,富豪車馬多往來,上人新涖其地以告募,故不能無酒食徵逐之煩。某夕有陳居士者,張盛筵,饗上人,勸酺殷,至酒酣,居士私叩上人:"君於教治何宗?所誦者何經語?"次見上人方肉食,微以佛律首重戒殺風之。上人之來也,特揭佛教爲名,於禪門經典,故非夙嫺也。至是,聞之大慚疢,面赤不可仰。是夕痛飲盡一斗,歸。翌晨嚮明,起跪佛前自懺悔,已乃詣轉老座下,乞皈依,受五戒,它日又之居士所,具以告,且袒兩臂,以炷蓺瘢示之。居士笑曰:"戒在心,心不净,即斷君臂,無當也。"上人則又大慚疢,自是始發顧出家矣。居五年，之北平法源寺求髠度，繼又之湖南寶慶點石菴，從出塵法師受具足戒，修頭陀行，時上人年六十一也。佛制於頭陀行至苦，挑柴、擔水、糞掃諸役，躬自任之；寶慶又瘠甚，菜食，日不得一飽。有知上人前事者，聞之皆大詫怪，上人則曰："若是，則吾心安矣。"因自署"安心頭陀"。頭陀既受戒訖，誓雲遊，遍禮四方名山。居亡何，以陳先生屬速令歸，謂："否者，吾院且立廢。"乃辭出公歸，歸則掌白衣寺方丈，從諸僧侶請也。先是佛教孤兒院附白衣寺西偏，其後院生來者衆，商之寺僧，割寺宇之羨以益院，寺僧初不納，及頭陀歸，院址乃定。綜頭陀一生所致力者，孤兒院。先後至南洋告募，凡四五往返，數達若干萬金，舟車行役之費則自任之。院生成就者數千人，人以爲難。嘗於寶慶設孤兒院，於鄞東五鄉碶設惠兒院，皆可稱。頭陀性卞急，又樸質少文，所欲爲，毅然盡心力赴之，雖艱阻不返，顧卒以是底於成。平居待人摯，與人道少時狎遊情事，縷縷無所隱。其發憤出家，以陳居士一言，故居士出廣長舌，以言語布施，洵爲希有機緣，然非頭陀之具有宿根，烏能契此！語曰："放下屠刀，立地成佛。"是芸芸衆生者，無一非佛，所欠者，只此一放耳。如頭陀者，可以風矣。以民國二十七年戊寅二月六日無疾坐化，世壽六十一，僧臘一十有四。越七年，其法徒密迦爲行荼毘禮於阿育王寺道場，實三十四年五月十九日也。又一月，兒子辟方、兒婦遂來請，爲之志。乙酉六月，月耀和南。

　　按，頭陀圓寂後，權殯鄞東寶幢永安會中。遭時多變，故先行荼毘禮。至建塔，則猶有待也。姑以是志，寫付辟、遂。耀又記。

屠用錫母張太夫人六十壽文

　　自吾與鄉之人接交，最竺而歷時最久者，無若蔡君同常、屠君用錫。同常徇熹誼，朋從有急難，不啻疾痛苛養之在其躬也。用錫和而不流，與人交，規過勸善，一將以至誠，人亦以此樂從之。交道之零落久矣，以予之數奇才寨，漠焉與世寡所諧，二子者，獨時時過從，相賞于歲寒霜雪之交，是則可感也已。同常母董太夫人，前年年五十，予既爲文以壽之，至是用錫母張太夫人年亦六十矣，某月某日爲其生辰，先期用錫遍謁郡人士，爲介觴之詞，於是鎮海虞輝祖、慈谿陳訓正、馮开、鄞張美翊及予四五人者皆有詞。夫古人之愛其友以誠，因友之親以致其敬，亦何敢不誠。文章者，不朽之盛業，非挈其體，要無以信今而傳後。若太夫人之内行，虞、陳諸子固已先我言之，其又奚以加耶！予既因循未就者二載，而用錫請益堅，無已則舉予所見於用錫者，以徵太夫人之能教其子，可乎？

　　用錫宦家子，自少儻蕩，裘服麗都，然未嘗有聲色世俗之好。及長，讀書，會科舉更新，乃偕予同習象器之學，所至匪甚邃，然未嘗或退沮。嘗與夫光復之役矣，功成已還，諸言革命者，往往弋大官、篡重金以去，然用錫未嘗伐其勞。嘗主権政鄂中，所取于商旅，不務爲苛細，亦不寬縱以病國用，未嘗以是肥其私。迹其生平所遭際，坎坷迍邅，與予多相類，它人所抑鬱弗堪，用錫當之，夷然若自得者。予嘗叩所以，乃知太夫人實有以右啓之。用錫之言曰："吾母相先府君，每以知足不辱、知止不殆相飭屬。先府君任永福知縣未幾年，吾母即勸之歸。其督教用錫亦如是。故用錫雖不肖，卒無大失隊者，以吾母在耳。"蓋用錫之述其親如此，烏虖，賢矣哉！今夫人生而有欲，欲而後求，生焉求焉而未得，則營營蘄其得，得之矣則又營營焉患其失，不幸暴得而暴失，其憂愁勞苦，必有什百千萬于未得者。故天下之至樂，莫如無求，無求莫如寡欲；循太夫人之教，可以保世，可以引年。予之所以壽太夫人者，亦何以逾於此哉。用錫歸，試以吾言誦于母，并爲同常勗焉。壬戌二月。

裘母周夫人五十生日文

共和建國之七年，歲在戊午，浙江省議會第二屆告成，吾寧屬膺選者都十有五人，予及慈谿洪承祁、裘昌如與焉。二君故姻婭親，又俱擁高貲。承祁好議論，見義勇爲，每有會集，斥貲爲倡率。昌如往往陰佽之，顧雅自韜斂，不欲以是震襮人，人亦鮮知之者。予既晤二君杭州，居同舍，出入必同游，由是交好益隆竺。越一年，承祁以其父益三先生壽文屬予，於是其縣人陳玄嬰訓正、馮君木开皆有詞已。又語予曰："吾子既有以壽吾親，於昌如母不可以無言。"蓋昌如母周夫人今歲亦五十矣，六月廿五日實爲誕辰。先期昌如將爲之壽，夫人勿之許也。昌如夙順於親，既不獲請於母，弗敢有舉以拂親意，退竊自念以母之聖善，室家揩拄之匪易，弗可無以傳之，乃就咨於承祁，故承祁以爲請。

夫人，慈谿周氏處士諱遐亭府君弟二女，年十八，歸同縣裘，是爲清朝議大夫黼臣先生之室。所居曰球墅，當縣之東鄙，先世以冶金致饒，貲望雄一鄉，夫人處之夷如，無華靡服玩之好，其綜持內秉，殫形領神，雖田間之媼不過也。朝議公始治舉子業，婁試婁不售，意不能無觖望，夫人輒以窮達有命相尉薦。中歲以還，浸淫風濕，舌艱言，足艱步，如是者十餘年，內而料量藥物，外而鉤稽薄籍，出內有無，壹倚夫人以辦。其教諸子，務實踐。鄉有興作，持疏募金者踵門，至欣其成而不尸厥名。嘗詔諸子曰："爲善，吾分耳，女曹志之。無譁譽，無弋名，善在是矣。"

原煒聞而歎曰：世之人，有好善者，亦有好名者，二者迹相類，而實則不可以程里計。好善，公也；好名，則私矣。故散財謂之捐，捐之爲言棄也；好善而弗能忘名，是得謂之能棄乎？如夫人者，足稱已。昌如爲議員一年，交游遍乎國中，所見當世名公大卿，聲勢足以震耳目者，比比是矣，今兹之壽其母，不於名公大卿之是求，而求之於予。昌如之信予乎，抑亦夫人爲善無近名之教，涵濡薰被者深也。予既辱承祁之屬，乃揭其大要以著之於篇。己未五月，鄞張某某。

卷　　四

鄞項府君哀誄

中華民國二十有三年三月日，鄞項君隆勳兄弟五人爲其父松茂府君告喪于四方。於是君之歿三年矣，三年而後告喪，變例也。曷變乎？爾豫凶事，非禮也。君之死，蹤迹弗得審。喪之，是死其親矣。其以三年，何也？質之衆籲之遠，若近稽之時日，蓋三年而後敢告喪，此慎之至也，此孝子之心也。蓋變也權，而達乎經矣。

二十年冬，倭寇我關東，尋發重兵壓上海，設營江灣，勢張甚。君所主曰五洲大藥房，有子店當脳北靶子路，倭所據地也。明年春，倭兵猝入子店，略其肆中人以去。君聞之，馳往營救，遂遇害。自君既被擄，海上言人人殊，或云陷匪巢中，或云倭人挾之颺東海去矣。隆勳趣犇倭營中，尋刺百端，迄弗獲，久之乃知君當日死事狀。

先是，君憤倭人睢戾無人道，集海上諸豪傑，陰部勒義勇軍，爲之備用，是中倭人忌，欲有以傷之。至是，值邏者訊知爲君，則挾以見倭率。倭率坐堂皇，盛數君罪。君大聲曰："項某非它，中華民國人民也。人民愛戴其國，何罪爲？"倭率怒其木疆，卒殺之，時二十一年一月二十一日也。與君同被害十一人：蔣邦毓、虞耕豐、童永才、戚德江、丁兆年、徐知傑、陳漢坤、吳宸良、陶賦、李生才、周瑞龍，即君所營救肆中人也。

　　君一賈人，顧恢廓有懷蓄，自依遠西法製藥劑，又設爲固本皂廠、亞林藥水廠、東吳藥棉甘油諸廠。嘗謂："吾國人好販洋貨，不啻瘠己而肥人，故救國之方，當自實業始矣。"嘗與鄔君志豪共規設寧波實業銀行，鄔君夙以通流國貨爲職志，故君樂引近之。海通以還，外貨遍中土，彼以貨來，我以金往，此自伐之漸也，不待堅甲利兵之臨吾竟，蹙亡無日矣。蓋外國人欲謀人國，其術多由此。倭人以匹壤強儕於強大，尤戔戔示人以不廣。迹君所爲，適與彼等左，宜倭之欲得而甘心也。顧自君死，而吾國人之心益以不死，君之死可以無憾。君諱世澄，其字松茂，鄞人。卒之年，五十有二。

　　誅曰：人孰無死，而死實艱。或輕鴻毛，或重邱山。桓桓項君，起自塵闤。一死千古，振廢起孱。東夷不道，兵戈相望。哀我國人，汗流且僵。項君曰嘻，我守我常。毋怵於武，毋折於剛。正席陳詞。慨當以慷、陳詞未終，乃罷厥殃。天乎不弔，時日曷喪！浩浩正氣，輝輝作芒。千秋萬業，君兮不亡。

哭王心貫文 代

　　嗚呼！心貫之死。孰死之？予死之也。始心貫起英年發，聞乎州閭，鄉父老固交口藉藉矣。民三之夏，予邀約來海上，始佽予營辦某某麪粉公司，繼之某某銀行，最後乃之通商銀行。通商起滬市久，公私填委無暇晷。予又性戇直，遇事一不當意，意抑塞不能解。解者獨有吾心貫。先後二十年，以匡以翼，相倚若命。詎意其棄予而逝也。心貫夙羸癯，治事至劬，雖疾甚，猶彊起。曩予子居大連，朋舊中多引去，獨心貫走視予，予猝見心貫，顔色加瘁，大駭，退勸今後宜少休。心貫則曰："凡病之襲人，恒乘乎畏病。吾自問何所畏，二豎者何能爲。"其倔强盛氣敢有爲，類如此。嗚呼！死生，命也。顧以心貫之年，假之以休養，何以至死！此予之所以隱喟痛咎不能已也。心貫在海上，久好救人緩急，身殁之後，遠近人猶稱道其姓氏，其不死者有在。然予不能無憾于其死。方當生時，吾兩人朝夕相見，見則字呼之；今兹來哭，心貫固熟聞予聲者，予猶恍然見心貫迎面至也。二十二年十一月日，同縣某某。

説"積"爲陳君志賢壽

或問積有術乎，曰："有！"天下惟善散者斯能善言積。吾見夫今世之積財者矣，方其未得，則營營焉求其得，及其既得，則又皇皇焉患其失。得焉則以爲忻，失焉則以爲戚，斯其所見，亦已隘矣。夫世之所謂得，取諸人以爲己有之謂也。我既得之於人，人何嘗不可得於我！得失忻戚之境，遞轉推遷而靡有定。或以歲紀，或以月若日紀，得焉而積，積焉而喪，其時之久暫不同，其勿能永據，爲我有一也。夫惟知幾之君子，知財之勿能積，積之弗能久也，於是以棄之者取之，其棄之奈何，則非積而能散不爲功。

陳君志賢居吾邑之西郊，恂恂懇懇，鄉之人皆稱曰長者，今歲六十，九月十八日爲其誕生之辰。君之子蘭，率乃弟萱、薰、荃及子若孫若干人，將爲君稱觥上壽。君聞之，固辭，不之許，且進蘭而詔之曰："凡所謂壽者，言其可以傳也。吾曩者亟喪吾親，繼又喪吾兄，孝弟之行，罔可稱述。弱冠以後，始補諸生，顧不得志於鄉闈。讀書不成，退而學賈，今賈業又不能自振，平居足不出里閈，無或有澤於吾鄉。吾今者方深自疚，若曹又強爲吾壽。人其謂我何？"蘭則唯唯退，既不獲請於君，則咨於其友張原煒。原煒與君及君子蘭，兩世交善，他日詣君所，君又申前言，原煒則曰："有是哉，君之謙抑，不自居也。凡人身履，豐順之境，往往習焉不之察，惟旁觀者能言之，吾今者請爲君言積。吾聞君之考子愛先生，所處匪甚饒，以任俠著於鄉。君又能世其業，且擴而大之，時時救人空無，以至誠遇人。自子愛先生之歿，於今三十有六年，堂宇加闢而不改其樸素，子孫多而不改其風範，姻戚朋從往來加盛而不改其禮節。凡此猶積之小焉者也！君有才子四人，伯子蘭尤通幹。比十年來，吾鄉人即有興役，長老期會，欲有所辦治，皆曰莫若如馨宜。如馨者，蘭字也。蘭急於赴義，其著於西郊者，若繕道塗，若規設小學校，若疫院，若救火會，獨能以一身任勞怨。自去歲訖今，又營建寧波中山公園，駸駸底於成矣。夫人多樂有賢子弟，子弟之賢，非田疇室家比也。田疇室家之饒，有一再傳而易所主者矣。至若蘭之所爲，與夫君之留遺於後嗣，其積孰有大於斯者乎？"陳君聞予言，踧然如弗勝，繼而默然，若有感於中，他日自君所歸，會蘭來索予文，因持此義歸之。既爲君壽，且益蘄吾鄉人聞風繼起之，廣所積也。戊辰重九日。

王母朱太夫人六十壽

王生家楨者，鎮海舊家子，與兒子辟方夙相善，彬彬有文,以丈人禮事予,予亦弟畜之。今歲春正月,走來告予,謂其母壽躋六十矣,明月十日爲其誕辰,屬爲辭以介觴豆。其言曰:"吾家門祚微,累世不禄,自先高大父載南府君以下,(汽)[訖]於大父雪舲府君,皆不逮中壽,先考逸騮府君之殁,僅二十有三耳。"

母之來歸,生家楨及弟家祥二人,及先府君即世,家楨猶四齡,家祥則六越月,旋家祥亦夭殂,兩年之間,連舉二喪,母之慟可知也。先府君之殁也,時先王母楊太夫人猶在堂,母上事邁姑,下撫遺孤,含辛忍苦,罔有愆違。楊太夫人夙奉佛,既寡居,好寂静,恒屏處一室中,辟不見人,若或恐浼又好潔,孤介逾恒情,飭家人檢衣笥必齊以整,奉之如橋衡,勿使褻近,否者譙訶且立至,或嚆嚆終日不怡,以是它人敬憚勿敢近,近者獨吾母一人。母侍太夫人,數十年如一日,日嚮晨興,必之老人所,怡怡如也;及夕將寢,亦如之。姑婦兩人相得,甚如母子歡。然吾母持禮教嚴,每相見一布裙,終歲不去身,至今鄉人稱家法者,必曰吾龍山王氏。家楨少時侍母側,母恒爲稱誦先德,嘗詔家楨曰:"汝王父雪舲府君事父孝,居父喪,哀毁骨立不能支厲,號泣苦塊者七日而旋殞。時王父年三十一,曾王父猶棺斂在堂未出殯也。汝父在日,嘗爲予告之,未嘗不流涕被面也。"吾母語至是,附家楨背曰:"汝不幸又少孤,它日好爲之。吾王氏一綫之繫,賴汝矣。'家楨少長,母遣就塾,日夜望其成立。及出就外傅,爲之龔修脯書籍之資,務豐以賙。今家楨年亦四十有一矣,行能無似,不足報吾親萬一。顧自入世以來,猶知循循矩矱,不敢少隕越,爲門户羞,則吾母教也。"家楨言未終,爲之於邑良久。已又起而言曰："吾母性明達，人世榮利，壹不介懷。先是，先府君治制舉業至刻苦，某歲試於鄉，嘗薦矣，竟不獲售。居恒邑邑亡歡，母則好言尉薦之，嘗曰：'功名得失，命也。君春秋方鼎盛，胡沮喪爲？'家楨遊海上，嘗有所營致，折閱盡喪其資，意不能無鞅鞅，母則又尉薦之如初。其器度多類此。"

予既聞家楨言，則進而詔之曰：吾子非他，世家之子也，亦知所以孝其親乎。其在禮曰：大孝尊親，其次弗辱，其下能養。王之先以貿楮起，至今且百餘年，其於口腹身體之養，不足爲吾子慮。今所慮者，獨辱耳。喪亂以來，民戚戚不聊生，矢口則動罣謗尤，跬步則隨在荆棘，凡可以召辱者多矣。大者辱親，小亦辱身。身者，父母之遺體，苟辱身，即辱親矣。勉哉王生！子之親亦勞矣，勞未已也，而以辱繼之，人子之謂何？繼自今，其益厎厲乃身，孜孜焉，惟遠辱之是務，是即所以孝其親也，亦即所以壽也。王生有子四人，曰仁滋、仁寬、仁沐、仁鎂，而仁滋尤有材，爲太夫人所鍾愛。王生歸，盍併以此告之。壬午春月。

袁葭池五十贈言 代

以文爲壽，知者以爲少褒。五十而言壽，縱盛稱之，于詞更無當也。雖然有異焉，俗益漓，禮法益下。庭幃定省之節，昔人所謂庸行者，於今世絶少概見，於此而有能竺於倫紀，異乎恒流之所爲，固將表之襮之，馨香祝之，用以風世而厲俗，匪徒歌籩豆、侈詞藻已也。

袁生葭池者，予姊之女夫，事其父明山明經至孝謹。明經讀書，家事不何問，終歲客授，所入瘠甚，生每以賈羨奉之，不敢以私財入于室。明經君先取於陳，實生生兄弟三人。陳夫人早即世，事繼母陸，不異所生，朝而出，暮而歸，必以相告聞。明經六十七而終，聞繼母哭聲，趣前尉薦之。罔勿至賃寓海上，父子二人連榻居。及爲明經治塋域，附以己壙，曰："它日庶相依地下。"陸夫人所生男女六人，撫諸弟有加，讀書飲以資，疾病療治之百方。綜生所爲，庶幾完人，即其內行，弗可幾已。生今年五十，農曆十一月二十七日其誕辰也。先期，其從弟稼馨、從孫欽禹來請文。予重葭池久，微稼馨請，宜有辭。

生家世居西郊，吾縣人稱曰柳莊袁氏，望族也。少而穎發，大父蕚樓教諭竺愛之，授以書，琅琅上口，尤工作楷。教諭君之歿，以生屬明經曰："好視之，他日大吾門者，壽兒也。"壽，生小字也。自棄書，習爲賈，則任上海中華銀行秘書，中華主者林君蓮生雅重之。辛壬之交，上海建軍府，公帑出內，於是焉集，諸董事大率黨國耆舊，有大會集，生輒列坐，參機密焉。生在中華先後近二十年，聲聞駿超，海上大商主耳生材者，二三輩利餌計誘，一不爲動。最後乃主天廚味精公司也。居嘗語人："理想貴新，道德貴舊。吾袁自忠定公，當宋季世，不事二朝，忠孝氣節，彪炳弈禩。朝聚首而夕塗人，於仕爲喪節，於商爲不忠所謀，我雖一鄽人，敢自菲耶？且林君遇我厚若之，何棄其舊而新是謀！"故生自來海上，自中華、天廚而外，無他就焉。生當事謹，作息有定程，日黎明興，雜治諸務。其在天廚，職重而事劇。自上海設母肆，國內外大都會皆有子肆，諸共事者以千數，生以一人總厥成，翕張肆應，動中肯棨。天廚之設，鎮海張君翼雲、縣人王君東園實作之，而生實繼之。其始磨麩麥爲屑，用以和齊羹臛之屬，後乃大著效，行之數十年，望流國內外矣。生既發跡，自奉不改其素，所居室未嘗一日華也，食飲衣被未嘗一日豐也，海上大都會歌場舞榭所在有，未嘗爲所眩也。教四子一女有恒程，秩秩如也。元配朱殁，與其繼配虞相敬愛，一家之內，融融如也。與人交，懇懇如也。其大較如此。

　　昔在清季，予嘗與明經同辦學務，多過從。時生猶年少，已循循守矩矱。已而壻於虞，予姊嘗爲予道生賢。及予來海上，約鄉之諸老，舉所謂四明文社者。社七日一聚，明經時來與會，或日暮，生走來問候，掖其父以歸，同社人皆太息，謂明山有子也。日月不居，人事嬗易，距明經之殁，匆匆逾四五年，文社諸老先後凋落，疇曩文酒之盛邈不可復睹。獨生能用善賈，以恢其業，以大其家，此可爲吾姊喜，抑亦明經地下之靈，所引爲嘿慰者也！《記》曰：「君子之所謂孝者，國人稱願，皆曰幸哉，有子可以爲孝矣。」衆之本教曰孝，其行曰養。養可能也敬爲難，敬可能也安爲難，安可能也卒爲難。父母既殁，慎行其身，不遺父母惡名，斯可謂能終矣。若生之事明經，庶幾其近於終者矣！抑吾聞之，忠定公善事親，有袁孝子之稱；傳十五世至文蘭公，諱行漳，當清同治間，旌表孝行；又越二世至明經，事教諭君至謹，語在家乘中，袁氏之多孝子，由來舊矣。《詩》曰：「無念爾祖，聿修厥德。」願爲吾袁生誦之。

　　作文至壽序，無聊已極，然頗不易作。蓋文既非古，以徇俗爲之，不能不別闢一蹊徑。安亭所以爲一代作家也。予來海上，爲此等文，無慮四五十首，蠹鳴蚓唱，無有當者，惟此作免俗耳。

　　《震川集》多壽序，通人譏之，不知震川之不可及者，正自在此。

此不足爲淺夫語也。已卯十月,于公記。

陳母余太夫人九十壽

鄞之陳,倉基爲盛。別一支居西郊,以鸞泉大其家。兄弟四人,伯氏子秀、仲氏子塤、叔氏子鼎,皆爲人主計政,聲名藉藉滬甬間,而季氏子實,獨治儒書。子實與予,生同齒,少時嘗同與郡縣試矣。科舉制廢,士不恒厥業,東西奔走,兩人不相面者三四十年。曩者以省墓,邅里門,晤子實舟次,始見猝不相識,比坐定,各道少年應試時事,不自意忽忽成衰禿翁也。今歲春,子實馳書海上,且言曰:"歲之某日,吾母登九十矣。前十年,吾諸兄祝老人嘏,遍徵海內能詩若文者,若義寧陳散原三立,恩施樊雲門增祥,合肥李伯行經方,歸安朱彊邨孝臧,寧海章一山授,慈谿馮回風開,鄞忻紹如、江明諸先生,皆有詞以張之,距今又十年。人事嬗變如僻馳,會吾伯仲奄忽下世,獨震祜侍老母里居,垂暮離闊之戚,求所以尉薦者,不可得一二。今兵革又告警矣,以家則如此,以國則如彼,誠不宜有所舉。雖然,稱敘親善,人子職也。聖善若吾母,不可無稱,且九十又非尋常比也。唯吾子爲之辭。"子實又言曰:"前年冬,震祜與諸子輩長跽母前,謀所以壽者,母故故勿之許。既而詔震祜曰:'今國事如魚爛,流離饑踣者載道,以吾一人故,重爲宗族親好費,且益叢吾戾,非壽我也。壽莫如與衆共之,爲我散私財白金千版以活窮無告者,不愈於供頓聲樂之虛糜乎?'震祜與諸子唯唯謹受命。"於是原煒作而言曰:"賢如太夫人,述之宜也。顧自八十以前,向者陳、馮諸老言之諈,蔑以加矣。夫稱人之親而詞有未盡,非忠也;勦襲陳言,苟以應人請,非智也。不忠與智,何以詞爲？無已,則試舉此十年來所經歷以爲母誦,可乎？世之變亟矣,遠者姑勿論,即此十年中,忽而踣忽而興者,何可勝計！最近兵旅所至,飛丸庵火集屋宇,雖雞犬無由字遂,蓋變之亟,無今日若。顧以太夫人處此,其必能淡焉忘之可知也。夫惟能忘者,其中固,固則外患不能侵。大旱,土山焦,金石流,而不爇,此固之謂也；物物而不物于物,此忘之謂也。若是者,可以處常,可以處變,而惟太夫人當之。"於是又引申言之曰："太夫人之能忘,吾徵之往事可知已。先是太夫人歸竹齋翁,陳故不給鬻藥物以贍朝夕,已而藥肆毀於火,竹齋翁邑邑亡歡,北遊燕,出山海關至蒙古,無所遇,卒以憂悴終。當是時,上有邁姑,下有諸子女,食指數十人,獨太夫人是賴,可謂處困矣。然太夫人忘其爲困。比子秀、子塤兄弟先後長賈,遊有羨贏,甘旨益腆,家有田園亭榭之勝,佳卉竹木往往而有,春秋佳日,老人挈諸孫敖嬰,望之若神仙中人,可謂處亨矣,然太夫人忘其亨。今世淺夫,一旦少得志,睥睨不可一世,它日業不繼則牛衣對泣,咨嗟怨懟不能已,彼無所守於中,其爲外誘奪也則宜。若太夫人者,困亨菀枯之數,無足以攖其慮者則夫。吾向云云,謂此十年中世變日亟者,固爲過慮,即子實所視爲家國之憾,自太夫人視之,直泰山之毫末已爾。太夫人當八十時,子孫男女都約百十餘人,今者齒益高、體益健,子姓益繁,凡此皆世俗所稱羨,于太夫人抑末也。"予既從子實請,乃爲最舉十年來之變故與太夫人之能忘,著之於篇。子實與予年各六十,鬚髮白矣,回思曩者覯面舟次,相與譚科舉往事,怳焉不啻隔世；顧以視太夫人之年,猶不足當十之七。夫六十,非大耋也,而吾兩人已有垂老之嗟,亦適見其不能忘矣。忘年知太夫人,乃可言壽。匪獨十年,即併此九十而忘之。祝哽祝噎之具文,廢之可也。己卯十月。

　　作此文有二難。太夫人當八十時,有海内諸名流之作,勦襲之嫌不能不避,一難也;八十以後,伯仲諸子相繼逝世,文中不能不叙及,卻又與壽字成兩橛,二難也。作者下筆時,幾費經營,最後拈一忘字,將伯仲之歿與壽字融成一片,雖爲酬應之作,頗具匠心,此不足爲門外漢語也。

定海應氏先德記

　　定海應次耿燡,居闤市而有士行,好蓄書畫,好摹寫漢碑及唐宋人帖,與言金石義例,多領解。數數過予齋頭,稱道家世。其述大母袁太夫人遺事,有味乎言之也。次耿之言曰:"燡生五齡,遭我先王母之喪,凡諸行誼,不及知萬一,然聞之吾母之訓矣。吾應氏居定海之金塘,先世有良田、華屋、園林之饒,遠近號素封。逮吾王考之身,稍以淩替。先府君之生也,五歲而孤,坐是滋益困。當顛連危撼之頃,家室之綢繆,賓祭之無乏缺,垂絶而再造者,惟吾王母是賴。王母尸内政,有條秩,教子嚴,嘗言:'人貴能樹立,依草而附木,貪旦夕之安,而昧終身之計,必無倖矣!'故自先府君既長成,王母即授之田,督之治穡事,不欲令一日蕩嬉。燡年十四,吾母命習賈,出遊江漢間,猶吾王母遺訓也。"次耿言如此。予聞金塘之應,累葉擁高貲,房從子姓,大率計租坐食,不復事事,日惟蒔花糧鳥爲嬉敖,相習也。次耿之祖,以昆季獨多故,計産視它房獨瘠,其發憤自奮,即以此,謂非太夫人遺訓涵濡者久乎。太夫人二十而歸于應，越六年而寡，撫孤守節者三十有八年，以光緒壬辰六月二日卒，春秋六十有三。次耿又言："王考諱立盈，先考諱丕秀。先妣姓王氏，自生燡兄弟六人，日操勞，不少息，視財賄泊如也，里中諸母及見吾王母者，皆言母似王母。燡生也晚，常以不逮事王母爲憾，其逮事者，獨吾父及母耳。今二親又棄我逝。春霜秋露，愴然不可爲懷。繼自今，其長爲鮮民之生也已。"予悲次耿言，乃爲記如此。乙酉五月。

跋

張辟方

　　家大人屬文，多不留稿，數十年來，隨作隨棄去，今所存者，大半篋中零墨，及從友好許展轉移寫者也。先是，辟方以老人積稿盈篋，零亂無緒，請印行，未獲許。遭時多故，衣食奔走，南朔東西，不遑寧處，因遂置之久矣。去歲之秋，始獲歸里門，及今春而老人大病垂殆。辟方偕吾妻遂卿，自海道來滬省視，侍病四月，幸而有瘳。嘗以料量醫藥之暇，發篋理舊稿，移錄爲若干卷，蘄爲它日排印張本。未及成議，會永嘉李君鴻文見之，慫其成，且出其藏楮見惠。乃如其言，以稿付印，比老人聞知，則已印者什四五矣。老人文，去取至嚴，平時手寫稿往往四五易未能定。至是以病後目力不濟，未及詳加審正，又感李君誠，不復力持前議，故能匆匆成吾書。是役也，吾妻遂卿實任移錄之役。其監工付印者，則仲弟貫時任之。要非李君一言，不及此。時方溽暑，賃寓又湫隘，屋小如舟，汗下如雨，晚風少涼，始得加墨。稿所存疏略滋多，天假之緣，它日能蒐得餘稿，當再彙成足本也。三十四年乙酉七月，男辟方謹識。

　　是稿初擬依年排比，嗣以原稿零散，隨見隨錄，時日則先後顛倒，體類更漫無定式。大雅閎達，幸鑒諒之。辟方又記。

詩文補遺

《蟠根廬詩集》序

予夙不能詩，而李子蓉舫每持所屬稿，與予論詩，且許予爲知詩。賦五律四首見示。夫以不能詩，而許以知詩，是直責盲以察、責躄以遠征耳，李子過矣！

嘗謂詩有詩料，有詩靈。目之所觸，耳之所聞，詩料也。觸於目矣，聞於耳矣，而運之以心思、宣之以筆與舌，詩靈也。李子思之，吾兩人朝夕過江、廁身路局，除伏几從公外，凡擾擾逐逐形形色色者，與吾接觸於目聞於耳，所以供吾曹之詩料者亦多矣。顧吾每一舉筆，輒茫然不復省爲何事，竭吾之聰明才智，以從事於所謂詩者。其卒也，乃一字一句而無之，此無他，吾靈之汨喪故耳。吾苟有靈，吾自然有詩。嗟嗟，其繼自今，吾終吾身其冥頑不靈也已！李子曰："雖然，必有以報我。"乃揭吾方寸所欲矢者，以序李子之詩。

[校注]

文載《津浦鐵路月刊》第五期（1931年2月28日出版），署名于相。

悼洪佛矢文

君懷負瑰異，淹貫群籍，遭值迍厄，濩落不自憭，則一於詩發之。其爲詩，宗尚晚唐，意境恬適，純任自然，間出奇句，取物至近，託想乃復絕恆蹊。雅嗜飲酒，興至，詣人家大噱："頃者我渴甚，盍以酒澆我。"主者爲出具酒食，則據案大飲，飲三五醰，頹然矣。醉則與人誦近所作詩，遇所不可，張目怒詈震一座，座客夙稔君，未嘗以爲忤也。平居手一卷自隨，尤好釋典，治華嚴宗，窮極奧要。晚遇天台僧諦閑，與之講淨土則大喜，願皈依，執弟子禮唯謹。或謂君奉佛，奈何以使酒好罵人聞，此非能測君者也。今人有疾病，見之者泛泛問候而已，若其交誼摯且久，必有追咎窮責攝養之乖方，與飲食起居之不早爲計者矣。咎責非人所樂聞者，言者受者，於勢爲逆，然而真意見焉！故我佛教人發心，首以直心。君之遂行己意，不少掩辟，正是意也。世人拘於俗計，喜僞而惡真，彼烏足與知此耶，彼烏足與知此耶！

［校注］

　　文載《國風半月刊》第二卷第十三期(1933年7月1日出版)。考《國風半月刊》第二卷第十三期《洪先生行述》云："今年四月十八日，在甬上江廈接寓所，晨起尚能啜粥讀報，見秦皇島失陷之訊，忽投箸而起，若不勝其扼腕者。午後突患氣閉，急延醫診治，云是急性心臟麻痺，不及施針，已一瞑不視矣。得年六十……爰定二十二年六月四日上午九時在鄞縣南郊本校開會追悼。……浙江省立第四中學謹述。"准此，則此文當作於1933年4月18日至6月4日之間。

贈謝君四十生日叙

　　始予客海上，主謝君衡牕所。君故忼爽，喜結客，尤好聚金石書畫。嘗在某所見予書，心善之，謬以予爲能書，盡出其舊藏漢唐人碑版，相與展觀爲笑樂。間有新得，輒偕予平鑒之。會予方困甚，貲用時弗給，則與君爲錢通。君雅知予貧，弗校也。昔晉劉殷當未第時，有所稱貸于人，則曰：“俟他日富貴而以償汝。”其後殷果位至三公，後世論者，謂殷之負氣固高，而爲之貸者，氣度尤不可幾及。以予之潦倒無能，固非殷其人，若君則可謂之賢矣。

君自幼孤露，及以畜賈致饒，益則壹以緩急人爲務。交游親黨，待而舉火者十餘家。鄉里善舉，有叩者，應如響。所居曰梅墟，户口殷庶與都市埒，君于其地立鄉學，歲斥白金三千，又助郡城工校白金歲二千，兩校賴以不墜，君之勞爲多。其他所爲多稱是。輓近俗浸衰，士德日凉薄，往往以儒林之聲氣爲游俠，以游俠之勢力爲貨殖，故以貨殖之贏餘附之儒林，輾轉牽附而彌喪其真，總之，不離乎矜名者。近是大抵恒人之情，莫不期有以自瞻其身，身瞻矣則思託于歿世不可知之名，諱衺以弋寵，巧取以鳴高，譬若操豚蹄之微，而望歐婁豐穰之獲，雖極一時之豪舉，其出於自私自利一也。是故古人之爲善，無所爲而爲者也。今人之爲善，有所爲而爲者也。烏乎！爲善，盛德事也，而今古殊焉，此可以見世變矣。

君今年四十矣，某月某日爲其生辰，諸有好於君者，謀所以壽之，屬文於予。予惟古人臨文不苟，其於朋友之壽，率多規而少諛。君子愛人以德誼，固宜爾。君之樂善不倦，已歷歷在人口，予尤期其不逐世好，而上與古人儕也。于其壽，書是以貞之。

[校注]

文載《寧波旅滬同鄉會月刊》第二十八期（1925年11月出版）。

贈馮冉

自予與鄉之人遊，交至驩而情意訴合無間者，亡慮十數人。之十數人者，或以才勝，或以量勝，或以德榮聞望勝，至若有氣敢任、邁越等倫者，則毋若吾馮君。

君有從兄止凡先生，嘗與先府君相友善，方予幼時，與君每相見，則歷數行輩爲嘔噱，或文酒讌集，少長咸蒞，君從人叢中字呼予，謂："我於若丈人行，顧兄事我，何也？"及予與止凡先生同舉鄉試，於先生同歲生，君猶數數，熹舉略量事。蓋君具兼人才，好勝人而不勝於人，赴事至勇，即甚糾紛錯緟，他人頻蹙不勝任，君必條秩而理董之。方清末葉，朝廷倡設城鎮鄉自治，君與予所居曰同道鄉，爲予言："今世諸條例綱目，猶未具行之，宜自吾鄉始已。"著爲《議事細則》若干條、《辦事細則》若干條，其後吾邑諸言鄉自治者多行之。革政以後，君爲省議員，爲財政審查長，若者豫算，若者決算，鉤摘刪汰，中窾叶機，凡君諸所爲多類此，而之二事者，尤見推於人，君亦深自負，謂非我莫能屬也。

自君遊海上，予則授徒里居，兩人者際迹不常合併，或相見旋則去。日者走訪君，君要予造其寓廬，語予曰："今者吾喪我矣。吾曏者好自恃，今乃知所恃者之無一當也。又好勝人，今知世之人之無不我勝也。吾今五十矣，昔人謂之知非之年，吾子試言之，以爲吾進耶，不耶？"張子曰："慎矣哉馮君也！人之生，莫不有所偏，能用其偏，持之終始而勿斁，斯可以全吾真。蒙莊有言：'鳧脛雖短，續之則憂；鶴脛雖長，斷之則悲。'夫長與短，斯偏矣，吾子乃欲反其所偏，以求所謂全者,其不爲斷與續之類幾希,何進之足云。"言未既,君掀髯而作,蹴然辟席而言曰:"子無乃稱張子,試徐詧之,以爲如吾馮君,固勝人而不勝於人者也!"

[校注]

文載《寧波旅滬同鄉會月刊》第42期(1927年1月出版)。

贈金君廷蓀五十生日

自頃以還,海上人士,無老少卑尊疏戚,藉藉交口上海杜君及吾鄞金君。杜君以雄偉,金君以縝栗。杜君渾渾,外貌視若甚疏闊,而事無不當,人以是服之。金君當機立斷,每蒞事,陰以兵法部勒之,恩威兼施,人亦以是服之。二君皆興自寒素,自少無尺寸馮假,孑焉走海上,棲息閭市者有年,用任俠爲時戴重,待人壹以信義,片言然諾,終身以之。諸隸二君部下者,人人爭願爲效力,四方豪杰從之遊者若流水,謂二君非常人也。

金君今五十矣,歲十一月四日,實爲誕降之辰,遠近爲詩若文以賀者趾相錯。於是吾寧波旅滬同鄉會虞君和德、張君傳保等相與謀曰:"和德等主辦斯會久從鄉父老之後,亦既有年,今又得吾金君,甬之光,抑吾會之福也。於其生日,宜有以張之。"乃走而屬原煒爲之辭。始予耳金君名,意其人高視大步,落落不可一世者流。前歲冬,晤君王君問涵許,繼又於蔡君明存坐上見之,二君備舉君行誼,乃知君內行脩,又竺於倫紀,匪獨嶔奇磊異之足稱已也。先是,君與杜君同出黃君金榮門。黃君者上海人,疇輩中資歷獨最老,故二君事之謹;每有興舉,杜君開其先,君次成其後,必以諮白黃君。公私宴集,賓旅闐閬,黃君坐上坐,君與杜君左右侍,執弟子禮滋恭。

居久之，黃君自以春秋高，悉以所業付二君，謝事家居矣。二君猶時時走候起居，與人語必首稱黃君。黃君居滬西漕河涇路，多所興革，君與杜君於其地營闢爲亭一。亭曰金榮亭，曰"爲吾君志伐"，其竺厚類如此。輓近人紀淪斁，朋友師弟間尤不可問，朝骨肉而莫寇讎者，比比然矣。君與杜君獨異乎是，是可爲世風矣。而又聞君家居不蓄姬媵，不沾染流俗嗜好，與其配氏張相處三十年，燕婉無間言；友于兄弟，有急則與爲錢通，不以別籍故私其財。自念蚤喪親，引爲大感。有先墓在鄞西祝嘏橋，歲時必躬蒞其地。距墓數十武，有庵一，圮落久矣，君爲大修闢之，曰："此吾先靈之所馮依也。"迹君所爲，人倫備矣，然後知吾向之以高視大步測君者，固未當其萬一也。會虞君來索文，乃備著君內行倫紀之竺于篇。若其大者遠者，具見他文中，予固蔑以加茲矣。

[校注]

文載《寧波旅滬同鄉會月刊》第 138 期（1935 年 1 月出版）。

魯盦仿完白山人印譜叙

乾嘉之交，江南北印人號大師者，于浙則錢唐丁氏，于皖則懷寧鄧氏。兩氏者，皆遭際塞屯，落落與世少諧合，而鄧氏困尤甚。當是時，諸城劉氏、大興翁氏、嘉興錢氏、陽湖孫氏，皆以魏臣碩望，經學宿儒，流譽詞壇，烜燿不可一世。鄧氏一布衣耳，名不出州閭，位不及一命之士，世既無知之者，鄧氏亦不求人知，生長蓬蓽之中，行吟荒江之畔，其後少見矣。卒以與翁、錢議相左，至以不合六書相詆諆。脫無安吳包氏，其人將老死墉下，汶汶以終焉耳！史遷言："閭巷之士，非附青雲，惡能相得而名彰？"自鄧氏名爲世重，識者未嘗不引爲深幸；顧叩其所由來，則徒以安吳故。由是言之，世之重鄧氏者，非眞知鄧氏者也。

慈谿張子魯盦，治印垂二十年，始學趙次閑及西泠諸家，後乃一以鄧氏爲依歸。嘗以重金購得鄧氏"燕翼堂"五面印，所以矜寵之備至，雖球璧弗易也。先是鄧氏印傳世者絶尠，獨暨陽王爾度摹刻數十事，成《古梅閣印譜》，顧其書不少槪見。張子旣得"燕翼堂"印，凡鄧氏散見它書者，模鐫得百數十事，裒爲一袠，倩工鈐拓，將以標正宗、飼後學，意至善也。張子藏印數千方、印譜數百種，編拓而成書者，有《魯盦印選》《退庵印寄》《黟山人印存》《横雲山民印聚》《金罍印摭》《鍾裔申印存》，海内外言印學者，莫之能先。今又輯鄧氏印以博之，洵能知鄧氏者，匪獨侈庋藏之富已也。

嘗試言之：自來言詩文者，窮而益工，而負才負藝之士，多出於枯槁隱逸者流。世傳龍泓山人晚年貧至不能存，其可見者也。向使鄧氏早有以自襮露，或且以盛名自封步，未可知也。即不然而翺翔皇路，身陟顯巍，垒華以榮之，金玉錦繡以汨没之，又未能專力于古也。謂鄧氏之困，即其藝之由成也可。然發言莫賞，文士流歎，絶藝如鄧氏，乃厄之摧之，幸得一知者，又中沮之，其爲鬱鬱何如者。嗟呼！有安吳而鄧氏以顯，有張子而鄧氏之印以廣；蓋鄧氏固有不朽者在，而張子自此遠矣。壬午孟夏，古堇張原煒撰。茶陵譚澤闓書。

[校注]

文載郁重今編纂《歷代印譜跋彙編》。① 文末已明確交代作於壬

---

① 《歷代印譜跋彙編》，郁重今編纂，西泠印社出版社 2008 年版，第 607—608 頁。

午（1942）六月。

寧波商會碑記

有清末葉，朝廷厲行新政，獎厲農（商）。各行省諸大都會以次設商務會，蘄上下相更始。首起者上海，而吾甬繼之。上海始曰商務公所，尋改今名。吾甬則稱商務總會，已曰總商會，而冠以郡名。郡道制廢，它郡率易稱，獨吾寧波猶襲舊名者，以其地通海，夙（無）中外人士孰于口也。寧波之有商會，事在清光緒三十一年，于時王君月亭澄、湯君仲盤嗣新及吳君葭窗傳基，以吾甬故以商著稱，非設會無以資棸通，於郡城東舊茶場廟側，賃民房若干楹爲會所。方事之朔，規制草創，諸所設施，未遑云備，及世會嬗移，人事益繁賾，隸會籍者日加。舊所設會所地小，不足以容，又偏局不適中，僉弗之便，謀所以闢新之，今主席陳君南琴賢凱，持尤力，顧迄不果行。

先是，東南諸省擁重兵者，互爲長雄，一旦據其地，則檄下商會供軍乏，名曰軍事借款，（顧）無所取償。十六年春，國軍涖吾浙，主省帑者有所屬。陳君曰："此其時矣。"既持券詣省爭之，亟得白金三萬餘版以歸，繼又疏募諸會衆得三萬版。貲用既集，衆議更新，度地庀工，次第具舉。會郡人士有事于中山公園，乃與主者謀，割園地餘羡，得六畝有奇，用營繕爲會所。會中設議事廳二，會員休憩室二，會客室一，膳室一，自會長以下諸執事于會者，乃至徼巡及諸夫役，皆各有室。廳之外闢爲園，長廊曲檻，邃如洞如，園卉蓊翳，四時而有。蓋吾浙七十有五縣，縣各置商會，論（其）規制，未有若斯之完餙者也。

　　張原煒曰：凡事之成有機，機至矣，無人以持之，無當也。吾甬號殷庶，列肆千萬，顧自軍興以來，先之以供億，重之以徵斂，商力亦殫矣。賴總理之靈，諸醜殄除，党國底定。曩所通於民者，積十餘年之久，一旦（乃）還諸吾民，斯機之不易遭者也。顧非有陳君（之）奔走盡瘁，及諸會衆之樂輸其後，安望能底于成耶！會制，主者先曰總理，繼曰會長，委員制行，乃稱主席。自設會迄今二十有八年，自吳君葭窗首立會務，其後若鄭君鍔笙、余君芷津、費君冕卿、屠君鴻規、袁君端甫、俞君佐庭、陳君南琴、孔君馥初，先後得若干人。是役也，經始於十六年十二月，越明年六月迄工，為時凡七閱月，用白金六萬版有奇，舊所集不足，則有錢肆及諸商肆奏其成。監工者，自主席陳君外，陳君如馨蘭、林君琴香潤芬，皆有勞，例得附書。共和紀元廿有一年一月上石。張原煒撰。

[校注]

　　《寧波商會碑記》由張原煒撰文，沙文若書丹，趙時棡篆額，鄞縣李良棟刻石。碑石現存寧波工商聯小花廳旁西牆邊。高210公分，寬90公分。計18行，每行47字，共計762字，字大3.7公分見方，楷書。

虞洽卿先生七十壽序

　　頃數十年來，甬之人聲名被海內矣，舟車之所至，中外五甿所彙集，叩以勾甬土音，輒無弗通曉者。上海故東方大都會，曩者粵人號最盛，近則甬人且凌駕而上之。或曰甬地小而人繁，故賈游蹤尤踔遠，然以一郡轄之地，人口縱夥，不起當它省會什之二三也。或曰以瀕海通沘由便故,然吾國東南諸省,率遵海而居,匪直甬東一隅已也。予嘗測其所由來,知必有材地謀略,足以爲群倫率者在,若吾虞君洽卿其人是已。

君鎮海之龍山人,龍山當鎮海之北,甬人通稱曰三北。三北者,以鎮海及慈谿、餘姚三縣得名,而鎮北之龍山名最著。君奮迹鄉僻,年十五,即學賈海上某肆。肆例:諸學徒執役者,直歲終,主者給以冠履資,有定數;獨君以勤奮,與曹耦殊。弱冠以還,即嶄然軒露,先後游于扈,迄今都十五有五年。歷篦重職,遇事敢爲,能任人所不能任,言人所不敢言,若扈若甬若它都會,有大興作,或紛糾不能平決,輒推君上首,以是人無遠近戚疏,無不耳洽老名。古稱地以人重,至若甬之有君,斯非鄉國光歟!君精力過絶人,體兒岸異,平居一室中,坐客恆滿,自朝至日昃,未嘗言疲,治事視若闊疏,周旋肆應,張翕咸宜。其在扈,自盡力鄉里以外,尤力持大要,以顧護國體爲念。

先是環大瀛澥諸國人,僑居扈市者既衆,始以租借地爲名,久之則反客爲主,以兵威權勢脅取吾國内政,國中官吏又苟以保旦夕祿位,噤不敢一出聲,坐是乃滋無所憚顧。會法蘭西人攘吾四明公所,以重兵毁垣宇,勢洶洶張甚,時君猶年少,即從鄉老嚴筱舫閣學、葉澄衷、沈仲禮兩觀察後,嚴詞與爲抗辯,已而甬之諸傭于外僑者,亦爭起輟業,爲鄉靡凡十數萬人,法人始不敢逞,時清光緒二十四年五月十三日事也。越六年,則有會審公堂群鬭之案,君與工部局抗争如初,君憤國權旁落,久蘄有以振挽之,謂國人之不武釁由來矣,既刱設萬國商團中華隊,用自捍衛,則又首戎服以爲衆率,華商來集隊者得萬餘人，自是外僑知黃裔大有為計，不可蔑視，自是有華人納稅會，工部局始置華董若干員矣。

昔史遷傳貨殖，夸言白圭、范蠡、猗頓之倫，至謂伊、呂、管、葛無以過，顧其材特殖賄已耳，至若身居廛間之中，匪有一人尺土之憑藉，而高掌遠蹠，隱然與國重相消息，則惟吾虞君一人而已。歲五月十八日，為君七十誕辰，孔君庸之來，囑為屏風之辭。予謂人情莫不私其鄉，鄉有賢豪長德，類津津樂道之，虞君之有造于甬固已，顧僅以甬為君重，又豈足以盡君耶！君它所營，有龍山商步，有寧紹商輪公司，有三北公司，有四明銀行，凡此皆域于甬東一隅者，茲不具。著其犖犖大者，用為君祝無量嘏。

[校注]

文載《寧波旅滬同鄉會月刊》第156期（1936年7月出版）。

鄞縣地方法院看守所碑記

吾邑之有看守所、尚已所，故當縣署西偏舊監獄址也。歷祀綿遠，荒陋窳敗，亡以容囚者，履其地，小則瘍疾，大者乃以隕生。奉化王君文翰、俞君濟民暨縣人金君廷蓀、東光陳君寶麟，盤焉憫之，謀於今法院院長紹興王君秉彝，蕲所以更新者。會浙江省府以甬濱海，議增置高等分院，若民事，若刑事案，且視舊有加。於是王、金諸君大會邑人士，諗於眾曰："原夫立法之本意，所以益人，匪以毒人。國家將納民於正軌，有不帥教者，亦既為刑法以裁制之矣。灋於文，從廌從水，廌言其猛，水言其平，寓平於猛中，灋之所由立也。今使民未受制於法而先受制於罪，讞未決之地，束縛之，禁閉之，食飲起居，使不與恒民齊，斯亦事之至不平矣。且吾甬夙號大都會，頃歲以還，鄉土諸政日月以舉，獨此人命之重，囚系人犯之建置觖焉弗之修，詎非邦人羞乎？"衆曰善，則謀即舊城西校場官地間以爲新。所議既定，僉具詞籲請省府。省府報曰可。於是有籌備建造委員會之設。委員都得八十有五人，會設主席二，王君文翰、王君秉彛任之。常務委員十有五，二王君以外，則有俞君濟民、陳君寶麟、陳君賢凱、陳君蘭、俞君煌、毛君崇坊、華君殿英、王君詩誠、左君洞、倪君維熊、黃君榮昌、鄭君澧、梁君文溥。分組三，曰總務，曰財務，曰工務。其計設監工者，則施君求臧、李君志青也。是役也，用白金六萬四千版有奇。滬與甬分募之。金君廷蓀募自滬，得三萬五千版；寧波商會及諸委員募自甬，得二萬六千餘版；不足請於省，撥補三千版。其地廣袤十畝一分九厘六毫，其室大若小五十七楹，若工場，若浴室，若疾病治療室，凡人生所需者咸備。經始以民國二十三年一月，越八月乃訖工。工事既竣，僉謂不可無以記，屬縣人張原煒爲之辭。予既爲列其原委，且仿六朝人造塔例，凡與斯役諸委員及醵金佽其成者，皆爲題名其後，用以紀烈，且爲來者風。

民國二十三年月，縣人張原煒撰文，慈谿錢罕書丹。

蕭山朱母銘

吾友朱鼎煦，有母曰湯夫人，以瘍發於背卒。卒之日，家內外無老少卑賤，哭之皆失聲。有族子某曰："自我嬰錮疾，婁乏無以自給，饘粥食飲，唯母是須，今亡矣夫！"又有老嫗來哭曰："自我庸於母，未嘗見疾聲戾色，即有缺失，母則爲彌飾之，或委曲風諭，使悛改其遇，人若恐傷，詎意其罹斯疾也。"蓋鼎煦言如此。俗益漓，婦德尤不修，鼎煦之述其親，皆門內庸行，匪有絕特可驚人者，然其言可以風矣。

夫人蕭山湯氏，年十七歸同縣朱君。朱君治舉子業，有無一委於夫人，日辨色興，治饎饡，事補紉，一切膳庖臘漿、蠶織縫染之事，非數人不克任者，母以一身兼之。日旰矣，猶娓娓不少休。敏於事，嫻於禮。事舅姑，翼翼如也；教率諸子，秩秩如也；於娣姒姻鄰，愉愉如也；婢媼，猶猶如也。其卒以一九一三年十二月九日，其春秋五十有八。其男子子四：國采、鼎熙、鼎煦、鼎勳。其女子：子如。其男(其)孫二：大俞、大年。鼎煦賢而有文，與余善，朱氏之興，將於是乎左。

銘曰：猗夫人，賢有禮。父永昌，夫嗣琦。不顯時，維在後。後嗣興，清且懋。作新宮，蕭之陽。銘不泐，終焉藏。

[校注]

見載於周道明《觀滄樓隨筆》（錢塘詩社 1993 年刊行），其"蕭山朱母銘"條云："1958 年自動以磚石支農，棺木支工，平整土地之時，朱鼎煦之母湯夫人墓遷葬於鄞縣之莊昭形山，鄞縣張原煒撰墓誌銘，鄉賢韓登安書以棣字刻之於石。錄存於下，以存掌故。"

《西港集》題語

朱生驦君襄，以詩文稿見示，蓋與其師楊霱園同時羈居所作。曰"西林"者，以所居黃公林廟名。曰"西港"者，以所居圓通寺名，寺在十字港，故云。生與霱園爲其鄉人所誣，事發于去夏五月間，比仲冬乃解。集中師弟唱和，多雍容見道語，無一毫怨尤不平之氣，可以覘其學養兼到矣。霱園，名翰芳,清諸生、舊先府君門下士。庚辰五月,張原煒。
[校注]
　　見載於《近代咸祥文存》。① 文末明確交代作於庚辰(1940)五月。

題上海《寧波公報》二週紀念

　　上海之有寧波報,由來舊矣。軍興以還,風行尤甚。吾甬人旅滬者,幾於人手一紙。人情莫不愛其鄉,至在亂後,則愛之且尤甚。上海一步,甬人占什之三四。自經兵燹,鄉之稍有貲者,無不挈家室以來此,喘息之餘,瞻望閭里,未嘗一日忘其鄉也。以愛鄉故,逐及愛報,其盛也固宜。今夫人日處家室中,其于兄弟子女,猶漠然置之。一旦有疾病苛養,則撫之臨之,有加甚焉。由是言之,甬報之盛,即吾鄉之不幸也。吾甬之父老乎,吾甬之子弟乎,吾儕棲庇宇下,僅而即安,安未可必也。然以視鄉之流離遷徙,求瞬息之安而不可得者,則有間矣。詩曰:"凡民有喪,匍匐救之。"嗟我甬人,尚其圖所救哉!
[校注]
　　載上海《寧波公報二週年紀念特刊》(1940年4月27日發行),署名張于相。

致沙孟海

　　僧孚足下:前上一函,附□君收條□□□《李桂卿壙志》,

---

①　《近代咸祥文存》,胡紀祥輯錄,俞信芳校注,寧波出版社2018年版,第155頁。

前稿"曾祖妣成"遺"本生曾祖妣孔"六字,當時匆匆付郵,如尚未加墨,乞加入爲盼。驪□長交部。度吾弟必同行,比來有否移交,抑仍在教部。仰望示我黃著。

張原煒頓首再拜,十二月十六日。

[校注]

　　載《寧波歷代書畫集》。①

---

① 寧波出版社 2006 年版,第 252 頁。

雪野堂文稿

袁孟純　撰

目　　録

雪野堂文稿序　　　　　　　　　　　　吴兆璜　405
雪野堂文集序　　　　　　　　　　　　曾克耑　406
雪野堂文稿叙　　　　　　　　　　　　童第德　407
嘉陵集序　　　　　　　　　　　　　　王宇高　409
諸家評議　　　　　　　　　　　　　　　　　410

卷上　　　　　　　　　　　　　　　　　　　411
　顧葆性先生傳　　　　　　　　　　　　　　411
　馮回風先生事略　　　　　　　　　　　　　412
　莊菘甫先生傳　　　　　　　　　　　　　　414
　吴君公阜傳　　　　　　　　　　　　　　　416
　孫君荊侯傳　　　　　　　　　　　　　　　417
　艮園先生傳　　　　　　　　　　　　　　　419
　周石虞先生傳　　　　　　　　　　　　　　420
　章守備傳　　　　　　　　　　　　　　　　421
　夏伯訓林周父傳　　　　　　　　　　　　　422
　周介軒先生傳　　　　　　　　　　　　　　423
　家鳳標先生傳　　　　　　　　　　　　　　424
　徐君家傳　　　　　　　　　　　　　　　　425
　鄔臨初傳　　　　　　　　　　　　　　　　425
　嚴筱軒先生傳　　　　　　　　　　　　　　426
　外舅汪君家傳　　　　　　　　　　　　　　427
　劉君墓表　　　　　　　　　　　　　　　　428

叔祖英甫府君墓表 429
　　張母毛孺人家傳 430
　　姑氏傳 431
　　先大父行實 432
　　先大母事狀 432
　　外王母袁孺人家傳 434
　　先姒行略 435
　　繼母毛孺人事狀 436
　　洪先生傳 437
卷中 439
　　樗廬文稿序 439
　　五先生文鈔目錄序 440
　　竹洲文獻序 代 441
　　記寫本《六家文鈔》後 442
　　記寫本《三吳文鈔》後 443
　　讀《深州風土記》 444
　　讀《郁離子》 445
　　梅柏梘文別鈔題辭 445
　　黃埔烈士傳序 446
　　珠巖齋文初編序 446
　　餅梅齋詩序 447
　　桃源集序 448
　　贈朱君鄭卿序 449
　　贈章公績序 450
　　贈徐鏡齋先生序 451
　　贈陳君叔諒序 452
　　陳畏壘先生五十生日序 453
　　卓雨亭先生六十壽序 454

何虞卿先生七十壽序 456
　　五叔父哲卿先生五十生日序 457
　　蔣翁夫婦偕老序 459
　　贈劉心波序 460
　　鄞王君冰生五十贈序 461
　　楊端虛先生壽序 462
　　汪葵卿先生六十有三壽序 463
卷下 466
　　半山廬記 466
　　珠巖齋記 467
　　隨安居記 468
　　巨松說 468
　　松坪記 469
　　書江孝子 469
　　書八世祖宏亮府君遺事 470
　　記高祖明雲府君遺事 470
　　書袁芝瑛事 471
　　來西錄 471

雪野堂文稿序

吴兆璜

曩者，兆璜播遷渝州，時時從履川游，袁君孟純亦時來論文。讀其文，清氣往復，非世俗之文也。每有所作必示余，且曰："異日刻集，子必爲序。"孟純，浙東馮君木君弟子，與虞君含章同籍。虞君，吾師吳北江先生嘗稱爲浙中能文之士也。孟純致力於學，嘗手寫吳摯甫先生選定《六家文鈔》，暨北江先生所選《古文範》，嘗曰："世俗無足當意者，獨於文章，心摹力追，未嘗少歇。"君可謂特立獨行之士歟！戊子，遇孟純於金陵，復謂兆璜曰："文將付刊，子其爲我序之。"以事，未果爲。己丑，避兵至滬，孟純於顛播流離獨刊其文，曰《雪野堂文稿》三卷，且謂兆璜曰："子其序之毋辭。"文章之道，難言也！學至矣，才不足以副之，弗逮也；才識充矣，學不足以副之，弗逮也；才學至矣，窮阨以困之，弗逮也。若吾孟純，屏百嗜，盡畢生力以赴之，外物不爲移，窮困不能阻，獨蘄乎古之作者，吾知其必有合也。集既刻竣，書斯以志之。己丑春二月，江寧吳兆璜。

雪野堂文集序

曾克耑

倭氛既戢之三年，兵争復起。戊子冬，烽火逼金陵，江南騷動。於時奉化袁子孟純，方自左掖奔滬，余執役圜府，亦自京來會。喘息稍定，袁子忽以所著《雪野堂文集》授梓將問世來告，堅囑余一言，余以大亂益滋紛，人方苦流亡，轉徙逃死之不暇，而袁子獨於此時出其文行世，匪特來世之詫怪，即余隨袁子後以文爲務者，亦疑若非當務之急也。袁子獨亟亟於是，而其文又精嫥獨到若是，意必有致之之道存。余既冥思數四，已而嘆曰："袁子蓋能寧其志不爲物擾者也。"世之亂也，覆卻萬端交乎前，若攖之而不得寧，則百事無可爲。善學者志一而神定，知其無與吾事，持以静，守以恒，積以歲月，而吾業成矣。往者湘鄉之削平禍難，其在兵間，誦習有定程；冀州北官幽薊，躬歷甲午、庚子之變而嘯歌不輟，其所造述，一皆出入兵火生死之危而成者也。彼其志一而神定，故不擾於物；不擾於物，故措施裕如，況文也邪！然則袁子之所爲，實有契於湘鄉、冀州之旨，而非荒惑怯陋如余者所得而知也。序袁子斯集，豈惟解世惑，亦兼以自警焉。己丑春二月，閩侯曾克耑。

雪野堂文稿叙

童第德

奉化袁孟純，善屬文，年幾四十，始出而佐某公幕。所歷名山水，每欲窮攬其勝，汲汲如不及。至陪都，得見當世所謂鉅人長者，接其議論，挹其風采，喜曰："今茲庶足以發余文乎。"頃之，出示文若干首，曰："此余居鄉時舊作，大都山澤之臞，無奇節異行可紀，過而存之，不忍割棄，請子爲我叙之。"孟純嘗從余問業，其文慕效歐陽文忠、歸太僕之所爲，叙家人瑣屑事尤工，乃進而告之曰："凡其人見於吾文者，皆吾之與也，不則，吾身親聞見者也。或以藝名，或以節著，或以事功顯。事功非遭時無由成，若藝與節，則修之自我，可勉焉而致也。顧其人足稱，不耳，不當震其富貴而矜之，貧賤而易之。蔚宗之書，傳逸民，傳獨行、列女，未必不與雲臺諸功臣共垂不朽也。至若山水之足以發吾文似矣，亦視吾之才識有以副之，不然，樵夫終日在山而無所得於山，舟子出入狂風巨浪中，魚龍百怪，盪心駭目，極天下之瑰瑋崛奇，不能寫其情狀以傳於世也。《孟子》'養吾浩然之氣'，故文章炳耀若日星，説理者宗之，學文者宗之。其足迹所至，齊滕梁宋數百里間，西未及登太華，南行未嘗涉楚之洞庭大江波濤洶湧也。永州小邱石渠，得子厚而始著，然子厚特假以鳴其不平耳，非誠有詭異殊絶之境也。故爲文必有本，本之經，徵諸史，汎濫於百家諸子，深思而力索，博觀而慎取，要其本歸之於仁義。用力既久，乃合天機，其出也若流泉，混混不能自己，行乎不得不行，止乎不得不止。盈天地間人物事，爲山川、草木、禽魚皆吾有也，各呈其奇，恣吾所取之而吾無所私焉，夫然後謂之文。古之善文者，莫不如是。孟純之於文，信工矣，顧尚有爲物役之意存於胸中，務廓而去之，通其微，凝其神，心冥形釋，蘄有以合於古之人乎。余亦心知之，而力有未能至者，故爲之説，以自警云。民國三十一年七月，鄞童第德。

嘉陵集序

王宇高

孟純與余同入蜀，迄今七年矣。寓館在巴之西郊，江水半里外，流漾望見之，嘉陵江也。嘉陵江之水，視長江尤澄明可愛，孟純遂以嘉陵名其入蜀來所著文云。始，孟純之文曰《雪野堂稿》者，余愛其清簡而謹於義法，感移吾意。吾爲文始稍稍守法，孟純誠吾之益友也，嘗用此意爲之序；孟純今之文，貌加豐腴，氣加彊，深廣茂美，不僅以清簡勝，視舊作蓋尤加進，而余則反不如前。嘗惟之孟純尤加進者，豈其有得於萬里之行乎，其亦蜀中奇山水之助乎，其亦兵讐連結不解有所激乎，其亦別離親戚，久不得歸，鬱而發乎？夫此數者，余與孟純無一不同，其不同者，孟純無他好，唯好書，無他憂，唯憂不得書，官俸悉以置書，讀書爲文，朝夕孜孜，誠專有恒，與昔日在家時無少異也。余則道途之險阻，兵火之慘急，羈旅之孤苦，家鄉之淪失，皆集乎匈中而生憂。到蜀七年，戚戚無一日寧，嗜好學問頓改舊常，夫時遭危亂動搖，吾之心亦隨之而危亂動搖，其有慚乎孟純，固不僅文業之不迨已也。今幸寇降難平，余始稍稍復理舊業，孟純見之喜，遂屬爲其蜀中文序。民國三十四年十二月，同縣王宇高墉伯撰于巴中北崖館。

諸家評議

冒鶴亭先生曰："三百年來，四明言古文者，前則姜西溟、全謝山，近時推馮君木，而虞含章尤爲礦守桐城家法者所亟稱。奉化袁孟純師事君木，而爲文宗旨與含章同。余嘗讀其《吳公阜傳》《贈章公績序》諸篇，歎爲方、姚之詣未墜於地。間舉先師吳冀州語語之，'勸其存稿不必多，而又篇删句、句删字，歸於簡鍊，以成節制之師，然後可以爲仁者之無敵。'孟純韙吾言，行健不息，吾烏乎測其所至也！"

孫表卿先生曰："孟純文，雅潔而有遠韻。"

柳翼謀先生曰："醇約妙遠，取境甚高。性情既竺，功力尤邃，曷勝欽佩！"

曾履川曰："婉約深醇，岸然入古。叙事述哀之作，尤深得史公、歐公之髓。"

吳稚鶴曰："《雪野堂集》長于叙事，精于論學。述先德諸篇，尤見至性。蓋導源子長，出入永叔、震川者也。古文以意載詞，以氣驅遣，放爲江河，蓄爲潭淵。集中諸作，深入堂奥，洵爲名著。"

衛仲璠曰："夐高玉賾之詣，温醇宕逸之文。其體潔，其氣遒，其神致則綿邈，其情感至悱篤。當兹海宇用兵、道喪文弊，並世而有此作，何必古人。滋可貴已！"

孫翼父曰："其爲文也，立意不必奇而必求合乎法，措詞不必高而必求當乎情。其於先世之遺德、友朋死生闊絶之故，言之尤爲深切而有味。"

卷　　上

顧葆性先生傳

　　顧先生諱清廉,字葆性,鄞人。嘗游學日本,歸而無所遇,益困勉于學,以教授生徒終其身。其學以實用爲主,其施教,務變化人之氣質,煦煦然誥誡,若家人父子,不爲老師威厲狀。有弟子從其同室宿者,夜教之,旦日問之不達,則又教之不厭。大要歸以忠孝之大節,及爲學之塗轍。受其教者,雖桀驁必順,選懦必彊,成德達財者甚多,今軍事委員會委員長蔣公,其尤著也。先生設箭金學堂於郡城,蔣公從之游,先生縱譚國聞,每稱美中國革命黨魁中山先生,娓娓不能休,蔣公爲之神往。先生窺蔣公視瞻非常,器宇英偉,益視爲瑋寶奇材,講經之餘,授《孫子》、習兵法,並以王陽明、曾文正兩《集》授之曰:"此兩書尤切實用。"又曰:"青年欲求大成,當宦學異邦。"蔣公默識之不忘,自是益發憤有志於革命矣。蔣公曰:"吾之從事革命、效忠黨國及識學問之源流,實由少時受顧先生教也。"

　　先生嘗爲郡校師講授《説文解字》,以爲不通訓(話)〔詁〕,不能讀周秦古書,平日恒勸生徒看《曾文正公家書》,謂:"詞淺近而意深長,情篤摯而理平實,真布帛菽粟之言。"惠常亦親奉教訓,到今覺其言親切而有至味焉。其學蓋甚深博,凡經史、小學、理學、名法、兵醫諸家,言無不曉習,尤深理學。四明理學起自慶歷五先生,至淳熙四先生而始大,大率宗象山,惟東發則宗閩學,深寧則兼治朱、陸、呂三氏,而流入辭業;萬鹿園,王學也,而上接陸氏;謝山則兼綜經、史、詞章三者。先生初宗陸王,晚年則和通朱子,教人必先讀《近思錄》《小學》《傳習錄》,謂此三書乃入聖域之基;於近代則慕效曾文正,謂曾有陽明之勛業,而于朱學則有光大之力者也。吾謂先生刻苦務學則近顏習齋,兼通朱陸則近孫夏峰,其不事空言而踐履篤實、善誘生徒,尤近李延平,此乃通儒之學,豈姝姝守一先生言所能望其項背哉!惜乎其不遇也。然蔣公行其師說,已康濟斯世而拯宗國矣,天下多蔣公之賢,亦多先生啟迪之功也。

同時,郡校師有慈谿馮君木先生开者,每課文必示範作,先生則從未以文視人,諸生徒請索之,久則始出《仁術說》一篇,邑衍孟子之義,深切當世之利弊,蓋理學家言也,先生則曰:"吾文不及馮君之工善,諸生取其意可耳。"其自謙退如是。卒,年五十有幾。子蚤卒。遺著散佚,其弟子楊受乾曾刊印《大人小人圖表》行於世。民國二十五年十月,門人奉化袁惠常敬述。

馮回風先生事略

先生諱开,字君木。初名鴻墀,字階青,有文在其手曰开,故更名。慈谿馮氏,學者稱回風先生。少以孤童子自奮,才氣絕人,工詩文,與同縣陳訓正屺懷、應啟墀叔申、洪允祥佛矢三先生齊譽,有'三病夫一狂夫'之目,鄞張讓三先生作歌紀其事。狂夫謂洪先生也。年廿五,由拔貢官麗水訓導,未幾,辭去。嘗避亂,徙居甬上,教授師範、效實兩中學十餘年,著弟子録者,無慮數千人。

其施教也,循循樂誘導,不大聲色。諸生片言之善,輒稱道不容口,必先博其趣,然後勉進術業,故弟子敬愛先生,猶敬愛其父兄也。其論文,主漢魏,不喜唐宋,謂:"善學者必溯其原,毋顢頇爲八家藩籬所限。不立古文名稱,而文章乃愈趨于古,奇耦互發,匪曰重儓,文而已矣,何分駢散,誠能效法齊梁,折衷漢魏,辭氣淵雅,文質相宣,斯爲美也。就使意主單行,不爲偶語,而取徑既高,酌體斯雅,潛氣内轉,無藉恢張,鄙倍之詞,不汰自遠。"又曰:"文章之事,竺雅爲上,虚鋒騰趠,易墮下乘。"所謂虚鋒者,言之無物,徒以間架波磔取勝也。其自爲文,精能淵懋,内骩而外肆,類汪容父。志銘專學中郎,尤爲高簡。爲詩,蚤歲宗杜、韓,所作則近義山;中年竺耆宋詩,其造詣則在介甫、無已之間。嘗纂《蕭瑟集》以見蘄嚮,其《序略》曰:"是集録詩旨趣,正與韋縠《才調集》相背馳。吾意蓋欲于詩中開一寂寥蕭澹之境界,植骨必堅,造意必刻,運息必微,導聲必澀。"又謂:"作詩當于無味處得味,無材處見材。"顧今世疇知之哉! 詞則出入清真、夢窗,鏤情託興,語必戌削雋永,其音節獨哀。

性仁惠,樂拯人之急,鬻文所得,恒隨手散去。某年冬,假人百金,適人來告乏,悉予之,復假諸他人以度歲。其弟子朱威明之殁也,家人以先生善感,秘不之告,後友人于燕會中偶語及,先生輒大哭,並屬朱之子送其遺稿審正之,曰:"吾身後詩文,宜付託威明整比,不意余乃先定其文也。"又大哭,不可曲止。少時與從兄赴試,從兄病,遂不入試以歸。其風類多如此。

　　晚歲講學海上，當世名宿，若歸安朱孝臧古微、興化李詳審言、臨桂況周頤夔笙、安吉吳俊卿昌碩、杭徐珂仲可、湘潭袁思亮伯夔，皆與友善，晁夕往還，甚樂也。自謂"吾之詞得朱、況商榷而後成"。況、吳前卒，咸遺言必先生志其墓。義寧陳散原先生見先生所作《況君墓誌銘》，稱爲"並世諸子惟餘杭章君能爲之"。吳君《墓表》甫具藁草而歿，成絶筆矣！年五十有九，時中華民國二十年五月十八日也。

　　烏乎！自先生歿，朱、李亦同年殂謝，東南耆碩，凋零殆盡。屺懷先生哭先生曰："天喪斯文，國無人矣！"又爲《悲回風集》以志哀。弟子念先生教思無窮，立回風社于滬，春秋祀之。遺著有《回風堂詩》若干卷；文若干卷；詞一卷，已刊入《彊邨叢書》中；日記若干卷；襍著若干種。

　　父某，善繪事，蚤卒。母俞孺人，端懿貞淑，見稱州里，撫先生成立。配俞孺人，名因，字季則，著《婦學齋詞》一卷。繼配陳孺人、李孺人。子男二：貞胥，文章樸摯有父風；貞用，畢業效實中學。女一：貞俞，適魏友棐。孫男一：昭遂。女一：昭多。謹次辜較，藉章文行，不誣不溢，用質世之君子。民國二十一年五月，門人奉化袁惠常敬述。

莊菘甫先生傳

　　先生莊氏，諱景仲，字菘甫，以字行，奉化忠義鄉人。當清季世，政教失修如魚爛，民風尤媮薄，不可振拔。先生夙以澄清天下爲己任，于其鄉設忠義小學，力以種族大義相澆灌，立説斬斬，蘄有以激發群倫，已而知鄉僻之效不宏，則於縣城設龍津學堂，又走上海，置書肆曰新學會社，編行新籍得如干種。時各省倡革命，黨人群集海上，得先生通音聲，相論討，氣息既貫，勢力益壯闊矣。先是，先生與吳興陳英士、同縣周淡游諸先烈交尤密，共策畫大計，往往亙日夜不休。比浙江光復，被推爲財政部長，轉鹽政局長，皆有績。

性剛直，重節槩，不輕然諾，一與之交，終始不渝。任事不畏艱困，必底于成而後止。其有功於田牧甚大，始在臨安、餘杭立林牧公司，集田甿墾治都山地一萬五千畝餘，遍樹林木，畜牛羊數千蹄，雞豬稱是，見嘉樹豐蔚間獸畜緜孳，顧而樂之曰："太史公所謂'貨殖'，吾黨總理所謂'民生主義'，吾其庶幾乎！"治事之暇，則覃討稻麥之收穫、果實之改良，與夫捕殺害蟲之方、傲造桑皮紙之法，皆行於世。南通張君嗇庵，開農產展覽會，耳先生名，聘任爲副會長。張君故以實業名海內者也，尤盡心水利，奉化江、鄞江以及餘杭、臨安間諸水，濬之束之，障之導之，皆躬涖其地，相度水脈之宜，因勢而利導之。嘗考察三門灣，主張興起漁牧，並移南田縣治于健跳，更名三門，爲開發之先聲。被任爲導淮委員會副委員長，導淮之方，世多震西人入江之説，先生則力駁之，以爲不如入海便，格于衆議，末由遂志，乃翩然歸，自署曰"求我山人"。邑名宿孫振麒貽先生書曰："君子之仕也，將以行其道也；既不得行其道，而維委蛇苟且以取容。非其心之所安。孟子謂禹、稷、顏子同道，吾謂舜、禹之勤勞，巢、許之高讓，皆各量其才力之所宜，皎然不欺其志而已。"

既歸，治鄞之東錢湖，已濬淤泥引溉矣，又倡毓魚以兼利湖民。長鹽政時，獨主廢引地、輕鹽稅。爲省政治委員及省政府委員，則主減租入而保佃農。務爲遠大，不屑屑於從衆，類如是。

自奉儉約，大布之衣、糙糲之食，泊然自怡。當事有膽略。先時于鄉設學堂，鄉人譁之，家被毁，顧興學如故。軀局魁特，儀觀偉然，發聲閎朗若巨鐘。每集衆論事，侃侃陳説，勁氣破屋棟，屈其坐人。其任浙江省議員及國民政府立法委員，尤翕然得稱其志焉。凡有益鄉國之事，尤喜以一人負之，而趨視若家事。最後爲浙江省參議會參議員，雖老而氣不少衰。倭寇侵暴，國土日蹙，悲歎憂憤而卒，年八十有一，民國廿九年庚辰某月某日也。蔣委員長聞而盡然傷之，賻贈萬金，已又奉國民政府褒揚令，以旌其勞。遺著有《求我山人雜著》若干卷、《續集》六卷、農學書多種，皆刊行。民國三十三年十一月，同縣袁惠常敬撰。

吴君公阜傳

吴君名澤，字公阜，自署㐫飛，鄞人。當清同光間，吾郡有慈谿梅赧翁調鼎，以善書聞，書宗二王，深得《聖教序》散髻斜簪之妙，閩人鄭某亟稱，以爲二百年來所未有也。君天姿卓犖拔凡俗，幼時即喜效赧翁書，得其神似，已乃廣籀兩晉南北朝隋唐碑帖及漢晉木簡，用力至深。又通小學，謂："昔人以不識字不能讀古書，吾謂不識字何能作書？無根之學，書雖工，亦匠耳。"與同縣沙孟海文若互相砥礪，學益進，藝益精。孟海從明賢黄石齋入手，尚規鐘索，於並世最推服者獨君，謂："近人書取徑之正莫君若。曾見唐墓誌書丹未鐫者，結體用筆，乃與君絶相類，此其明徵也。"君於作書外，旁及篆刻，其刻石本秦漢印鉢，縱斂之盡其變化，每深夜，猶奏刀颯颯，稍不當意，輒礱去之，復作，用是尋恒之石，經君劚鑱，便同彝鼎。

身羸弱多病，而治學益刻厲。喜誦習范《書》，繙閱司馬氏《通鑑》，至數周間錄其奏疏書牘，積成鉅冊，首尾數十萬言，無一誤字。其小簡有晉宋人風味。至與友朋討論書學訓詁，則又纏纏數千言不能休，得者藏弆以爲幸。性孤潔，不苟與人交，不苟爲人作字、刻印，故其藝尤可貴云。

年三十有八，以民國二十四年某月日病瘵卒。子四人，長常馥，能傳其書學。遺著有《荅飛館印存》若干卷，《廣藝概》若干卷，《新語石》三卷，銘贊、傳志、題跋、序記、論議、尺牘凡數百篇。

袁惠常曰：吳仲倫云："凡人以一藝名者，其人必不俗。"況吾公阜之好學多能乎，其傳于後無疑也！當君病時，余常走審之，君曰："吾胸次尚有奇字數萬，病稍差，當力疾書之。"而竟未遂其志以殁。悲夫！民國二十五年五月，奉化袁惠常敬撰。

孫君莪侯傳

君諱善福，字莪侯，以字行，奉化泉口人。畢業浙江省立第四師範學校。性狷介，慎取予，無世俗耆好，獨好書，家貧，節嗇衣食，購置萬册，朝夕寢饋其中。尤喜治史，遍讀"廿四史"及《資治通鑑》、歷代紀事本末諸書，旁及外國史學名著。甚稱善全謝山、章實齋兩家之書，涉覽數周，有意乎其紹述之也。嘗謂全最有才、章最有識，非才無以載事，非識無以知去取，當删而不删，必有當存而不存者，是識又在才上矣。

君身屢弱善病，余嘗走審君病，君曰："余假養痾之時，得讀畢《明史》。"並出讀史札記視余，余歎君雖病而精力尚强也。立春前一日黎旦，其女犇告余君病大殆，余要執友知醫者王君與俱至，則大氣已絕矣，時民國三十年十二月十八日也。死之夕，猶坐床上作日記數百言，清切而有條貫，余于是知君雖至死而神明不衰也。立春日，殯于江北浙江亭之丙舍，送君者，僅余與君宗人義慈、紹興張君維祺三人而已。烏虖！天之生才也難，而成之尤難，殆成矣而忽奪之，身死而名狹，志閟而年不永。客死巴蜀，孑然旅殯萬里之外，而老母、寡妻飲泣陋巷之中，斯亦生人之極哀也已。

始君四五歲，即聰穎絕人，其祖梅邨先生抱置膝上，口授《孝經》，已能識字，百試之不爽一字。稍長，喜治古文詞，嘗選文數百篇，名爲《至性文録》，以爲文之動人者情也，無性情，不足以爲文，并不足以爲人，餘杭章太炎、慈谿陳屺懷兩先生爲之序。其自爲文，有《家君六十徵言略》《隨安居記》《重慶僑寓記》《無子説》等，多可誦者。著述有戴剡源、汪容甫兩先生《年譜》，用力尤深，歷四五年始成，識者以爲精審。自餘，有《浙江省教育史》《革命紀念日册子》已刊行於世，《隨安居劄記》若干卷、《日記》數十册藏于家，未成者有《中國書院史》。君初爲小學教師，數年後受知毛勉盧先生，供職國民革命軍總司令部文書科，已而調任浙江省教育廳科員，最後充交通部航政司主任科員。卒年四十有一。

袁惠常曰：余來陪都，見君病消渴甚，形瘠如柴立。王君謂以病態論，孫君恐其不壽也，余幸王君之言不驗也，今竟驗矣,悲夫!君嘗屬余爲傳,並舉劉孝標《自序》"聲塵寂寞,世不予知"之語以自弔,余味其言而悲之,乃次余交君二十年來所知者著于篇。中華民國三十二年十月撰。

艮園先生傳

先生奉化江姓,諱迥,號後邨,清光緒十四年舉人。民國興,自署五民,學者稱艮園先生。少時家貧,甚力于學,學成,始婣以教授自靖。吾鄉當清季,風尚淳樸,士子囿于制舉業,罕知經世有用之學,先生獨習《說文》,治《詩》、古文辭,旁摰算術、輿地、格致,毅然以啓迪後進爲己任,一時老儒鮮得與之儷,繇是龍津、儲材、益智等各中學堂,爭聘之爲師,最後爲鎮海培玉學校校長餘二十年。先生因材施化,徽引墨削,務導內之於軌範,用是成就者甚衆,監察院監察委員毛思誠、軍政部軍需署署長周駿彥,其最著云。

性清峻,寡交遊,而容接後進,一出端和。惠常嘗以文定正先生,先生增更數字曰:"好爲之,當有就。"又曰:"士不患貧而患不學。文當求古以合於今。周秦諸子文之最古而最有用者,要當閱覽無拘拘義法爲也。"蓋先生之學甚博,發而爲文,皆自然而中矩矱。尤工于詩,鄭張君美翊序其詩,稱爲蕭曠質健似劍南云。吾縣自蔣公特起,習俗爲之一變,士之負材藝者率致通顯,先生獨寂寂無所倚附,斂户讀書,賦詩屬文,淡然自虞樂,其貞介蓋天性也。著有《艮園詩集前後編》都二十卷、《文集》十卷行世,又有《華嚴字母談》二卷。與邑孫進士鏘共修《奉化縣志》,又合編《剡川詩鈔續編》若干卷。年八十,以民國廿五年七月三日壽終甬上寓次。子一,聖一,畢業光華大學，早卒。女一，適何孟雄。孫一，某某。

周石虞先生傳

先生姓周氏，諱世棠，字和卿，一字石虞，奉化周邨人。父賢途，以孝子旌。先生以廩貢生中式光緒庚子辛丑併科舉人，戶部揀發任用知縣。畢業廣東法政學堂，出仕則受命爲韶州太平關稅務總辦兼韶州府中學堂監督、浙江鹽政局蘇五屬收稅處長、廣東鹽運使署虎門查驗廠兼六門緝私總巡委員、小靖場知事、河南煙酒公賣局第四區分局長、安徽皖岸榷運局懷寧潛山太湖緝私分巡委員、兩淮鹽運使署秘書、軍需署主任秘書。人多以爲先生迭膺臙仕，宜成財積，不知先生終身任事，至老不休，猶寒素如初，是可以覘其人矣。

年七十一，以民國三十年二月十一日病歿重慶寓次。遺著有《甬山堂詩集》一十一卷、《文集》四卷、《集外文》一卷。早歲館邑人吳可舟先生家，有菽醁樓藏書，先生因得遍讀，學由是大進。當是時，朝政日非，外侮日亟，而士子囿于時文，鮮知自彊自立之道，先生嘗訓子弟曰："一旦天崩地坼，何以支拄？宜速求實學以應之。"已而刱學堂，乃令其子弟就學，曰："師事一人，盍不師事多人之得益多乎？"先生頎身鶴立，作事有恒程，坐立不失尺寸，人多敬愛之。嘗謂導錮塞而開文明，非新學不爲功。于是與同縣莊君菘甫置書肆于寧波，曰新學會社，明年成立上海總社，又明年如日本編譯圖書二十餘種，先後成立廣州、漢口、北京、天津、濟南、奉天分社，躬自視察，靡間寒暑。其在上海總社時，延通才編著小學、中學及農學、哲學、文學各書都六百餘種，手纂者若干種。凡經理書社，歷二十五年始罷。性蕭曠，喜爲詩，初從邑孝廉江五民先生受詩教。尤熟蘇詩，嘗手抄巨册，晨夕諷詠，故所作于東坡爲近。壯歲出游，凡羈旅所得家國身世之感，一發于詩，壯浪而情邕，氣疏而詞質，江先生極賞之，以爲非行萬里路、讀萬卷書，不能有此也。

章守備傳

章守備學和，名振標，鄞人。狀貌瑰奇，聲若洪鐘，見者莫不畏懼。少從象山劉培榮學射，劉詔之曰："若臂凸，宜使之平。"君每雞鳴起，置拳架上，臂縣巨石纍纍，日益其重，雖痛如折，勿止也，歷三年如一日，卒以善射名。初學軟弓，後能挽百石彊弩，每射必中。會提標考試中營千總，君適任奉化新驛（泛）[汛]把總，應試者皆喜君不在，人人自以爲可得千總；比試，君走馬至，衆又大驚曰："章某來，吾曹無望矣。"君果一試而得千總，兼任甬江汛之職。旋爲行賕者所奪，亦未嘗有幾微不豫色。

初，奉化拆開嶺、桐礁、棲鳳等處盜患甚熾，屢敗官軍，盜益橫，殺人鹵貨無所忌。君既爲把總，（刺）[剌]得盜窟所在，即率健卒數十人昏夜入深山中，抵盜窟，駢擒劇盜九人而歸，梟以示衆，自爾盜相戒，不敢入境。甲申中法之役，從吳將軍吉人守鎮海礟臺，擊法艦有功，叠獲功牌，賜物無算。君嘗三赴閩試，三入京師，由行伍積功至寧波提標後營守備。民國興，被推爲寧波保安會民團團長，時年五十六矣。每捕得偷，不忍如撻，恒用連保法以繩之；偷爲之斂迹，君子於是知君之行事，寬猛各有當也。性廉介，有苞苴入門者，必叱責反之，故終其身無餘財。卒年七十。子男七人，弟五子公績最賢，以畫名，與予善。

袁惠常曰：予聞公績言君善相馬。一日，有販馬者牽一良馬至，曰是馬覂駕者，數無人用之。君曰："此犇逸絶足材也。"即鞭策上馬，狂犇十餘里不肯止，遇小河，躍而過之，如履平地，然君大喜，市之，自謂如得一良友也。晚年貧甚，至貨其愛馬以貿米鹽，悲夫！君至老，意氣猶不少衰，酒後往往舉二百餘斤之石，而仰面視人，夫以君之材而官終守備，不得與並時諸將帥比烈，余以是尤傷之，乃次君傳。

夏伯訓林周父傳

夏君明義，字伯訓，奉化禽孝鄉人。以高材生畢業浙江第四師範學校，爲文章，振筆縷縷不能休，鋒執剡厲，大氏梁卓如、譚復生之流亞也。君自幼聰俊，爲其宗人蘭卿先生所激賞。蘭卿爲鄉邑大師，負文望，不輕許人。君由是益奮於學，學以大進。嘗爲小學教師矣，善誘善導，去而繫人思。某歲，從其鄉人某之南昌，與于北伐之役，爲共事者所擠，辭去。其後任職上海新聞報館，得稍稍紓其憤思。一日，某軍長過滬，講説革命真諦，君筆受其言，曲折周至，揭櫫報端，軍長見之大喜，欲以厚幣聘君爲記室，謝不往，其慎于去就如是。某年月日病歿上海旅次，得年三十有幾。夏蘭卿聞而傷曰："嗟哉，以君之才而不盡其施也。"

林君名華，字周父，原名友庠，與夏君同鄉里，畢業黄埔軍官學校騎兵科。故制：步兵一年，騎兵二年。來學者類好亟成，故吾奉習騎兵者罕，僅君與毛某兩人云。始，君以師範爲小學教師有年，學有常程，尤喜學書，未明起，臨摹顏魯公《東方畫象贊》百字，不中額不休。嘗就正慈谿錢太希先生，先生曰：“雄勁深厚，清代汪士鋐、錢灃之倫也。”君驅短眼大，讀書觀大略，不顓顓于章句，豪于飲。句絕。酒酣，每自喟曰：“國土蹙矣，男兒當自振拔焉，可局局久居鄉校爲？”乃去，投軍校，攻兵家言絕苦，旁涉三史、《讀史兵略》諸書，嘗謂：“軍人要當讀史，孫權告呂蒙之言有旨哉。”又謂：“名馬，吾妻也；《孫子》十三篇，吾友也，不可斯須離，離則非軍人矣。”是時蔣委員長方主校政，甚偉視君，既畢修，任軍官，得稍稍發舒其志意矣。某日晨興，方靧面，其戚自外入，見拳銃縣床側，戲弄之，猝發中君要害，戚大駭，君從容曰：“無害，可治也。”卒不捄，年財三十。先是，行軍過吳縣，游虎邱，見石壁間有顏魯公手蹟，君繫馬崖下，徘徊愛賞久之，不能去。月明中，一人獨往看，拓其字始歸，其高致多類此。自君歿後，凡起黃埔而材不逮君者，大率將兵立功矣。

周介軒先生傳

先生名頌清，字品三，晚號介軒，鄞周氏。其所居曰瞻岐，地濱海，俗尚儳埊，居民大率業漁稻，獨一二君子用儒聞，先生其尤著云。自成諸生，客授于外者四十餘年，歲入脩脯不自私，壹以奉其父，啓際之封識猶存。每赴館，道出郡城，市餺飥數枚，手提行篋，之舟中，雖飢甚，不飫于簋肆。教學僮以誠，循循煦煦，曾無倦容，遠近爭延之，獨不樂爲學校教師。蓋學校師生泛泛然如萍梗之相值，不講師道，先生則與諸生徒，相習如家人驪，所至不常易館。生平尤竺内行，父劢,亟自館馳歸,號泣幾絕,每午夜就殯舍哭之,歷四十餘日勿衰。革政後,鄉之人皆截髮,先生束髮作小髻,著瓜皮帽,不露頂,不冠不出,亦不以遺民自居,故人多不測其崖岸云。

袁惠常曰:吾聞先生之鄉,有楊霽園先生翰芳者,貞介絕俗,易代之後,以甲子紀年,讀書深山中,有終焉之志。先生與楊先生同爲諸生,甚相得也,俾其子利川湜從之游。予交利川有年,嘗匄余爲文傳之。利川讀書而外,兼習醫處方,審眘毋敢苟湜,沈静好書,用課徒自贍給,兄弟皆能樹立,蓋其本有自。先生卒年六十又五。著《介軒詩文稿》若干卷,藏於家。

家鳳標先生傳

吾家舊宅南樓,爲曩者從伯祖鳳彪先生授徒處,洎今五六十年,猶見樓壁間堆破殘古書,朱墨燦然,可以想見先生之篤學矣。先生諱升禧,字清廉,一字鳳標,奉化慈林邨人。清季諸生,工於制舉業,應縣學試,再冠其曹耦,與同縣陳秀才鶴亭尤善,兩人者,相約覃討身心切己之學,言動視聽,未嘗稍違于禮。陳居剡源,多佳山水,先生造其居,以病足蹇於行,則策杖以從,遇山水勝處,則席地對坐,講論至日夕始罷,時人稱袁、陳兩君子。先生既治理學制舉之文,顧不諧于世,卒以諸生終老于鄉。余生也晚,不及見先生,猶得見先生季弟禎祥,樸訥木彊老人也,屢向余道先生遺事,每夜深斗轉,邨虛闃寥,一鐙青熒,讀書之聲瑯瑯然,則先生也,而今已無如先生者矣。

徐君家傳

徐君昌熙，奉化人。好酒，每飲必醉，醉則據坐而詈，或詭託鳥獸草木之名，以狀人心之變幻、風俗之偷薄，稱心而言，隨感而即發，鄉人號曰徐癲，君聞之，乃益自喜也。君雖以好罵聞，顧因人而施，樂與文人端士接，邁有過其門者，要之入，治酒食，禮下之惟恭，使其子兆尚執卷問字，或言其子慧，則大憙。兆尚赴郡學，自鄉抵城，己則擔簽隨，人或笑之，則曰："吾子方用心讀書，吾用力以佽之，固其分耳，何笑爲？"平日治田勤舍，食酒外，未嘗有世俗之耆。晚歲以貧故，至盡貨其田，無幾微戀惜意，而飲酒善罵如故。嘗謂人曰："吾以人情爲田，子孫賢，苟能自立，何貴此身外物！"君卒，年五十有八。妻王氏，賢而有禮。子男二，長即兆尚，畢業浙江第四中學。次兆麟。

袁惠常曰：昔灌夫、禰衡，至以罵殺其身。罵固必有所激而然。君以善終，亦幸耳。顧其忠直無它腸，固異乎世之巧言令色而心險巇者也。

鄔臨初傳

鄔君名俶，字臨初，一字振宵，奉化西鄔人。畢業浙江省立第四師範學校，性穎異，工小楷，臨橅《張黑女墓誌》千通。善鼓琴，亢隊捷徐，莫不中節。孰《花間集》，能填詞，婉約悱惻。間亦爲古文，詞多雋語，尤妙于語體文，蓋得力于《太史公》《莊子》《離騷》，而以簡峻淡雅之筆出之，不徒以小説名也。以音樂教授慈谿、鎮海、鄞縣各小學者十餘年，非其志也。嘗長本邑奉北中心小學，更新課程，罄心力教導，鄉邑奉爲良師焉。君故擅音樂，又健譚，至是兼授國語，以闡發性靈爲主，輔以詭詼之趣，堂中學僮，逞逞神注無嘩，用是經君指授者，雖童穉，大氐能下筆千百言矣。嘗鍾情一女生，不能捨也，同走海上，名由是稍損，而君亦以癆瘵殁，儻所謂賢智者之過歟，年才三十有幾。

論曰：余與鄔君，少同學，長共事，甚相得也。始余客授鎮海城，病初愈，家君視之如孩，親挈之往過甬水上，爲市羊裘一襲，恐余寒也，至則君已先余而在，接譚極洽，待家君尤敬恭，已乃導游候濤山，觀鉅海摩石壁間、盧鏜平倭處之題字，周覽寶陀寺、紫竹庵、仙人洞，回思歷歷如昨日事，家君殁已十年，君亦殁且十六七年矣，可嘅也夫。

嚴筱軒先生傳

先生奉化嚴氏，諱翼鋆，字筱軒，清恩貢生，歷署武康、麗水教諭，授修職郎，充本邑縣志協修、鄉自治議長、勸學所長、教育科長等職，整麗小學，尤多治績，學風爲之丕變。宣統時，被舉孝廉方正，先生謙遜而未應也，由是聲名益聞，以教化風俗爲己任。年六十有三卒。

先生幼時，嘗昧爽被衣散髻嬉于庭，父問之，乃引魯《論》被髮左衽之語以對，其聰悟蓋如此。稍長，刻厲于學，斐然有述作意。弱冠，補學官弟子，與同縣孫鏘玉仙、江迥後邨齊名，負鄉邑重望。光緒末年，新學浡興，刱立龍津中學堂於縣城，先生任監督，竭力殫慮，更新學制，尤勤于開益後學，經先生指授而成名者，蓋數百十人云。爲人端潔嚴重，沈嘿寡言笑，治家有法，長幼莫不欽憚之。所居曰率真樓，蓄書數千卷，皆經先生點識，丹黄燦然。遺著有《率真樓詩文集》若干卷，藏于家。

袁惠常曰：先生之孫竹書，樸訥真至，有祖風，來督余爲文傳先生，且曰："子之叔祖英父先生，亦先祖弟子也，歲時存問吾家，數十年不衰，前輩之風，類有足多者。"余少時從叔祖受書，嘗聞其稱道嚴先生，謂先生之方正，末世所罕有也，乃並著于篇。

外舅汪君家傳

君諱某，字夢林，奉化汪家邨人。父諱某，設塾于家，終身課童子自給，晚好堪輿家，言自郭璞《葬經》以下諸書，涉略而手寫之，擷菁發奧，積十餘册。惠常過其家，君輒手以見示，密行端楷，無爽一字，可想見老成人之典型也。將序之，未及而毀於兵火，惜哉惜哉！君農而商，春而畊，冬隙而鬻財，凡竹樹、柴炭、絲茶之屬，經之營之，不憚勞，不辭遠。嘗語其子茂才及惠常曰："若兩人平日循分，吾可無憂。然膽怯難成大事，世豈有不遭挫折而能成功者乎？吾平生無它長，唯膽壯心雄，向不知畏恩，此可爲汝曹法。"又曰："吾嘗遇盜，盜以刃臨余，余不動，盛氣呵責，盜懾而去。"惠常應蔣主席召，將遠行，辭別君，時寇兵縱橫，海內羹沸，有畏色，君年已七十，曰："若宜往。男兒志四方，平日讀書之爲何？"余膽爲之壯，行始決。先是，余嘗患貧，欲鬻文以濟生，君曰："文可鬻乎？是市道也！"其識類如此。

惠常歸自蜀，君已不及見矣。吾妻泣謂吾曰："我父嘗夢日出，喜曰：'天曙矣，吾女夫不久其歸乎！惜吾老而不能待也。'又曰：'當蝦夷入寇，家被焚，貧至絕糧，吾亦屢空，不能供養，目覩我父之日就衰頹也，悲夫。'"惠常聞之，淚簌簌下，今操筆爲文狀君，未知足傳君行誼于萬一否邪。君享年七十有七。娶竺氏，早卒。子一，茂昭，適袁惠常，縣人，國民政府文官處編審兼國史館協修。孫二：賢倫、賢堪。

劉君墓表

君奉化人，姓劉氏，諱聲濤，字聽松。少則窮空，盡力治田畜，未嘗佚游敖放以棄一日，亦未嘗輕用錢粟，必惜必戒，用是積久，置田百畝，造屋一區，以遺其子孫。君本起農家，尤屬意水利、隄塘、杠梁之屬。縣治外，有溪曰錦溪，溪上有長堤數里，蓋自晉時謝公所築，民戴其德，立廟以祀，今所謂東門資福廟者也。清嘉道間，有無賴合衆決隄防，溪水泛濫成巨災，君不平，亟走訴于縣，久之始得直，乃鳩貲集匠，修復舊隄，日植立堤下董其事，雖甚風雨亦往也。又使浚溪道，種嘉樹，繇是溪左右平田，旱不患涸，潦不患溢，衆便之，到今行路者，每憩止樹蔭下，輒曰："謝公後，復見劉君矣。"性愷慈，尤樂施舍，常恨昔之不足，無以爲善，今既足自給，乃益得發其仁心，以餘力繕道塗、建橋梁、起祠堂，凡有利鄉國者莫不爲，病予藥，寒予衣，餓予食，渴予茶，爭者曉以利害，騃者折以威武，其誠足以動人，其德足以化鄉，孟子所謂"一鄉之善士"，非邪？兄弟三人，伯兄夫婦及季弟均早世，撫育遺孤有恩意，贈弟婦上田十畝，亦君辛勤所僅有者，人以爲難。清某年某月日，君卒，年六十有五。配氏某，合葬于某。丈夫子一：某。孫一：功燮，畢業中央陸軍軍官學校，現任某官，幹翮能任事，天之報施善人，蓋將在于是。故略掇其行義，以表于墓。

叔祖英甫府君墓表

民國三十年元月九日，叔祖英甫府君年七十有五，病歿奉化里第。時惠常宦巴蜀，從父哲卿先生命惠常爲文表其墓，因循到今，忽焉六載，非敢需滯，蓋日在憂患中，思無能之辭，不足表揚我府君之盛德也。今禦倭勝矣，國土復矣，家人久別復聚矣，始克表于其阡曰：

府君諱友枚，字英父，晚年自署守拙居士。奉化袁氏，先世自新昌來，徙居於邑之慈林邨。曾祖諱□，祖諱明雲，考諱光學，仍世好施，有義聲。幼從從兄鳳標先生游，鳳標先生夙以制舉文名縣中，府君承其指授，補諸生，食廩饒，與同縣毛思誠、周駿彥、周鈞棠、孫毓麟、汪子祥友善，後毛、周等顯達，未嘗干名位，獨顓意鄉治，置學校，易道塗，築溪塘，葺祠廟，修譜牒，辦平糶，拯棄嬰，施藥餌，凡鄉之慈惠，事無不舉，舉無不竟其功。府君既爲物望所歸，尤喜爲人平亭紛難，片言立斷，犁然當人意。遇大事，不畏彊禦。鄉有惡少年，驊戾無人理，折以一言，少年感泣。邨人某，才而無賴，爲害閭里，府君予以財，喻以義，送之出，卒爲善人以歸。某歲，山洪暴發，吾縣橋樑、道路大半崩圮，省政府有貲振之，吾鄉獨不得，府君面責省政府委員莊菘甫，以至抗辯庭爭，卒得貲。委員固邑之賢豪長者，而府君援理力争，尤可稱也。平居繙閲《通鑑》及曾、左奏議數周，甚有得，以爲一旦得志，用之施政，然府君卒不得志。嘗睎爲一縣之長,亦不可得。然鄉邑間,不可一日無府君其人,蓋府君時時爲鄉邑造福利。殁後,邑人思之,以爲無復有如府君者矣！配孫氏,樂任卹,能稱府君德。子四人：恒寬；恒富；恒通,畢業浙江省立第四中學；恒進。伯、仲前卒。女一人,適孫,亦前卒。孫□人,女孫□人,曾孫□人。某月日,葬于禽孝鄉弓陳之山。恒通即哲卿先生,士而商,商而有士行者。於是乎知府君之有後,且益大也。民國三十六年一月,從孫惠常表。

張母毛孺人家傳

吾友張君友直,有至性,喪母已六年矣,每言其母氏,輒淒然淚下。近又自内江致書,具狀數千言,至深痛,不能畢讀也。孺人毛氏,奉化人,九歲失恃,孝奉其繼母,仁畜其弟,年十八歸,同縣張翁某某。翁方治舉子業,家事一不何問,凡炊爨、箕帚、飤豕、養魚、浣條之役,皆身執之,不言勞,以是内外條秩,門庭整潔,家亦漸裕矣。嘗被盜,其厝置周密遠到,非尋常女婦所能及,尤可稱云。一夕深黑中,突聞槍聲,始知爲盜,孺人亟趣翁起越窗,避至山谷,又趣子婦劍負穉孫避鄰舍,令緊束其股,謂如遇劫質,則給以女嬰。送之出而已則夷然獨坐室中,明燭以待,已而群盜毁門入,勢洶洶,孺人從容語盜曰："今歲儉民窮,若輩蹙于衣食而爲此,我固知之矣。"於是發篋取數十金以畀。又曰："我家無長物也,一唯君等是取。"遂入廚淪茗以進。盜連稱老媼好人,於是雜取衣物若干以去。孺人手鐙爲導之,出大路乃反。越數日,猶有來返舊衣者,其感人也如是。孺人年三十六,嘗一日間產一男矣,已又連產二男，最後產一女，危甚，已昏蹶矣，家人大駴，越三日始欣然慶更生焉。又二十年，孺人年五十六，病卒。臨歿，顧謂其子友直曰：「吾已多活二十年矣，無戚容悲語。」卒之日，有二貧婦來啼哭，悲不可曲止，蓋屢受孺人之惠者也，謂：「微孺人，吾輩早爲漢中之骴矣。」

姑氏傳

姑諱立坤，字華林，奉化慈林袁氏，清修職佐郎附貢生諱升僎府君之女，吾從父哲卿君之女弟也。慈林地鄉辟，民多樸重少文。吾姑家居，顒顒盡力事役作，事親以孝，忻戚不主于己，惟父母是同。父母絕愛之，未嘗以恃愛而稍矜也。諸兄娰先後至，從之入爨下，娓娓具餐飯，未嘗以年少稍自逸也。於房從子姓，將護襃持，一如子女，諸子姓亦母事之，未嘗有區異也。其卒也，父母哭之慟曰：「我家不復有孝女矣。」兄娰私相傳語曰：「今後欲小姑之助，可得耶？」其內行之美，略如是，而年止十八，可悲也已。嘗謂：「自私自利，恆情所不能免，而婦女爲尤甚。楊朱氏有言：『拔一毛以利天下，不爲也；悉天下以奉一身，不取也。』自私之念，起乎有身。」若吾姑氏者，奉父母以孝，處兄弟諸娰以和，愛子姓煦煦以慈，雖門內庸行，要可謂能忘身者矣。姑卒以民國某年月日，惠常會有遠征，不及歸里門，越五年，從父督爲《傳》，故特表而出之。民國三十五年四月。

先大父行實

嗚虖！先大父之死于水也，汔今已三十又五年矣。惠常之生，不及侍先大父，無以知其行誼之詳，僅從大母聞得其一二遺事。大母之言曰："汝祖隸畊，終歲勤動，未嘗一日暇逸。死之日，猶入山伐木，歸問家人飪熟乎？告以尚未炊也，即出外，意色匆遽，若往治田事者。不意其竟不返也。我方炊，時心動若不可復攝，比過午，遲汝祖不歸，出迹之，遙望池畔遺履二，則大疑以駴，已乃見被髮赤足赫然死者，汝祖也。"大母言至此，哽咽不能成聲，淚續續下，惠常亦爲之泫然，已而又曰："時汝父財十六歲耳，家故不振，食指浩繁，我以一釐婦支持門户，益時時念汝祖。汝祖内行謹，居鄉有隱德，嘗爲縣官徵税，寠者或以鐵錢奏進，汝祖則潛易之，上于縣官。今吾家舊匳中留鐵錢數千，汝祖所遺也。"惠常謹志大母言，不敢忘吾祖之德，用告後昆。先大父諱升傑，字欣木，奉化袁氏。年三十有五，以清光緒廿二年正月三十日歿。配我大母同縣屠氏。子男三，恒亨、恒利、恒貞，季蚤殤。孫七人，曾孫四人。民國十九年一月，冢孫惠常謹狀。

先大母事狀

惠常生五年喪母，體屢弱，多疾病，鞠于大母屠孺人，教之嚴而愛之深，微大母，惠常無以至今日也。大母諱脩文，同縣長壽鄉屠家邨人，生未彌月，遭太平軍難，嘗棄置道周，或收之得生，年二十來歸，三十八歲而我大父升傑府君死于水。

時曾大父母尚健存,遺孤子女四人,最長者我父,才十六歲耳。初,大父勤稼穡,所資于大母者實多,後忽鬱鬱不快意,嘗謂人生無如死樂,某日田于外,過午不歸,大母心動,迹之,則已死于深池矣,大母躃踴號泣,不食者三日。或責以親老子穉,乃茹辛飲泣,壹以仰事俛畜爲務。曾大父性嚴重,稍不當意,輒嗃嗃竟日,大母屏息改爲,嘿無一言。曾大母獨鍾愛大母,恒稱大母言寡而心長,事嚴翁尤難能也。大母端明,敏于事,嫺于禮,教子極嚴,嘗曰:"吾一身兼嚴父職,苟稍姑息,貽其父地下戚矣。"幼子六齡,即令入學,督課不稍貸。爲二子取婦五而死者三,已又哭舅、哭姑,治喪皆中禮,又改葬大父、造新屋,最後爲惠常兄弟取婦,一手拮据支拄門戶,皆大母勞也。

家難方稍稍定,而鄉之難又作。甲寅二月,吾鄉以春賽肇事,愚氓聚集數十百人,蝗食各地,縱火殺人,延及吾邨,聲言:"袁某禁會蔑神,法當懲。"袁某者,吾叔祖也,時充鄉自治委員,以改革風俗自任,以故愚氓望之入其家,毀器殺人,聲勢洶暴。吾家同居一門中,大母亟命家人具酒食,爲平亭地。翌日昧爽,而管帶某率縣兵至,圍宅聚殲,飛彈迸射霍霍若流星,頃刻間暴户滿階下,餘各突圍鳥獸散。當是時,大母守家不肯辟,曰:"我老婦也,死何害。"我父大呼曰:"母乎,事亟矣。"將大母出行數武,覺耳痛,捫之有血殷然,始知彈已掠耳而過。登陟重嶺,走避他鄉,比反,則大母數十年所辛勤銖寸累積而得者,悉已蕩然無復存矣。或請報之官,大母曰:"既失矣,復何念。"卒不報。

自先父見背,大母悲慟之餘,便喜茹素,持道術,晝夜趺坐，不爽晷刻，用是耳益聰、目益明，年垂八十，猶能爲孫曾輩紉綴衣履，未嘗輟也，於惠常尤有恩。憶二十歲時，大病幾殆，大母朝夕調護，竭心力審治之，病加甚，大母恒累月不寢，如是者半年而愈，大母髮騷騷白矣。及惠常年四十，始得給事蔣公，而大母歿已三年矣。痛虖悲夫！大母卒于民國廿五年夏正九月廿八日，享年七十有八。當病革，家人以飾終之物請大母，指以示某衣在某篋，某物在某篋，視之果然，其神明至死不亂蓋如是。子男三，恒亨、恒利、恒貞；長子先大母五十日卒，幼子蚤殤。女一，亦殤。孫男七：惠常，國民政府文官處編審兼國史館協修；仁湯，仁文，仁武，仁風，仁周，仁行。女孫一，能香，適竺。曾孫男七：義重、義威、義旋、義璉、義超、義駿、義翔。曾孫女七：非非、貞微、萬枝、萬紅、萬麗、雲飛、小飛。民國三十五年一月，冢孫惠常敬述。

外王母袁孺人家傳

外王母，吾祖之伯姊也。年十六，歸我外王父俞府君延琛。越三年，生先妣，自是不復生子，故於先妣撫之加厚。先妣既生惠常後，羸瘠多疾病，外王母常以輿迎致其家。先妣無乳，惠常每索乳而唬，外王母輒抱之環走房中，唬亟，外王母亦泣。惠常四歲，能呼外王母，外王母即于其年卒，明年先妣又卒，今相距十五六年矣。嗚呼哀哉！外王母之歸于俞也，事姑顧安人以孝聞。安人得肝疾，終歲困床蓐間，食飲起居悉外王母是倚，安人即少不如意，外王母則娓娓談里巷璅事，用爲笑樂，或按摩搯治，至達旦乃罷。日者以事歸寧，安人寢食爲之不安，語人曰："吾一日離新歸，如失左右手也。"

外王母聞，即馳歸。外王父以病殁，安人則大戚，疾又加劇，外王母於時年二十有四耳，入則茹苦泣血，出則彊顏懽笑以奉醫藥，久之，安人至忘其喪子之痛。蓋自外王父之卒，外王母事安人又十有八年。安人先外王母三年卒，外王母卒年四十有五，鄉人爲請于朝，得旌表節孝如制。每聞諸家大人，外王母未卒前三日，猶坐床上爲惠常製履。嗚呼！外王母之所以恩惠常者至矣。今惠常年已二十，追念曩者外王母與先妣更番提抱時，仿佛若猶在眼也。

外孫袁惠常曰：惠常就傅時，猶聞大母稱道吾外家事，輒言外王母在日，治家事未嘗不舉，待族媼未嘗不敬，鄉黨之困戹來告者未嘗不欲卹，此于外王母抑末已，故不詳述，第述其孝行之大者。

先妣行略

先妣俞孺人，卒于清光緒三十年二月七日，年二十八，惠常甫五齡耳。大母謂惠常曰：“去年十二月，汝外王母卒。汝母常涕泣，語人曰：‘天下最可痛者，莫無母若也。’今汝亦爲無母之兒矣。汝母棄汝而去，乃累吾老人耶。”時惠常年幼昏蒙昧，不知其言之痛也。

孺人諱竹美，世家奉化之北街。祖樹魁，武舉人。父延琛，武諸生。孺人婉娩，喜讀書，年二十，歸于我。吾家業農田，孺人日事操作，凡饎畔、飼畜、井臼、擱浣之事，悉身任之，卒卒無晷刻暇時。曾王父母、大母皆在堂，事之，皆得其驩意。處先後間，和愛無間言，族黨翕然稱之。惠常甫能言，孺人即教以識字，用方寸紙書之，日授五六字以爲常。

惠常五歲時，孺人將授之經，未及授而卒。其後惠常肄業學校，迄不知讀經爲何事，每念孺人之教，汗未嘗不沾衣襟也。烏乎痛哉！初，外王母病，術者云：「竈不吉，宜改嚮。」又謂：「修竈日，不利於女，幸辟之。」而孺人適于是日聞母病，即欲往，家人尼之，孺人曰：「母與身孰重？聞母病亟，而猶以一己之利害是校，非人也。」卒歸視之，明日果得疾。外王母竟不起，而孺人亦于一月後隨之以逝。烏乎，天道竟不可知哉。

繼母毛孺人事狀

繼母毛孺人，年二十，歸我君。仁慈孝惠，家中人無不樂道之，而其愛惠常也特甚，甫入門，即請於大母，令惠常與同寢處。時惠常方六歲，每卧，啖惠常以餅餌，明晨如之，比日昳又如之。惠常樂從孺人，若不復知有喪母之苦者。惠常幼好弄，每藉地坐，挺垾作人，恒污其衣，孺人令惠常三日一易衣，以故惠常衣裳清潔，視它童有加焉。每夏日晚炊畢，必呼惠常浴，惠常性喜水，每浴必擊水爲戲，淋漓及孺人衣裙，孺人輒好言撫之，家大人每謂孺人曰：「小兒頑甚，何不撻之？」孺人不忍撻也。清光緒三十三年九月十二日，孺人病卒，距來歸未三年，年止二十二。烏虖痛哉！卒之日，大母泣謂惠常曰：「初謂汝得此賢母，吾可以無憂矣。今又欲累我，亦汝之命也。」時惠常已就傅，聞此言，哭益悲，鄰人亦皆泣下曰：「觀此，可知其母之賢矣。」孺人奉化六坂田人，祖某，父某，子未育，獨前子惠常一人。

洪先生傳

　　洪先生諱允祥，字樵舲，晚年自署佛矢，浙江慈谿人。曾祖至考，世習賈。先生生而通敏，早歲從其舅氏鎮海鄭荇沚先生，受《毛詩》《文選》《漢書》《通鑑》之學，已能融會通貫，下筆爲文，千言立成，若夙搆者。既成諸生，會清廷廢科舉，乃入郡中儲材學堂。聞紹興蔡君元培長上海南洋公學，開經濟特科，招茂才異等，往從之遊。學成，東渡日本，攻師範科。回國後，歷任各中學教師。在溫州，師事孫君詒讓，因得交項君申父、林君同藏兄弟。在山陰，則從湯君壽潛，識其友梓潼謝君無量與堉馬君浮。並世名流，咸推服焉，與馬君尤稱莫逆，同治佛學有得，先生稱馬君爲"天人"，馬君亦稱先生"內修之美，並世罕儷"云。嘗主《天鐸報》，與吳興戴君傳賢同任事，著論斬斬，昌言革命，痛陳時政，多中癥結，聲光炯然被神州矣。旋回甬，任浙江省立第四中學兼第四師範教師，凡十餘年。後爲北京大學講師，未幾南歸，任上海大夏大學教授。最後復任教甬上第四中學，終於旅次。

　　生平博通書史，工于駢儷之文，尤喜爲詩，宗尚唐賢。嘗復孫翼父書，略曰："聞之少陵'讀書破萬卷，下筆如有神'，而遺山則曰'書要字字讀，詩要字字作'，一主博，一主精，鄙意非博無以致精，未知君以爲然否耶？宋人言《離騷》《世說》'絕妙詩料'，循此例以推，則語之近詩與否，別擇自易。然亦有粗俗之語，經詩人點化而成佳句者，鄙人未造此境，聊望之朋輩而已。老莊告退，山水方滋，英雄兒女，皆資翰墨。釋典如《楞嚴經》《維摩詰經》，道藏如《黃庭經》《靈飛經》，皆須一讀，唐名大家無不通仙佛之書，非惟供奉右丞而已。昌黎音調，似得之《黃庭》；香山寄託，多取之《净土》。義山博涉道藏，亦通佛乘，求之本集，自可見也。今日詩境，或取之西籍，野鶩家雞，喧唬聒耳，去彼取此，則仙語、佛語，皆吾所固有也。今以君之詩才，如博之以仙釋之趣，則當俯視時輩、超軼絶塵，而爲古之徒矣。"晚歲喜學書，日臨摹漢碑，有常程，曰："學字亦所以養心也。"每夏日，見學子手便面者，輒曰："洪先生爲汝寫之。"遂持去。學子恒嫌先生字奇拙，不願先生書，而先生不知也。性耆酒，酒後往往赤面盛氣，眼睒睒罵人，人多避之，然以其質直無它腸，亦無怨者；先生酒醒則悔，已而又醉，醉而復罵，終不能改，故鄉里有"狂夫"之目云。民國二十二年四月十七日，先生病酒卒，春秋六十。遺著有《悲華經舍詩存》若干卷，《文存》若干卷，《洪氏家訓》二卷，小説、傳奇數種。次子祖慶，畢業朝陽大學，爲刊行於世。

贊曰：余習業師範，先生主講史學，不挾册而開口放言，無不含有至理。謂王莽、曹操、劉裕當與周、孔同爲聖賢，此人皆具曠世之才、卓犖雄桀之識，内平亂賊，外攘四夷，雖擅篡竊，終勝于夷狄之入主中華也；其革故維新、規摹閎遠，亦足紹周、孔之遺制。其論高如此。先生固有狂夫之目，然見諸生小楷清秀者，輒曰："先生不逮。"若見有文章稍佳者，輒曰："吾老矣，才思已退，後生真可畏也。"其自遜退又如是。先生其諸學佛有成者歟！民國三十三年十一月，門人奉化袁惠常謹撰。

卷　　中

樗廬文稿序

　　余入蜀八年,術業同者,得二友焉,曰合肥衛仲璠,曰江寧吳稚鶴。兩子皆工古文詞,皆有師承。稚鶴少從桐城吳辟疆先生游,其爲文淵懿沈摯,類其爲人,余愛之友之。先是,余以文就正閩侯曾君履川,稚鶴見而評之,履川爲之介,因得交稚鶴,自是過從益密而議論益驩洽矣。仲璠主講國立中央大學,今年春,余以文就正丹徒柳翼謀先生,仲璠見而評之。兩子與余故不相識也,而皆喜定吾文,知己之感固不可忘,惟稱量過當,是所赧耳。

　　其冬,仲璠過我,一見如故舊,並出示《樗廬文稿》,意欲還相質也。讀之,簡淡而雅逸,中多散原先生評語,余復何以加之哉?蓋仲璠學文於陳先生,而少時又親炙馬通白、張子開諸先生。嘗主李君木公,滬上木公,陳先生所稱爲雄財而文者也。仲璠固講之,熟而爲之工善,余愛之友之,以其文轉示稚鶴,稚鶴亦甚稱之。兩子者,未嘗相識而議論多相中也。仲璠治小學,有獨詣,蒐討段注《説文》,比欲爲釋例,用發其所藴。其論文,嘗謂:"自唐以來,莫高於韓退之。退之屢道子雲、相如,相如有《凡將》,子雲有《訓纂別字》,二子之説又常見徵于許氏,是文字聲形之學,固無害於文詞。"然段、桂、二王淹貫群籍,畢生説字詁經,誼往往出鬼而入神,顧其文章，則不能比並卿、雲，非其才力弗逮，蓋重於彼而忽于此歟。若桐城諸老，沈酣斯文，詞雅而法嚴，究其波瀾意度，信乎過絕人矣。然其弊也，瓌奇瑋麗之觀或不足，而空疏之誚，每不理于人口，是又非重於此而忽于彼歟？然則救前脩之失，大方、劉之宇，擷揚、馬之奇葩，落段、王之茂實，邃于學而極乎文，據其長而不溺其偏，是則仲璠之所用力者也。質之稚鶴，稚鶴以爲然，而稚鶴則曰："古文以音節、氣韻爲主。音節不和，非至文也；氣韻不醇，非至文也。音節和矣，氣韻醇矣，合乎天倪，粹乎理義，恢恢乎游刃有餘，此文之至者也。若夫積字成句，積句成篇，一恒人能之，是安足貴乎！"是論也，質之仲璠，仲璠亦以爲然。余嘗過仲璠，仲璠以西周虢季子《白盤銘》拓本見詒，余以稚鶴之耆秦漢碑刻而工于篆隸也，因以所得于仲璠者詒之。異日者兩子相遇，余當爲之介，其必莫逆于心、相視而笑也夫。先以此叙仲璠文，並諈之稚鶴。乙酉冬日，奉化袁惠常謹序。

五先生文鈔目錄序

右馮先生文一卷，陳先生文一卷，虞先生文一卷，張、童兩先生文合一卷，附錄馮、張門弟子文一卷，都五卷。叙曰：

慈谿馮先生，惠常入郡校時所從受文學者也，口指講畫，反覆周至，承學之士，莫不帖帖說服。惠常之粗知文章，不見棄于人人者，繇馮先生開之也。

馮先生善病，病時，鄞童先生來代之。童先生病足，扶曳出，講《史記·魏其武安侯列傳》《漢書·霍光傳》，娓娓可聽，其音調髣髴若猶在耳。比馮先生殁，童先生客游杭州，惠常落落無所嚮，最後得鄞張先生師事之。時張先生寓城北，惠常課徒城中，居相近也，朝夕踵門請益，學稍稍進。三先生婁稱鎮海虞先生之文，顧欲通謁而虞先生已前卒矣。每讀馮先生所作《虞君述》，輒想見其爲人，以爲歸、姚者儔也。

陳先生亦慈谿人，與四先生爲文字交，惠常曾于馮先生坐中識之，狀貌奇古，望之可畏，而即之也溫。自虞、馮兩先生殁，陳先生文尤稱雄當世。張先生晚歲棲遲海上，不與世通接，有所作不肯示人，嘗語惠常曰："君木之文淵茂，含章之文和潔，無邪以奇橫勝吾徒，次布之文清逸可喜，吾文差免俗耳。"君子以爲知言。

馮先生之子翁須，弟子朱炎復、沙孟海，張先生弟子有孫翼父者，皆善屬文。炎復先馮先生卒，孟海文章而外，兼工書法、篆刻，翼父又能詩，翁須文章樸摯有父風，皆余所引爲畏友也，亦各附二三篇以見其所學有自。

馮先生諱开，字君木，陳先生名訓正，字無邪，皆慈谿人。虞先生諱輝祖，字含章，鎮海人。張先生名原煒，字于相，童先生名第德，字次布，皆鄞人。癸酉十月。

竹洲文獻序 代

吾友楊君端虛，以近所編著《竹洲文獻》三卷見示，而屬余序之。余老矣，聲聞不出州里，安足爲是書。重竊以附名諸鄉賢之後，與有光焉，乃不辭而言曰：竹洲在鄞城月湖中，地小而清幽，水石蕭曠，花竹參暎，夐然塵壒之外。自宋慶曆時奉化樓西湖先生講學于斯，名賢儒碩，接踵不絕，近世全紹衣、黃徵季兩先生，亦嘗於此講學著書，其名尤著。兩先生嫥經經史，蔚爲文詞，彪炳寰宇，非一邑一鄉所得私也，其事具載端虛所爲《竹洲紀略》中。夫竹洲一小島也，而有繫於吾甬上文化也甚鉅，夫豈非以其人哉？地以人而著，人以學而名，學之不可以不講也如是。今端虛主講女子中學，適當其地，因欽遲昔賢，乃蒐集其詩若文之有連于竹洲者甚備。先是，端虛於邑西郊荒墳蔓草中，尋得萬氏白雲莊遺址及白雲先生塋墓，因起莊修墓，爲文以紀之。白雲莊者，萬氏之別業，黃梨洲先生設證人書院于其中，萬季野兄弟從受經史。黃先生嘗謂：「學必原本於經術，而後不爲蹈虛，必證明于史籍，而後足以應務。」端虛承其遺緒，竭心力于教育，暇則輯是書，非端慤有道之士而能如是乎？昔趙文子與叔譽觀于九原曰：「死者如可作也，我則爲隨武子。」古之君子嚴于其國之先賢如此，吾端虛豈有私于其間哉！蓋賢人流風遺澤之傳于後世，真足繫人思也。讀是編者，亦可以感發而興起，吾未知後之人思吾端虛，又何如耶？

記寫本《六家文鈔》後

右桐城吳汝綸氏晚年所選定《六家文鈔》，都五卷，其目錄附韓集點勘之末。廿六年七月，島夷入寇，予違難山居，甚無事，足以自適，乃依其目，手鈔成册。吳氏自六藝子史百家之書，無不昕夕披覽，遴其菁英，手寫口誦，精心釐定，窮極壺奧，抉摘靡遺，而于是選尤精。蓋子長爲文中之聖，孟堅爲斷代史之冠冕，其武帝以前雖因仍《史記》舊文，然或增或删，酌奪字句皆有精意，讀之彌覺健勁，各極其至，此所以班馬並稱爲良史也。張廉卿謂《霍光傳》突過史遷，吳氏多選班書之傳，而於史公側重序贊，其列傳僅選十首，豈以班氏有勝於史公耶？抑史公游神太空不易强幾，而班氏較易學步耶？王子淵廑選《僮約》一首，此文高古詼奇，毛穎河間瞠乎後矣，不選聖主得賢臣頌之諛詞，而獨取此滑稽文，此吳氏之特識也。或曰一家選一文太少，予謂千里沙礫何如膏腴半畝，精騎三千已足抵羸卒數萬，文豈貴多乎！長卿、子雲爲詞賦大家，其所以多錄者，最得韓公論文尊揚馬本意；曾滌生文魁閎雄放，光燄熊熊，即得兩公之氣體也。韓公倡古文，實振起魏晉八代之衰，而反之乎三代兩漢，亦由其平生非三代兩漢之書不敢觀故也，其奧樸之詞、奇倔兀傲之氣、峭折之勢、閎肆之境、詭詼之趣，幾軼子雲而與子長爭高下矣。蘇子瞻云："文至于韓退之，有以哉！有以哉！"吾儕平日讀宋元人以下書，故所作易于詞而常失之弱，亦其宜矣。昔吾郡人徐柳泉與惲子居論文，柳泉盛稱韓公，子居曰："吾於史遷以下，無北面事者。"此言雖近夸，然吾儕學文，實不可無此意度，不然，僅僅取法乎中，斯爲下矣！夫《詩》《書》、六藝皆文也，《楚辭》《莊子》《荀子》《韓非子》《呂覽》諸書，皆六家文所由出也，更當精讀以探其根，歐陽公而後，稍稍涉獵之，亦可矣。

記寫本《三吳文鈔》後

《三吳文鈔》者，余遴錄宜興吳仲倫、巴陵吳本深、桐城吳至父三家之文也。余年十六，即讀本深書義猴事而好之，以爲事奇文亦奇也。既習業郡校，假馮回風先生《評點桐城吳先生文集》，迻錄一過，最後得仲論文，乃再抉擇三家中私心所尤喜者鈔之，計初月、柈湖各三十首，桐城四十首，都百首，合之成一編，讀之久，好之篤，于是爲之推論曰：聞之馮先生論至父文曰："古文家自介甫而後，七百年無此作矣，蔚于姬傳，堅于伯言，純于滌生，練於濂亭，當爲有清第一流，豈直桐城後勁而已！"張蔚里先生嘗稱吳先生爲"集桐城古文之大成"，吾謂高古雄健，其勝處往往有唐宋大家風，晚年所造詣尤高，如程忠烈、左文襄、李文忠諸《神道碑》，已駸駸乎近太史公、班孟堅境界矣。蓋吳先生宏識孤懷，平日廣覽博涉，貫穿乎經史，馳騁乎百家，而于《史記》、韓文所得尤多，復參以時變，運以奇崛英邁不屑之氣，此其所以成爲大家之文也，亦時爲之也。方姚起明末文敝，末流有虛車之譏，曾文正復變而大之，其弊也近膚廓，至先生集諸家之長，乃臻大成矣。南屏疏野而有致，繁衍而不褻，其恬適清和之韻，蓋近於震川爲多，亦由于平日致力震川爲獨深。然字句間，或失之易，文氣亦未能免俗，此其短也。

仲論集名《初月》，初月二字最足形容其文境。譚復堂謂其文在《五代史》《南唐書》之間，吾謂其氣韻之妙，惟惜抱足以並之，雅潔清微過於樊湖，惜篇幅不大，所敘述大都鄉邑間山澤臞孝子節婦之事，稱人能各如其量，不溢分刌是可貴也。仲論生當太平盛世，以諸生終老，當時大著作皆莫出其手，是又可傷也。要之，此三家能卓然各自成一家言。吾人學文，先從南屏入學其規摹，恐其平易近俗也，則拯之以初月之淡雅，恐其文境之狹也，則繼之以至父之雄深，倘能冶三家于一鑪，則亦庶乎其可矣。

讀《深州風土記》

予于近人所著書，最服膺王壬秋《湘軍志》、章太炎《清建國別記》及吳至父《深州風土記》。王《志》縱宕,得史公之神,《別記》茂密,略似班《書》,而《風土記》蓋兼史漢之長。其《歷代兵事篇》,雄深雅健,疏宕而有奇氣,如大海中風起濤湧,詭譎萬變,爲《記》中第一篇文字,亦近古以來所未有也。自餘諸篇,簡淡似柳州《先友記》,風韻類歐史家人傳,而孤詣精識處尤多。至父亦嘗自贊"字字有本,篇篇成文",積廿年之心力而成之,惜所作僅限于方志。儻以之修史,歐陽公而後,一人而已。其文集中,若曾文正、程忠烈、左文襄、李文忠諸《神道碑》,亦足略窺其史筆。但文與史體制不同,而碑版尤須嚴重,其下筆固未能放言耳。同時,壬秋《湘綺樓集》中之儲玫躬、嚴咸、丁鋭義諸傳,則史家之列傳體也,太炎之黃興、黎元洪碑志,純用傳體,不似志銘,格調雖爲瑋人發詡不必定循故常,然竟屬變體。而文體之謹嚴,要不能不推吳先生矣!

讀《郁離子》

劉誠意佐明祖,攘戎貉,定天下,功何大也!其在胡元時,著《郁離子》,磊砢鬱律之氣,假此一洩。體雖未純,然饒有周秦諸子之遺,其智念之深,亦可見矣。然卒不免于雄猜之主,中奸相之毒,以至於死。於戲!處權位利勢之難也如是。吾於是益憮焉景望越范蠡、漢張良之泛五湖、從赤松子游者矣。

梅柏梘文別鈔題辭

余於墉伯所選《近代六家文別鈔》,最喜伯言,讀至娛意處，幾疑舉天下之美，無以度越梅先生者矣。吾聞慈谿馮君木先生於汪容父，吾縣孫表卿先生於曾滌生文，皆以爲有清一代殆無出其上者，吾於伯言亦時有此意，人非之而吾墉伯獨不以予爲偏耆也。蓋式墉所選六家，非不美也，然震川神于韻而不免俗，望溪謹于法而拙于詞，惜抱和其氣味而失之弱，初月蕭澹而少變化，柈湖疏樸而失之蕪，至於恬靜精卓，無諸家之失，竊以柏梘爲獨擅之也。黎蒓齋有言："梅文最能窮盡筆執之妙。"此語最爲得之。往予十六七，即讀梅文而竺好之，迨今二十年，師資所在，畢生不渝，輒題數語，以志服膺云爾。

黃埔烈士傳序

黃埔者，奉化蔣公初起時練兵所也。我國革命蓋總理首創，而發揚光大之者，實自蔣公始。蔣公嘗曰："予之統一中華及攘彝貉者，皆黃埔諸先烈力戰之功也。"此固見公之含宏深遠、謙撝自下，然無烈士之死于前，或亦不能炳炳麟麟如今日之盛也。然則表襮烈士，固亦宜耳。《詩》云："赳赳武夫，公侯干城。"此余之所以有作也。黃埔軍校後徙至南京，更名中央陸軍軍官學校。不曰中央而曰黃埔，原其朔也。

珠巖齋文初編序

余與王君墉伯相聞久，乙丑之秋，余授徒甬上，墉伯亦以醫來，所寓不踰數百武，遂獲爲交，得盡讀其生平所作數百篇。大氐富於才，深于情，磊砢鬱律之氣可喜也。余與之相鐫切，善賞而疵滌，塘伯不以邅。自是非塘伯過余，即余過塘伯，兩人者，見不忍離，離輒相念，每見必縱譚周秦諸子、八代唐宋之文，移晷而不休，蓋以爲意之所甚快者也。塘伯劬勞媚古，於臨川用力尤深，其爲文甚刻苦，嘗爲余作《雪野草堂讀書圖序》，辭高而情摯，首尾至十數易稿，其不苟蓋如此。吾縣人士，才輩百出，功名之塗日闢，而山林自好，游心於寂寞之道者，世或罕能知之，塘伯乃遯迹于醫，亦其宜哉！獨念余之無似，不逮塘伯遠甚，塘伯不棄而愛之，此可喟也。塘伯今四十矣，擇其文之雅馴者，署曰《珠巖齋文初編》，刊以問世，來屬序于余。余笑謂："際此亂離，六經且芻狗矣，更何有于君之文也！"然吾輩舍此，又奚以爲哉？

缾梅齋詩序

余與兆梅，結友二十餘年矣。兆梅今寫印其《缾梅齋詩》，來屬余叙之。余以梅者芳絜之物，獨秀於冰雪風寒之中，有似瑰意琦節之士，故宋林處士獨愛之，愛之深，發之爲詩，用能過絶輩類，爲古今詠梅詩之冠云。兆梅之生，其家有缾梅結實之瑞，人以富顯望兆梅，不知天固欲成其詩人也。兆梅性孤介，不慕榮進，獨顒顒于詩，於淵明、務觀兩家尤所偏耆。然平日論詩，則主張唐賢，故于杜工部用力亦深，嘗每歲諷誦一過焉。其所爲詩，質健真摯，而其蕭澹處，顧往往有近和靖者，蓋無意學之，而所同者情性耳。夫貧者士之常，兆梅能守其固窮之節，愈窮而愈工，則其窮也，乃所以成其詩也。余牴牾於世，獨與兆梅相對默默無語，見其案上，梅花疏蕭有致，爲之意遠，歸而作《缾梅齋詩序》。民國廿七年十二月，同里袁惠常書于雪野草堂。

桃源集序

己卯春，余館鄞之鳳嶼，靡慘中乃爲文自適，邨居無佳題，于是發願造《黃埔烈士傳》，二月間草成五十篇，多不愜吾意，蓋不足表襮諸烈士忠壯英毅慷慨悲歌之事迹。惟下筆之先，則讀《太史公書》一二篇，冀稍稍得其氣。每一文成，輒就吾友王君玄冰而質正之，玄冰猥稱吾文宜敘事，有髣髴近歐公《五代史》記者，余媿甚而氣益旺、膽益莊，乃放筆直書，不自知多有可哂者，而讀書之興亦增，既温燖歐《史》一過，旁參朱孔彰《咸豐以來將帥別傳》、王闓運《湘軍志》、尚秉和《辛壬春秋》及王樹枏《歐洲列國戰事本末》諸書，實皆有助于余文，而督促成書者乃玄冰也。

方是時，寧波女子中學因避夷禍而徙林邨資福寺，曾子固所謂廣德湖濱有地曰林邨者也，玄冰教授其中。寺背山面野，隱蔽松篁，蕭然拔俗，距余館才里所。恒相往來，或共步溪野間，立小橋上，觀魚，采野卉，擷澗實，坐大樹下，縱譚文藝甚驩。玄冰爲人敦篤簡淡，有學問文章，尤工于詩。其詩境如清泉白石，巖花娟秀，又如哀鴻寒鴉，其音淒惻動人。嘗選輯近作百餘首，名曰《桃源集》，以其地爲宋名儒王桃源先生講學所也。出示余，屬爲序之，諾焉而未果。夏六月，余被命來蜀，經行萬里，觀桂林陽朔之山水，問苗猺狪蠻之習俗。過龍場驛，想見陽明先生之高風。絶烏江，陟夔山關，蛇行七十二盤。日在萬山叢薄中，每恨余不能詩，益苦念玄冰，倘玄冰來此賦詩紀游，其爲樂不更多哉？既抵蜀，作書招玄冰曰：

"古之詩人若杜子美、陸務觀,皆入蜀而詩益工。若蘇子瞻生長于斯,其詩爲有宋一代之冠。蓋蜀自文翁而後,文化彬彬,其地山水清發,三峽之奇、峨嵋之秀、長江嘉陵江之浩蕩,誠詩人之所樂遊也。足下果欲昌大其詩,盍來蜀一遊乎?"答以"願守田園,以詩自娛,它非所冀"也。蘇子由曰:"士生于世,使其中不自得,將何往而非病?使其中坦然,不以物傷性,將何適而非快?"玄冰真知之哉!往嘗語余:"吾於詩,唐人則好義山,宋則好劍南,金則好遺山,近人則尤喜龔定庵,大抵能倍誦也。"其志之婗勤若是,宜乎其詩之獨絶于人也。嗟乎,余治簿書而文字日益荒落,退念玄冰吟哦于山寺之樂,爲复然不可攀也。異日歸田里,余將從玄冰讀書于是矣。乃先叙以約之。民國三十年二月,奉化袁惠常。

贈朱君鄴卿序

鄞多藏書家,近古則范氏天一閣、盧氏抱經樓爲最著,今則自馮氏伏跗室外,衆輒推朱君鄴卿之黃萬齋,蓋以庋藏萬季野《明史稿》及黃太冲《明文海》《明文案》兩稿本而名者也。君自蕭山來官于鄞,遂家焉。性淵雅,喜藏宋元舊刻,旁蒐書畫古物,若尊若盤若缾,若銅鏡若磚瓦,莫不羅列几案,古氣盎然,而尤竺耆書籍,遇精槧善本,不惜多方鈎致。嘗購破殘古書數百種,中縒《五代史記》,君疑爲宋刻,乃繙目錄、攷板本、別紙色行識,斷爲宋槧無疑,于是喜不成寐,觀賞徹曉,其家人笑之爲癡。然非癡,亦何以得此寶物哉!余因益暱君,以得觀所未見爲樂。

夫古籍,前哲之話言、豪傑之行事,胥賴是以寄焉者也。

吾人一涉其書，而其人精神意態方弗若在目前，及其久，吾人之性靈，有不覺爲之開發者。玉在山而草木潤，淵生珠而岸不枯，書之所聚，當有如珠玉之氣輝映其上，被其潤者不枯矣。君平日喜通接文士，與鄞童次布、沙孟海，慈谿馮都良諸子交尤密，吾師馮回風殁後，則斥貲刊其遺詩，匪特風類之卓，亦好古之性然也。余窮于世久矣，幸與君比鄰，朝夕過從，或餉我佳書，有所作必就正君，君亦喜譏評，以爲若者可、若者不可，余逞逞從君言改之，或以爲未可，反覆辯難，必求至當而後已，亦寂寥中之一樂歟！君今年五十，遂書此以爲贈，以見樂莫樂於擁書以潤其身而頤養其年也。昔歲余爲君作《別宥齋藏磚記》，君頗許之，今之作亦願得君一譏評斵斷如曩時也。

贈章公績序

予交章君公績夙，公績游於藝，尤耆作畫，比者技益精，顧窮乏乃益甚。所居寓舍中，鐺竈紙筆，畫篋破舊，四壁圖畫殆滿，而貧至不能具糧，悵乎其生之窮也。公績爲人孤冷，齲齲寡合，不能與人世俛仰，惟壹意于畫，不復知流俗榮辱得喪毀譽事，豈所謂窮而後工者邪！始其兒時家居即耆畫，及出就外傅，憾不能竟所學，則貨舊居，罄其直，遊學海上，學成歸，爲中學教師者有年。嘗旅食杭州，其地湖山清淑可念，則益有助於畫，最後歸居甬上，不輕爲人作，作必窮日力爲之。曩者嘗爲慈谿馮君木先生寫象，用遠西人拉斐爾艗象法，神情笑貌栩栩然，見者詫爲神。公績之畫，凝神諦思，嘿識其相，創新意於矩範之中，心與手會，神與意合，撝洒少頃，便具輪廓。其着意在用染，染三兩日或五六日始訖功，闚其意若甚樂其樂者，彼奚暇外慕哉！今世之人多外慕，少長則慕少艾，壯則慕功利，貧者則慕財賄，終其身惟此之求，既得矣唯恐其失之，不得則展轉欷唈，且自忘其瘁，若此輩者，視吾公績爲何如！

先是，予與公績同游郡庠，每課餘，則見壁間堊版，纍纍人面貌纍纍，少者老者，怒者喜者笑罵者，千態萬狀，叩之，知爲公績手筆。其後之有成，蓋基於此矣。嗟乎公績，吾輩於世無所好，惟一于藝而已矣。人之生，百年已耳，生不能無死，獨藝術則不死。右軍之書、道子之畫、楊慧之之塑，歷中古而長新，雖謂其人至今存可也，公績勉乎哉！其于目前之貧富，區區口體之奉，何有焉。吾聞公績言其父備和府君爲吏廉，有以苞苴入者，必叱責反之。母氏楊，持內政，識大體，不以貧故，令其夫喪所操，是公績所稟，有自也。歲十二月廿五日，楊太夫人六十生日，乃書此贈公績，且以爲太夫人壽，其諸儻異于世俗游肸之詞已夫。壬申十月。

贈徐鏡齋先生序

塊坐一室之內，樓神娛志于藝事，凡詩文、書法、篆刻、繢事、鼓琹、斸杖、製塗，莫不工其學。凡經子、諸史、小學、金石以逮印畫、諸譜莫不讀，晴雨朝暮、寒暑晦明靡有間。其神全，其志堅，其所作皆吐其匈次之奇氣，冥與造物者會，豈非藝而進于道歟？《莊子》曰："古之得道者，以窮通爲風雨寒暑。"然則視窮通，貴顯之于身，眇然猶蚊虻之一過，飄然如雲霞之在太空也，庸詎知世之所謂得者，有以異乎失耶？謂之富者，寧非貧邪？縱一己之欲者，不自喪其真邪？是故内有所得，外無所慕，得之愈深，發之愈奇，吾於徐先生鏡齋而見之矣！

余還都後，始得交先生，恨相知之晚。幸居處密邇，朝夕往還，氣誼相親，轉踰故舊。先生嘗爲余言："少時曾求人作畫，久久不得。發憤自作，恒至達旦。如是者三月，基始立矣。"又言："嘗求人刻印，亦不得。發憤自治，臨摹秦漢以來印鉥，歷久而後成。"若先生者，可謂娛志矣！余少也愚，嘗廢寢月餘，奮發讀書，以至病狂，家人乃至藏弆余之書册。余之無成，見先生之進于道也，有感焉！因書此詒之。丙戌十二月。

贈陳君叔諒序

惠常曩者則聞慈谿陳君叔諒用史學顯，心欽遲之，不可弭忘。廿八年夏，入巴蜀，謁見陳彦及先生，受"讀經不如讀史"之教，自是溫習司馬子長、君實之書，點四朝學案以自娛。明年春，君亦來。君，彦及先生之弟也，績學工文詞，尤深于史。惠常自知無才識，而所任乃史事，兢兢焉有臨淵履薄之思，對君殊可悉也。

先是，廿餘年前得納交於君介弟行叔，行叔肄業效實中學，惠常則省立第四師範學校，皆在郡城，每休沐日輒相晤于回風堂。回風堂者，馮君木先生之所居也，時先生都講師範、效實兩校，用是兩校同學亦相通流。行叔年最少，才最高，馮先生尤矜寵之。吾友沙孟海方居回風堂，課馮先生幼子讀，嘗語惠常曰："吾輩之文可出之互觀，獨不可視行叔。"問其故,則曰:"吾儕朝夕所辛勤而屢獲者,彼一寓目輒不忘,可不畏哉?"未幾,惠常以病罷學,聞行叔遊學法蘭西,將成學而歸,乃喜。既又聞其病歿海外,則爲之大戚。是年馮先生亦捐館舍,惠常落落無所嚮往,乃從鄞張蒪里先生問古文義法。聞陳天嬰先生至自杭,則持文求正。陳先生曰:"子之文病弱,宜多讀昌黎、南豐兩家。半山峭折絕倫,不善學之,或失之枯。"陳先生者,馮先生之執友,而君與彥及先生之從兄也。其文章有奇氣,工于鑄詞,古奧似讀周秦諸子。彥及先生之文,難在不用一奧句、不使一僻字,而自然淵雅,涵蓋群倫。至若君文,則紆徐委宛,源流本末條分件剖,清晰而疏達,恣肆而有法,真史家之文也。其引古證今,則近顧宛溪;其周密真摯,則近蘇潁濱。此三人者,斷然自成一家言;倘行叔而在,吾不知其作何等文!然兄弟競秀,岸然各自樹立,而岌然不肯苟同,可斷言也,吁其可敬也!

夫君爲人,端和如玉壺,秋月瑩澈光潔,表裏純白,待人一出于誠,每見必餉惠常以佳書,可感也。倘許我授史學,則得益不更鉅乎?追念昔友行叔而師陳先生,而今師事彥及先生,又獲訂交於君,何陳氏之多賢而惠常之多幸也!遂書此以贈君,并質之孟海。孟海或已忘前語,而笑惠常之妄且陋也。

陳畏壘先生五十生日序

往余十六七時,從慈谿馮先生受學。馮先生盛稱其從游士陳畏壘之文,心竊慕往之。其後先生主上海《商報》,日斥時政之非,闡明革故鼎新之義。會國民革命興,東南一隅,人心嚮化，則先生宣導之功爲多。吾友馮都良，先生甥也，嘗選先生之文成册，馮先生爲之署曰《畏壘評論集》，余假歸，迻錄一過，間亦摹擬之，而終媿未逮其萬一也。先生之文，論事確精如賈生、陸敬輿，而縱橫馳驟又似東坡，落筆動逾千萬言，若不可窮，其深計大慮，引證今古，旁及西國，立言得其體，用思入于微，侈能約之簡，深能出之淺，縣而有法，肆而能醇，條達而鬱茂，不用奇字奧句，其駿發厲，悍若良馬之超逸絶塵也；其光輝明白，若日星之麗諸太虚也，魑魅魍魎不得遯逃其形焉，其略如是。其所以至於是者，余不得而知，蓋天授云。今軍事委員會委員長蔣公奇其文，倚重之若左右手，凡蔣公之所告誡軍民及宣喻外國者，大氐出先生之手，蔣公之偉論威德，由是而益播于天下。禦倭軍起，文告尤縣，先生竭心力而爲之，日不足，往往繼之以夜，雖雞鳴而未罷，雖疾病亦未嘗休舍，可謂勞矣！

先生雖從政乎，而性極恬退，穆如清風，時作歸田之想。蔣公嘗手書諸葛孔明語"淡泊明志，寧静致遠"以贈之。孔子曰："有德者必有言，非有言也，德之發于口者也。"今年夏，與王君壎伯、孫君翼父同被命來渝，因得謁見先生，其言論風度，溫謙可念，仿佛少時見馮先生于回風堂也。直先生五十生日，援因事致敬之義，略申二十餘年景望之私，頌禱虚詞，勿敢屑焉。民國二十八年十月，晚學奉化袁惠常敬撰。

卓雨亭先生六十壽序

老子云："慈故能勇。"古之成偉業、立大功者，未有不慈而能勇也。勇而不慈，斯乃匹夫之勇耳。至若見人顛頓困苦,戹于水火盜賊,蹈白刃,赴湯火,救之而後快,此大丈夫之所能也,吾于邑卓雨亭先生見之。

民國十年,象山海盜張光燾橫行海上,劫略商旅,濱海居民多罹難。先生憂之,刱立保衛團,推莊崧甫先生爲團總,而已任第二團團長,湖頭渡之役有足多者。日曛黑,海盜駛巨艦五艘突至,勢洶洶,將登陸行劫。先生得報潛往,時團丁未集,亟率所巡視者十餘人,偃伏海塘下射擊之,中一桅折焉,衆氣壯。先生奮焉起曰:"今日正吾曹男兒殺賊之秋也。"言未畢,又發一彈,衆從之,連穿二艦,彈丸霍霍如流星,殺盜數十人。盜思,知不敵,遂遯去,盜魁爲之寄語曰:"卓先生在,吾不敢再犯矣。"繇是沿海百里無盜患。昔孫堅見海賊掠取賈人財物,方于岸上分之,行旅皆住,船不敢進,堅獨操刀上岸,以手東西指揮,若分部人兵以羅遮狀,賊望見,以爲官兵捕之,即委財物散走,追斬得一級以還。先生仿佛近之。所居邨曰松溪,地濱海,恒患水,先生憫之,築嘉禾塘一千四百畝餘,繇是邨民三千余家得衣食贍給,無飢饉之苦矣。綜斯二者觀之,非先生之勇而慈、俠而赴義,有大丈夫之氣概,焉能至是乎!

性超悟,工文事,十七成諸生。嘗任錦堂中學教員,善導善誘,驩若家人,用是成就者甚衆。年四十,始出任國民革命軍兵站總監部秘書。十九年,調升第六師軍需處長,餉不虛靡,兵受實惠,如是者十二年。禦倭軍興,先生隨軍西移見陪都經轟炸後瘡痍滿眼、生民痛苦,乃解甲歸,隱于醫,蓋卓氏世習醫,自先生曾大父、大父、父,皆治岐黃家言。先生秉承家學,覃討益精,至是出而濟世,遵父志也。爲人診脈,署方極審眘，多奇驗。見貧乏者，恆施以藥餌、衣具之屬，不受酬，醫名繇是大噪。夫先生之醫，亦仁術也。勇於退，慈于拯人，其存心與繫賊、築塘無以異也。服官雖多政績，翻不足爲先生道矣。

惠常被召入蜀，先生聞而喜之，爲招飲于懷松廬，殷渥可感。時座中有應丈夢卿者，年六十矣，應丈愛余深，無殊先生，余嘗爲文壽之，先生許爲無愧言。今歲夏正正月，先生亦巋然登六十，乃衍述《老子》之言以爲祝。若夫世俗夸飾之詞、長生難老之頌，不敢以恩先生焉。中華民國三十又四年孟春之月穀旦，國民政府文官處編審同縣袁惠常敬撰。

何虞卿先生七十壽序

邑有高年劭行、氣節凜然之君子，曰何先生虞卿者，三十六年四月某日七十誕辰，先期家叔哲卿君暨先生猶子平化、平龍等以書抵余京師，屬爲文，以壽先生。余謂先生有士之行，以爲民紀，以爲鄉里型矣。惠常忝任史事，文以壽之，宜也。章實齋曰：“文生於質，視質之如何而施。”吾文焉，亦於世教未爲無補。禮從宜，使從俗，苟不悖乎古之道，亦君子之所不廢也。況先生確乎其有可壽之道在乎！況甚有裨補於世教者耶！

先生性行淵懿，無少長戚疏，一接以溫語，唯恐不竭其誠。里爭族鬨，凌諑繳繞，片言排解，紛難立釋。寬以濟物，儉以克己，勤以爲人，嚴以率性，溫溫焉，廩廩焉，所謂鄉懷其德，里服其教者已。此猶其常耳，一旦變起，竹柏之性、堅貞之操，歷風霜雨雪而不渝，經淫威厚利而不屈。當吾鄉淪陷，蝦夷山寇縱橫民間，先生雅負鄉邦重望，不得安厥居，避地佗鄉，嘗百辛而志彌堅，或有勸出而維護桑梓者，先生嚴詞切責，勸者愧退。迨敵寇降，閭里擾攘，先生始出任區長，繼選縣參議員，從民望也。孔子曰："歲寒，然後知松柏之後彫。"蓋堅貞之性，歷劫不變，愈遠彌光，卓然異乎流俗，此其所以更久故而稱大年也。

曩者，惠常館先生何家邨，地當鹿山之麓，有法華寺，寺中有朝暉軒，傳爲趙子昂、戴帥初讀書之所，余徘徊景仰，久之不能去。今忽忽三十年，余年垂五十而先生則七十矣。夫趙、戴生當宋末，不幸失節，官于虞廷，先生則氣節凜然，超拔於風會之外，挺秀於流俗之中。語云："疾風知勁草，板蕩識忠臣。"先生似之，此乃趙、戴之所不及也。若先生者，可以言學，可以盡年，可以爲民紀，可以爲鄉里型，而有補於世教者矣！惠常夙承先生之知，先生行事亦唯惠常知之獨深，際此初度，援因事致敬之義，敬奉此以獻先生，先生視之，其爲我懽然而晉一爵也歟！中華民國三十有六年四月吉旦，國民政府文官處編審兼國史館協修袁惠常敬撰。

五叔父哲卿先生五十生日序

吾叔父今年五十矣，惠常亦四十有八。叔父體清臞而步履勝常，惠常則白髮盈頭，頹然老禿翁。追念幼時，猶眼前事耳。始，吾兩人同嬉敖溪畔竹林間，情若昆季，不知有長幼，鬥草擷花，以取勝爲快。余性辟而卞急，勝則喜，敗則怒，叔父常謂此遊戲事耳，何怒爲？此四十年事也，今當猶憶及耶。稍長，同學叔祖英父府君，叔父開敏過絕人，十二歲讀畢《四子書》《五經》，出就外傅，予則絕鈍，十五始出就外傅，兩人自是少合并，惟歲時令節一聚首驪笑耳。叔父既畢業中學，出長小學，訓導有法，稱良師，已乃改就商業，主上海茂昌公司事也。茂昌者，吾鄉鄭君所主辦，務蓄儲民間雞卵，燂之凍之，使無或餒敗，其事似猥細，然行銷遍於遠西，鄭君以是起家，實叔父輔佐之力獨多。平日于工人福利事，擘畫周至，病施藥，死卹後，綜全廠工人無慮千百輩，皆感奮不敢怠，實叔父勞也。尤樂於義善舉，或倡議，或贊助，必竭力之所堪而不以爲勞。待人一出于誠，無貴賤必以禮。爲人謀事，一言之諾，必信必踐，無或爽者。凡來求職者，使之有業，窮乏者，予之以財，詐僞者，化之以德。身處闤闠，心存濟世。其耆義也若渴，而赴之也勇猛，其行近乎墨翟。夫民生今之世，困苦極矣，使鄉里皆有一二如吾叔父者，亦憔悴之民之所託命也。

先是，故鄉既淪胥，余方有蜀游，息耗不通流有年，念家人不能弭忘，其後得家書，始知叔父自海上以錢物見餉，時時不絕，家人得更生焉。又得叔父前年手諭曰："汝家余已存拯，即汝友之貧窶不能自存者，亦願拯之。"繇斯以觀，非《墨子》所謂"兼愛"之道者耶？叔父事父母極順，處兄弟推財讓產，視孤姪如子，資攸之入學，推而至於族黨姻戚，亦如是。其內行之嬱，近世所罕覯。自奉甚約，衣敝故，恆數年不易，踽踽焉獨行都會中，亦可謂今之篤行者也。

其大節尤多可敬。當倭人既以勢劫取公司，利誘威迫，叔父終始不與之合。嘗引孔子之言"富貴于我如浮雲"以自尉幸，并謂："吾稍足自給，有餘當分俵親串。范蠡、晏嬰，吾之志也。世之射利者，大氐爲一己之供奉與子孫奢侈地耳。

人不患貧，惟患不自樹立，子孫賢焉，賴此爲？"吾宦蜀八年歸，則囊橐蕭然，自以不能活家人、拯親戚爲慚，叔父則曰："汝能不毀吾家，卧雪清風，此可喜耳。即資生不給，吾仍能濟之，何爲其不樂乎？"迹叔父行誼，言忠誠，行端方，爲人多而自爲少，富貴不能動摇其心志，威武不能屈辱其操守，唯以仁者濟世之心爲心。孔子曰：'仁者壽。'叔父今者猶五十，壽之徵在是矣。十月初四日，其生辰也。惠常受恩最深，無以爲報，遂書此以獻。願吾從弟仁猛等共存之，毋隊失吾叔父之高風亮節也，是爲序。中華民國三十又六年十月穀旦，從子國民政府文官處編審兼國史館協修惠常拜撰。

蔣翁夫婦偕老序

吾奉化地處東海之濱，風尚醇厚而山水叢集，天地之精氣扶輿蜿蜒，而鬱結於此。當剡溪之口、武嶺之下，有地曰溪口者，形勝尤號獨絶，今軍事委員會委員長蔣公誕生其地，而鄉之才士輩出，爲前古所未有。明張翊有言："天旋地轉，浙閩爲天地之中，不其然歟？"蔣君孝贊，委員長之族孫也，品潔行修，工書，挺俊逸秀，來陪都任侍從室書記，後供職中央銀行，貞幹明練，見重于世。

孝贊與余交好，爲言其尊甫生陽翁、母氏夏孺人，並以今歲，皆登壽六十，欲匄余一言爲壽，余謝不文，孝贊則堅以請，因益爲言：翁在鄉，以孝友力穡起富。性慈和，居常采草藥以活人，有求藥者，雖窮谷危巖人迹不到之處，翁不辭老瘁，必尋得而予之。里中有昏喪大事，常經紀其事，豐儉恒如人意。治家嚴而有法，孝贊之所以有成，翁之教也。委員長之師毛勉廬先生者，與翁有連，嘗贈以楹帖，曰："安詳恭敬乃教兒曹方法，公正嚴明是爲家長規模。"蓋實錄云。配夏孺人，淑脊端莊，持家儉勤，能爲翁相內外之治，條貫秩然，鄉人稱家法之善曰："蔣氏吾友，蔣君國濤，誠竺君子人也。"亦稱翁居約而樂施舍，積善而不求名。孝贊述其父母皆信，宜其有令子者。國濤，亦溪口人也。余維吾奉雪竇、武嶺之間，山川奇氣蘊蓄且千百年，宜有英傑儒士起，于今理固然耶。

曩者，余數數造雪竇，飛瀑千丈，噴薄而出，剡水九曲，折而注于溪口，水清澈見底。武嶺諸山，隆崒刺天，古樹壽藤，修篁鬱盤，有生氣，絕可愛也。居人巖處而川觀，知其地多隱德君子，余亦數數遇之，獨恨未見翁耳。今者島夷入寇，故鄉淪胥，爲犬豕之宅，深固而不易拔。余與孝贊東望故鄉，爲之憮然，而孝贊尤思念其父母。辟地佗鄉，道塗遥遥，一時不克東歸寧親，此所以必欲得余一文以寄其孝思也！異日者，抗戰勝利，敵寇退卻，余與孝贊同歸故里，幸得見翁夫婦老而彌健，摳衣趨階，舉爵上壽，因從翁後，徘徊乎山巔水涯，共話當年情景，其爲樂當何如也！遂書寄孝贊，以爲它日之徵。

贈劉心波序

余客授甬上，與劉君心波連櫺居，凡五六年矣。二人者，皆好夜讀，顧所治各異。比余以目眚至廢誦，君仍如故，夜三四鼓猶未休也。君所讀多近人名著，架上置裸志數十種，課餘輒流覽，用是周知天下之大勢、鄉國之因革，與夫政治、文學、教育、藝術之要最，爲文章千萬言立就，如犇馬不可銜控。余嘗笑語："君可謂通今。"君譏余曰："子平日喜澤古，無乃以博古自居乎？"余笑謝君："吾安知有古者。"計吾窮昕夕所肇治者，司馬子長、班孟堅而止耳，韓退之、歐陽永叔、歸熙父諸家而止耳。

先是，君與友人結社，講論文義，主編所謂《一般周刊》者。比歲，鑒於國之窳弱根于教育之不振，由是首從事兒童教育，間者嘗遠遊匡廬。匡廬，東南勝地，山水幽麗奇絶，昔陶淵明、朱元晦講學之所也。蓮社，白鹿洞之遺澤，猶有存者，去吾甬數千百里，君一人獨往，與海上教育家陳鶴琴、董任堅等集會研討，加以心得，於蒙教乃益窮徹矣。自匡廬歸，與余放言五老峰、烏龍潭、三疊泉之美勝，又作記游之文，文益奇傑，蓋有得于江山之助云。余委伏窮巷，寡交游，又不通曉世事，爲世人之所簡棄久矣，獨君與余善，聚處若昆弟驩，蕭寥岑寂之境，得知我者與共晨夕，差足以相尉薦。語云："居今之世，不知今之事，菑必逮乎身。"君可以免矣，顧余則將奚所從哉？

鄞王君冰生五十贈序

有以游俠著稱廛市者，曰鄞王君冰生。嘗冬夜自友人家歸，解衣寢矣，欻聞鄰家有童女呼捄聲甚淒，亟披衣走視，則見一童女倒植水缸中，主人且撻且詈，君曰："彼亦人子耳，必欲置之死地，何也？"不聽，鞭之益甚，君不忍也，卒署券百金贖之歸。嗟乎，是豈今之商人所能哉！

自海通已還，商業之重，成爲風尚，巨商碩賈坐擁厚貲，甲第倖貴戚，輿服比侯王，然揆度其行事，以詭譎爲智，以便給爲能，以覦機競物爲務，壹意唯自私利，赴義急人之舉，泯無聞焉。或勇於赫赫之名，而嗇于蠢蠢之利，名曰爲善，其實與自私利者同科。若王君者，動于一念之仁，擲百金而不遴，豈非屹焉風會之外，太史公所謂遊俠者耶？

君自脱童女，其鄰人銜之甚，會袁世凱盜國，走白上官，指君名字列黨籍中，於是緹騎四面圍君宅大索，聲勢洶張，君挺身自白，始知有人誣君受吴興陳其美之命，爲浙東總司令者也。索竟，無左證，而誣君者先跳去矣。自是朋輩恒戲呼君爲"總司令"云。平日無世俗之好，好讀書，山陰任堇叔、慈谿馮君木、同縣張讓三諸先生，皆願折節與交。君治肆事外，喜讀王鳳洲《綱鑑》及柳州、半山、宛陵之詩文，下逮古今小説家言，間爲小詩，輒工絶，無市井齷齪鬼璅之態。每入市，必傾囊市書畫古物，牣積室中。吾友葛吁雷贈詩，有"頤性殘書畫，生涯破鐵銅"之句，蓋實錄也。年未五十，頭童然禿且盡，酒半，喟然曰："今老矣，奈何？"當民國初元，與王君蔭亭共辦商團，徵集市井無賴子弟，教以刺擊之法，終日戎服團勇中，或騎駿馬，挾短銃，出入里巷，意氣甚豪，言時目掀掀動，而壯年英爽任俠之氣尚在也。君不善治生産，家益貧，幾不能自資給，而喜交游如故，讀書如故，好急人之急如故。噫，今世而有斯人，又如之何其不窮也！會君五十生日，索文于余，余不敢以流俗肝飾之詞進，遂書其嘖嘖于人口者，著於篇。

楊端虛先生壽序

鄞楊端虛先生，主講中學者數十年，言教育者翕然宗之。居嘗以肩荷鄉邦文獻自任，於規復萬氏白雲莊尤有勞。白雲莊者，明遺民黄梨洲先生講學之地，浙東忠義氣節之所萃，亦東南文化之所繫也。自明末到今，頹薙茂草白楊間者三百年矣。先生尋得其遺址於西郊管家岸，大喜過望，引爲平生所至快，淵性高致，令人想見之焉。先生講學之隟，纂集《竹洲文獻》三卷，搜亡攉隱，不遺餘力，識者至方之先正王深寧《四明文獻集》。又重修范氏天一閣、萬子熾公擇先生塋兆及錢忠介、張蒼水兩公祠，及結南雷、南明社，蓋欲表顯先賢忠貞、節烈之正氣，起人觀感，與夫澆灌文化、陶鑄群士于無窮，豈獨爲一鄉一邑之善舉已哉！《詩》有之："淑人君子，正是國人，胡不萬年。"鄭君說曰："能長人，則人欲其壽考。"如先生者是已。

初，先生未冠時，才氣芳發，以弟一人畢修郡校。既乃遊學上海南洋公學，受知太倉唐蔚芝侍郎文治，謂其議論之文近東坡，云直廢科舉尚西學。先生則又深孼電機科及數學，兼通曉英吉利文字。業成歸，盡心力教導後進，鄉邑仰爲大師矣。鄞，巨縣也，當宋明之際則有慶曆五先生、淳熙四先生及同谷三先生，其後則有萬石園、全謝山之倫，大儒蔚起，則山川增輝，顓蒙開而風會移，鄉國人文於時爲盛。今稍稍衰歇矣，先生有意乎逓追鄉先賢之業，德修于身，道孚于橫舍，弟子成名甚衆，許文雨、沙文若、張其昀，其表表者。惠常幸列門墻之末，夙承提命，獨以資性之鈍，又牽於人事，不克竟學，迄今無纖介之就，即區區之文，亦未能窺見先生深根寧極之德藴，是可恧耳。抑以爲德之茂者，頌聲載人口耳間，奚待乎藻飾之詞爲也！民國二十六年五月穀旦，門人奉化袁惠常謹撰。

汪葵卿先生六十有三壽序

嘗讀《資治通鑑》，唐太宗問侍臣，創業與守成孰難？房玄齡曰："草昧之初與群雄並起，角力而後臣之創業難矣。"魏徵曰："自古帝王莫不得之于艱難，失之于安逸，守成難矣。"太宗曰："玄齡與吾共取天下，出百死得一生，故知創業之難。徵與吾共安天下，常恐驕奢生于富貴、禍亂生于所忽，故知守成之難。然創業之難既往矣，守成之難方當與諸公育之。"於國然，於家亦何獨不然。若邑儒汪葵卿先生，可謂能守成者矣。其父學源君，用力田起家，置良田三百餘畝。先生既畢修寧波法政學堂，友人孫君鄩瞻方留日，力趣先生東渡，先生以父四十始得子，以孝故不願遠離，又奉命為法院推事，亦不就也。孝思肫肫，奉承色笑，繼繼繩繩，克守家業。平居自奉儉約，絕無驕奢華靡之習，而于鄉之義舉，則多所欣助，不稍靳吝。佃戶租先生之田，遇歲儉，逞逞不內糧，先生不之索也。邨中兒童恒樂從先生游，先生煦濡之，一如子姓。性和厚，嘗誥誡其子姓曰："我雅以仁民愛物為懷，欲使斯民共臻富彊康樂之域，是吾志也。兒曹一旦為政，其力勉之。"又曰："吾家賴先人舊田廬，衣食得以贍給，不願子孫多積財。積財遺子孫，子孫多不能守也。蓄書留子孫，子孫亦多不能讀也。吾以人情為田，以培植子弟為種，所遺留子孫者不更多乎？然先人之業不可不保，創業雖不能，守成吾其庶幾乎。"夫人孫氏，淑德懿行，見稱里黨，當先生四十時，夫人不幸遘疾，纏綿床蓐者蓋六年，先生伉儷情篤，監製湯藥，調護備至，因涉獵岐黃家言，罄竭心力覃討，以冀夫人之瘳，而醫術乃大進矣。先生每予窶乏者處方，不受酬，多奇驗，久之，遠邇就診者日眾，活人無算，孟子所謂"仁術者"，非邪？吾尤敬夫先生之能守成也。夫創業之難，雖庸人亦知其然，守成之難，雖明者亦有所忽。周宣王六月出師，不以爲難，而晚歲庭燎鄉晨，以視朝爲不易。漢高帝好謀能斷，從諫若轉圜之易，而晚歲欲易太子，以聽言爲甚難。是以文帝之世賈生有"厝火積薪"之言，太宗之世魏徵有"失于安逸"之戒，豈創業果易而守成果難乎？蓋創業，逆境也，可以進德；守成，順境也，易以喪德。而先生處順境數十年，中遭顛播，不喪其德操，恬退寡欲，壹意以濟人爲志，教子孫爲善，爲國家陳力。其長子日章，尤有聞于時。嘗畢業法國巴黎大學市政學院兼國立高等美術學校矣，昔爲軍事委員會委員長侍從室第四組組長，有輔佐之勞，現充行政院簡任秘書，謙遜和易，不伐其能，公暇以畫自娛，實漸濡先生之德化深也。次子時章，畢業日本帝國大學醫科，現爲寧波中心醫院院長，承父志焉。幼女錦章，畢業朝陽大學。長子婦禮鎔，畢業寧波女子師範學校。冢孫聞天，肄業朝陽學院法科。孫曾蔚起，方興未艾，豈直守成而已也！若先生者，修身樂善，以義方訓子孫，子孫亦能秉承其教，而益光大其門楣，是則真可壽也已。今禦倭勝矣，日章將歸爲先生舉觴稱慶，屬余一言以祝，因舉守成不易之說以歸之。民國三十又五年一月。

卷　　下

半山廬記

　　半山廬者，吾縣孫表卿先生退居之所也。先生外和而中介，耆年碩德，於後進片言之嬥、一藝之長，輒稱譽不置，士之窮而在下者，尤歸嚮之，以爲吾鄉人望云。所居在縣北泉口，百華嶺之上，張家山之北，椒緣山麓，逶迤而入，竹籬四周，瓦屋數楹，虧蔽於叢篁高松中，庭除寂寂而山鳥鳴聲盈耳，屋旁多隙地，可種花藥，先生或躬自鉏之灌之，當花發時，恒方羊坐起，觀露上花，心以爲樂。每六月松風謖謖，穿户牖而過，於道暑尤宜。先生喜讀書，尤愛列禦寇、莊周、淮南子之文，及陶靖節、韋蘇州、孟襄陽、陸劍南閒適蕭澹之詩。樂遊危巖、巨谷、長林、曠埜，凡雄奇瑰麗、洞豁幽蒨、廣奥之區，多所經涉，使之滌甸寧神，導宣鬱滯，遂暢其天倪，非深於道者，而能如是乎？或曰先生既舉于鄉，亦嘗欲施用于世矣，則其退隱於斯也，非其志也。因居山之半，聊命之曰半山廬。先生嘗謂余曰："吾廬之名猶未定，王半山固所願學而未能者，亦姑襲其名以志慕耳。"吾謂先生介特之行、淵懿之學、高世之文，與夫拯斯民之苦心，實有同乎半山。孟子所謂"易地則皆然"，蓋古之君子，其學與仕一也，出則志伊尹之所志，居則學顏子之所學，遇不遇天也，曾何加損豪末於先生哉！其山林之樂，半山所得甚尠，而先生常有之，豈直近之而已。夫以半山之精白高潔、英往邁俗，得君甚專，可謂遇矣。措施一失當，國病而民罹其禍，雖自信所學確乎不惑，而君子退伏，僉佞得志，此亦不能爲半山諱矣。先生雖不遇，而抱寂樂道，未嘗有幾微憤色，惟以本之不立是思，乃從事著述。有人書以藥末俗澆漓之人心，有半山吟以陶冶其情性，而身都顯位，無能膏澤於斯人，亦先生之所恥也。先生聞而啞然，遂以記之。

珠巖齋記

剡溪之水九曲，由六詔而下過駐蹕，則爲二曲，有珠巖焉。登珠巖而望四面，諸山犇赴，其下剡水、黃沙溪宛宛繞其邨而逝，仙靈、聚勝兩橋間，古楓數章，蓊然鬱茂，又見若置大員鏡於邨落外者，或曰此日月兩湖也。湖山之勝，實爲九曲第一云。吾友王子墉伯，生珠巖之下，得氣之清，幼奇慧越等，深耆文史之業，下筆動輒千言，驚其長老。闢容膝之地，以爲讀書之齋，因榜之曰珠巖。蚤喪父，家貧，匱於衣食物，犇走四遠，以方伎自給，然未嘗一日忘讀書，亦未嘗一日忘珠巖也。今冬違難于鄉，稍葺是齋，端居讀書其中，乃來以記屬于余。余謂："昔之士君子，讀書山中，神定而氣寂，志顓而慮不襍，幾不知天下有治忽禍亂得喪之事，及其一出，而功業赫然在天下，不知其得力在山中時也。諸葛孔明、謝安石是矣。若夫優游泉石，肥遯鳴高，若謝遺塵、皮日休者，滋足尚焉。"墉伯嘗曰："苟衣食稍足，吾將終身讀書山中矣。"余曰："子之文名已隱然動天下，雖欲久居珠巖，未必能也。"夫峴山滄浪之亭，皆因人而名著，珠巖亦將有待于墉伯者矣。民國廿七年一月撰。

隨安居記

吾友孫君萠侯，嘗嬰消渴之疾。既愈後，命其讀書之居曰隨安，意謂隨所遇而安也。匄友人沙孟海榜書張之，又貽書于余，屬爲之記，會余亦有幽憂之疾，諾焉而未果。是後每書來，必道及。萠侯性淵靜好書，嘗著鄉前哲《戴剡源先生年譜》，稽鈎考校，用力甚勤，其疾蓋原于此。於戲！文字果不祥之物耶？念予少時，亦因困勉而病狂，與萠侯同。曩者所作贈序中，有"四同五異"之言，今又加一"同"焉，惟萠侯病後學大進而余無所得，是可媿耳。當余之病也，風雪中，走荒野大呼，所呼乃震川、望溪之名字，冀得一遇也。迄今思之，輒自笑。萠侯之病，實與古之司馬長卿同。所著有繫于吾邑文獻者，大亦可貴也。萠侯平日泊乎其寡累，廓乎其有容，隨所至而安之足乎己，而於世無競，有得于君子自得之樂，然後益知我向所妄欲比迹于萠侯者，實未能髣髴其萬一也。陶靖節有言："寓形宇內復幾時，曷不委心任去留。"亦隨安之義也。靖節生當擾攘之世，退居田園，詠慕荊軻而未能。烏虖，我萠侯其知之矣！

巨松説

余家有巨松一株，百數十年物也，生于蚍山之麓，長數十丈，幾與山頂齊，而處地卑下，過而問者絕鮮，然其傲霜雪，抗風寒，堅貞不凋之節，凌雲之氣，彌久而彌厲也。某年冬，有人出百金，欲購以去，時先子尚健，存問何用？則曰："吾將鋸析爲百千版，以壁吾新室。"先子笑曰："是材違其用耳。吾方以廊廟之材望此樹也，世倘有大用，吾將以此樹獻之矣。不然，雖萬金可得哉。"卒不許。古云世家喬木，吾袁族微也，而有此喬木，吾子孫其世守之弗失哉。烏虖，士君子出處本末之道，有如此矣。

松坪記

看經寺，在鄞城南十里荒野中，寂寂如也，得松坪而形勝乃著。古松數章，森聳可愛。坪上嘉卉異草，叢雜橫生。旁植細竹萬挺，蔚翠纖珊，青出墻外，每風生謖謖作風濤相逐聲，間雜碎玉聲，常滿于耳，則松竹之柯葉相擊撞也。坪前有隙地半畝，曰六和圃，舊名晚菘園，毓菘韭其中，可菹可芼，寺僧得此，蕭然有餘矣。寺外有巨樟二，皆數百年物，一在新福橋之左，一在橋右。

書江孝子

孝子名興祥，奉化棠溪人。家微，業紉工。祖父、父皆老而健在，孝子以十指所入，奉之甚謹。丁卯夏，兩世皆遘腹疾，腹大如甕盎，展轉床蓐，一室中呼嚳聲相應答。徹曉，孝子周旋其間，審問疾苦，謁醫量藥，悉左右之無違，然卒罔效。乃禱于庭，連刲其腹，一以奉父，一以奉祖，既刲後，暈絕於地，請其嫂和湯藥以進，蓋孝子尚未取妻也。謂其嫂曰："毋令兩老人得聞知此事，我創甚矣，不能自奉，即奉而重傷親心，反不利於病，吾其走辟，戚家乎有問，則紿以傭于人家可矣。侍疾之責，敬委我嫂。"嫂亦婉嬺能順親者，方孝子之出也，嫂奉二湯進飲其祖父、父，明旦遂皆霍然病已。

袁惠常曰：觀孝子對嫂之言，孝子之用心苦矣。或謂孝子愚，倘剒腹而死，其罪不更大乎？吾謂孝子當兩親病殆，旁皇無措，舍生而趨死，其愚誠不可及；雖然，非天下之至愚，烏足以成其至孝如此哉！

書八世祖宏亮府君遺事

吾袁氏之大，實自宏亮府君始。府君爲惠常八世祖，佃于人，主人愛其勤，傭十餘年矣。一日偶與主齟齬，罷傭手，衣裹歸，道經主田，田瀉水潺潺，府君私計曰："吾去，疇任此事者，田且荒矣。"遂掛衣裹於樹而耘焉。或以告其主，主大驚，苦留之，自是益禮遇府君，府君亦盡力，視主人事如家事云。年三十七，始取妻鄭孺人，夫婦賃田而作。某年夏，府君守水小慈林山麓，見雞雛嗊啾過其前，追之入一穴，探穴得金卵五六，懷而歸示鄭孺人，孺人曰："是物也，吾家屋後牆隙中至多。余幼時常常見之，用以爲戲，何奇爲？"府君曰："果爾，是天以金賜吾夫婦也。"遂與孺人往，纍纍瓦礫間皆金卵也，復得盈筐以歸，由是稱富里中。府君生三子，子孫繁衍，今金卵尚有二三存者，吾於族人某家見之，色黯黑，刮之爛然而黃，長逕二寸許，廣相稱云。

記高祖明雲府君遺事

清道光末造，歲大儉，邑人多不能舉火，而吾邨尤甚。時惠常高祖明雲府君家尚豐也，歎曰："吾安忍邨人皆餓而吾家獨飽乎！"於是出穀百石振之，猶慮其不周也，每當炊時，登樓四望，指曰何某家突煙不起也，乃下樓，負米遺之。人以屢得府君之惠，至不敢言餓。初，府君五十後尚無子，人或爲府君憂，府君曰："有後無後，乃天也。吾豈能强求之耶！"已而生我曾大父，咸以爲善人之報云。家君嘗詔惠常曰："府君一日入山巡視，見一偷，徘徊竹林間，簡竹之老而不直者斬焉，府君知其不得已而爲此，猶有畚取之心，不之責，益以竹數个歸，而復贈以米斗所。"烏虖我府君，其有東漢處士之風也歟！而偷者亦非今世之所有也，是可以覘世風矣。

書袁芝瑛事

芝瑛，袁氏，奉化禽孝鄉人。貞淑少言，奉祖母，婉婉盡孝道。年二十有幾，喪母，猶未嫁也。父取後母，年少于芝瑛，芝瑛事之無失禮。一日，後母言其不貞，芝瑛面赧口訥，不能自辯，退而告其祖母曰："兒無復以面目見人矣。"其夕自經死。烏虖！芝瑛可謂知恥矣。或曰芝瑛之死，成其母之不慈，而自陷身於疑似之間，不可謂智。雖然，彼一弱女子，耳一言之辱，以死白其志，雖古之節烈之士，何以加諸。芝瑛固知節之重于身也，烏虖，烈矣！

來西錄

民國廿八年七月廿八日，與友人王君墉伯、孫君翼父同奉命如渝，道塗之長與日之多，爲生平所未有也。質明發自舍，至溪口，乘車抵新昌，游大佛寺，佛與龕皆鑿巖石而成，高十丈。昔朱子嘗讀書於此。廿九日抵長樂，嵊之名鎮也。三十日過長樂嶺，經東陽至永康。八月一日游方巖，謁胡公祠。經五峰書院，旁有麗澤祠，祀朱考亭、陳龍川、呂東萊三子，令人發思賢之情焉。三日抵金華。是日，換乘火車，入贛，詰朝在貴豀鷹潭下車。五日，過金谿、南城、南豐、廣昌而至寧都。寧都，清初魏叔子之故里，而南豐則宋大儒曾子固之故里也。七日抵歐陽子之故里吉安，遂宿，恨未至臨川，一問王半山之遺迹耳。八日抵界化隴，湘贛分界處，其屋覆以樹皮，與江西草舍、篛屋又不同矣，夜宿茶陵。九日次衡陽，湖南之大都會也，市肆浩絲。十日抵廣西省會桂林，自入湘之東安，一路多山，至是奇峰怪石亭亭桀立，錯置如碁，剛堅而銳秀，孤拔而端嚴，柳子厚所謂"尖山似劍鋩"者也。明旦發桂林，自陽朔至柳州，山水益奇發，環立星拱，疑同城郭，而刻露、清靈，峰峰獻巧，與層巒疊嶂者絕異；其山大氐少土多石，石作鐵色，多竅穴，少樹，叢草蒙絡，間以巖花，遠眺之，一似圖繡矣。夜宿愛群社，在立魚峰旁，風物幽蒨，令人思柳子厚不置。十二日過龍壁山，又思王定父《龍壁山房集》，訪之書肆不可得。十三日宿河池。十四日及獨山，獨山清咸同間有莫邵亭友芝者，與曾文正爲友，博學多識一通儒也。桂黔之山，往往平野特起，獨立不倚，邵亭崛起于黔之邊徼，亦可謂得山水之氣矣。十五日到貴陽，購《巢經巢遺詩》，遵義鄭子尹之所作也；遵義又有黎蒓齋庶昌者，著《拙尊園集》，欲購之，亦不可得。廿一日始首塗，蓋待車而延宕也；日昳，至遵義。廿二日山益多益峻，路益險，過婁山關至桐梓，有所謂七十二盤者，車行其間,往復曲折,若帶之纏山腰,至絕頂處,疑若無路,忽又自帶中蜿蜒而下,曰釣絲巖,惴惴生愳,可謂巨險矣。廿三日抵海棠溪,隔江即重慶也。廿四日絕長江,謁陳畏壘先生,溫語可念,怳如少時見馮君木先生之風度也。廿六日引見蔣公。越日,授以編纂之職。

飛鳧山館筆記

馮昭適 撰

目　　錄

馮篔溪 481
董秋史 482
左文襄公 482
左文襄公 483
新徵社 484
李書雲 485
金清輪船沉没 485
加壽 486
嫁殤 486
寧波府教育會 487
歸於其室 488
族曾祖柳堂先生圍棋 488
李季高 488
姚梅伯 489
唐程夫人墓誌 489
肩輿 490
鄞縣知事續表 491
王瑞伯 494
太歲殿校武 494
鄞縣書價 495
參政房 495
題主 496
木主 496

董孟如少時	497
譚仲修不善散文	497
俞曲園夢中囈語	498
劉伯溫預言碑文	499
虎媼	499
明器	500
湖北奇案	501
任翁丕哉	502
金筱圃丈	504
浙江第二監獄落成記	507
全謝山剃頭破題	509
全謝山解樹破題	509
遺民王棠齋	509
柯芸史巧言屈巡道	510
王棠齋補遺	510
劉孝子	510
陳魚門用奇計復寧波府	512
宋西垣	513
邵飄萍、林白水之死	513
盜殺張漢舉	514
呂道生大破日本軍于摩天嶺	514
強項御史	515
姚徽典之嚴峻	516
三嫁之婦復前夫仇	517
名字類別表	517
鑑別碑帖	519
沈子培	520
徐錫麟刺恩銘	521

林文忠之識左文襄	523
左文襄與陶文毅爲婚	523
左子異論鄞風	524
左文襄遺產	525
平米價	525
嚴筱舫	526
况夔笙先生	527
林文忠公遺囑	527
陳女夢遊地獄	528
寧波市參事會	528
寧波市參事會	531
族祖馮夢香先生傳	533

馮簟溪

十世族祖簟溪公，諱京第，字躋仲。當明南都亡後，以諸生興義師，與王侍郎篤庵翃，以鄉兵守杜隩，尋破，亡命航海，至日本乞師者再，復結寨四明山中，奉明正朔，至於七年。唐監國授公兵部侍郎、右僉都御史。順治七年，爲清帥所獲，恨公積年搆兵，刳公心，醢之爲羹。有部下卒乞公一肩一臂食之，許焉，因葬之鄞北馬公橋之原，蓋翳桑之餓夫也。既篤庵亦被難，陸宇燝購其頭，與公合葬，並埋鄞義士董志寧之骨於其右，里人稱三忠墓云。清初以忌諱之故，公之適胤既絕，無過問者。逮乾隆中，謝山先生爲志其墓，六世祖白於公，訪墓不得，以詩紀之。道光四年，黃先生定文集同人謀修墓，鄭先生喬遷爲文記之。民國二年二月，家大人侍九叔祖君木翁往訪之，過馬公橋，叔祖指公墓曰：“此殆是耶。”至則蓬蒿没人，苔蘚封碑，碑文駁落，不可辨識。旋於其旁，見“明故兵科給事中皇清賜謚忠節董公志寧墓”石，則大喜，以爲公塋當在此矣。乃洗碑手摸良久，始得“明兵部侍郎都察院僉都御史慈谿簟溪馮公”“姚江篤庵王公”諸字，墳塋積圮，狐兔成穴，詢之土人，曰：“父老相傳，此人頭墳也。”家大人乃命工芟除荆棘，繕修毁垣，封土成墳，重樹碑石，每歲寒食，具麥飯薦之。

簟溪公著作，曰《繫辭前傳》，曰《評鷟史漢》，曰《晉書補》，曰《唐書草本》，曰《浮海記》，曰《中興十二論》，曰《蘭易》，曰《蘭史十二翼》，曰《蘭史》，曰《鞠小正》，曰《簟溪自課》，曰《讀書燈》，曰《真至會約》，曰《帝城嘯》，曰《三山吟》，曰《簟溪集》，凡十六種。曩年家大人訪其遺書，得《簟溪自課》《讀書燈》《三山吟》三種、《詩》二十一章,纂集志銘、詩文爲附録,凡三卷。以遺著多逸,擬異日重訂,記目於此,以備搜求。

家大人言:簞溪公之再乞師日本也,黄梨洲副之,歸國後爲清帥所聞,懸名通衢,捕者益急。及公遇害,梨洲竄匿草莽,深諱其事,故其《簞溪墓誌》,謝山曾見之,而今通行《南雷文案》《文定》均未録也,想見當時文網之密。①

董秋史

張謇叟先生言吾鄉有董秋史承珉者,善恢諧,往往觸類而發,恰合其恉。嘗授徒某氏,每飯肴中必有蛋湯,久而厭之,會所居樓臨河,乘間將湯盌投河中,收器者來問盌在何處,君應聲曰:"誕先登於岸,宛在水中央。"聞者莫不絕倒。吾鄉蛋、誕同音。

左文襄公

張謇叟先生言:"湘陰左文襄公以孝廉起家,生平不喜進士、翰林,見屬吏以此出身者,必譏笑之,遇舉人往往色喜,以爲與己同。吾鄉汪丹山大令鳳述,以道光二十九年己酉順天舉人充官學,教習期滿,以知縣分發甘肅,時大令老矣,館仁和龔叔雨侍郎士閎家,其門下士有爲代捐同知銜,且爲求函於都中名公爲先容者,侍郎謂左公方督甘肅、陝西,不喜縣令

---

① 《華國月刊》第 10 期(1924 年)。

有五品銜，尤忌八行書，盍以隻身往？大令從之之蘭州。會左公平定回疆，奏凱入關，意氣張甚，大令循例上謁，言貌樸訥，語有土音，左公見手版履歷，仰首曰：'汝舉人耶？會試幾科？'蹇①對曰：'十次矣。'公曰：'汝愚甚！舉人作不得官耶，必求通籍？真愚甚矣！'復問：'汝寧波人耶？寧波人習制舉，尚科第，豈能作戰邪！'又曰：'髮匪擾浙中，寧波人苦矣。'答曰：'仰賴侯相威德，克復全浙，至今人民感頌。'公忽大笑曰：'汝浙人徒知文事耳，安有武備耶。'目視大令金頂無朝珠，又不嫻京語，乃曰：'觀汝人誠實，留京多年，尚無官氣，甚佳，好為之，老夫不汝負也。'大令唯唯而退。尋聞公告藩臬兩司，謂'我與浙人有緣，汪令書生，可委一缺'。未幾即官靈臺。有殊績，年老告歸，官中所得，僅贍衣食，居集士港以終。余嘗遇於陸漁笙編修處，聞其自述如此。"

左文襄公

蹇叟先生言："左文襄公總督陝西，一日邀其故友自其鄉來者，相見歡甚，問以'時人於我毀譽如何'，友謂曰：'公功成名立，中朝一人。惟宰相宜度量大，乃尚不忘舉人，見翰林輒夷然不顧，此其短耳。'公笑曰：'我何嘗如此！'不數日，秀水陶子方先生模以庶吉士散館用知縣，至甘肅，一見欣然，獎勵備至，即命有司委缺到任，歷經優保，官至陝甘總督。光緒廿七年，擢兩廣總督，旋薨，諡勤肅。論者二賢之。"②

---

① 此"蹇"字，當改作"汪"。
② 《寧波旅滬同鄉會月刊》第 28 期（1925 年）。

新徵社

鄞全謝山先生祖望，生平表章明季遺民，潛德幽光，賴以勿滅，其有功於名教甚大。嘉慶二十年，鄞人士卜地學宮之西，建施忠廟，祀錢公忠介、張公蒼水及明季忠臣遺民，而以後之左室奉先生附食焉，士大夫設徵社，歲時祭之。

光緒甲辰歲，邑士人江定甫仁徵、周子鵬振翰、徐弢菴方來、洪復齋家汭、陸珠浦澍咸等，僉以徵社日久陵遲，共相咨嗟，謀再振之。會於冷灘得先生畫像，乃集友設新徵社，每歲春秋懸像拜祭，以次輪值，凡預祭者，人出銀一版，迄今二十餘年矣。甲子之春，家父以張謇叟之介入社。乙丑九月秋祭，次值吾家，昭適展閱册籍，社友廿四人，積銀三百版，儲於和豐紗廠，每祭得往取贏銀十版，為祀事費。新入社者，首捐銀以祭先生。祭用羊頭、左肩、右肩、毛血諸品，蔬肴十器。春祭有玉筋頭、青印花、海獅螺諸品，蓋先生夙嗜食者。附祭先生門人蔣樗菴學鏞、董鈍軒宏、盧月船鎬、范沖一鵬、張望槎炳、郭口口景兆六人。畫像四軸：一為改七香寫先生《乘槎圖》，傍有侍女為之鼓槳，端有姚梅伯題序。其二為先生與杭堇浦合坐松竹間，乃浹江張思永補圖者，上有董元宿題字，曰竹苞松茂。其三、其四咸朝服朝冠，出畫工之手。陸珠浦先生言："改七香所畫，贗本也。張思永畫象，為予所助者。詳述厥事，用諗方來。"

李書雲

任翁丕哉言：鄞李君書雲景祥，以光緒廿一年成進士，改用知縣，授奉天廣寧縣知縣。值義和團起，八國聯兵犯宛平，民心危懼，君躬率役，日夜巡徼，執姦民謀應拳匪者，磔徇於市。並治團練，分屯要隘。尋有俄兵數百人過城下，見防守嚴密，誤謂圖己也，列砲實彈，欲相攻擊。君單騎詣俄軍，詰之曰："朝廷已開和議，何得無故啓釁？敝邑盜賊充斥，為防禦計耳，非有他意也。"俄兵釋疑，遂撤攻具。君復以銀千版犒其師，俄兵欣悅，逡巡引退，民以安堵。在縣七年，清慎自矢，峻拒干謁，懲暴安良，人民感戴，呼曰李青天。廿九年一月卒官，春秋六十有三。縣民立碑建祠尸祝之，復次其政績，清廷付國史館立傳。蓋君遺愛在人如此。①

金清輪船沉沒

民國十三年癸亥正月十四日，鄞金清公司金清輪船由下塘港來鄞。是船載重，以萬四千磅為率，此役載物超重至六七千磅。乘客約五六百人，甫啓輪，飢鈕不定，船主魏某、船務長繆某冒險開行。迨過三山頭洋，船不勝任，漸沉，乘客驚惶，手足無措。會東風起，船向右傾，船主急鳴汽笛求援。時在人定，已無及矣。比金清巷殼船聞聲來援，僅救得

---

① 《寧波旅滬同鄉會月刊》第 34 期（1926 年）。

魏某及乘客四十八人,溺者達五百餘人。被援者附壳船至海門,乘平陽輪船抵鄞。十五日晨,遭難家屬聞訊,紛集公司,號咷悲哭。或坐平陽輪船步旁以待,及船至不見其人,則慟號欲絕,甚有暈仆者。相聚百人,見魏至,圍而擊之,魏大駭,匿稅關中,尋警察捕去,衆方散。鄞埠商輪自海門沉沒,寧波繼之,今金清復踵其後,均以厚載獲咎。奸儈一念之貪,乃以數百人之生命殉之,雖麗之大辟,亦不足以蔽其罪矣。

加　壽

鄉有某媼,年七十矣,將預製壽衣。壽衣者,殮服也。俗諱死,以壽字易之。媼招縫工來,授以布帛。俗例,是日忌不祥語。工量度衣料,缺少一袖,苦思良久,乃起告之曰:"媼,今日須加壽耶。"吾鄉壽、袖同音。媼大悅,即購與之。

嫁　殤

張謇叟先生言:鄞竺氏女,字某姓子,未行而女卒。其君舅持"女未廟見而死,葬於女氏之黨"古禮,命附葬于竺氏祖墓之旁。一日,其子忽仆地而暈,旋作女子聲曰:"我竺女也,若既聘我矣,我死而不來娶,使魂無所歸,何其忍乎!"嗚咽不已。乃許迎其柩歸,始叩頭而謝,子乃醒。蓋嫁殤雖非古,然亦女子從一而終之義。近世講學家多非之,如鎮海虞澹初景璜,卻其元聘胡氏之殤,其姪輝祖含章亦從之,自以爲合于古禮。然則古無祠堂,墓祭亦將從之乎？何其不達如此！況禮有殺於古而隆于今者，所謂從其厚可也。①

寧波府教育會

　　清光緒三十一年秋七月，鄞張美翊蹇叟自上海歸鄉，與同志毛藩、陳康黼、勵延豫、張傳保謀設寧波府教育會。初，郡中學風自知府萍鄉喻兆蕃竭力提倡，新學始萌，會慈谿陳訓正、趙家藝方擬立師範傳習所，喻乃召張美翊、陳訓正等三十人會于月湖之竹洲，約二十四日議學務於孝廉堂。及期署名入會者凡九十人，張美翊陳述開會大意、布告章程。用投票法選舉職員，公舉張美翊爲會長，陳康黼、陳訓正副之。評議員八人：鄞勵延豫建侯、鄞張傳保申之、毛宗藩价臣、奉化孫振麒表卿、鄞張鎮元樹孫、馮丙然子藩、奉化江迴後村、慈谿趙家藝林士。學務幹事二人：鄞張世杓苞舲、慈谿孫紹康莘墅。庶務幹事四人：鄞屠用錫康侯、范鍾壽斐卿、袁禮敦履登、張原煒于相。書記幹事三人：鄞梁錫瓚伯邕、林光裕孟垂、慈谿俞鴻楮叔柱。會計幹事二人：鄞蔡同瑞琴孫、湯宜繩峴亭。調查幹事六人：鄞郁桂芳槼盦、李國磐詩史、馮良翰友笙，鎮海余鏡清民進，慈谿錢甖群吟莆、林朝翰杏生。名譽贊成員十九人：鎮海盛炳煒省傳、慈楊敏鍾遜齋、鄞湯嗣新仲盤、陳受頤尺珊、鎮海劉崇照楚湘、鎮海白兆璜季蓀、鄞夏啓瑜伯瑾、張壽鏞詠霓、盧洪昶鴻滄、杭州關維震來卿、鎮海方積琳耕硯、鄞陸澍咸珠浦、鎮海李厚祐雲書、鍾觀光憲邕、鄞

---

① 《寧波旅滬同鄉會月刊》第36期（1926年）。

王德曾毓丞、象山陳漢章倬雲、定海孫爾瓚鰲卿、鎮海林森滌庵、鄞王澄月亭。既聯名呈府請喻轉詳巡撫及學務處備案。於是改崇實書院爲府教育會。自是厥後，以月湖書院地址爲師範學堂，立法政學堂於孝廉堂，易中西儲才學堂爲府中學堂，辨志書院爲府女學校，改日湖育德堂爲鄞縣學堂。此公設者。他若驅遣僧尼，佔其寺庵，以爲校舍，並及私立者，不可勝數。吾鄉學校林立，造端於府教育會云。

歸於其室

家叔祖君木翁，言陸鎮亭先生嫁其殤女，自題引旛曰："往之汝家。"苦無對句。時徐鏞筮在坐，應曰："何不對'歸於其室'耶？"先生嗟賞不置。

族曾祖柳堂先生圍棋

家大人言族曾祖柳堂先生鎔有象棋癖，官廣東肇羅道時，每聚婢三十人，分紅白二隊，衣以仕、象、車、馬、炮、卒之衣，劃地爲棋道，使立其上，自爲元帥，對奕者爲將軍，高坐指撝，儼若戰陳云。①

李季高

家大人言："鄞有李季高者，年十二，應童子試，時瞿

---

① 《寧波旅滬同鄉會月刊》第37期（1926年）。

鴻機爲浙江學政，詩題曰'河出崑崙虛色白'，同試者多不知出處，或以爲詩句者，獨李知其出於《爾疋》。學政令背誦五經如流，大奇之，稱爲神童，遂成諸生。李自是負才傲物，弱冠後，困於煙酒，無所成就，所謂'小時了了，大未必佳'。"

姚梅伯

家大人言："鎮海姚梅伯先生燮，曾王父谿橋府君與其同時，嘗相遇，稱先生爲人好狹邪，遊喜度曲。嘗來鄞，日潦倒女閭劇場中。後生末學，慕企風流，寖成習尚。每遇鄉試，先生代人捉刀，多中式者。府君怪而問之，先生答曰：'予有時文四百篇，成誦在胸，各體皆備，日雖游戲，夜于枕上，必默誦三四十篇，周而復始，凡主考放出，先采其風氣，後乃投其所好，故無不獲中也。'"

唐程夫人墓誌

定海朐山於清光緒三十四年出一磚，爲《唐程夫人墓誌》，縣人湯遜盦濬以拓本郵贈家叔祖君木翁。今藏吾家，昭適常見之，書法古拙，今寫其文於下：
大唐故程夫人墓誌銘并序
夫人广平程氏，笄年媲於吳郡顧氏。母儀肅肅，班氏可儔。□鄰之譽早聞，舉案之聲夙著。□噫乎！天不賜壽，綿綿篤疾，藥石無瘳。以開成三年九月二十八日而終乎私第，春秋三十八。男子一人師政，三日不食，泣血絕一月。女二人，長定琅琊王氏，①次女居室，皆哀號擗踴，訴天不聞。以其□□□月二十五日，窆於明州□蓬萊鄉此山。山號于郭，端□埭□。乙向後□，峨峨□前，臨森森之水。東南三里，□陳將軍雲廟焉。正南二里道場，俗稱東亭之寺。今恐江山改變，陵谷有移，勒石於銘，用記千秋，而于銘曰：

積善之門，莫保遐存，何神不祐。

天命俄奔，藍田玉折，巫山絶雲。

刻石題名，永没泉坰。千秋不朽，万古存形。

家叔祖言："是志不著撰書人名，古碑刻常例也。銘詞有曰'藍田玉折，巫山絶雲'，玉折絶雲，交午成文，古人往往有此句。度《論語》'迅雷風烈'，《九歌》'吉日辰良'，皆是物也。昌黎《羅池廟碑》'春與猿吟兮，秋鶴與飛'，歐陽永叔至疑爲石刻之譌。蓋唐以後，此等句法不講久矣。今得此刻，蓋可證明古碑刻之有助文章如此，匪獨證史也。"

肩　輿

吾家完節坊尚書第門樓，有十四世族祖、明刑部尚書望之先生岳所乘肩輿二，深廣可五六尺許，閱年三百，物雖陳舊，絶無懸塵蛛網，其底𣪍𣪌如墜，然屢經風雨，未見少損。相傳有觸之者，必頭眩發熱，若有神憑之者。物久則靈，良有以夫！②

---

① 琅琊，原誤作"琅瑘"。
② 《寧波旅滬同鄉會月刊》第38期（1926年）。

鄞縣知事續表

任翁丕哉言："《光緒鄞縣志·職官表》，知縣至同治十三年爲止。予嘗積稿排比，續纂爲表，屬昭適迻錄筆記，以供修方志者采焉。"

清光緒

　　沈寶恒，江蘇人，四年正月任。
　　石玉麒，湖南人，四年十月任。
　　陳鍾英，湖南人，六年三月任。
　　石玉麟，六年十二月任。
　　秦簧，字鹿笙，湖南湘潭人，七年二月任。
　　朱慶鏞，字友笙，江楊蘇州人，①進士，八年三月任。
　　程雲俶，字稻村，婺源人，十一年二月二日任。
　　朱慶鏞，十二年四月十三日任。
　　趙煦，湖北人，監生，十三年十月八日以慈谿縣兼理。
　　徐振翰，字翔墀，河南固始人，進士，十三年十一月二十五日任。
　　楊炳灼，貴州遵義府遵義人，舉人，十七年七月二十日代理改署任。
　　楊文斌，字稚虹，雲南蒙自人，監生，雲騎尉，十八年四月二十一日任。
　　畢詒策，字勳閣，江蘇鎮洋人，監生，二十三年九月十七日以鎮海縣兼理。

―――――――

① 當是"江蘇揚州人"之誤。

劉喬祺，字雲樵，江西德化人，舉人，廿三年十月二十四日任。

畢詒策，廿四年五月八日兼理改署任。

李炳堃，字穉白，江蘇丹徒人，監生，二十五年七月十五日任。

徐國柱，號蓉齋，湖北黃岡人，監生，二十五年十一月二十一日任。

黃大華，字菊友，湖北武昌人，進士，廿八年五月任。

周延祚，字少軒，福建人，監生，廿九年四月十三日任。

高莊凱，字子勛，福建長樂人，附生，三十年七月二十四日任。

蕭福清，字勉夫，江蘇吳江人，監生，三十三年六月二十一日，以寧波府水利通判兼攝。

黃羨欽，字文若，湖北人，舉人，三十三年七月廿三日任。

洪錫礽，字雲孫，蘇州人，舉人，三十四年五月八日任。

蕭福清，三十四年七月十五日，以寧波府水利通判兼攝。

鄒鎔，字筠坡，湖南善化人，三十四年十一月二十五日任。

宣統

徐善寶，江蘇人，舉人，二年九月八日任。

鄒福應，字豫生，無錫人，監生，二年十一月十七日，以寧波府經歷兼理。

鄭禮融，字絳生，福建人，監生，二年十二月二十六日任。

江畬經，字伯訓，閩縣人，舉人，三年六月任。

宣統三年七月二十一日，裁各省附郭首縣，鄞縣知縣同時裁撤，歸寧波府兼理。尋奉文：寧波府知府歸鄞縣總護理。寧波府鄧本逵於七月二十三日辭職，由前鄞縣江畬經任之。

民國

　　初更知縣爲民政部長，正副二人，隸屬寧波軍政分府。繼爲民事長，後爲知事，設參事一人。

　　江畬經，辛亥九月十五日公舉爲民政部長。後爲民事長。

　　章述洨，字許泉，縣人，辛亥九月十五日公舉爲民政副部長。後爲參事，代理知事。

　　沈祖綿，字飈民，上虞人，元年九月十四日任。

　　劉耀東，字祝群，青田人，二年十月四日任。

　　蕭鑑，字劍丞，長興人，諮議局議員，三年一月十六日任。

　　陶鏞，字在東，京兆人，舉人，四年七月十六日任。

　　祝紹箕，字星五，杭縣人，五年四月任。

　　王理孚，溫州平陽人，廩生，諮議局議員，五年十二月二十三日任。

　　王家琦，字一韓，江蘇武進人，浙江武備學堂畢業生。六年十月二日任。

　　陳伯騶，廣東新會人，七年二月四日任。

　　錢人龍，字友夔，江蘇吳縣人，丁酉拔貢生，七年十月十三日任。

　　吳傳球，吳縣人，九年一月二十六日代理。

　　姜若，字證禪，江蘇丹陽人，拔貢生，九年三月二十四日任。

　　江恢閱，字暉午，婺源人，十三年五月三十日任。

張蘭,字右荃,直隸任邱人,光緒二十八年舉人,十四年十一月以黃巖縣調署。①

王瑞伯

明王征南,名來咸,一字瑞伯,以字行。自奉化來鄞,世居城東車橋,至瑞伯,遷同嶴。少好技擊,苦無師授。鄉有單思南者,精內家拳,掩户自習,秘不傳人。瑞伯潛匿思南室外,穴壁而窺之。會單氏子不肖,思南憂歾後無以殮,瑞伯貽以銀卮,備購櫬資,思南大悦,乃盡教之。瑞伯既學成,深自晦匿,非遇急不發。隸盧海道若騰麾下,海道較藝運粮,日行數百里,直抵行部,補臨山把總。尋錢忠介公起師,瑞伯由中軍主營事,以功擢都督僉事副總兵官。一夕出偵,爲清兵掩捕,縛於庭柱,聚衆圍守之。瑞伯腹運氣,繫索寸寸斷,即踰垣走,兵追之,皆披靡。嘗獨行遇清兵,兵令負重,瑞伯不許,兵擬之以刃,瑞伯揮手,刃折爲二,兵驚,不敢迫。其饒勇多此類。及師敗,隱居力田,不問世事。生平擊人,皆有穴,如《銅人圖法》。嘗曰:"世以内家張三峰派曰内家難表襮,多捨習外家少林派曰外家,吾道將孤矣!"卒年五十三。葬於同嶴。黄梨洲志其墓,詳見《南雷文定》。

太歲殿校武

范文甫先生言:"吾鄉城北太歲殿,每年正月九日,集技

---

① 《寧波旅滬同鄉會月刊》第40期(1926年)。

擊者校武殿中戲臺上。相傳始於王瑞伯云。蓋瑞伯嘗扞粮至某縣，遇盜相鬭，瑞伯不勝。忽有垂髫童來助，盜披靡仆，童抉其背肉，盜踉，乞命，童捨之。瑞伯詢其姓，答爲劉氏，居佑聖觀傍，言訖不見。瑞伯歸，訪之不得，俄於太歲殿，見一泥塑牧童，酷肖其人，所抉盜肉，猶在手中，始知曩爲神佑。乃時時集弟子技擊於殿中，以答神庥。春正校藝，猶瑞伯之遺風也。"

鄞縣書價

任翁言："吾鄉當同治間，太平軍退，故家藏書散出，充牣市肆中，鬻書者論斤計價。時有伢鰲局總辦宋某，鎮海縣知縣豐潤于萬川字印波，進士，獨好書，俸銀所入，盡購之。遇舊本精槧，宋與于爭購，高價每本不過錢數百文，于氏所得獨多，運舟載書，無慮十餘萬册。及徐柳泉舍人、慈谿馮澤夫繼起，値昂者每本錢千文。迄於今日，舊本日少，好者亦多，價因驟高，每本有値銀十餘版者。蓋鄉中舊書，流出四方者衆矣。"[1]

参政房

殁士丈言："縣西参政房，明四川参政范宣卿鈁故居也。室宇庭除，素稱閎麗，俗號千柱屋。其家宗祐，世藏廳上。清光緒中葉，里有杜漢京者，一日過之，見服紅袍、冠紗帽者無數，雜遝廳中，皇皇如也。漢京訝之，舉以告人，人笑其妄。

---

[1] 《寧波旅滬同鄉會月刊》第 42 期（1927 年）。

已而火作，參政房燬焉，惟參政公與夫人及妾神主三，完好如故。漢京不二月病歾，所謂見鬼者不祥也。"

題　主

殁士丈言："題主二字，始見于晉。《通典》曰：'晉蔡謨答劉氏問，謂今板書名號，亦是題主之意。'宋朱子《家禮》詳載其制。後賢遵之，習以爲禮。明代題主，主字上空一點，請貴賓以硃點之。見呂坤《四禮疑》。吾鄉俗風，先用硃點，次以墨改，心竊非之。往見范參政神主文曰：'明故翰林院簡避懷宗諱，改檢爲簡討四川參政范公諱鈁字宣卿。'神主硃點爛然，其夫人之主相同，並無墨色。其妾主，始有加墨在硃點上。足徵加墨俗風，明崇禎間尚未有也。"

木　主

家大人曰："世以木主之制詳載朱子《家禮》，不知起於上古。《史記·伯夷傳》：'武王載木主，號爲文王。'《穀梁·文公二年》傳作：'僖公主立，主喪主於虞吉，主於練。'范甯集解：'主，蓋神之所憑依，其狀正方，穿中央，達四方。天子長尺二寸。諸侯長一尺。'《禮》：'平旦而葬，日中反而祭，謂之曰虞，其主用桑，期而小祥，其主用栗。'楊士勛疏：'既埋虞主於兩階之間，易用栗木爲主。'引《士虞記》曰：'桑主不文吉主，皆刻而謐之。'是古用二主而刻文其上。班固《白虎通》班固治今文，《魯論》張、包、周、鄭玄、何休、杜預皆同此説。詳哉言之。"命録於後。

《白虎通》曰：祭所以有主者，何言神無所依據，孝子以主係心焉。《論語》曰：哀公問主於宰我，宰我對曰：夏后氏以松，松者所以自竦動。殷人以柏，柏者所以自迫促。周人以栗，栗者所以自戰慄。亦不相襲，所以用木爲之者何本，有終始，又與人相似也。蓋題之以爲記，欲令後可知也。方尺或曰長尺二寸，孝子入宗廟之中，雖見木主，亦當盡敬也。所以虞而立主何，孝子既葬，日中反虞，念親已没，棺柩已去，悵然失望，彷徨哀痛，故設桑主，以虞所以慰孝子之心。虞安其神也。所以用桑練，主用栗，主祐納之西壁。

董孟如少時

弢士丈言："吾師董孟如先生少貧，嘗在吾家傭書，遇有紕繆，恒任意改訂。先祖柳泉翁見而異之，遂延爲師，教吾兄弟。先生因得縱觀煙嶼樓藏書，潛心研討，不數年，學遂大成。"

譚仲修不善散文

弢士丈言："仁和譚仲修先生獻，當同治初，嘗來慈谿，主慈湖書院講，與先祖柳泉翁爲友。相傳先生不善散文，其應同治六年鄉試，經策皆作駢體。是歲同科者，吾鄉有董沛孟如、陸廷黻漁笙、郭傳璞晚香、陳康祺鈞堂。諸老皆嘗見其經策者。"[1]

---

[1] 《寧波旅滬同鄉會月刊》第 44 期（1927 年）。

俞曲園夢中囈語

叔祖君木翁言：吾友朱君古微，嘗以俞曲園夢中囈語相視，蓋預言也。予謂曲園之預測，故託于囈，以神其說耳。輒寫左方，以質于懺緯家。

歷觀治亂與興衰，福有根源禍有基。不過循環一周甲，釀成大地是瘡痍。

無端橫議起平民，從此人間事事新。三五綱常收拾起，一齊都作自由人。

才喜平權得自由，誰知從此又戈矛。弱人之肉強人食，骨肉成河滿地流。

英雄發憤起爲強，各畫封疆各設防。道路不通商販阻，紛紛海客整歸裝。

大邦齊晉小邾滕，百里提封處處增。郡縣窮時封建復，秦王廢了是重興。

幾家玉帛幾兵戎，又見春秋戰國風。太息當時無管仲，茫茫殺運幾時終。

觸鬥蠻爭年復年，天心仁愛亦堪憐。六龍一出乾坤定，百八諸侯拜殿前。

人間從此又華胥，偃武修文樂有餘。壁水橋門修墮業，山厓屋壁訪遺書。

張弛原來道似弓，略將數語示兒童。紛紛二百餘季事，都在衰翁一夢中。

劉伯溫預言碑文

先祖蓮青府君《見聞隨筆》光緒四年作曰："光緒元年七月，溫州農夫于山中掘得古碑一，上鐫二十八字，文曰：'清光緒二八交關，五洋大破中華。遍地龍帆，白米二合，石碗一扣。劉基題。'"昭適謹按首二句，蓋指光緒二十六年八國聯軍犯京師也俗呼外國爲外洋，惟下三句，無從索解，姑記之，以驗將來。

虎媼

昭適童年，嘗聞鄉人談虎媼，津津有味，初謂齊東野語，今讀華亭黃石牧之雋《唐堂集》，中有《虎媼傳》，即述此事，輒繕于下，以證俗語之有本。

《虎媼傳》

有爲予談虎者，云歙居萬山中，多虎，其老而牝者，或爲人以害人。有山甿，使其女攜一筐棗，問遺其外母，外母家去六里所，其稚弟從，年皆十餘，雙雙而往。日暮迷道，遇一媼，問曰："若安往？"曰："將謁外祖母家也。"媼曰："吾是矣。"二孩子曰："兒憶母言，母面有黑子七，婆不類也。"曰："然，適簸糠，蒙于塵，我將沐之。"遂往澗邊，拾螺的者七，傅于面，走謂二孩子曰："見黑子乎？"信之，從媼行，自黑林穿窄徑入，至一室，如穴，媼曰："而公方□工擇木，別搆爲堂，今暫棲于此，不期二兒來，老人多慢也。"草具夕餐，餐已，命之寢，媼曰："二兒誰肥？肥者枕我，而撫於懷。"弟曰："予肥。"遂枕媼而寢，女寢於足。既寢，女覺其體有毛，曰："何也？"媼曰："而公敝羊裘也，天寒衣以寢耳。"夜半聞食聲，女曰："何也？"媼曰："食汝棗脯耳。夜寒且永，吾年老，不忍飢。"女曰："兒亦飢，與一棗。"則冷然人指也。女大駭，起曰："兒如廁。"媼曰："山深多虎，恐遭虎口，慎無起。"女曰："婆以長繩繫兒足，有急，則曳以歸。"媼諾，遂繩繫其足而操其末。女起曳繩走，月下視之，則腸也。急解去，緣樹上避之。媼俟久，呼女不應，又呼曰："兒來，聽老人言，毋使寒風中膚，明日以病歸，而母謂我不善顧爾也。"遂曳其腸，腸至而女不至，媼哭而起，走且呼，髣髴見女樹上，呼之下，不應，媼恐之曰："樹上有虎。"女曰："樹上勝席上也。爾真虎也，忍噉吾弟乎？"媼大怒去，無何，曙，有荷擔過者，女號曰："救我，有虎。"擔者乃蒙其衣於樹，而載之，疾走去，俄而媼率二虎來，指樹上曰："人也。"二虎折樹，則衣也，以媼爲欺己，怒，共咋殺虎而去。

　　黃子曰：飾詐害世，終以自敗也。乃其未敗也，必有中之者。人苟遇虎而媼者，可勿愼哉？[①]

明　器

　　明器，古葬禮也，後世造爲紙車紙舍，聊盡生人意耳。曾祖母錢恭人言："五曾叔祖子粹先生，病革時，先期市一紙轎，爲奴誤折一足，藏空舍中，先生忽言曰：'頃轎來，頗顛傾不適。'曾祖母往看良然，改市之，先生復申謝焉。"

[①] 《寧波旅滬同鄉會月刊》第45期（1927年）。

湖北奇案

　　家叔祖君木翁言：有某甲者，湖北某縣人，與某乙同學于塾。甲以初結褵，數歸其家，甲父母恐其荒學也，請于塾師，禁之歸。甲患之。忽得一策，至夜，下所寢牀帷，而置其履牀前，語乙欲出就戚家宿，師若問，請以寢對，乙許之。甲既出，即就其婦宿，遲明，潛返塾，父母塾師皆不覺也。自是每出必戒乙，乙疑之，夜尾甲行，甲家故臨通衢，甲至，以指彈窗者三，其婦自室内啓窗，懸吊下授甲，甲扳以登，窗遂閉。時月色皎潔，乙從月下窺甲婦，風姿映麗，心爲之動，明夕語甲，亦欲他出，如師見詢，亦請以寢告，甲許諾，乙遂懷刃至甲家牕下，如甲所爲，甲婦果以帛下援乙，既登，則非甲也，大驚，欲號，乙示之以刃，曰："汝其從我，否者身死，名且裂。"婦泣而從之。乙于是閒夜就甲婦宿，而甲不知也。甲婦欲告甲，而忸于啓口，久之，甲亦疑乙所爲，伺乙夜出，密踵而窮其迹，既盡得其狀，不遽發，即歸塾寢，明日，陽善乙如初，夜歸婦室，出繩藥及匕首擲婦前，曰："請自擇。"婦知怗，泣曰："得毋爲某乙乎？死則死耳，然有一言告君，妾身雖被劫，而心則未嘗不在君也，君知斯志，妾死，瞑目矣。"甲睨婦微哂曰："若然，子其賢婦哉。徒言無徵，奈何？"婦曰："惟君所命耳。"甲曰："明夜乙來，子能嚙其舌以示我乎？"婦切齒曰："恨不食其肉，嚙一舌，寧有不能者。"次夕，乙至，甲婦乘閒嚙乙舌，乙知有變，負痛疾遁去，甲遥伺見乙出，即踰牕入，婦以斷舌示，曰："信乎？"甲曰："信矣，今而後，吾見子之心矣。雖然，嚙舌是何等事，子乃不之懼邪？"因納乙舌口中，調婦曰："假我爲乙，子盍嚙以示我。"婦從言嚙之，甲突以刃刺婦脰，洞其喉，立死，遂踰牕出，從容歸塾就寢。詰旦，甲父母訝婦久不出，排闥入見狀，駭甚，急召甲歸，甲大哭，以聞於縣令，令至，驗婦口嚙一舌，決爲拒汙被刺死，歎曰："烈婦也！"飭役偵無舌者，既廉得乙無舌狀，逮至，以所嚙舌證之，信，遂論乙罪斬決，並爲烈婦請朝旌焉。甲後棄儒書，爲大吏幕客，年六十矣，一日醉後，自述其事於人，掀髯而談，意甚得也。是章曲折難叙，爲鄙人沉思數日作成，請看者注意，昭適附記。

任翁丕哉

鄞任丕哉翁守存，少家貧，廢讀而賈，旋爲董大令沛典六一山房藏書，暇則抽說部縱觀之，於枌楡掌故、滄桑遺事尤稔，凡有咨諏，每窮本探原，洋洋纚纚，如數家珍，今年逾七十矣，猶手不釋卷。閱昭適筆記而喜之，蒙其枉顧，告昭適曰："予自幼好蒐討鄉邦文獻，聞見不尟，恨不能文，今遇君，願出之懷，請載之筆，他日流傳人間，老夫亦得列名簡册。"昭適不文，蒙翁見賞，今以其言，筆述於右。

太平軍門牌

任翁以所藏太平軍頒給鄉民門牌相視，計長裁衣尺一尺四寸五分，闊一尺二寸二分，並有一印，長六寸五分，闊三寸五分，其印文曰："太平天國天朝九門御林開朝王宗討逆主將進天義范汝增。"下署："太平天國壬（戍）［戌］十二年正月。"翁謂當軍入浙，爲清咸豐季年，軍勒令鄉中殷富者爲軍帥或師帥，授以門牌，屬分給鄉民，每牌出錢三百文，俾揭於户，以示降服。及軍退，鄉民無藉者，向軍帥索詐牌錢，不遂，則訟之縣，以牌附呈，故此牌卒長名字抉去，以免株連。當時訟者日衆，人心惴惴，浙江巡撫左宗棠聞之，以爲軍帥者皆一時脅從，非出本願，特通令群縣，遇此控案，釋而不問。於是訟始息，今將(牌)[牌]形仿寫左方。

太平軍告示

任翁以手抄太平軍入鄞時告示相視，謂軍入鄞，爲咸豐十一年，凡軍將至，先一月，重賂流民，授以告示，乘夜高揭通衢。此示蓋揭於府署外垣，爲鄉人乘間抄得者，特錄之以爲史料：

欽遣九門御林殿前南碩軍副總提綾天安周爲諄諭士民，以期警醒傾心向化，以重安撫事照得天父天兄大開天恩，降我真聖主天王臨凡，救世濟民，主治萬方，暨蒙忠王榮千歲，深悉間民困苦，特遣仁義之師，除暴安良，以救爾億萬蒼生，免遭荼毒。緣我師自克蘇杭上海江楚之處，復由江返浙以來，勢如破竹，取城克地，易如反掌，所有過群縣，凡殘妖逆民不達時務，膽敢抗拒，是以剿誅無數，識時順服者亦復不少，雖蒙天父耀能，真聖主洪福，然亦胡虜數盡將亡之時，所謂順天者生，逆天者亡耳。今承主帥大人統領雄師，收復郡城，以救爾闔郡生靈，時本總提等坐□□，綏撫黎庶，爾士民人等，自宜認天識主，順我中原，同歸正道，以期山河一統，共享我天朝昇平之福，豈不義哉。爲此特頒行諄諭，仰爾闔群紳耆人等，一體知悉，及早回頭，傾心向化，速即踴躍投誠，輸將納貢，自當頒給安民示諭，回鄉懸掛，以免官兵滋擾，俾爾等從此各安生業，免受異地流離之苦。今本總提等，已嚴禁官兵，不得有犯秋毫，爾士民等，宜放胆前來，切勿畏我天威，觀望不前，自取咎戾，是本總提等所丁寧告戒，其各凜遵，毋違。特示。

太平天國辛酉十一年十月日給。①

金筱圃丈

金筱圃丈兆鑾，金華人，精法家言，前爲鄞縣檢察廳檢察長，近見時棼亂，棄官隱居布衣里，距寓所不半里許，時相往來。一日，謂昭適曰："往見汝筆記，敘次明净。今舉所見聞者，爲材料可乎？"昭適愚闇，不圖以率爾之作，見賞于君子，殆亦氣類之相感也。爰述所聞，以報雅意。

于忠肅公祠禱夢

金筱圃丈言：于忠肅公謙祠堂，在杭州三臺山，夙稱靈顯，清代士子應鄉試者，多就此卜成否。有甲乙二生，夜卧祠中，禱夢以覘試事，子刻而覺。甲曰："神告我，詰朝視屛墻。"乙因無夢嫉之，欲敗其興，乘甲睡，潛起，取炭劃屛墻曰："不中。"黎明，甲趨視之曰："一個中。"已而果然，蓋乙手短，其寫不字，一與個相離甚遠，而個中相連也。

筱圃丈言：有兄弟二人，入祠求夢，兄問科名，弟問子息，

---

① 《寧波旅滬同鄉會月刊》第48期（1927年）。

夜半皆醒，兄曰："神語我，可問之弟。"弟曰："神畀我竹一竿，我意不解，神命詢汝兄。"兄應聲呼曰："好，孤竹君有二子。"弟拱手謝曰："恭喜，狀元宰相。"後兄成解元，弟果生二子。

金廳長堅守條約屈英公使

金筱圃丈言：晚近士大夫，與外人交涉，嘗憚其威，先自退縮，以致權力外移，浸益蠻橫，鄙意苟能據約力爭，彼雖桀黠，亦無如我何。因述其曩年與英吉利公使、日本領事交涉事。民國四年三月，予爲鄞地方檢察廳長，時檢察官沈秉德，聞伶人三麻子吸鴉片菸，乘夜捕之歸。三麻子爲上海名伶，應英吉利商人惠而之聘，在環球戲園演劇者，詰旦，惠而馳來廳，咆哮不止，比予至，惠而已去，予度其復來也，急用簡易起訴法，由審判廳長張汝霖，判決三麻子五等有期徒刑二月。既下獄矣，惠而偕英領事館總文案左甲、總巡捕蒲克禮士來謁，予不待其言，即逆折之曰："三麻子中國人，在本國吸鴉片烟，本廳捕之，法也，安能越法徇情，以縱之乎！"遂揮之出。惠而等奔告寧波交涉員孫寶暄，寶暄拒之，旋寶暄約予至會稽道廨，同英領事劉某會議，予既列席，領事盛氣而言曰："三麻子爲英商之傭，我未畫諾，貴廳徑自掩捕，侵奪我權，是何理也？"予對曰："領事之言，乃租界通例，寧波爲通商口岸，安得引此比論乎？"領事曰："此咸豐八年通商條約也。"予取條約檢之，無有，領事（辦）[辨]曰："我誤矣，盍在光緒廿八年耳。"復細索良久，不得，領事忽言曰："雖一時未見，然約文實有之，但三麻子聘銀，日五百版，若貴（聽）[廳]不釋，則此後聘銀，惟貴（聽）[廳]自問。"予笑曰："苟載條約，區區下官，敢抗命乎？"領事怏怏出。未一月，予屢得外交部、司法部、浙江高等審判廳檢察廳諸長先後移書，言英公使日來詰讓，命速釋之，予堅不爲動。尋浙江巡按使屈映光，召予赴省，令與浙江交涉員溫世珍討論釋三麻子事，蓋皆先入英公使詐言，欲毀法以媚外也。予據法固諍，始終不爲所屈，英公使、領事力窮智索，竟無如何。會三麻子徒刑期滿，始令出獄。

金廳長執法拘日本人

金筱圃丈言：民國五年，予偶訪菸酒公賣局長阮君仲眉。仲眉曰："吾友某，賃居鼓樓前，預付房租六月，今寓未三月，忽有自稱臺灣人柯甲，據其旁舍，且迫令遷讓，友不服，招巡士諭止之，柯大言曰：'我日本人，非中國法律所能繩也，汝等自取戾耳。'巡士懼之，奈何？"予曰："速來訴，當有計屈之。"仲眉乃使友來訴，予令史傳之來，柯以日籍對，予曰："觀汝貌，聆汝話，何不類也。"柯出護照呈驗，予笑曰："護照真偽，不能立決，當請交涉員問于日本領事，今汝可在此待命。"遂拘柯于看守所。予故緩其事，越十餘日，始告之曰："頃得領事復文，護照非偽，本可相釋，今汝在中國，犯妨害人行使權利罪；考日本法律，罪亦同之。特移汝至領事館，俾自治之。"遂使吏送柯，付上海日本領事。領事既得柯，即縱去，反移書誚讓，予復書詰之曰："本廳送柯來者，以君爲領事，能遵守貴國法律耳。不圖君既自違之，反責人守法者，堂堂文明國吏，固如是乎？"旋予披清割臺灣條約曰："凡臺灣人產業在中國者，須于三年內完全收歸，否則無效論。"予遂告交涉員，將柯寓舍藉沒。領事以曲在己，不敢相抗焉。

〔**聲明更正**〕

鄙人所作筆記，皆得于父老傳聞，故每則之首，必冠所告人名。案四十一期月刊湯翁仰高章，其後有"子孫式微"言，今聞湯氏多賢子弟，能恢擴先業，始知傳者妄談也。特此更正，以昭翔實。馮昭適啓。①

浙江第二監獄落成記

金筱圃丈兆鑾言："民國八年十一月，杭州高等檢察廳長陶思曾，令鄞地方檢察廳曰：'故鄞縣廳右監獄，褊陋卑濕，囚犯病死相望，外人參觀，有譏笑者，是吾儕之責也。不速改圖，何以恤獄囚而壯觀瞻乎！今命爾廳，仿杭州新建浙江第一監獄之例，召士紳醵銀，營監獄第二所。'時兆鑾爲檢察廳長，即偕鄞縣知事姜若，奔走滬甬間，竭力勸募，不期年而銀六萬三千版立集。私念工程浩大，苟非審慎于前，恐無以善其後。請於思曾，撥銀二萬七千版相助，且擬鬻看守所地舍，舉值銀以益之。思曾許諾，命兆鑾及若爲工程處坐辦，遂度基於城北，用銀五千四百五十七版，購地三十餘畝；檄本廳書記官長周定枚董其役，延聘士紳十六人爲董事，隨時監察，以期厥成。部署既畢，招工營度，展轉討論，始定土木工值銀八萬三千版，因令庀材營構，以十二年九月興工，明年六月畢役。前爲門衛室五楹。前右爲屍室二楹，病監十楹，診治室四楹，女監十一楹，面會離隔室八楹。前左爲行刑場一區，成品陳列室，監丁住室五楹，厠舍二楹。中爲事務室，前後十五楹，教誨室，瞭望臺，樓三層者一楹，稍進，爲分房監每監一囚獨居，謂之分房監四十楹，其旁東西，環以雜居監每監容數囚，號曰雜居監

---

① 《寧波旅滬同鄉會月刊》第49期（1927年）。

四翼，每翼廿楹。其末殿以工場二所，每場四楹。最後爲浴室、洗衣室、炊場、儲藏室五楹，看守宿舍八楹，外繚長墉，中區短垣，規制閎麗，室宇爽塏，囚至如歸，便體蠲疾矣。計用銀十一萬七千四百三十二版有奇，超出醵銀二萬數千餘版，蓋工人初規畫誤也。兆鑾憐其貧，請益於思曾，思曾曰：'今省庫甚窘，百計假貸，僅能得二萬，其餘速自圖之。'兆鑾謂鄞天災荐臻，民力凋疲，恐無應者，正傍皇間，會董事余盛煜來，聞故，笑曰：'我成其功，可乎？'竟斥銀獨任之，於是其費始足。是役也，倡之者大史，和之者鄉老，故上下協力，事半而功倍，而盛煜之遇事激發，引爲己任，視諸君爲尤難焉。是時以財力艱絀，未遑立碑，今忽忽數年矣，深懼泯沒無聞，子其筆之，俾後有考焉。"①

募捐董事題名					
姓　名	字	籍　貫	姓　名	字	籍　貫
嚴英	康懋	鄞縣	趙自貞	占綬	鄞縣
陳俊伯	子塤	鄞縣	陳俊謙	子秀	鄞縣
俞煒	佐庭	鎮海	屠鴻規	蓮舫	鄞縣
余盛煜	葆三	鄞縣	袁承網	端甫	鄞縣
余鋆	潤泉	鎮海	陳時夏	季衡	鄞縣
胡翔青	叔田	鄞縣	陳道棫	蘭笙	鎮海
周亮	宗良	鄞縣	徐維訓	慶雲	慈谿
顧釗	元琛	鄞縣	孫振麒	表卿	奉化

① 《寧波旅滬同鄉會月刊》第 50 期（1927 年）。

全謝山剃頭破題

鄭松館先生言："全謝山幼時，往謁母舅蔣蓼厓拭之。值蓼厓剃頭，戲謂之曰：'甥能作剃頭破題乎？'謝山應曰：'能，然言之，恐得罪舅氏。'蓼厓曰：'無妨也，速言之。'謝山笑曰：'觀舅舅之薙頭，鞟也。案，鞟見《論語·棘子成章》，朱註：'皮去毛者也。'"

全謝山解樹破題

徐弢士丈言：" 全謝山遊于野，見有二人持鋸者，對而解樹。謝山忽成一破題曰：'送往迎來，其所厚者薄矣。'蓋用《中庸·大學》成語也。"

遺民王棠齋

鄭松館先生言："老儒王棠齋先生慈，慈谿黄山人，廪貢生。教授鄉里，品行端慤。宣統元年，鄉人舉爲孝廉方正。三年十二月，聞皇帝遜位，慟哭無常。壬子正月一日，棠齋冠紅纓帽，服公服，倉皇乘肩輿出門，家人追詰之，對曰：'至學宮謁孔子也。'家人怪而潛從之，見其謁聖畢，下階，縱身投泮池中，家人始悟其殉國也，急援起，強扶之歸。棠齋既失志，悒悒成疾，將卒，遺命以方士服殮，弔客非服本朝衣冠者，辭之。同縣揚季眉挽以辭云：'味蕨自甘，青史而今尊處士；採芝人杳，黄山終古弔遺民。'"

柯芸史巧言屈巡道

鄭月坡先生[1]言："清道光初,寧紹台道李可瓊曉園,精形家言,嘗曰鄞縣科第不盛者,蓋風水勿治耳。以道廨向南郭,直通無阻;劍水入西郊,順流無折。皆有傷陽氣,當謀所以殺其勢。乃于廨前磊石爲假山,于西郊建文昌閣以祓之。西郊李氏祖墓,前有河南流,可瓊言:'河淺南流,有害文風,宜浚導之,改爲北流。'李氏聞而大慼,欲拒而屈于力。柯芸史聞之,往見李氏曰:'能畀我錢四百千,我當敗其謀。'李氏許諾,芸史乃爲稟可瓊曰:'敝邑仕宦,自古稱盛。當南宋間,有史氏父子,曰浩、曰彌遠者,官左右丞相,浩封越王,彌遠封會稽郡王。夫王不過去天子一階耳,可謂極人臣之尊。今公尚謂不足,窮治形氣,未知意欲何爲?'可瓊看稟,舌橋不能下,遽寢浚議。"

王棠齋補遺

王棠齋,慈谿歲貢生,即選訓導。著有《棠齋隨筆》八卷、《棠齋詩話》六卷、《經說記略》十二卷,待梓。[2]

劉孝子

劉孝子春才,其先由福建遷慈谿。父如意,母周氏,當大

---

[1] 先生:原本倒作"生先"。
[2] 《寧波旅滬同鄉會月刊》第 52 期(1927 年)。

平軍入慈谿，父爲軍所略，時春才方八歲，侍母避地至鄞，遂家焉。生不識字，而天性純摯，事母能盡歡。家貧，習竹工以致養，每黎明起，爲母具盥巾，飲食畢乃出。工作所得酒肉、點心，恒勿食，必歸遺母。或荷竹刀，繫五色花于其端而環懸手製竹器于鋒下，徜徉市井間，手舞足蹈，且歌且鶯，群兒隨觀之。遥見母來，長跽而待，路人皆目笑之，呼曰癡子。比母殂，春才奉木主室中，日供飲食，出必告，返必面，事死如生。晚守後樂園側社公祠，稍稍得錢，輒以捐捨貧困。夏則施茶于亭，冬則掃雪于途，以利行人。會稽道尹黃慶瀾聞而召見之，深加禮敬。士紳張美翊、張存禄、李子祥等十六人，聯名上書内務部，請大總統褒揚，旋得黃陂黎公賞給黃綬銀質褒章匾額，其文曰："至性過人。"鄉人復爲春才進生主于忠孝祠。民國十四年乙丑三月五日，春才卒于社公祠，春秋七十有三。貧無以殮，子祥爲索服治喪，感動里人。及發靷日，父老婦童，素冠白帶來送喪，不期而集者凡百餘人。或助鼓吹輿車，或願營墓建祠，爭斥銀恐後，旗蓋前倒，左右鼓吹，儀仗赫然，僉曰："春才生而思母，歿宜從葬。"遂祔葬春才于其母周氏浮石亭輔善會之原，建祠于其左。觀者咸歎曰："春才一竹工耳，徒以孝其親，得有今日，人何樂而不孝也。"

李君子祥言："鄉有何順祥者，服賈上海。夜夢神告之曰：'我鄞城後樂園側社公也，汝連獲贏利，皆我陰佑。今我祠廢頹，特命汝修之。落成之後，必請孝子守吾祠。'順祥醒，以爲妄，俄而夜夜夢見之，心甚怪。歸鄉謁祠，神貌酷肖其夢，始悟非虚。修祠既畢，訪孝子于鄰人，皆曰無之，惟有劉癡子者，其人頗孝。順祥禱于神吉，因令春才守之，時給其飲食,故春才晚年得免于凍餒。"

　　春才六十餘歲時,嘗來吾家工作。昭適年甫就學,課畢,數問其行事,春才堅不肯言,且曰:"汝小子,焉所知。"其同儕有談者曰:"劉母好食火炙糕,春才每晚歸,市以進母。一夕晏往,肆門閉矣,春才大號曰:'吾母今夜火炙糕尚無耶!'肆人辨其聲,憐而與之,則叩謝去。"昭適聞而起敬。稍長,爲書其事載于報。黃道尹、李君子祥、鄭君可立等,見而感動,遂爲褒揚建祠。雖文章諷喻之力,實孝子至誠所致,此中可以見人心矣。①

陳魚門用奇計復寧波府

　　金筱圃丈言:"鄞陳魚門政鑰,有智略,爲鄉人推重。咸豐十一年十一月,太平軍主將黃呈忠、范汝增平寧波府,進駐提督署,清護提督陳世章退保定海,魚門將宗族百餘人,盡室遷江北岸,以江北爲通商之地,有英吉利兵扞衛也。是時城郭內外皆被軍鈔略,惟江北獨完,故逃難者赴之如歸市,魚門戒戚族割室以待來者,飲食醫藥,身自拊循之,俾免流亡。陽使人僞賂汝增,立旗杆署前,高矗雲霄,蓋圖異日攻擊之的也。陰結西南豪傑,部勒義兵,力圖恢復。奔走滬甬間,遊說富翁,得銀二十六萬兩,僦英吉利兵艦二艘,來鄞助戰,泊于三江口。約世章帥義兵進攻,令英兵乘間援之。約束既定,及期,義兵攻和義門,自晨達午;英艦觀望而不進,魚門怪之,往偵,則英兵已密受汝增賄矣。大憤,拍案怒罵之,忽謂從者

---

① 《寧波旅滬同鄉會月刊》第53期(1927年)。

曰：'速往江濱，視其戰陣煙火密乎。'從者返命曰曰：'密甚。'魚門曰：'可矣。'掉小舟，渡江而北，登岸，令義兵曰：'發礮擊英艦。'義兵發礮，殪英兵七人。時烟燄蔽天，隔江不相識，英兵以爲自城中發也，怒，遂開大礮，連擊太平軍，折旗杆，隳城垣。汝增等震恐，遽以軍西遁，義兵遂復府城，乘勝追擊，徇紹興、蕭山諸府縣，皆下之。浙江巡撫左宗棠謀聚太平軍于寧波，徐合圍殲之，聞魚門擊之走也，恚，設計困之，乃檄魚門供湘勇棉衣五千襲，以五日爲期。及期，如數齎往，其稟曰：'大亂之後，裁縫流散，謹具棉衣五千襲，故裁而不縫也。'宗棠閱稟畢，驚曰：'勇能克敵，智足應變，真豪傑之士也。'因奏魚門功，以內閣中書擢直隸州知州。"

宋西垣

金筱圃丈言："清咸同間，金華有老儒宋西垣者，憤胡清據中國，暴虐無道，陰懷光復志。會太平軍侍王李世賢拔金華，聞西垣名，禮辟幕中，甚倚重之。其詩文流傳甚少，惟傳其戲臺聯辭曰：'繪影繪聲，繪出古人真面目；爭城爭地，爭還自己舊江山。'"①

邵飄萍、林白水之死

金筱圃丈言："邵飄萍振青，東陽人，北京《京報》主筆也。十五年間，張宗昌聞其通共產黨，欲圖之。飄萍懼，避入東交

---

① 《寧波旅滬同鄉會月刊》第 54 期（1928 年）。

民巷。有張漢舉者，與飄萍爲故交，欲賣友以媚大吏，乃夜見飄萍曰：'子罪已釋，何不同我出？'飄萍信之，甫出巷，即爲宗昌掩捕，遂受害。林白水萬里，閩人，爲北京《晨報》主筆。值潘復謀組內閣，白水倡言詆斥，侃侃無所諱。復怒告宗昌殺之。時人爲之聯詞曰：'邵飄萍、林白水，萍水相逢；吳子玉、蔣介石，玉石俱焚。'蓋其年適吳佩孚爲蔣介石所敗故也。"

盜殺張漢舉

漢舉既謀殺飄萍，復瞰名伶梅蘭芳之富，圖劫之。會其友馮耿光設筵于家，邀蘭芳、漢舉同飲。漢舉陰戒盜于外，使乘間來劫。既往飲酒闌，盜突至，索蘭芳銀五萬版，蘭芳股慄，漢舉曰："汝弗愁，我代出見之。"從容而出，方與盜談論，忽爲警察廳所聞，令大隊圍捕。漢舉知事洩，欲殺盜以滅口。盜怒，發短銃擊，漢舉仆。警察既殺盜，始救漢舉。漢舉以傷重亦卒，旋有知其陰謀者，始稍稍告于人。侮人反自侮，此之謂乎。

呂道生大破日本軍于摩天嶺

鄭松館先生言："呂道生諱本元，滁州人。少喪父母，貧無所依，聞李文忠公鴻章治軍上海，往從之。累戰有功，擢參將，賞給強勇巴圖魯名號。光緒二十年，朝鮮內亂，清廷遣師援之，日本以其不告而出師也，起兵入朝鮮，討背盟焉。道生時爲重慶鎮總兵，奉令帥馬隊數千人，次摩天嶺以拒之。摩天嶺者，朝鮮人奉天之要衝也。時海軍敗于大東溝，陸軍潰于平壤，日將屢勝清兵，有驕色，督軍渡鴨綠江而進，會夜大雨雪，道生既伏兵于嶺，復于峰巒間遍立旗幟爲疑兵，高下相望，瀰漫二百里。日將至，猶豫不敢進，先遣福島小將將五千兵挑戰。甫發嶺，寂無人聲，惟旗幟飄揚，福島笑曰：'清師望風遁矣。'坦然直入。道生乘其入伏中，縱兵前後夾擊之，日軍盡殪，斬福島，乘勝攻甜水站、分水嶺、連山關，皆拔之。日將聞諜報曰：'有白馬軍者，戰如熊虎，其鋒不可當。'蓋道生之兵，皆白衣白馬也。日將大驚，後知清兵寡，乃出精兵數萬，環而攻之。道生力戰而敗，身中數十彈，墜田溝中。日暮休戰，清兵方知失帥常。參將榮清獨往尋之，得道生于溝中，血殷甲冑間。扶之起，道生曰：'我傷重，願死于此矣。軍不可無帥，汝歸，爲我代將之。'榮清跽請良久，始頷首，負之跨馬行，不里許，馬不勝重而倒，因負之走，冥行五十里乃抵營。清廷以其功，釋罪不問。俄以天津總兵擢直隸提督，轉浙江提督，駐鄞城垂十年。爲人長身鶴立，剛正謙退，好從士大夫遊，每會飲酒酣，輒從容談戰狀，並袒視其身，則彈創纍纍、膚如刻畫云。"[1]

強項御史

鄭松館先生言："沈淮字東川，號桐甫，鄞人。清同治末，官陝西道監察御史，與刑部員外郎陳鈞堂康祺相友善。會穆宗將修圓明園，鈞堂戲嘲之曰：'今天下擾攘，民不安枕，上不圖補救，而大興土木。汝爲御史，坐視而不言，尸位素餐，爲

---

[1] 《寧波旅滬同鄉會月刊》第 55 期(1928 年)。

用汝爲！'桐甫怫然曰：'我固欲言，恨筆拙，不能達意耳。君倘爲我草稿，當力諍之。'鈞堂欣然，立爲揮筆，稿成付桐甫。桐甫既拜摺，聞先一日有御史游百川亦奏之，摺留中不發。穆宗得沈淮摺，大怒，召二人，詰之曰：'朕之修園，蓋爲太后頤養地，猶汝罷官歸田、筑園養親也。朕獨不可爲乎？況你儕欲諫，可連名同奏，何必今日一摺、明日一本，是朋黨也。'百川震慴不敢聲，伏地稱罪，同甫叩頭大言曰：'請上治百川欺君之罪。'穆宗曰：'何也？'對曰：'臣所奏，百川未前聞，今百川不據實力陳而遽自引伏，豈非欺君乎！況天子之孝，莫大乎爲天下養，豈得與臣民比。臣民營造園林，充其極弊，不過耗財破家而已。今天下瘡痍未復而大興土木，窮奢極欲，恐蹈秦隋覆轍，非皇太后之意也。'清朝儀臣奏事畢，由上命之起而後退，穆宗聽其言，不覺感動，忘命之起，先自離坐，高呼曰：'好一個強項御史，好一個強項御史！'遂入宮。修園之命立百罷。"

姚徽典之嚴峻

鄭松館先生言："姚徽典，邵陽人，以同治十年令鄞縣。性剛嚴，用法不避士大夫。嘗訪友于洋藥局，聞樓上有人爲馬雀戲，拍牌投骰，聲達于外，心甚惡，使吏禁之。吏登樓，見戲者爲工部郎中某甲、內閣中書某乙、舉人某丙、秀才某丁也，乃鞠躬前曰：'縣官在下，請諸君暫罷。'甲拍案罵曰：'我在此，誰敢相阻者！'吏氣餒而退。徽典既返廨，命吏傳四人來，將加以法。甲父聞之大驚，急求鄉老大吏先後往關説，徽典皆不納，坐堂皇，召四人跪階下，自取戒尺，各擊掌二十下。

正色誨之曰：'我非用國法相繩，乃引父執之誼訓汝也。苟過而不懲，則汝等益無忌憚，倚勢橫行，禍將及家門矣。'攆之出。四人狼狽而歸。"

三嫁之婦復前夫仇

馬婦，蘇州柳樹村人。少歸岳長生爲室，長生業操舟，略有儲畜，會有盜刦之，罄其貲去，長生恚憤成疾卒，遺子女各一人，皆幼弱。婦念家貧，苟不改圖，將俱爲餓莩，徒斬夫祀，無益也。乃議再醮曰："有人能育我孤者，我即夫之。"有蔡甲如議娶婦，未幾，甲亦卒。家又窮，婦乃嫁與李乙。乙偶被酒，從容大言曰："實告子，我乃劇盜也。昔者艷子色，故來挑，不圖子奔匿，雖盜得金，心無日不悒悒。今日歸我，樂何如之！"婦且悔且恨，乘閒自縊，使子女奔訴公安局，乙遂被捕下獄。此婦爲育孤而失節，卒復夫仇，舍短取長，功可補過也。①

名字類別表

家叔祖君木翁，嘗撰《名字類別表》，傳示交友，用爲笑樂。茲錄之如下。

今日人類流品之分，不必觀其衣飾、察其舉止而知之，但一舉其名字，而其人之流品，即可臆度而得，不類而類，自然表著，是殆始于模擬，而成于習慣者歟！端居多暇，以意搆

---

① 《寧波旅滬同鄉會月刊》第 56 期(1928 年)。

擬,得若干類,顧名思義,如或遇之,輒錄左方,以博閱者一發齒也。

經學家之字:伯定、劬叔、淵父、晦如。

文學家之號:靈休、石槃、摩訶、南雅。

洋場才子之別號:花好月圓樓主人、海棠香夢詞人、琴心閣侍者、三十六鴛鴦別館外史。

報館主筆之別署:天哭、民史、嘮嘮、冰鹽。

草頭名士之雅篆:吟樵、瘦仙、醉禪、寄塵、狂客、酒仙。

新文化家之署名:趙炎同、黃平、ABC、吳常。

志士之頭銜:振黃、漢強、亞俠、鐵民。

富翁之大號:蔭喬、藹堂、黼庭、蔚莊。

商人之表字:贊臣、榮卿、仰喬、吉生。

工匠之小名:財生、金發、得標、小來順。

舟子之小名:彈胡、泥鰍、小毛頭、運發按:工匠、舟子二類之名,專屬寧波而言,他處不如是也。

羽流之道號:沖虛、丹丘、玄朗、悟真。

緇流之法名:諦妙、圓通、慧雲、法空。

名媛之字:道昭、窈雲、妙聞、若華。

閨閣之普通小名:素貞、蓮英、翠娥、招弟。

妓女之香名:紅玉、小桃、四寶、小如意。

妓院娘姨之名稱:小妹姐、阿金、阿翠、阿寶。

優伶之名稱:韻奎、黑虎、小寶子、白菊花。

新劇家之標號:恨儂、冶春、紅鴛、悲亞。

僕隸之名:張坤、高升、王貴、李福。

盜賊之渾號:張鐵腿、徐老虎、陳二麻子、雙刀阿五。

鑑別碑帖

　　長洲顧翁嘯山鎔，業碑帖四十年矣，打搨頗精，幼失學，其于碑帖新舊真贋，頗能鑑別，章實齋所謂"橫通"也。辛酉三月，家大人屬其手拓先祖墓誌，年近七十，終日植立，持椎打搨，石聲鏗鏗，矍鑠者是翁也。居吾家凡五月，閒嘗叩其碑帖故實，多足記者，爰述之。

　　《石鼓文》，以弟八鼓有字文者，爲明拓。

　　《曹全碑》，以乾字未斷者，爲初拓，未通作"乾"者爲舊本。

　　《張猛龍碑》，以冬温夏清四字未泐者，爲舊本。《龍藏寺碑》，以釋迦□□説之□四字未勒，爲舊。《王聖教序》，七佛頭均開眼者，三奧字清楚，爲明拓；佛道道字未通者，爲原石。此碑斷于明初，近來多以高陽南陽四字未損爲舊本，不知翻本故無損也，近以四字未損定爲翻本。《褚聖教序》，以治字封口作治爲清初本，三玄字去末點作玄者，爲乾嘉時拓本。

　　小歐《道因碑》，無翻本。

　　《皇甫誕碑》，于永樂丙申地震，折爲二段，未斷未損者爲翻本，斷字損者爲原本，參綜機務二字未缺者，爲舊拓，三監及黼黻欲爲文六字未損者爲清初拓本。

　　《多寶塔》，以其末空王可託本願同歸八字，未損者爲嘉慶前之本。

　　《始平公造象》，極高，不易打拓；通行之本，皆翻刻者。

　　文氏停雲館帖中小楷，如《黃庭》《東方畫贊》《樂毅論》《十三行》《破邪論》《心經》《陰符經》《度人經》《常清静經》《陀羅尼呪》,皆由越州石氏帖覆刻者。臨川李氏藏有石氏晉唐小楷十一種,今石印十寶中有之。

《銀龍鑑》,白邊者原本,黑邊者翻本也。

顧翁言:"清嘉慶間,有拓工車某,每搨碑畢,必鑿損石文,其手拓未損者,矜爲舊本,以謀善價,世謂之車拓本;孔林、西安府學諸碑文之傷損,多始于此。車晚年爲碑壓仆,死于碑下,事之報復,可謂不爽,此中固有天道哉!"

翁言:"世尚六朝漢碑,故孔林、衍聖公封禁諸碑十年矣。濟寧州學諸碑,以及六代造像,翻本頗多。時局紛糾,故重北碑,書雖小道,亦足以覘世運也。"①

沈子培

張謇叟先生言:"沈寐叟先生曾植,字子培,嘉興人,光緒六年進士,官刑部貴州司主事,明年遷員外郎,越三月,擢江蘇司郎中。在刑部十八年,著有《刑律輯補》《晉書刑法志補》。尋兼任總理各國事務衙門章京,丁母憂歸。主兩湖書院史席。光緒廿六年夏,拳匪亂起,八國聯軍入北京,先生同盛宣懷,密定中外互保之策,奔走金陵、武昌間,與劉忠誠坤一、張文襄之洞定謀,推李文忠鴻章主其成,長江互保之約始定,東南賴焉。二十九年,爲江西廣信、南昌知府,歷署督糧鹽法道,除安徽提學使,署江西按察使、安徽布政使。三十四年八月,護理安徽巡撫,拔協統余大鴻于衆卒之中,一軍皆驚。當是時,江鄂皖三省軍會操太湖,隱懷異志,又值國郵,

① 《寧波旅滬同鄉會月刊》第57期(1928年)。

民心皇皇，力請巡撫朱家寶還省。是夕城外兵變，先生聞難作，移駐城堞，令統領劉利貞守城，余大鴻馳入楚材兵艦，發礮擊毁東郊叛兵陳壘，招潰卒，命繳銃械，亂遂平。宣統二年六月，乞骸骨歸。九年五月七日，聞北京復辟，即北入京，補授學部尚書，凡七日。會時局中變，倉皇南歸。晚寓海上，賦詩作文，不忘君國。夙善書法，寸縑尺素，遐邇爭致，以爲瑰寶。壬（戍）[戌]十月三日，卒于逆旅，秋七十有三。無子，以族子頛爲嗣，奉清廷旨，依一品例賜卹，諭賜祭葬，賞陀羅經被，銀二千元治喪焉。"

蹇叟又言："寐叟先生酷好黃山谷詩，與予有同嗜。一日相遇，偶道及，先生笑曰：'吾與若，皆可謂黃門走狗也。'予戲云：'竟呼爲黃狗何如？'乃相向拊掌大笑。自後相見，每稱黃狗云。"①

徐錫麟刺恩銘

鄞忻祖年先生江明，清光緒間，以知縣候補安徽，習徐錫麟刺恩銘事，嘗言："徐錫麟字伯蓀，山陰人，爲人寡言，貌文弱如女子，性陰鷙，苟志所欲行，不顧成敗。入貲得道員，候補安徽，久無所遇，乃結湖南巡撫俞廉三，廉三爲薦于巡撫恩銘，任安慶巡警學堂會辦。錫麟夙有光復志，既主學堂，日中戎服自督課，夜則結納志士，陰謀發難。會兩江總督端方，遺書恩銘曰：'聞有革命黨，在安徽謀亂，其即圖之。'恩銘持書視錫麟，令爲守禦，錫麟大驚，知事洩，欲先發制人，使不及

————
① 《寧波旅滬同鄉會月刊》第59期（1928年）。

備,乃潛議以光緒三十三年五月二十八日巡警生卒業時起師。先移書浙江諸豪傑,赴安慶助戰,使收支委員顧松齋手書,約東郭外陸軍某營爲響應。顧松者,字少舫,甘泉人,捐貲得試用巡檢,在安徽久,始爲收支委員,自謂利可立致,而錫麟廉明,會計出入,絲豪不能欺,故常懷觖望,欲陷之。會恩銘欲易期爲二十六日,召問錫麟,錫麟以部署未訖辭;召問顧松,松力言已備,期遂定。時援未集,然已不可奈何,及期,錫麟遍告諸生曰:'同心救祖國。'諸生因未預謀,莫不惘然。尋巡撫恩銘至,令衛兵陳門外,自率巡捕入,臨視于禮堂,三司諸吏以次侍,錫麟從容逆,呼曰:'大帥,今日革命軍起。'恩銘失色曰:'汝何從知?'錫麟出短銃,遽擊之,中其要害,恩銘仆,武巡捕徒手相搏,中彈死,文巡捕伏恩銘翼蔽之,亦被傷,衛兵聞聲入,負恩銘疾走,諸吏皆愕,猝起不意,莫知刺者爲誰,顧松揚言曰:'刺客,會辦也。'錫麟聞而惶急,捨三司而就松,松笑曰:'吾忘約陸軍矣。'錫麟怒,殺之。三司乘間遁,錫麟左手執刀,右手握銃,詐告諸生曰:'今巡撫不幸,爲顧松所戕。省城最重地,莫如軍械局,速從我往守,不從者斬。'遂督諸生往據軍械局,大索火藥庫管鑰,不得,譌以礮彈實于銃,銃彈實于礮,其失常度如此類。恩銘既歸廨,口尚能言,謂三司曰:'擊我者徐錫麟也,其速捕之。'于是三司命閉省城,發防營兵攻軍械局,諸生不能軍而潰,錫麟踰垣逸,獲于民家牀下。恩銘傷重死,三司問錫麟曰:'巡撫待汝厚,汝何讎之深乎?'對曰:'彼雖愛我,然私恩耳;我之殺彼,乃天下之公憤也。蓋滿州盜我中夏,虐我漢族,將三百年矣。陽爲立憲,陰實專制,故我切齒腐心,誓滅此虜。本欲先殺端方、鐵良、恩銘、良弼，然後行大事，今僅殺其一，而爲顧松所敗，天也。願獨治罪，無累及諸生。'正命之日，笑曰：'事虜而貴，輕若浮雲。今日志伸，死且不朽。'遂斬于安慶市，剖心祭恩銘。越二日，浙江豪傑潛至安慶，皆就執，三司驗得謀反狀，盡繩以法。清季官吏革命者，自徐錫麟始也。"

予初記此事，蓋據忻先生口述。楊敦頤《滿夷猾夏記》，①于顧松害錫麟，詳其敗謀而略其有郤，心頗怪之。後遇洪塘馮芝洲先生崇高，自言："少隨兄蓮洲知縣，候補安徽，與松相友，故知其隱情。"予始怳然。所謂細謹，大行之賊也。亟補記入，以垂鑒戒。②

林文忠之識左文襄

鄭松老曰："左文襄未達時，授徒於詞堂。會林文忠則徐赴任兩廣總督，乘舟過湖南，聞其賢，登岸躬訪之，不遇。以刺授左僕曰：'汝主歸，請其速來，謂我檥舟待也。'比文襄歸，見刺，大驚，急走謁之。文忠一見如故交，握手歡甚。時文襄累試不第，意氣牢騷，文忠撫其背曰：'子學問品行，吾無閒然，惟豪氣當稍收斂。天下將亂，老夫耄矣，無能爲也；他日平大難，捨子其誰哉！慎勿悔也。"此得於左子異者。

左文襄與陶文毅爲婚

左子異布政告松老曰："曾文正國藩家書中，有謂左季高

---

① 楊敦頤，原本誤作"揚敦頤"。
② 《寧波旅滬同鄉會月刊》第 60 期（1928 年）。

與陶文毅澍爲婚，輩行不倫云。不知此事，乃伯父諱宗植所主，非先君本意也。先君嘗會試下第歸，道中罄其資斧，聞陶文毅總督兩江，以其前輩固相好也，往謁之。文毅舍以上舍，旨酒嘉餚，無日不具。先君意不悦，問文毅曰：'宗棠之來，謀貸錢百兩爲歸里計。倘得參幕，時聆前輩訓誨，亦所願也。今寵待過厚，實不敢當。'文毅笑曰：'予非他，敬子賢也。子壯而有才，正宜讀書，多識前言往行以成大器，安可遊幕而曠學乎！然予知子貧，不能久家居，特贈銀千兩，俾再無衣食憂。'及將別，又告先君曰：'子歸，宜留心經濟。天下將有變，予不及見矣。異日安蒼生者，其在子乎。予願與子結姻，庶予家得依耳。'先君固辭，不獲，乃詭曰：'家有長兄，未得其命，不敢自主。'文毅曰：'予當貽書請之。'比先君歸，聞兄已許之，無可奈何，遂與陶氏爲婚。"

左子異論鄞風

鄭松館先生言："民國十五年，左子異布政至鄞，遊阿育王寺，道經甬上，告予曰：'鄞風當革者有三。一曰種稻，布行密，入土淺，故不暢茂，宜令行疏土深，則粟當倍收矣。二曰營墓奢麗，耗財勞力，無益亡者，宜改薄葬。三曰平地起墳，有害農田，宜易穿土葬。汝爲士紳，於鄉邦有言責，何箝口不言乎？'予對曰：'敝邑風俗，習舊難化，由來久矣。蓺稻疏深，予夙洞悉，屢以戒老農，不信也。治墓奢麗，俗所以表孝思。此二者當革，而力有不逮也。惟穿土葬，不可行於鄞。蓋君籍湖南，土厚水深，故可行之；吾鄉濱海土薄，掘地數尺，即見泉水，安忍下柩浸水中。君生世祿之家，安知治田乎！'布政曰：'吾家世世力田，自曾祖以來，既耕且讀。先君在日，累誡子弟曰：富貴乃偶然之事，耕田爲萬世之業。汝儕少年，其無忘先業。庶幾異時歸田，可以耕讀云。'"

左文襄遺產

左子異布政言："文襄之薨，遺銀六萬兩，田四百畝，屋二區。"①

平米價

戴靜山先生君仁言："民國十七年四月，予奉浙江省政府令，爲永嘉縣長。始至，問民所苦，或曰：'食不足。永嘉土不宜稻，民食之米，皆糶于平陽。舊市價，每銀元得十八斤。自十七軍政治部鼓吹平米價、救窮民，黨員令合米商每銀元市廿幾斤，商因折閱停糶，民以食寡擾攘。前縣長百計調和，議定每銀元白米十六斤、劣米廿餘斤。民既困食少，又聞價反貴，憤激鬭傷，闔縣罷市，迄今未復也。'予乃召黨員謀之，黨員曰：'民情洶洶，奈何？'予曰：'苟能廢平價，即無事矣。'黨員不悅，曰：'吾倡之而吾廢之，豈不爲人所笑乎？莫如官爲糶米，平其價與民，則公私二得矣。'予念力不能制，勉從之，遂與平陽人約，日輸米百石，民食始足。故革弊必先興其利，不然名曰愛之，其實害之。"

① 《寧波旅滬同鄉會月刊》第62期（1928年）。

嚴筱舫

鄞陳子蘅先生孝徵言："嚴筱舫原名錦棠,後更信厚,慈谿人。少貧,由鄞楊憩棠之薦,爲上海銀樓書記。能作大草,畫《蘆雁》。會杭州大賈胡雪巖建園成,屬人畫屏風,或舉《蘆雁》進,雪巖大悅,贈潤筆銀百版,筱舫卻之曰:'某畫拙,得公賞識,爲幸已多,安敢望報。惟久困銀樓,鬱鬱不得志。公銀號遍海內,倘能錄用,則感且不朽。'銀號者,以雪巖爲倡始,集貲銀數百萬,立總號于天津,遍設分號諸行省,與今銀行相近,獨好放官債,凡候補官之貧者,與在職有緩急者,以及儲稅銀、發軍餉、匯兌諸事,莫不假貸主辦,約得志之日而取厚息焉。雪巖命筱舫爲北京銀號書契,以好友京官與主計不洽,雪巖移筱舫至天津總號。筱舫性穎悟,善迎合人意以博其歡,聞北洋大臣李鴻章治賑捐方乏施衣,乃製棉衣服二千襲,詭稱雪巖代表,往謁助賑,鴻章欣然曰:'雪巖富而好施,固今商民之冠,即其代表,亦可貴也。'手書謝之。雪巖得書鼓掌,曰:'吾友大吏多矣,獨不能得李公,引爲大憾。今賴筱舫之力,獲公下交,真非常榮幸矣。'擢筱舫爲主計。雪巖欲鴻章書楹聯,令筱舫請之,鴻章曰:'予公事叢脞,安暇及此。子書亦不亞于予,何不代筆?'舉印授筱舫曰:'凡有求者,悉令子代之。'故雪巖家所懸鴻章書,皆其僞作也。筱舫于是聲名翔起,營業鼎盛,比雪巖沒,竟代爲銀號總辦,不數年,遂致巨富。筱舫既饒裕,尤以施捨爲亟,救災患,恤故舊,如恐不及。時憩棠已卒,有子葆鎔,流離無依,筱舫歎曰:'吾無楊君,安有今日。'乃迎居別室,解衣推食,禮待周至。筱舫爲人，好大喜功，輕財被服麗都，不屑屑爲謹愿，故號友習之，競以豪宕相尚，媚權貴，營大業，無所不爲，私貨罄則潛侵號銀，日積月累，號遂以傾，筱舫亦病亡。子義彬，力矯父弊，補救十年，始復其舊。"①

况夔笙先生

九叔祖君木翁言："臨桂况夔笙先生周頤，以詞家名世。嘗論黄季剛侃之詞，精於言情，若弔古蒼涼之作，尚非其長。一日與季剛相遇，季剛問曰：'聞先生評予詞，有之乎？'曰：'有之。'季剛攘袂而起，握拳相向，厲聲曰：'幸先生言之，否者以此相待。'先生毂觫謝曰：'雞肋不足以當尊拳。'季剛始倖倖然去。"

林文忠公遺囑

九叔祖言："陳蓮生寶峴前寧波審判應長，其姊適侯官林氏，爲文忠公則徐之孫婦。嘗來鄞訪弟，攜有公遺囑，出而傳觀。公自述家貲僅銀三萬版，下鈐一印，文曰：'統兵六十萬，服官十五省。'"夫以公之高位大名而遺貲若此，則其生平爲人可以想見矣。此事叔祖聞於金筱圃丈兆鑾寧波警察廳長，丈蓋親見公遺囑者。

---

① 《寧波旅滬同鄉會月刊》第 65 期（1928 年）。

陳女夢遊地獄

季衡姻丈時夏言：“族父鈞堂先生康祺之女，趙翁瑾伯之子婦也。性悍，不順君姑，傭奴其夫。一日大病，暈絶良久方甦，自述昏憒間間，有鬼卒二來，執至縣城隍廟，見神坐堂皇，色厲而氣盛，詞之曰：‘汝本尚有十年壽，因多行無禮，故减其紀。’女欲申辯，忽外傳言有客至，神下階迎，卒引女立廊下，見肩輿舁二翁至，女私問卒曰：‘是何人？’卒詫曰：‘汝不識耶？此汝舅，彼你父也。’女曰：‘吾爲遺腹女，及歸，趙舅已前卒。然其至此何爲？’卒曰：‘二翁夙與縣官友，今日之來，殆爲子矣。’俄二翁去，神復審曰：‘本擬重罰，今以你大人哀求，姑縱你歸，待十年後再議之。’顧謂卒曰：‘且導彼視獄，使知儆惕。’女既隨卒往，見刑具歷歷，與世所傳多合，罪人無數，不能詳憶。惟見一長頰白鬚翁，反接伏地，上壓巨石，仰見女，呼曰：‘我張五也，因生前爲訟棍，以曲爲直，以直爲曲，離間骨肉，破人婚姻，不可勝紀，故罰如此。請述以諷世，庶罪得稍輕。’爲狀最慘，故女未忘，時時舉以告人。越十年，女果卒。”①

寧波市參事會

民國十六年七月四日，寧波市長羅惠僑，依《市政府暫行條例》，設市參事十五人。禮聘蔣夢麐、虞洽卿、孫莘墅、孫義

---

① 《寧波旅滬同鄉會月刊》第71期（1929年）。

慈、徐鏞笙、陳蓉館、孫表卿、趙芝室、董維揚、嚴康懋、林賓逸、胡孟嘉、袁端甫、勵德人、陳南琴爲市參事。

八月二十日，參事趙芝室、林賓逸、陳蓉館、嚴康懋、董維揚、袁端甫、孫莘墅、孫義慈等，會於市政府東花廳，舉行就職禮。羅市長引參事入席，全體肅立，向黨國旗、總理遺像行最敬禮。羅市長恭讀遺囑，致詞曰："維官與民，夙不相屬，上下阻蒙，其何能淑。我願自今，通力合作。喉舌之司，於茲焉託。"參事答詞曰："喉耶舌耶，利我群萌。我何人斯，而尸是名。維桑與梓，必恭敬止。勉效馳驅，敢或怠只。"禮成而退。

二十二日，開第一次常會。出席參事：趙芝室、董維揚、徐鏞笙、孫莘墅、林賓逸、陳蓉館、袁端甫、嚴康懋。主席徐鏞笙。

訂定市參事會議，分常會、臨時會二種。常會每月一次，遇必要時，得延長三天。臨時會，由市長或參事三人以上之同意，函知秘書處召集之。凡提議案，須經參事二人以上之連署，應於開會前，交與秘書，列入議事日程。但臨時建議，有參事一人以上之附議，亦得討論。本會非有半數以上之參事出席，不得開議。凡議案，須經出席參事過半數同意，始爲議決。議決案函達市長。

二十三日，第開一次延會會議。出席參事：徐鏞笙、孫莘墅、嚴康懋、董維揚、陳蓉館、林賓逸、趙芝室、袁端甫。列席：市工務局長林紹楷、市衛生局長王程之。主席徐鏞笙。

市工務局提議規定市區域案、工程計劃案。

議決：《市區域案》通過。《工程計劃案》，議分爲最要、次要、緩辦三種。最要者：完成東西幹路；墮東門至靈橋門城牆，藉充築路填河之用；新江橋至東門，造特等街道，掘自流井。次要者：築南北幹路；設小菜場。緩辦者：填平三喉，改設大出水管。

市衛生局議改良廁所案。

議決：定江北岸爲試辦區；先立肥料公司、公共廁所，再取銷臨街廁所、露天糞缸。

二十四日，開第一次延會會議。出席參事：徐鏞笙、趙芝室、孫莘墅、陳蓉館、林賓逸、董維煬、嚴康懋、陳南琴、袁端甫。列席：市教育局長楊貽誠、市衛生局長王程之。主席徐鏞笙。市教育局提議籌辦寧波市慈善事業計劃、十六年度教育經費計劃、市立圖書館計劃、公共體育場計劃案。

議決：暫以原有慈善事業、教育經費、圖書館整理之。新擬計劃，俟有經費，再謀擴充。公體體育場計劃，暫時保留。

市衛生局議設市立醫院、傳染病院、屠宰場案。

議決：將公立醫院改爲市立醫院。其傳染病院、屠宰場，暫緩建設。

九月二十日，開第二次常會。

十月四日，開臨時會。出席參事：孫表卿、袁端甫、勵德人、趙芝室、孫莘墅、徐鏞笙、楊貽誠、林賓逸、陳蓉館。主席徐鏞笙。通過"寧波市收回白水權案""住屋捐案"。

十一月八日，開臨時會。出席參事：趙芝室、徐鏞笙、陳蓉館、陳南琴、楊菊庭、林賓逸、勵德人、嚴康懋。主席徐鏞笙。

參事徐鏞笙、趙芝室、陳蓉館，提議改組市參事會曰："本會之設，實以輔導全市設施，而本會參事在外埠者幾據半數，平日各有職務,勢難如期臨會,深爲大憾,故本會當改組也。擬定改組法三章。一、參事以住本市爲限;二、參事員定十五人;三、當聘之前,由市長開列名單,請省政府聘或委任,以昭隆重。"

議決:先約全體參事辭職,請市長從議決主辦。

十七年二月,羅市長准鏞笙等議決,改組市參事會。聘袁端甫、周子材、陳南琴、嚴康懋、胡叔田、孫表卿、趙芝室、陳蓉館、徐鏞笙、周枕湛、孫莘墅、勵德人、楊菊庭、林賓逸爲參事。十一日,開第一次常會。

十四日,開第二次常會。出席參事:袁端甫、周子村、胡叔田、孫表卿、趙芝室、陳蓉館、徐鏞笙、周枕湛、孫莘墅、勵德人、楊菊庭。主席胡叔田。

投票選舉常務參事。以徐鏞笙、趙芝室票數最多,推爲常務參事。①

寧波市參事會

十七年三月十三日,開弟三次常會。出席參事:胡叔田、趙芝室、徐鏞笙、周子材、周枕(淇)[湛]、勵德人、孫莘墅、孫表卿。主席胡叔田。

通過《寧波市收用土地暫行條例》。

市政府改寬原有街道,其二旁土地建築物,須遵章規定寬度拆讓,概不給價。

開闢新路,或建築公共場所,收用土地,民田每畝給原有

① 《寧波旅滬同鄉會月刊》第 78 期(1930 年)。

地價八成，公田每畝給原有地價六成，以在市政府登記之價爲標準，收用土地。其上有房屋種植物，得酌給拆讓費。

十四日，參事連名遺市政府書曰："考市參事會之職權，代表全市民意，贊助政府建設。乃本會成立半載，而政府之興革捐稅，事前既不交本會討論，事後又不通告本會，有公布施行者，有呈省政府核準者，不獨民意無從宣達，即本會員亦覺尸位素餐，深爲負疚。望政府於本會，尊其職權，有所行政，待本會議决而後施行。"

四月十一日，開臨時會。

六月十日，開臨時會。

二十日，開第四次常會。

七月四日，浙江省政府令羅市長廢市參事會。①

	寧波市參事會參事				市參事會改組後之參事			
	序號	籍貫	姓名	字	序號	籍貫	姓名	字
中華民國十六年七月	1	餘姚	蔣夢麐	孟鄰		1	寧波市	袁承綱	端甫
	2	鎮海	虞和德	洽卿		2	鎮海	周汝俊	子材
	3	慈谿	孫紹康	莘墅	十七年二月	3	寧波市	陳賢凱	南琴
	4	奉化	孫義慈			4	寧波市	嚴英	康懋
	5	寧波市	徐方來	鏞笙		5	寧波市	胡翔青	叔田
	6	寧波市	陳聖佐	蓉館		6	奉化	孫振麒	表卿
	7	奉化	孫振麒	表卿		7	寧波市	趙家蓀	芝室
	8	寧波市	趙家蓀	芝室		8	寧波市	陳聖佐	蓉館

---

① 《寧波旅滬同鄉會月刊》第 79 期（1930 年）

續　表

	寧波市參事會參事					市參事會改組後之參事			
	序號	籍貫	姓名	字		序號	籍貫	姓名	字
中華民國十六年七月	9	鎮海	童嘉	維揚	十七年二月	9	寧波市	徐方來	鏞笙
	10	寧波市	嚴英	康懋		10	奉化	周駿聲	枕淇①
	11	寧波市	林毓棻	賓逸		11	慈谿	孫紹康	莘墅
	12	寧波市	胡祖同	孟嘉		12	象山	勵乃驥	德人
	13	寧波市	袁承綱	端甫		13	寧波市	楊貽誠	菊庭
	14	象山	勵乃驥	德人		14	寧波市	林毓棻	賓逸
	15	寧波市	陳賢凱	南琴					

族祖馮夢香先生傳

先生諱一梅，字夢香，慈谿馮氏。父鎔，官廣東肇羅道。先生幼穎異，八歲能文，下筆立就，長老皆奇之。既長，補諸生，旋食餼。僑寓杭州，讀書詁經精舍，受知德清俞蔭甫先生。俞先生故名宿，先生事之久，一切經說史義，往復辨難，恒得奧妙。巡撫楊昌濬聞其名，辟爲浙江官書局總校，上刻古書諸議，爲時所重。光緒二年，舉於鄉。一赴會試，不中式，即絕意進取，專心著述，以獎誘後進爲己任。歷主衢州正誼、西安鹿鳴、鎮海鯤池、餘姚龍山、新昌鼓山諸書院講，寧波

---

① 枕淇：前文作"枕湛"。

辨志精舍輿地齋長凡三十年，盡心評騭，士論推服。中間並就杭州求是書院、紹興府學堂總教習、龍游志局總纂，嘗爲山陰徐氏編定《紹興先正遺書》、訂藏書樓約。性好蓄書，脩脯所入，見書盡鬻之。其學經史而外，九流百氏，靡不綜覽。講學不立門户，以實踐爲歸。研經之餘，尤熹研討《老子》《黄帝内經》《算術》，多所心得。著有《老子校勘記》二卷、《老子釋文校勘記》一卷、《内經校勘記》四卷、《述古堂經説》三十卷、《詩》十卷、《譯學芻論》一卷、《續修龍游縣志稿》五十卷、《古越藏書樓書目》二十卷。光緒三十二年，以疾歸里。明年春，病劇，得俞先生赴告，悲甚，猶强起手撰祭文、輓聯，望空遥祭之。三月十七日卒，春秋五十有九。子四人：玉崑，諸生；玉崧，玉崙，玉崇。

族孫昭適曰：先生治樸學，長於經術，爲吾鄉百年來所未有。晚客徐氏，時值徐錫麟就大通師範學校朝夕講武、謀革命，書樓與校宇相望，徐凡創議新政，恒請其列名，先生固拒，徐乃不告而署之，由此即引疾歸，杜門勿出。嘗語人曰："學校諸生，陰構大事，將來必受奇禍。"後果如其言，而先生已前没矣。孔子曰："君子見幾而作，不俟終日。"《詩》云"既明且哲，以保其身"，其先生之謂歟！

昭適又案：夢翁之兄爾蘭，當太平軍下慈谿時，以書生參其軍。事敗亡命，族人懼禍，削其籍，並及夢翁。比夢翁鄉試中式，乃得返。其拒徐氏列名事，蓋懲於前禍也。①

---

① 《華國》第1卷第12期（1924年8月15日发行），第95—97頁。又收錄在《寧波旅滬同鄉會月刊》第48期（1927年7月發行，第23—24頁），並改名《馮夢香先生傳》。

ника
虞輝祖行迹簡編
（附七子生平）

清末民初甬地士人，志趣相投且集群而居。他們前承自清中葉始逐步形成的經世傳統，後在政權動盪更迭之際探索新風潮下的傳統文化轉型，成爲彼時中國思想文化從傳統向現代過渡的重要媒介。甬地文脈通連，四明八子或爲親屬，或爲師徒，或爲密友，生活軌迹多有重疊。本篇即以虞輝祖行迹編年爲引，並附其餘七子生平簡介。

虞輝祖(1864—1921)，字含章，曾名"東明"，別署寒莊，號桐峰。

道光十四年(1834)甲午

◎ 虞輝祖之父虞定源生於鎮海縣靈巖鄉。

　　按，《寒莊文外編》卷首馮君木《虞君述》云："君諱輝祖，字含章，姓虞氏。先世自餘姚轉徙至定海金塘，復自金塘遷靈巖鄉。……父定源，諸生。"而《寒莊文編》卷一《亡弟厚甫墓表》云："先君子子男四人，次厚甫，名中理……父諱廷濟，母史氏、湯氏、王氏、胡氏。"是知乃父名廷濟，字定源。又，《寒莊文外編》之《虞君希曾墓表》云："時君年最少，少吾父二十歲……君歿于共和紀元四年三月二十一日。……年六十有二。"茲據虞希曾生卒年(1854—1915)推算，可知虞定源生於道光十四年。

同治四年(1865)乙丑

◎ 虞輝祖生，其母王氏難産而卒。

　　按，《寒莊文外編》卷首馮君木《虞君述》云："君諱輝祖……母王孺人，生君而卒。……會鎮海人士以纂修方志事見屬，即便引歸。歸不一月，遽卒，春秋五十有七，民國十年辛酉四月一日也。"又，《寒莊文編》卷一《亡弟厚甫墓表》云："王孺人生輝祖遽喪，家人視呱呱者委琳蓐，謂必無幸免，何疑茫茫人世，乃惟留不肖之身。"

光緒五年(1879)己卯

◎ 二月,寧波知府宗源瀚(1834—1897)創辦辨志文會。

　　按,黃炳垕《七旬初度自述》云:"己卯,寧守宗湘文觀察創立辨志講會,分設六齋,齋各一師,延余主講天文算學齋,今六年矣。"①

光緒十四年(1888)戊子

◎ 十二月,虞輝祖前妻沙氏病卒。次年四月,沙氏所產幼女虞眷夭。

　　按,《寒莊文外編》之《眷女哀辭》云:"眷,余無服殤女也。其母氏沙,疾革矣,猶乳眷,醫者曰:'恐輸毒於兒矣。'未幾,果以喉痺殀逝,蓋後母死數月。母亡以光緒戊子歲十二月,眷之殤,爲己丑歲四月。"

光緒十六年(1890)庚寅

◎ 虞輝祖作《眷女哀辭》。

　　按,《寒莊文外編》之《眷女哀辭》云:"眷,余無服殤女也。……眷之殤,爲己丑歲四月。又明年庚寅,吾弟生女,余喜抱之,而不久亦死。余用是益念吾眷也,爰爲辭哀之。"

光緒十九年(1893)癸巳

◎ 虞輝祖弟厚甫病卒。

---

① 《申報影印本》1884年10月6日黃炳垕《七旬初度自述》,上海書店1983年版,第25冊,第567頁。又可見其子黃維瀚所作《家君七旬初度敬乞詩文啓》,載《申報影印本》,第25冊,第603頁。

按,《寒莊文外編》之《曹君九疇權厝誌》云:"君……自少來依余舍,與余弟讀書。二人性情少異,而志趣不殊。厚甫讀書屋,咯血五年,君患之而乃先厚甫一載死。……取鄉之胡氏女,未有子嗣而君死,爲光緒甲午歲九月二日,年二十四,權厝君于鄉之荷花墩。"由此可知虞厚甫病卒於光緒十九年(1893)。

光緒二十年(1894)甲午

◎ 七月後,虞輝祖作《虞敦甫先生墓表》,以悼其師虞本初(1851—1894)。

　　按,《寒莊文外編》之《虞敦甫先生墓表》云:"先生諱本初,字敦甫,姓虞氏。縱學而尤精輿地書,欲有所論述而遽即世。……蓋先生於光緒甲午歲七月捐館,春秋四十有四。……(其長子)中恢葬先生白雲畈,……門人輝祖爲之《表》。"

◎ 九月,鎮海人曹九疇(1871—1894)卒。虞輝祖應邀爲撰《權厝誌》。

　　按,《寒莊文外編》之《曹君九疇權厝誌》云:"君名位炬,字九疇,姓曹氏,世居鎮海縣海晏鄉。取鄉之胡氏女,未有子嗣而君死,爲光緒甲午歲九月二日,年二十四,權厝君于鄉之荷花墩。"

光緒二十年(1894)甲午

◎ 五月二十五日,虞輝祖弟厚甫病卒,時年二十五(1870—1894)。稍後,渭卿、虞卿兩母弟,亦以瘵死。

　　按,《寒莊文編》卷一《亡弟厚甫墓表》云:"先君子子男四人,次厚甫,名中理……厚甫既試有司,不得志,旋病瘵,醫者曰:'病原於母氏。'厥後渭卿、虞卿兩母弟,亦不幸同年以瘵死,母胡氏孺人也。……弟歿於光緒二十一年五月二十五日,年二十有五。"

光緒二十三年(1897)丁酉

◎ 虞輝祖作《虞君晴溪生壙誌銘》。

按,《寒莊文外編》之《虞君晴溪生壙誌銘》云:"江宜人以前年卒,爲光緒乙未歲某月日。"據此推算,可知該文作於乙未後之第三年,即光緒二十三年。

光緒三十一年(1905)乙巳

◎ 虞輝祖作《讀〈儀禮〉》。

按,《寒莊文編》目録明白交代此文作於乙巳年。

◎ 虞輝祖父定源卒,享年七十二歲(1834—1905)。

按,《寒莊文外編》之《虞君希曾墓表》云:"時君年最少,少吾父二十歲,吾父亡十年而君亦云亡。……君殁於共和紀元四年三月二十一日。"

◎ 冬,恩師俞樹周先生到滬來訪,見虞輝祖生活艱辛,遂勸虞氏返歸故鄉定居。

按,《寒莊文編》卷一《俞樹周先生壽序》云:"前年冬,先生來滬瀆,及予舍……默窺其意而諷之去。"

光緒三十二年(1906)丙午

◎ 夏,虞輝祖與曹馥山由瑞巖至五峰,拜訪其友鍾湛庵,因作《遊五峰記》。

按,《寒莊文編》卷一《遊五峰記》云:"余友鍾湛庵氏居五峰,丙午夏,余與曹馥山由瑞巖來飲君家。"

光緒三十三年(1907)丁未

◎ 年初,虞輝祖作《俞樹周先生壽序》,用賀乃師六十壽誕。

按,《寒莊文編》卷一《俞樹周先生壽序》云:"今春,先生年六十,希曾先生以書來徵予言,余自維一時之感,書此以寄先生,蓋恍如執經問字年矣。"

宣統二年(1910)庚戌

◎ 應鄞縣人李宗恩之請,虞輝祖爲作《李氏祠堂記》。

　　按,《寒莊文編·目錄》明確交代此文作於庚戌年。

民國元年(1912)壬子

◎ 虞輝祖作《跋澹初孝廉〈卻嫁殤書〉》。

　　按,《寒莊文編·目錄》明確交代此文作於壬子年。

民國二年(1913)癸丑

◎ 虞輝祖作《題瓜洲樓壁》,迴憶其早年與乃叔讀書於瓜洲樓之往事。

　　按,《寒莊文編·目錄》明確交代此文作於癸丑年。

民國三年(1914)甲寅

◎ 春,應虞和欽之請,虞輝祖爲乃師澹園先生(1862—1893)作墓誌銘。

　　按,《寒莊文編·目錄》明確交代《澹園先生墓誌銘》作於甲寅年。

◎ 農曆五月十五日,虞輝祖爲撰《鍾太孺人七十壽序》。

　　按,《寒莊文外編·目錄》明確交代此文作於甲寅年,而《鍾太孺人七十壽序》文末則又明言:"共和紀元三年五月朔日,虞輝祖書于滬館。"

◎ 應友人周紀明所請,虞輝祖爲作《周君振令墓表》。

　　按,《寒莊文外編》之《周君振令墓表》云:"吾友紀明爲君伯子……君以光緒二十三年八月某日下世,春秋五十有三,迄共和紀元三年,紀明始克葬君。乃匄余文"。是知該文作於民國三年

(1914)。更何況《寒莊文外編·目錄》明確交代該文作於甲寅年。

◎ 11月4日,應叔申(1872—1914)病逝。馮君木爲作墓誌銘。

　　按,馮開《應君墓誌銘》云:"君諱啓墀,字叔申,姓應氏。其先鄞人,曾祖元治、祖鴻圖始遷慈谿,至君凡四世,遂隸籍焉。父兆駿。君天稟超踔,十歲能屬文,有俊童之譽。稍長,跅弛不循檢局,管弦、詞曲、彈棋、六博之屬,靡勿喜之,顧不廢學……無幾何,學以大殖。……年十七八,即以文章著聞州里。……生平哀樂過人,三十以後瀍更憂患,浸改常度,杜門卻軌,罕與世接,冷淡孤詭,迥異疇曩,神明內索,興象亦損,識者憂其不永年也。貞疾逡遁,馴至綿憊。以共和三年甲寅十一月四日卒,春秋四十有三。……开童卝交君,訖於中歲,夙昔微尚,嘿契冥合,篇什證嚮,莫逆於心。自君之亡,形神慘沮,若無所麗……初君病亟,以志文見屬。諸孤幼弱,葬事未具。常恐屍病,卒卒歲不我與。輒申幽讚,用酬顧言,貞珉之鐫,期諸異日。"①

民國四年(1915)乙卯

◎ 三月二十一日,族人虞希曾(1854—1915)殁。虞輝祖爲作《墓表》。

　　按,《寒莊文外編》之《虞君希曾墓表》云:"君殁于共和紀元四年三月二十一日。卜葬君于靈峰山下永福寺前園,爲君曩時遊吟處也。……君殁,年六十有二。"又,《寒莊文外編·目錄》亦明確交代此文作於乙卯年。

◎ 農曆五月十五日,虞輝祖作《與梁式堂道尹書》。

　　按,《寒莊文外編》之《與梁式堂道尹書》云:"式堂先生左右:

---

① 馮開:《應君墓誌銘》,可見《民國慈溪縣新志稿》卷一九《藝文(三):內編》,第143—144頁。

曩以古文辭之學，修謁先生，蒙先生不棄，敦勗以所不及已，出示曾文正《古文四象》與吳摯夫先生《選古文》二書……兹以二書奉還先生，復附陳鄙見如此。……暑雨，惟珍重。不宣。乙卯五月朔日。"又，《寒莊文外編·目錄》亦明確交代此文作於乙卯年。

◎ 虞輝祖始自鎮海來至寧波謀生，從此與馮君木、陳訓正不時相聚於城北後樂園。

按，《寒莊文編》卷一《馮君木詩序》云："前年余館甬上，二君亦以避亂寓郡城。吾每與君木訪无邪，遊城北後樂園，爲詩酒之會。"而《寒莊文編·目錄》又明確交代《馮君木詩序》作於丁巳年。由丁巳年逆推兩載，即爲民國四年。

◎ 虞輝祖作《重生篇上》和《重生篇下》。

按，《寒莊文編·目錄》明確交代兩文皆作於乙卯年。

民國五年(1916)丙辰

◎ 農曆二月間，虞輝祖於上海首次見到心儀已久的顧勵堂(1853—1917)先生。爾后，特作《贈顧勵堂先生序》，用以彰顯顧勵堂雖曾有恩於袁世凱，而如今卻不願就此巴結袁氏的崇高氣節。

按，《寒莊文編》卷一《贈顧勵堂先生序》云："先生於余，兼師友之風義，寧知余見先生之面，方自今春二月始也。"而《寒莊文編·目錄》又明確交代《贈顧勵堂先生序》作於丙辰年。

◎ 滬上寧波幫大佬樊時勛(1844—1916)卒，虞輝祖爲撰《行述》。

按，《樊君時勛行述》云："君諱棻，字時勛。……歿于共和紀元五年某月日，年七十有三。……謹狀。"而《寒莊文外編·目錄》更明確交代此文作於丙辰年。

◎ 應友人孫振麒之請，虞輝祖爲撰《孫君昭水家傳》。

按，《寒莊文外編·目錄》明確交代此文作於丙辰年。

◎ 虞輝祖讀《史記》，連作三篇札記。

按，《寒莊文編·目錄》明確交代《讀〈史記〉一〈高祖本紀〉》

《讀〈史記〉二〈蘇秦列傳〉》《讀〈史記〉三〈吕不韋列傳〉》三文皆作於丙辰年。

◎ 虞輝祖作《叙交》，專文叙説與陳訓正、馮汲蒙在寧波城北後樂園的詩文唱和及彼時旨趣。

按，《寒莊文編·目録》明確交代此文作於丙辰年。

◎ 鄞縣張讓三先生年届六十（1857—1924），虞輝祖特作《贈張蹇叟先生序》以爲壽辭。

按，《寒莊文編·目録》明確交代《贈張蹇叟先生序》作於丙辰年。又考《申報》1924年8月13日《名宿張讓三逝世》云："鄞縣張讓三先生，現年六十八歲，前清時曾爲薛福成隨員，游歷歐洲各國，回國后，曾充上海南洋公學提調，及寧波旅滬同鄉會會長，熱心公益，爲時人所重，忽于本月十日下午四時逝世，甬人多聞而惜之。"是知張讓三生於咸豐七年，卒於民國十三年，享年六十有八。據此推算，民國五年正是張氏六十華誕之年。且除虞氏外，陳訓正亦作有《張讓三先生六十壽叙》①。

民國六年（1917）丁巳

◎ 虞輝祖作《馮君木詩序》，點評馮君木詩作，兼論馮君木、陳訓正個性之差異及其詩作之異同。

按，《寒莊文編·目録》明確交代《馮君木詩序》作於丁巳年。

◎ 虞輝祖葬其亡弟厚甫，並作《亡弟厚甫墓表》。

按，《寒莊文編》卷一《亡弟厚甫墓表》云："何疑茫茫人世，乃惟留不肖之身，獨來荒山中葬吾弟，烏乎恫已！"且《寒莊文編·目録》明確交代此文作於丁巳年。

◎ 族人虞自勛提學晉陽，虞輝祖送至燕京。

按，《寒莊文編》卷二《贈自勛序》云："初，君提學於斯，吾送

---

① 《天嬰室叢稿》之三《無邪雜著》，第170—173頁。

之燕京，賦詩別去。奄忽一年，而君數以詩寄余。"而《寒莊文編·目録》又明確交代《贈自勛序》作於戊午(1918)年。

民國七年(1918)戊午

◎ 虞輝祖作《雜説》。

　　按，《寒莊文編·目録》明確交代此文作於戊午年。

◎ 虞輝祖作《陳无邪詩序》，予陳氏詩作以好評。此文後被陳訓正用作其《天嬰室叢稿》之"叙"。

　　按，《寒莊文編·目録》明確交代此文作於戊午年。

◎ 虞輝祖作《贈自勛序》。

　　按，《寒莊文編·目録》明確交代此文作於戊午年。

◎ 虞輝祖作《史君晉生生壙誌》。

　　按，《寒莊文編·目録》明確交代此文作於戊午年。又，《寒莊文編》卷二《史君晉生生壙誌》云："君生於同治二年八月，年五十有六，君自卜生壙於縣之崇邱鄉高家橋，匄爲誌。"又，由同治二年(1863)下推56年，亦可推知該文作於1918年。

◎ 虞輝祖在虞自勛幕客夏錫祺的陪同下，游晉祠，觀晉水，遂作《晉祠觀水記》以記其事。

　　按，《寒莊文編·目録》明確交代《晉祠觀水記》作於戊午年。

◎ 在漢口興業銀行營業大樓落成之際，虞輝祖作《漢口興業銀行記》，既充分肯定興業銀行曾經發揮的歷史作用，更對期待該銀行今後在日益光大的同時，能"爲國家便民用"。

　　按，《寒莊文編·目録》明確交代此文作於戊午年。又，《寒莊文編》卷二《漢口興業銀行記》云："今新宇聿成，憂患之餘，日益光大矣。夫銀行之法之燦然者，西人之子也，而吾尤幸興業爲國家便民用也！"

民國八年(1919)己未

◎ 虞輝祖爲人代作《重修閔子墓記》《西園記》及《龍口商埠紀事序》。

按,《寒莊文外編·目錄》明確交代此三文乃虞氏爲人捉刀代筆於己未年,亦即民國八年(1919)。

◎ 冬,虞輝祖爲人代作《山左防疫彙編序》。

按,《寒莊文外編·目錄》明確交代此文乃虞氏爲人捉刀代筆於己未年,且文內有言:"八年夏,大疫勢漫都市……自八月迄十月中,不足百日,霜露既隊,朔風被野,疫乃降。張君乃彙防疫始末爲書,屬余序。"故繫之於該年冬,大抵無誤。

◎ 11月8日,衍聖公孔令貽(1872—1919)病逝於北京,時議以其遺腹子嗣封。當此之際,虞輝祖特作《衍聖公襲爵議》,以爲聖人後裔更該自覺遵守禮儀規範。

按,《寒莊文編·目錄》明確交代《衍聖公襲爵議》作於己未年。又,《寒莊文編》卷二《衍聖公襲爵議》云:"八年某月日,衍聖公孔令貽薨,以妾某氏有身五月,請俟妾生子爲後,嗣封。虞輝祖曰……爲聖人後者,尤宜篤守家學,喪祭從先祖,爲萬世法程,禮義誠自賢者出也。"

◎ 沈飈民(1878—1969)無意間購得其族人房仲所著《孤石山房詩集》與《詩選》兩書。虞輝祖應沈氏之請,爲《詩選》作序。

按,《寒莊文編·目錄》明確交代此文作於己未年,且《寒莊文編》卷二《房仲〈詩選〉序》云:"《孤石山房詩集》六卷、《詩選》兩卷,沈君飈民北來,于燕市得之,亟語予曰:'……今惟君序而行之,歸將告吾先子之明靈也。'"

◎ 虞輝祖作《自述》,追憶他與科學儀器館的緣起緣滅。

按,《寒莊文編·目錄》明確交代此文作於己未年。

民國九年(1920)庚申

◎ 虞輝祖任職山東省長署秘書,不久,辭職。

《寒莊文外編》卷首馮君木《虞君述》云:"君諱輝祖……晚就山東省長署秘書,既而不樂,罷去。明年被辟爲公府諮議官,會鎮海人士以纂修方志事見屬,即便引歸。歸不一月,遽卒,春秋五十有七,民國十年辛酉四月一日也。"

◎ 虞輝祖應金雪塍之請,爲撰《金磷叟先生壽序》,以祝乃父七十大壽。

按,《寒莊文編·目錄》明言此文作於庚申年。又,金雪塍遍請名家爲其父作壽辭一事的來龍去脈,陳訓正《書金氏〈澹靜廬壽言〉册子》言之甚詳,其詞云:"余友鎮海金君傲髡,耆儒磷叟先生之子也。先生有潛德,自景甯罷講歸,直國變,益用自晦,而世亦遂與先生相忘。傲髡念先生隱居全道,足爲世重,不可無所襮白,會先生年七十,於是謹狀先生言行,走數千里外,歷謁當世能文之士,如王晉卿、馬通伯諸先生者,求一言爲壽,都得叙若干首、賦一首、詩與頌若干首。既又歷謁海內名書家,爲之書,攝於石,綴爲一册,曰《澹靜廬壽言》。傲髡可謂能盡孝子之用心矣!……傲髡其遂以此爲余之贈言,可乎?因書於册之岢而歸之。"①

◎ 虞輝祖不但應邀爲撰《金磷叟先生壽序》,更爲金雪塍出面懇請王樹枏(1851—1936)撰作壽辭。

按,張美翊《致鄭孝胥》云:"海藏先生左右:前晤教,甚邑。兹老友金磷叟廣文七十生日,其門下士虞含章君代求新城王晉老爲壽言。令子雪塍明經出以見示。讀之充然有餘,自係老手。弟謂非公法書不能相稱,雪弟恃與公有一日之雅,擬奉百金求爲先容。兹將原文呈覽,如蒙俯允,雪弟再來叩求,面呈錢紙。"②

---

① 《天嬰室叢稿》之九《閼逢困敦集》,可見沈雲龍主編的《近代中國史料叢刊》第六十三輯,(臺灣)文海出版社 1972 年版,第 362—364 頁。

② 張美翊:《菉綺閣課徒書劄·致朱百行 40》,山西畫院《新美域》2008 年第 2 期,第 74 頁。河北新城人王樹枏的生平事迹,可見尚秉和《新城王公墓誌銘》。

◎ 虞輝祖作《吳將軍傳》，概述吳杰一生的軍功戰績。

　　按，《寒莊文編·目録》明確交代此文作於庚申年。

◎ 虞輝祖據屠康侯、王稻坪之所述，作《張太夫人壽序》。

　　按，《寒莊文編·目録》明確交代此文作於庚申年。

◎ 虞輝祖爲財政部某官代作《潘對鳬老人壽序》。

　　按，《寒莊文編·目録》明確交代此文作於庚申年。

民國十年(1921)辛酉

◎ 虞輝祖應邀主纂鎮海縣志，遂於二月底（或三月初）辭任"公府諮議官"，返歸故鄉。四月一日，猝死。

　　按，《寒莊文外編》卷首馮君木《虞君述》云："君諱輝祖……晚就山東省長署秘書，既而不樂，罷去。明年被辟爲公府諮議官，會鎮海人士以纂脩方志事見屬，即便引歸。歸不一月，遽卒，春秋五十有七，民國十年辛酉四月一日也。"

◎ 農曆三月間，大約就在虞輝祖病逝後不久，其所作《寒莊文編》面世。

　　按，《寒莊文編》封面題有"辛酉三月"字樣，且作於癸亥十一月的馮開《寒莊文外編·序》明言"寒莊既遴刊所爲文，甫汔工而遽殁"。

民國十二年(1923)癸亥

◎ 馮君木受虞輝祖臨終委託，爲之整理遺文。馮氏經反復取捨，至本年十一月，最終寫定一卷，題曰《寒莊文外編》。

　　按，馮君木《寒莊文外編·序》云："寒莊既遴刊所爲文，甫汔工而遽殁。臨殁，顧言以遺文付開，删次別爲《外集》。承命悲唏，憚于發篋，因循三載，始克措手，旋取旋捨，旋捨旋取，反復審覈，厪得文二十首，寫定一卷，題曰《寒莊文外編》。夙昔持論，蘄嚮互別，循逝者之悃，取定文之準，九原可作，庶曰相予。癸亥十一月，馮開。"又，馮君木《虞君述》云："君自定《寒莊文編》二卷，王樹枬序之，刊印甫竟而君歿，未刊者尚數十首，臨歿，戒其子付開刪次爲《外集》云。"

民國十三年(1924)甲子

◎ 應應虞輝祖長子和育所請，陳訓正爲馮開所編《寒庄文外編》作《跋》。

按，此跋既被收錄在《寒庄文外編》之末，又見載於陳氏《天嬰室叢稿》之九《閼逢困敦集》，并題作《書桐峰遺文》。① 考《閼逢困敦集》自序云："起甲子三月，訖乙丑正月，都得詩文若干首，以古干支閼逢困敦名之。"又，馮開《寒莊文外編·序》明言《寒莊文外編》纂成於1923年十一月，兩相結合，當可認定陳氏此跋當作於1924年上半年，至遲不晚於1925年正月。

附

陳康瑞(1854—1923)，字玉如，一字雪樵，寧波府慈溪縣人。清光緒十一年(1885)舉人，光緒十六年(1890)登進士第。歷官刑部主事、法部員外郎、法部編置司掌印郎中兼充法律館提調官。有《睫巢詩鈔》傳世。

《睫巢詩鈔》問世於民國十三年(1924)。取意於"鷦巢蚊睫"，多載其遊覽名勝、與朋歡聚時的心得體悟，雜以詩文。卷首馮開《陳君雪樵傳》，略敘陳氏生平。卷末有胡炳藻跋。

葉同春(1855—1902)，字霓仙，慈谿人。馮君木《葉蜺仙遺稿序》

---

① 《天嬰室叢稿》之九《閼逢困敦集》，可見沈雲龍主編的《近代中國史料叢刊》第六十三輯，(臺灣)文海出版社1972年版，第359—360頁。經比對，可知兩者文字略有出入。

云："葉君霓仙……生平微尚，雅擅填詞，取徑姜、張，分寸悉協。雖所存亡多，而單絲子軫，歸於雅適，尋其意旨，要越常倫。余與君年輩差懸，戊戌客京師，逆旅盤停，朝夕奉手，文字密合，遂結忘年之契。……二十年來，世變膠擾，風流歇絕，嗣音寂寥。追惟疇曩晤語，清言微笑，惝怳在眼，日月棄我，冉冉老至，死生契闊，永隔天壤。俳徊今昔之思，蓋不徒爲君傷已。屬伯子秉成、叔子秉良刻君遺著訖，遂書其端，用發欷唧。"

應啓墀（1872—1914），字叔申，慈谿人。十歲能屬文，有俊童之譽。年十七八，即以文章著聞州里。民國《鄞縣通志》稱其"工詩詞音律，姿儀英秀，動迪風雅……善運白話入文，撰哀挽聯語有長至百餘字者，入情處令人讀之淚下，蓋古之傷心人也。"甲寅十一月四日應氏病故後，其好友馮开既撰《應君墓誌銘》，復又盡心搜集整理編印《悔復堂集》二卷並作序。今寧波市圖書館藏有《悔復堂集》一卷（鉛印平裝本）。①

另可見馮开《悔復堂詩序》："《悔復堂集》二卷，慈谿應啓墀叔申撰。叔申天才閎俊，勁出横貫，不可羈勒。年未三十，漸趨韜斂，厭薄少作，十九捐棄，夙昔雅自矜尚，凡所撰屬，不輕眡人。病亟，餘往省視……且銳以編𦠿自任，則曰：'第慎之！嚴繩勇削，寧苛毋恕。吾今以没世之名累君木矣。'叔申既逝，餘搜其遺篋，得稿寸許，亟思删次，用踐宿諾……病間深居，發篋觚理，汰之又汰，十存二三。……寫定，得詩若干首，文若干首，合爲二卷，俟付殺青。……雖單弦子唱，聲響寂寥，而特珠片玉，光氣自越。平生久要，期無曠負，後死有責，所盡止是，掩卷唧然，可以傷心矣。民國四年乙卯八月，馮开。"

又，馮开《夫須詩話》曰："余與應君叔申訂交最早，憶戊子九月自

---

① 謝振聲：《"慈谿四才子"簡介》，《古鎮慈城》2006年第4期（總第26期），第14頁。

松江移家歸，時予方在鬌歲，二三中表以外，無與往還者。一日，叔申於表兄姚貞伯所，見予詩卷，極口推服，遂介貞伯而相見於姚氏。由是朝酬夕唱，無二三日不會面者。叔申長予一歲，予兄之，叔申亦弟畜予也。"

姚壽祁（1872—1938），字貞伯，慈谿人，與馮君木等友善，著《寥陽館詩草》一卷。其生平可見餘姚黃立鈞所撰《寥陽館詩草序》，其云："吾師慈溪姚貞伯先生……同邑馮回風先生，一代詩宗，聲名藉甚，先生與有中表之誼，結久要之契，迭以詩篇互廣唱和。"另，《瓶粟齋詩話五編》曰："三十後，棲遲裏閈，與天嬰及陳晉卿鏡堂、鄭念若光祖、馮汲蒙毓摯、應叔申啓時、錢仲濟保杭、魏仲車友枋、姚貞伯壽祁諸子結剡社，以氣節學藝相砥礪。"

袁孟純（1899—1984），字惠常，慈谿人。馮开對其弟子袁孟純惠常品評價甚高。葛賜《袁母屠太夫人七十壽序》有云："先生，暘舅氏也，得厠門牆，躐列班末，獲與四方知名之士相音接，或師焉，或友焉，通贍如蕭山朱鄮卿鼎煦、鄞縣楊菊庭貽誠、同縣陳彥及訓恩，淵雅如鄞縣沙孟海文若、吳公阜、陳器伯道量，曠澹如麗水章叔言誾、同縣朱炎復威明、馮孟顓貞群，清簡如奉化俞次曳亢、同縣王幼度程之，樸茂如奉化周公延覃、袁孟純惠常。孟純木訥好學，與餘年相若，又相好也。辛酉之歲，馮先生講學郡校，孟純負笈來學。當時列弟子籍者三百餘人，孟純尤篤奉先生，受教兢兢，不敢稍息忽。"

另有汪東所作《好事近·爲袁孟純題雪夜草堂讀書圖》："粉末灑寒林，是六朝山色。夜雪柴門深閉，識袁安心迹。奇書讀盡古今文，絲竹更藏壁。酒誥一篇俄空，問何人會得。"晚年與葉玉麟私交甚好，撰《桐城葉先生別傳》。

張原煒（1880—1950），字于相，號葑里，鄞縣古林葑里人。父張禎泰，光緒八年（1882）舉人，張原煒亦中舉於光緒二十八年（1902），故有"父子登科"之美譽。1909年被選爲鄞縣教育會副會長，辛亥革命後任浙江省議會第二、三屆議員，且曾在寧波府中學堂、甲種學堂、錢業學堂等校執教近二十年。自幼研讀經史，尤精《史記》。文章師法歸有光、方苞，簡潔淡雅。書法出入歐陽詢、蘇東坡，其尺牘小簡更爲精美。今寧波中山公園及阿育王寺有其楹聯刻石。有《菿里賸稿》傳世。①

馮昭適（1903—1949），字衷博，乃版本目録學家馮貞群（1886—1962）之子。深得章太炎先生之賞識，有《飛鳧山館筆記》系列文章傳世。

---

① 洪可堯等：《四明書畫家傳》，寧波：寧波出版社，2004年，第159頁。

參考文獻

一、著作

《霓仙遺稿》，葉同春撰，1921年稿本，寧波圖書館藏。
《寒莊文編》，虞輝祖撰，1921年鉛印本，復旦大學圖書館藏。
《甬上青石張氏家譜》，張美翊主纂，1921年鉛印本，寧波天一閣博物院藏。
《寒莊文外編》，虞輝祖撰，1923年鉛印本，復旦大學圖書館藏。
《睫巢詩鈔》，陳康瑞撰，1924年鉛印本，復旦大學圖書館藏。
《回風堂詩文集》，馮君木撰，中華書局仿宋字鉛印本，1941年。
《悔復堂詩》，應啓墀撰，1942年餘姚黃立鈞刊本，寧波圖書館藏。
《寥陽館詩草》，姚壽祁撰，1942年餘姚黃立鈞刊本，寧波圖書館藏。
《雪野堂文稿》，袁孟純撰，1945年鉛印本，寧波圖書館藏。
《菷里賸稿》，張原煒撰，1945年鉛印本，寧波圖書館藏。
《申報影印本》，上海書店，1983年。
《民國慈溪縣新志稿》，干人俊編纂，慈溪縣地方志編纂委員會，1987年。
《清代朱卷集成》，顧廷龍主編，（臺灣）成文出版社，1992年。
《觀滄樓隨筆》，周道明著，錢塘詩社，1993年。
《四明書畫家傳》，洪可堯著，寧波出版社，2004年。
《歷代印譜跋彙編》，郁重今編纂，西泠印社出版社，2008年。
《沙孟海全集·日記卷》，洪廷彥主編，西泠印社，2010年。
《沙孟海全集·文稿卷》，汪濟英主編，西泠印社，2010年。
《姚江碑碣》，葉樹望編著，浙江古籍出版社，2011年。

《四明清詩略》,（清）董沛、忻江明輯,袁元龍點校,寧波出版社,2015年。

《校輯民權素詩話廿一種》,王培軍、莊際虹校輯,鳳凰出版社,2016年。

《華國月刊》,章太炎主編,上海書店出版社,2017年。

《四明清詩略續稿》,忻江明輯,寧波出版社,2018年。

《近代咸祥文存》,胡紀祥輯錄,俞信芳校注,寧波出版社,2018年。

《藝林散葉（修訂版）》,鄭逸梅著,北方文藝出版社,2019年。

《碑傳集三編》,汪兆鏞纂錄,王興康、張靖偉整理,上海人民出版社,2022年。

《〈天嬰室叢稿〉整理與研究》,唐燮軍、周芃編著,九州出版社,2022年。

《馮君木集校注》,唐燮軍、崔雨、李學功校注,上海古籍出版社,2023年。

《馮君木年譜》,唐燮軍、卞梁著,復旦大學出版社,2024年。

二、文章

虞輝祖：《〈科學世界〉發刊詞》,《科學世界》創刊號第1期,1903年。

虞輝祖：《遊靈巖寺二絕》,《東方雜誌》第8卷第1期,1911年。

馮昭適：《張謇叟先生傳》,《寧波旅滬同鄉會月刊》第17期,1924年。

馮昭適：《左文襄公》,《寧波旅滬同鄉會月刊》第28期,1925年。

馮昭適：《李書雲》,《寧波旅滬同鄉會月刊》第34期,1926年。

馮昭適：《嫁殤》,《寧波旅滬同鄉會月刊》第36期,1926年。

馮昭適：《族曾祖柳堂先生圍棋》,《寧波旅滬同鄉會月刊》第37期,1926年。

馮昭適：《肩輿》，《寧波旅滬同鄉會月刊》第 38 期，1926 年。

馮昭適：《鄞縣知事續表》，《寧波旅滬同鄉會月刊》第 40 期，1926 年。

馮昭適：《鄞縣書價》，《寧波旅滬同鄉會月刊》第 42 期，1927 年。

馮昭適：《譚仲修不善散文》，《寧波旅滬同鄉會月刊》第 44 期，1927 年。

馮昭適：《虎媪》，《寧波旅滬同鄉會月刊》第 45 期，1927 年。

馮昭適：《任翁丕哉》，《寧波旅滬同鄉會月刊》第 48 期，1927 年。

馮昭適：《金筱圃丈》，《寧波旅滬同鄉會月刊》第 49 期，1927 年。

馮昭適：《浙江第二監獄落成記》，《寧波旅滬同鄉會月刊》第 50 期，1927 年。

馮昭適：《王棠齋補遺》，《寧波旅滬同鄉會月刊》第 52 期，1927 年。

馮昭適：《劉孝子》，《寧波旅滬同鄉會月刊》第 53 期，1927 年。

馮昭適：《宋西垣》，《寧波旅滬同鄉會月刊》第 54 期，1928 年。

馮昭適：《呂道生大破日本軍於摩天嶺》，《寧波旅滬同鄉會月刊》第 55 期，1928 年。

馮昭適：《三嫁之婦復前夫仇》，《寧波旅滬同鄉會月刊》第 56 期，1928 年。

馮昭適：《鑑別碑帖》，《寧波旅滬同鄉會月刊》第 57 期，1928 年。

馮昭適：《沈子培》，《寧波旅滬同鄉會月刊》第 59 期，1928 年。

馮昭適：《徐錫麟刺恩銘》，《寧波旅滬同鄉會月刊》第 60 期，1928 年。

馮昭適：《左文襄遺產》，《寧波旅滬同鄉會月刊》第 62 期，1928 年。

馮昭適：《嚴筱舫》，《寧波旅滬同鄉會月刊》第 65 期，1928 年。

葛暘：《袁母屠太夫人七十壽序》，《寧波旅滬同鄉會月刊》第 67 期，1929 年。

馮昭適：《陳女夢遊地獄》，《寧波旅滬同鄉會月刊》第 71 期，1929 年。

馮昭適：《寧波市參事會》，《寧波旅滬同鄉會月刊》第 78 期，1930 年。

蒼回：《跋寥陽館詩草》，《金聲》第 3 卷第 8 期，1943 年。

佚名：《寧波文獻館昨開委員會，推員採訪抗戰文獻》，《寧波旅滬同鄉會會刊》第 20 期，1947 年。

謝振聲：《"慈谿四才子"簡介》，《古鎮慈城》第 4 期，2006 年。

張美翊：《菉綺閣課徒書劄·致朱百行 40》，《新美域》第 2 期，2008 年。

後　　記

　　南宋明州名臣樓鑰《慈谿道中》有云："須臾寢覺耳根熱，一覺醒來天已明。"如果將此書的付梓當作寢覺的話，那麼此刻便頗有天明豁達之感。

　　本書是我和業師唐燮軍教授合作的又一部著作。老師久耕杏壇，筆法細膩卻又遒健有力，自成一派。多年前，懷著對家鄉的熱愛與依戀，老師著手對晚清浙東文化開展系統性研究。從馮開、童第周，到陳訓正、馮孟顓，再到張美翊、沙孟海，老師帶我一步步領略晚近浙東學派的繁盛及傳承，也將這份家國情懷深深地傳遞給我。同爲"浙東子弟"，我們希望通過對晚清民國時期浙東學人著作的謄抄、校注和研究，將浙東學派在哲學、史學、文學等方面的卓越過往展現世間，而非如犄角高閣中蒙塵之枯紙，苦待時間消去。

　　文本校注不乏平淡甚至枯燥，但此間樂趣，自在其中。這一過程以陳訓正、馮開二人生平及著作爲支點，一個晚清浙東"朋友圈"躍然眼前。本書所提八子中，有陳康瑞這樣的朝堂大吏；有張原煒這樣"父子登科"的舉人仕子；有袁孟純這樣的文雅書生；有馮昭適這樣的世家豪紳；有虞輝祖這樣的社交達人；有姚壽祁這樣的儒生教授，也有應啓墀、葉同春這樣的少年天才。他們並非傳統意義上的鉅儒宿學，更多的是一群關心家鄉建設、尤愛揮毫潑墨的文人雅士。但正是這份"親"和"雅"，牢牢奠定了浙東學派的地方根基。

　　與此同時，本書生動呈現了晚清民國時期的浙東風貌，頗具史料價值。如陳康瑞《次韻楊康候部郎履晉贈崇秋浦侍御芳》記錄下其陪侍中央大員楊履晉在甬遊玩的過程。虞輝祖《漢口興業銀行記》描繪1918年興業銀行在武漢落成營業的盛況。馮昭適《徐錫麟刺恩銘》詳細記載1907年徐錫麟刺殺恩銘案的全過程，並附時人之評價。由於精力所限，我們尚未涉足更多專題研究領域，盼能爲後來者深化浙東文化史研究提供些許助力。

　　本書成書過程也有意外收穫。吳稚鶴言《雪野堂集》因"放爲江河，蓄爲潭淵"而爲名著，立意深遠。恰逢小兒出生，遂取"江淵"爲意。同時，我要感謝我的父母、我的愛人，以及始終支持我的哥哥，你們一直是我努力前行的動力。感謝責編王赫先生的精心編校。

卞　梁

于上海財經大學馬克思主義學院

二〇二五年二月二十六日

圖書在版編目（CIP）數據

清末民初四明八子文存 / 卞梁，唐燮軍編著．
上海：上海古籍出版社，2025．4． -- ISBN 978-7-5732-1591-8

Ⅰ．Z425

中國國家版本館 CIP 數據核字第 2025H1E856 號

清末民初四明八子文存

卞　梁　唐燮軍　編著
尚永琪　審定

上海古籍出版社出版發行

（上海市閔行區號景路 159 弄 1-5 號 A 座 5F　郵政編碼 201101）

（1）網址：www.guji.com.cn
（2）E-mail：guji1@guji.com.cn
（3）易文網網址：www.ewen.co

上海惠敦印務科技有限公司印刷

開本 890×1240　1/32　印張 17.5　插頁 2　字數 462,000
2025 年 4 月第 1 版　2025 年 4 月第 1 次印刷
ISBN 978-7-5732-1591-8
Ⅰ·3921　定價：98.00 元

如有質量問題，請與承印公司聯繫